COMPREENDENDO A

COMO

MANEIRA COMO DECIDIMOS, LEMBRAMOS E

PENSAR

ENTENDEMOS O MUNDO

JOHN PAUL MINDA

JOHN PAUL MINDA

COMO PENSAR

COMPREENDENDO A
MANEIRA COMO DECIDIMOS, LEMBRAMOS E
ENTENDEMOS O MUNDO

TRADUÇÃO DE CLAUDIO BLANC

SÃO PAULO | 2022

Título original: *How to Think: Understanding the Way We Decide, Remember and Make Sense of the World.*
Copyright © 2021 – John Paul Minda

Os direitos desta edição pertencem à LVM Editora, sediada na
Rua Leopoldo Couto de Magalhães Júnior, 1098, Cj. 46
04.542-001 • São Paulo, SP, Brasil
Telefax: 55 (11) 3704-3782
contato@lvmeditora.com.br

Gerente Editorial | Giovanna Zago
Editor-Chefe | Pedro Henrique Alves
Editor Aquisição | Marcos Torrigo
Produção Editorial | Chiara Ciodarot
Tradutor| Claudio Blanc
Revisão de Tradução | Renan Meirelles
Revisão Ortográfica e Gramatical | Mariana Diniz Lion
Preparação dos Originais | Chiara Ciodarot
Projeto Gráfico | Mariangela Ghizellini
Diagramação | Rogério Salgado / Spress
Impressão | Lis Gráfica

Impresso no Brasil, 2022
Dados Internacionais de Catalogação na Publicação (CIP)
Angélica Ilacqua CRB-8/7057

M616c	Minda, John Paul
	Como pensar : compreendendo a maneira como decidimos, lembramos e entendemos o mundo / John Paul Minda ; tradução de Claudio Blanc. – São Paulo : LVM Editora, 2022.
	360 p.
	ISBN 978-65-86029-66-6
	Título original: How to think: understanding the way we decide, remember and make sense of the world.
	1. Psicologia 2. Pensamento 3. Processo decisório I. Título II. Blanc, Claudio
22-0899	CDD-153.4

Índice para catálogo sistemático:
1. Psicologia

Reservados todos os direitos desta obra.
Proibida a reprodução integral desta edição por qualquer meio ou forma, seja eletrônica ou mecânica, fotocópia, gravação ou qualquer outro meio sem a permissão expressa do editor. A reprodução parcial é permitida, desde que citada a fonte.

Esta editora se empenhou em contatar os responsáveis pelos direitos autorais de todas as imagens e de outros materiais utilizados neste livro. Se porventura for constatada a omissão involuntária na identificação de algum deles, dispomo-nos a efetuar, futuramente, as devidas correções.

SUMÁRIO

AGRADECIMENTOS **7**

CAPÍTULO [1]
Uma Introdução Sobre Este Livro............................. **9**

CAPÍTULO [2]
Uma História da Psicologia Cognitiva........................ **20**

CAPÍTULO [3]
Compreendendo o Cérebro.. **42**

CAPÍTULO [4]
Você Pode Confiar nos Seus Sentidos? **70**

CAPÍTULO [5]
Atenção: Por que Sempre Há um Custo **101**

CAPÍTULO [6]
Memória: um Processo Imperfeito **130**

CAPÍTULO [7]
Memória de Trabalho: Um Sistema Para Pensar **155**

CAPÍTULO [8]
Conhecimento: O Desejo de Conhecer e de Explicar.. **179**

CAPÍTULO [9]
Conceitos e Categorias **203**

CAPÍTULO [10]
Linguagem e Pensamento **230**

CAPÍTULO [11]
Pensando Sobre o Viés Cognitivo **251**

CAPÍTULO [12]
Prevendo o Futuro **272**

CAPÍTULO [13]
Deduzindo a Verdade **293**

CAPÍTULO [14]
Como Decidimos **314**

CAPÍTULO [15]
Como Pensar **340**

REFERÊNCIAS **347**

ÍNDICE **353**

AGRADECIMENTOS

A seção de agradecimentos aparece primeiro, mas geralmente é escrita por último. Ela é incomum, pois busca encontrar a linha tênue entre o generoso, o genuíno e a gratidão. Você precisa ser completo, mas conciso.

Há muitas pessoas a agradecer nesta seção. Desde a minha proposta inicial do livro até o manuscrito final, Andrew McAleer forneceu orientação e apoio como editor. Seu compromisso com o processo de publicação proporcionou ajuda e motivação constantes. Nunca me senti adiantado ou atrasado. Foi um prazer escrever assim. E Andrew é um ótimo editor. Suas ideias, sugestões e percepções aprimoraram este livro e melhoraram minha redação de modo geral.

Também quero agradecer aos meus alunos e colegas da Universidade Western. Tenho lecionado e dado palestras sobre psicologia e pensamento desde 2003, e muitas das ideias que escrevi aqui resultam dos meus esforços para explicar esses tópicos, de forma a torná-los interessantes, acessíveis e agradáveis. Agradeço de coração a todos os alunos de todas as aulas que já dei. E obrigado aos meus colegas de departamento pelo ambiente de apoio e intelectualmente estimulante que todos nós criamos na Western.

Em termos locais, quero agradecer ao café Las Chicas del Cafe, uma pequena torrefadora de café familiar de St Thomas, Ontario. Seu café é de fazendas familiares na Nicarágua, e é torrado perfeitamente. Há anos que somos fãs do café deles, e eu provavelmente não teria como terminar este livro sem um estoque permanente.

Minha família é quem mais merece meu reconhecimento e agradecimento. Minha esposa, Elizabeth, e nossas filhas, Natalie e Sylvie, têm sido as amigas e companheiras mais divertidas e amorosas que uma pessoa poderia desejar. Nós inspiramos uns aos outros de muitas maneiras e não há gratidão a elas que bastasse. E, finalmente, um aceno para Peppermint, nossa gata, que apareceu em várias anedotas neste livro e em outros. Peppermint tem sido uma companheira quase constante durante o processo de escrita, muitas vezes deitada no meu colo enquanto digito ou leio, ou no canto da minha mesa enquanto trabalho. Ela olha para a tela, sem entender uma única palavra que escrevi, mas eu a amo de qualquer maneira.

CAPÍTULO
[1]

UMA INTRODUÇÃO SOBRE ESTE LIVRO

Em 2003, aceitei o cargo de professor assistente na Universidade de Western Ontario. Quando cheguei para trabalhar em julho, eu me reuni com meu chefe de departamento, James Olson, e conversei sobre os cursos que ministraria. Como membro do corpo docente recém-contratado em regime de estabilidade, tinha direito a uma pausa como professor no meu primeiro ano e só precisava ministrar um curso. O que eu deveria lecionar? Havia um curso listado no catálogo de cursos, oferecido de forma intermitente e geralmente ministrado por um instrutor adjunto ou aluno de pós-graduação. Chamava-se "Psicologia do Pensamento" e tratava de raciocínio, tomada de decisão e outros tipos de cognição complexa. Parecia interessante.

Eu havia sido contratado com base na minha experiência em psicologia de conceitos, e isso parecia uma boa opção para mim. Então, decidi assumir esse curso. Conhecia muito sobre conceitos e categorias, além de algumas coisas sobre memória e tomada de decisão, mas não tanto sobre alguns dos outros tópicos. Tive muito o que preparar desse outro material, da mesma forma que muitos outros instrutores novos se preparam. Li muitos livros e artigos sobre cognição complexa de ordem superior. Preparei anotações para palestras e folhas de retroprojetor. Para quem não lembra, o retroprojetor era um dispositivo com espelho, lâmpada e lente que projetava em uma tela folhas plásticas (eram como papel transparente) e as ampliava de forma que as pessoas as pudessem ver. A projeção dessas folhas era como uma apresentação de PowerPoint feita à mão. Usamos agora o PowerPoint para projetar as coisas digitalmente, é claro, mas é a mesma ideia. Você poderia escrever nas folhas durante a aula, o que era uma vantagem, mas também podia deixá-las cair no chão, e elas podiam se espalhar fora de ordem, o que não era nada bom.

E então, em 2004, assumi minha posição à frente de uma pequena sala de aula no Centro de Ciências Sociais da Western, com minha pequena pilha de anotações e uma pilha um pouco maior de folhas de retroprojetor, e me preparei para ministrar meu primeiro curso como professor. E foi... tudo bem. Provavelmente tropecei em algumas coisas aqui e ali. Tenho certeza de que houve momentos em que minhas palestras poderiam ter sido melhores, mas os alunos gostaram da aula e todos nós aprendemos coisas interessantes sobre cognição. Um aluno escreveu na minha avaliação no final do primeiro ano que o curso "não foi tão chato quanto eu pensei que seria". Essa era toda a motivação que eu precisava ouvir.

Tenho ministrado esse curso desde então, há mais de quinze anos. Embora eu também execute um programa ativo de pesquisa em minha universidade, obtenho considerável satisfação em lecionar e, particularmente, em lecionar este curso. Ele evoluiu de um único curso de trinta alunos para três seções (duas em sala de aula e uma *online*) com mais de cem alunos em cada turma. A cada semana, na maioria dos meses (porque às vezes leciono no verão), penso em como reunir pesquisas novas e clássicas em psicologia cognitiva, e o que essa pesquisa tem a dizer sobre o que significa pensar, comportar-se, agir e ser humano.

Como passo muito tempo refletindo sobre o tópico "pensar" e sobre como tornar a pesquisa e os conceitos acessíveis e agradáveis, decidi escrever um livro didático para o meu curso e afins. Este livro, previsivelmente intitulado *The Psychology of Thinking* [*A Psicologia do Pensar*], foi originalmente publicado em 2015 e uma segunda edição saiu em 2020. O livro foi escrito para estudantes de graduação e é propriamente um livro-texto projetado para acompanhar um curso universitário. O livro exigia um certo nível de familiaridade com a psicologia. É um bom livro e tem sido popular entre os alunos. Mas eu também queria escrever um livro que pudesse estar disponível fora do mercado de livros didáticos. Um livro que as pessoas podem pegar e ler durante as férias de verão. Ou que as pessoas pudessem pegar no aeroporto e ler em um avião. Um livro que encontraria um lar nas mãos de pessoas curiosas sobre como funciona a mente, o cérebro, como os psicólogos estudaram ambos, e como a tecnologia permitiu novos *insights* e descobertas sobre o comportamento humano.

O objetivo principal deste livro é fornecer uma aprazível visão geral sobre como os humanos pensam. Você está interessado em saber como as diferentes áreas de seu cérebro funcionam, como os objetos no mundo são reconhecidos e como você usa sua memória para guiar seu comportamento? Discuto esses

CAPÍTULO [1] | UMA INTRODUÇÃO SOBRE ESTE LIVRO

tópicos neste livro. Você está interessado em saber como as pessoas aprendem a usar a razão para fazer previsões e inferências sobre as coisas? Isso também está neste livro. Cubro a história da psicologia cognitiva, percepção, linguagem, tomada de decisão, erros cognitivos e do cérebro. Abordo como usamos a linguagem para guiar nosso comportamento e influenciar o comportamento dos outros. Francamente, tento cobrir o maior número de temas que posso e ainda acho que mal consigo arranhar a superfície.

Eu também queria apresentar dois pontos mais amplos neste livro. Em primeiro lugar, descobri que todos estamos intrinsecamente interessados em saber como, e por que, as pessoas (inclusive nós mesmos) se comportam. Somos criaturas sociais/cognitivas. Queremos compreender o nosso comportamento e o dos outros. Queremos saber por que as pessoas fazem as coisas que fazem e queremos ser capazes de prever o que farão a seguir. Para entender como e por que elas se comportam dessa maneira, você precisa entender como elas pensam. E para saber como as pessoas pensam, você precisa conhecer um pouco sobre psicologia cognitiva.

Do mesmo modo, eu queria trazer um segundo ponto, e este é um pouco mais sutil. Cometemos erros o tempo todo. Esquecemos as coisas, confundimos lembranças, generalizamos demais, estereotipamos e, às vezes, até deixamos de ver as coisas que estão diretamente à nossa frente. Também somos vítimas de todos os tipos de vieses e ilusões cognitivas, nas quais exibimos excesso de confiança, falhamos em considerar evidências contraditórias e tendemos a basear nossos julgamentos nas primeiras coisas que vêm à mente. Muitas vezes, ficamos incomodados com esses erros, mas eles costumam ser um subproduto de um sistema que está, na realidade, funcionando bem. A arquitetura cognitiva, que nos permite tomar decisões rapidamente, fazer julgamentos mais precisos e tomar decisões inteligentes e que permitem adaptação, funciona muito bem para nós. Mas os mesmos aspectos de nossa arquitetura cognitiva que nos ajudam a pensar rapidamente também às vezes produzem erros. Estes podem ser incômodos, e podemos aprender a reduzi-los, mas ainda são um produto do modo como a mente funciona. Os erros de memória surgem dos mesmos processos que nos permitem aprender e generalizar. Os erros de julgamento resultam dos mesmos processos que nos permitem fazer avaliações rápidas e precisas. Provavelmente não podemos eliminar erros e vieses cognitivos, mas podemos aprender a reconhecê-los e a reduzir seu impacto. Ou seja, todos nós caímos em armadilhas cognitivas de vez em quando.

Uma das melhores maneiras de evitar cair em uma armadilha é saber onde está a armadilha, o que é a armadilha e por que ela está lá. Os erros são apenas uma parte de quem somos; eles nos tornam humanos, são em sua maior parte inevitáveis e surgem dos mesmos processos cognitivos que nos permitem aprender, pensar e lembrar. Esse é o outro dos temas principais deste livro.

A IMPORTÂNCIA DE SABER

É útil e poderoso saber como algo funciona. O clichê de que "conhecimento é poder" pode ser uma expressão comum e usada em demasia, mas isso não quer dizer que seja incorreto. Deixe-me ilustrar essa ideia com uma história de uma área diferente. A propósito, vou usar esse recurso retórico com frequência neste livro. Muitas vezes tento ilustrar uma ideia com uma analogia de outra área. Provavelmente é o resultado de ser professor e palestrante durante tantos anos. Tento mostrar a relação entre conceitos e exemplos diferentes. Pode ser útil e pode ajudar na compreensão. Posteriormente no livro, discutirei como e por que as analogias funcionam dessa maneira. Minha utilização de analogias também pode ser um hábito irritante.

Minha analogia tem a ver com uma máquina de lavar louças. Lembro-me da primeira vez que descobri como consertar a lava-louças na minha cozinha. É uma espécie de mistério como esse eletrodoméstico funciona, porque você nunca o vê funcionando. Basta colocar a louça, pôr o detergente, fechar a porta e ligar o aparelho. A lava-louças executa o seu ciclo fora da vista direta, e quando o ciclo de lavagem termina, saem pratos limpos. Em outras palavras, há uma entrada, algum estado interno onde algo acontece, e uma saída. Nós sabemos *o que* acontece, mas não exatamente *como* acontece. Normalmente estudamos psicologia e cognição da mesma maneira. Podemos saber muito sobre o que está entrando (percepção) e o que está saindo (comportamento). Pouco sabemos sobre o que está acontecendo por dentro porque não podemos observar diretamente. Porém, podemos fazer inferências sobre o que está acontecendo com base na função.

Então, vamos usar um pouco essa ideia. Vamos chamá-la de "metáfora da lava-louças". A metáfora da lava-louças pressupõe que podemos observar as entradas e saídas dos processos psicológicos, mas não seus estados internos. Podemos fazer suposições sobre como a lava-louças cumpre sua função primária de produzir pratos limpos com base no que podemos observar na entrada e na saída. Também podemos fazer suposições dando uma olhada em uma lava-louças que não está funcionando, e examinando as peças. Ou podemos observar o que acontece quando ela não está funcionando corretamente. E podemos até fazer suposições sobre as funções da lava-louças, experimentando mudar a entrada, mudando como colocamos os pratos, por exemplo, e observando como isso pode afetar os resultados.

CAPÍTULO [1] | UMA INTRODUÇÃO SOBRE ESTE LIVRO

Mas a maior parte desse processo é uma suposição cuidadosa e sistemática. Na verdade, não podemos observar o comportamento interno da lava-louças. Está quase totalmente escondido de nossa visão, impenetrável. De forma a entender como isso funciona, você precisaria inventar maneiras inteligentes de inferir o que está acontecendo. A ciência psicológica acaba sendo muito parecida com a tentativa de descobrir como a máquina de lavar louça funciona. Frequentemente, envolve suposições cuidadosas e sistemáticas. Mas, se feitas com bastante cuidado, permitem que sejam realizadas inferências científicas confiáveis.

A lava-louças da minha casa era um modelo padrão de meados dos anos 2000. Funcionou muito bem por anos, mas em algum momento comecei a notar que os pratos não estavam ficando tão limpos como antes. Sem saber o que mais fazer, tentei limpá-la, fazendo-a funcionar vazia. Isso não ajudou. Parecia que a água não estava chegando à grade superior. E, de fato, se eu a abrisse enquanto ela estivesse em operação, poderia tentar ter uma ideia do que estava acontecendo. Ao abrir, o fluxo de água era interrompido, mas você podia ter um vislumbre de onde a água estava sendo esguichada. Quando fiz isso, pude observar que quase não havia água sendo espirrada do braço pulverizador superior. Então, agora eu tinha o início de uma teoria sobre o que estava errado e podia começar a testar hipóteses sobre como consertar a máquina. Além do mais, este teste de hipóteses também ajudou a enriquecer minha compreensão sobre como a lava-louças funcionava.

Como qualquer bom cientista, consultei a literatura: *YouTube* e *sites* faça-você-mesmo. Eles me disseram que várias coisas podem afetar a capacidade da água de circular. A bomba é uma delas. A bomba enche a máquina com água e bombeia o líquido em toda a unidade com velocidade alta o suficiente para lavar a louça. Se a bomba não funcionar corretamente, a água não pode ser bombeada e não lava a louça. Mas isso não era fácil de consertar e, também, se a bomba estivesse com defeito, a máquina de lavar louça não estaria enchendo ou drenando. Então, eu concluí que devia ser outra coisa.

Há outros mecanismos e operações que podiam estar defeituosos e, portanto, restringindo o fluxo de água na máquina de lavar louça. O mais provável era que algo estava obstruindo o filtro, o qual supostamente retém as partículas que entram na bomba ou no dreno. Acontece que há uma pequena tela de arame embaixo de alguns dos braços do pulverizador. E acoplada a isso, há uma pequena lâmina para cortar e macerar partículas de alimentos, a fim de não obstruírem a tela. Mas depois de um tempo, pequenas partículas ainda podem se acumular em torno dele fazendo-o parar de girar, o que impede as lâminas de cortar, o que, por sua vez, deixa que mais partículas de comida se acumulem, restringindo assim o fluxo de água – o que significa que não há pressão suficiente para forçar água ao nível superior, o que implica que não há água suficiente para limpar os pratos colocados na parte superior, o que leva a máquina de lavar louça a não funcionar direito. Era exatamente o que eu estava percebendo. Consegui limpar e fazer a manutenção da lâmina e da tela do picador, e até instalei uma substituta.

Saber como uma lava-louças funciona me permitiu ficar de olho nessa parte do mecanismo, limpando-a com mais frequência. Isso me deu algumas dicas sobre como conseguir que os pratos ficassem mais limpos. Também economizei algum dinheiro. Conhecimento, neste caso, foi uma coisa poderosa.

E é esse o ponto que estou tentando mostrar com a metáfora da máquina da lava-louças. Não precisamos entender como funciona para saber que está fazendo seu trabalho. Não precisamos entender como funciona para usá-la. E não é fácil descobrir isso, já que não podemos observar o estado interno. Mas saber como funciona, e ler sobre como outras pessoas descobriram como funciona, pode dar uma ideia mais profunda sobre os verdadeiros processos envolvidos. E isso pode lhe ajudar a pensar como você pode melhorar a operação; como você pode evitar que a louça saia suja.

Esse é apenas um exemplo, é claro, e é apenas uma metáfora simples, mas ilustra como podemos estudar algo que não conseguimos ver. Às vezes saber como algo funciona pode ajudar na operação e uso dessa coisa. Mais importante, essa metáfora pode ajudar a explicar outra teoria sobre como explicamos e estudamos algo. Vou usar essa metáfora de uma forma ligeiramente diferente e, em seguida, vou colocá-la de lado. Do mesmo modo como eu guardo os pratos limpos que saíram da máquina de lavar louça. Eles estão lá no armário, ainda retendo os efeitos do processo de limpeza, prontos para serem usados novamente, seu estado limpo é uma memória física do processo de lavar louça.

Podemos concordar que existem diferentes maneiras de lavar a louça, diferentes tipos de máquinas para isso e diferentes etapas que podem ser realizadas ao lavar a louça. Para lavar pratos, temos três níveis diferentes que podemos usar para explicar e estudar as coisas. Em primeiro lugar, existe uma função básica do que queremos realizar: a função de limpar os pratos. Isso é abstrato e não especifica como o processo acontece, apenas que acontece. E como é uma função, podemos pensar sobre isso como sendo de natureza computacional. Nem mesmo precisamos ter pratos físicos para entender essa função, apenas que estamos pegando algum *input*, ou seja, uma entrada (os pratos sujos), especificando um *output*, isto é, uma saída (pratos limpos), e descrevendo os cálculos necessários para transformar a entrada em saída: que, nesse caso, você precisa remover os resíduos e restos de alimentos.

No entanto, também podemos descrever o processo com menos abstração e com detalhes mais específicos. Por exemplo, um processo de lavagem de louça deve primeiro enxaguar os restos de alimentos, depois usar detergente para remover a gordura e o óleo, depois enxaguar o detergente e, em seguida, talvez, secar a louça. Esta é uma série específica de etapas que realizaram o processo computacional descrito anteriormente. Não é a única série de etapas possível, mas funciona. Este é um algoritmo. É como uma receita. Ao seguir essas etapas, você obterá os resultados desejados. Se quisermos estudar a lavagem da louça neste nível, focamos a atenção em tais etapas. Este nível de análise nos ajuda a entender a importância de cada etapa e examinar o que acontece em cada uma delas, com detalhes suficientes para construir um modelo simples do processo, talvez desenhando cada etapa, para que possamos projetar uma simulação de uma lava-louça. Este nível algorítmico provavelmente seria suficiente para criar um projeto de lavagem de louças.

Se, porém, realmente quiséssemos ir ao fundo das coisas, poderíamos estudar a lavagem de pratos em um nível ainda mais específico. Afinal, existem muitas maneiras de construir um sistema para realizar essas etapas no algoritmo de forma a produzir a computação desejada. Minha máquina de lavar louça específica é uma maneira de implementar essas etapas. Porém, outro modelo de lava-louças pode executá-las de uma maneira ligeiramente diferente. E as mesmas etapas também podem ser executadas por um sistema completamente diferente (como um dos meus filhos lavando pratos à mão, por exemplo). A função é a mesma (louça suja → louça limpa) e as etapas são as mesmas (enxaguar, lavar, enxaguar novamente, secar), mas as etapas são executadas por sistemas diferentes (um mecânico e outro biológico).

Podemos estudar máquinas e sistemas de lavar louça em cada um desses níveis, e cada nível dá ênfase a diferentes aspectos do sistema geral. Ou seja, lavar a louça é uma tarefa simples, mas existem três maneiras de entendê-la e explicá-la: um nível computacional, um nível algorítmico e um nível representacional. Minha metáfora da lava-louças é bem simples e meio boba. Mas há teóricos que discutiram mais seriamente as diferentes maneiras de conhecer e explicar a psicologia e a mente. Nosso comportamento é um aspecto observável desse quadro. Assim como a lava-louças produz pratos limpos, nós nos comportamos de forma a fazer as coisas acontecerem em nosso mundo. Essa é uma função. E, assim como a lava-louças, há mais de uma maneira de realizar uma função comportamental, e mais de uma maneira de construir um sistema para levar a cabo os comportamentos. O falecido e brilhante cientista da visão, David Marr, argumentou que, ao tentar entender o comportamento, a mente e o cérebro, os cientistas podem projetar explicações e teorias em três níveis. Nós nos referimos a eles como *Níveis de Análise de Marr*[1].

---

[1] Marr, 1982.

Marr trabalhou na compreensão da visão. E a visão, que discutirei com detalhes no *Capítulo 4*, pode ser estudada em três níveis diferentes. Marr descreveu o *Nível Computacional* como um nível abstrato de análise que examina a função real do processo. Podemos estudar o que a visão faz (como possibilitar a navegação, identificar objetos e até mesmo extrair características do mundo que ocorrem regularmente) neste nível, e isso não precisa se ocupar com as etapas reais ou com a biologia da visão. Mas no *Nível Algorítmico* de Marr, procuramos identificar as etapas do processo. Por exemplo, se quisermos estudar como os objetos são identificados visualmente, especificamos a extração inicial de formas, a maneira como as formas e contornos são combinados e, em seguida, como essas entradas (*inputs*) visuais para o sistema estão relacionadas ao conhecimento. Nesse nível, assim como na metáfora da lava-louças, estamos examinando uma série de etapas, mas não especificamos como essas etapas podem ser implementadas. Esse exame seria feito no *Nível de Implementação*, onde estudaríamos o funcionamento biológico do sistema visual. E, assim como com a metáfora da lava-louças, as mesmas etapas podem ser implementadas por sistemas diferentes (visão biológica *versus* visão computacional, por exemplo). A teoria de Marr sobre como explicamos as coisas tem influenciado muito o meu pensamento e a psicologia em geral. Isso nos dá uma maneira de conhecer alguma coisa. Quando estudamos algo em diferentes níveis de abstração, isso pode proporcionar *insights* sobre biologia, cognição e comportamento.

Saber algo sobre como sua mente funciona, como seu cérebro funciona e como o cérebro e a mente interagem com o ambiente para gerar comportamentos pode ajudar você a tomar decisões melhores e a resolver problemas de forma mais eficaz. Saber algo sobre como o cérebro e a mente funcionam pode ajudá-lo a entender por que algumas coisas são fáceis de lembrar e outras difíceis. Resumindo, se você quer entender por que as pessoas − e você − se comportam de determinada maneira, é útil entender como elas pensam. E se você quiser compreender como as pessoas pensam, isso ajuda a entender os princípios básicos da psicologia cognitiva, da ciência cognitiva e da neurociência cognitiva.

É disso que trata este livro.

SOBRE MIM

No livro *Viajando com Charley*, John Steinbeck afirma que as pessoas não levam um livro muito a sério até que saibam algo sobre a pessoa que o está escrevendo. É uma lição que ele aprendeu cedo, antes de se tornar um escritor conhecido. Eu acho que é uma boa observação. Isso ajuda a dar um contexto e

CAPÍTULO [1] | UMA INTRODUÇÃO SOBRE ESTE LIVRO

a personalizar a experiência de leitura. Embora este livro não seja sobre mim, escrevo a partir de uma perspectiva que é resultado de minhas experiências. Escrevo de um ponto de vista que desenvolvi ao longo de muitos anos. Minha formação, por mais mundana que possa parecer, forma o solo intelectual a partir do qual essas ideias surgem e crescem. Quero compartilhar um pouco de informação sobre quem eu sou e porque me interesso por cognição.

Você não precisa saber muito sobre minha primeira infância, mas quero escrever um pouco sobre minha formação acadêmica para contextualizar. Cresci nas décadas de 1970 e 1980 no Sudoeste da Pensilvânia, não muito longe de Pittsburgh. Após o colegial, obtive o diploma de bacharel em uma pequena escola a Nordeste de Ohio chamada Hiram College. Hiram é uma daquelas pequenas escolas de artes liberais que hoje são uma espécie em extinção. Elas já foram muito comuns na parte Nordeste dos Estados Unidos, embora muito menos em outras partes da América do Norte e do mundo. Havia apenas cerca de mil alunos lá do primeiro ao quarto ano, então, meu grupo, a turma de 1992, chegava às centenas. Na época, estudei psicologia e desde o início me interessei pelo aspecto do comportamento humano da psicologia, em oposição ao aspecto clínico ou de aconselhamento. Realizei um projeto sobre o raciocínio moral e como as pessoas usam seus conceitos de moralidade para orientar a tomada de decisões. Eu não sei o que aconteceu com o projeto, e minha parte não estava terminada o suficiente para ser publicada. Mas isso me fez pensar sobre questões de comportamento e como usamos nossas memórias e conceitos para administrar as coisas da vida, o que acabou se tornando o foco de minha própria pesquisa.

Não fiz pós-graduação imediatamente, decidi trabalhar um ano para ganhar algum dinheiro e pensar no meu lugar no mundo. Porém, depois daquele ano percebi que sentia falta do ambiente acadêmico da universidade. Decidi que queria aprender mais sobre o comportamento humano e sobre como a mente funciona. E suponho que poderia ter feito isso sozinho como um *hobby*, mas queria um treinamento formal. Eu me matriculei em um programa de mestrado em psicologia experimental na Universidade Bucknell. Enquanto estive lá, trabalhei em um laboratório que estudava cognição musical. Não estava interessado em cognição musical em si, mas o laboratório em que estava trabalhando pesquisava como as pessoas se lembram de melodias familiares. E isso aumentou meu interesse em como elas usam suas memórias para coisas familiares de forma a orientar decisões futuras. Um pouco de conhecimento, porém, nunca é suficiente. Não mais de um ano depois do início do meu programa de mestrado, estava convencido de que, de maneira a entender como as pessoas pensam e por que se comportam de determinada maneira, precisava estudar em um programa maior. Procurei um doutorado.

Frequentei a Universidade de Buffalo, entre 1995 e 2000. A Universidade de Buffalo é o *campus* principal do grande sistema da Universidade Estadual de Nova York. É uma grande universidade de pesquisa intensiva, com um departamento de psicologia grande e diversificado e um dos mais antigos programas de ciências cognitivas interdisciplinares do país. E enquanto estive lá trabalhei em um laboratório que finalmente pareceu satisfazer minha curiosidade intelectual. Era um laboratório de ciências cognitivas e nossa ênfase era entender como as pessoas aprendem novos conceitos. Posteriormente neste livro, escreverei um pouco sobre algumas das pesquisas que fiz como estudante de doutorado, e como descobri que, quando as pessoas estão aprendendo categorias compostas por apenas um pequeno número de coisas, elas tendem a confiar nas memórias com relação a essas mesmas coisas. Mas quando estão aprendendo categorias maiores e mais bem diferenciadas, tendem a formar abstrações. Em particular, descobri que quando as pessoas aprendem sobre um conceito a partir de exemplos específicos, elas aprendem o que geralmente é verdade sobre um conceito em primeiro lugar, antes de aprenderem exemplos específicos. Isso parece contraintuitivo, e o resultado foi interessante o bastante para se tornar uma publicação bem citada.

Após meu doutorado, estudei como pesquisador de pós-doutorado no Instituto Beckman de Ciência e Tecnologia Avançada, que fica na Universidade de Illinois, em Urbana-Champaign. E desde 2003, sou professor de psicologia na Universidade de Western Ontario (também conhecida como "Western"), uma das maiores universidades de pesquisa do Canadá. Embora eu tenha feito muitas outras coisas e tido uma série de outros empregos, é certo dizer que tenho estado interessado no estudo da psicologia – especificamente psicologia cognitiva – por quase trinta anos. Também é seguro dizer que há poucas chances de eu perder o interesse neste tópico. Como a maioria das pessoas, sou fascinado em como os indivíduos se comportam, como pensam, como agem. Tanto que decidi fazer disso uma carreira em tempo integral.

Em uma grande universidade de pesquisa como a Western, os professores estão, em geral, envolvidos tanto no ensino quanto na pesquisa. Como acadêmico, leciono e dou palestras sobre psicologia cognitiva em nível de graduação e pós-graduação. Como cientista e pesquisador, mantenho um programa ativo de pesquisa que envolve o treinamento de alunos de doutorado, mestrado e graduação. Minha pesquisa é principalmente para tentar entender como o cérebro e a mente funcionam para aprender novos conceitos e novas categorias, e também como as pessoas usam os conceitos para pensar, planejar e tomar decisões.

Porém, não vou escrever demais sobre minha própria pesquisa neste livro, porque é uma pequena parte do quadro geral. Em vez disso, vou descrever e explicar a ciência da cognição. Descreverei o que é cognição e como podemos estudá-la. Mostrarei como o cérebro funciona para criar cognição. Detalharei como pensamentos, comportamentos e ações podem ser explicados pelo estudo do cérebro e pelo estudo da cognição. Vou explicar o que psicólogos e cientistas sabem sobre cognição e como pode ser útil e interessante saber um pouco mais sobre como você pensa, como se comporta, por que algumas coisas são fáceis de lembrar e por que outras nem tanto.

Escreverei sobre como você aprende a ler, porque nunca se esquece de como andar de bicicleta e porque há sempre um custo para a multitarefa, não importa o quão bom você pensa que é em fazer duas coisas ao mesmo tempo. Vou escrever sobre como você toma decisões e resolve problemas e como os mesmos processos gerais que o ajudam a tomar decisões boas e rápidas também o levam a cometer erros. E o mais importante, escreverei sobre como os cientistas estudam esses tópicos e ideias e como fazem descobertas sobre a mente, o cérebro e o comportamento. Em suma, espero dar a você um guia sobre como a mente funciona escrito por alguém de dentro dessa pesquisa.

Na maior parte do tempo, escreverei sobre como o cérebro e a mente funcionam da perspectiva de um psicólogo cognitivo. Ou seja, um psicólogo que estuda o processo do pensamento. Mas, como sugeri acima, existem princípios básicos de psicologia, ciência cognitiva, ciência da percepção e neurociência que devem ser considerados. Vamos ver como essas diferentes abordagens da ciência da mente surgiram. De maneira a fazer isso, precisamos dar uma olhada na história da psicologia enquanto ciência e examinar alguns dos *insights* e ideias da psicologia e da filosofia do século XX em diante. É uma história interessante por si só e importante para a compreensão da psicologia hoje.

CAPÍTULO 2

UMA HISTÓRIA DA PSICOLOGIA COGNITIVA

Cada livro, cada conceito, cada opinião política e cada ideia que discutimos hoje tem alguma história de fundo. Novas ideias existem no contexto de ideias mais antigas. No *Capítulo 1*, escrevi um pouco sobre minha própria história de fundo, e como me interessei por conceitos e categorias, comportamento humano e como acabei ensinando as pessoas sobre o pensar. Esse era o meu próprio contexto. Conhecer um pouco sobre a história de alguém nos ajuda a entender quem a pessoa é. Da mesma forma, saber um pouco sobre a história de fundo e o contexto de uma ideia ajuda a torná-la mais acessível e compreensível. Afinal, usamos nossa memória do passado para fazer julgamentos e tomar decisões sobre o futuro. Usamos nossa memória e conhecimento sobre o contexto para organizar e perceber o presente. Neste capítulo, escrevo um pouco sobre a história de fundo da psicologia cognitiva, de forma que possamos compreender melhor as teorias e ideias presentes neste livro. A história da psicologia cognitiva é mais interessante do que você pode imaginar. Remonta à antes do Iluminismo. Houve uma revolução, desentendimentos amargos, grandes personalidades e, à medida que novas tecnologias são desenvolvidas para criar imagens do cérebro, as descobertas atuais serão a história de fundo do avanço científico no futuro.

Vejamos o que torna a psicologia uma ciência, quais questões a psicologia está equipada para responder e como se tornou a ciência moderna que é hoje.

CAPÍTULO 2 | UMA HISTÓRIA DA PSICOLOGIA COGNITIVA

CAMPOS DE ESTUDO

Existiram muitas maneiras de tentar entender como a mente funciona. As ideias deste livro, bem como a pesquisa que exerço e o ensino que ministro em geral, caem sob o guarda-chuva da psicologia cognitiva. E esta é uma disciplina tradicional. Isso significa que há algum acordo dentro da área sobre quais são os tópicos importantes, o que se sabe, o que ainda não se sabe e o que você pode estudar. Dentro do campo da psicologia cognitiva estão o estudo da memória, atenção, percepção, linguagem e pensamento. A psicologia cognitiva não inclui o estudo direto dos neurotransmissores, os efeitos psicológicos do *bullying* e os tratamentos para a depressão, que se enquadram em outras subdisciplinas da psicologia. Se você acessar a maioria dos *sites* de universidades e faculdades, encontrará um departamento de psicologia que provavelmente oferece cursos de "psicologia cognitiva", ou talvez toda uma área de pesquisa sobre o assunto. Isso é ordenado e dá a impressão de que temos algum senso de organização e consistência interna em nosso campo. Dá a impressão de que concordamos com o que estudamos.

Se ao menos fosse simples assim...

Acontece que não é tão fácil classificar essas áreas de estudo. Por um lado, muitos psicólogos cognitivos são influenciados por (e, por sua vez, influenciam) outros campos e disciplinas. Alguns psicólogos estudam os aspectos biológicos da cognição e do comportamento. Outros avaliam como a pesquisa psicológica pode ser aplicada de forma a melhorar o aprendizado. Outros ainda estão interessados em como mensurar o comportamento e a cognição. Há psicólogos cognitivos trabalhando em empresas, tentando entender como agimos, nos comportamos e reagimos a novos produtos. E, ao mesmo tempo, mudanças e avanços em tecnologia e em ideias criaram áreas que se sobrepõem a esses campos mais antigos e se entrelaçam uns aos outros. Muitos desses tópicos também se enquadram em outras áreas. Por exemplo, há psicólogos e cientistas da visão que se especializaram no estudo da percepção e que não consideram o tema que estudam como psicologia cognitiva por si só. Há psicólogos que estudam o pensamento, o raciocínio e a tomada de decisões que podem ser mais bem descritos como economistas comportamentais. Existem muitos psicólogos que estudam os efeitos da motivação sobre a cognição e que se consideram psicólogos sociais. E os pesquisadores que estudam inteligência e QI, que parecem estar relacionados à cognição, quase sempre vêm da tradição da psicologia de medição, em vez da psicologia cognitiva.

Deveria ser muito simples traçar limites em torno dos campos de estudo, mas, na realidade, não é nada simples. Contudo, para os objetivos deste livro, tenho que colocar alguns limites. Vou me concentrar em três campos amplamente definidos: ciências cognitivas, psicologia cognitiva e neurociência cognitiva. Esses três campos buscam entender o que o cérebro e a mente fazem, em entender como o cérebro dá base ao pensamento e à cognição e como isso, por sua vez, afeta e impulsiona o comportamento. Esses campos também mapeiam, de forma muito livre, os três níveis de análise que descrevi anteriormente. O campo interdisciplinar das ciências cognitivas tende a se entusiasmar com o nível computacional de análise. Não exclusivamente, é claro, mas a ênfase está lá em parte porque, como veremos em algumas páginas, a ciência cognitiva tem uma visão de alto nível da cognição a partir da perspectiva de muitas disciplinas tradicionais diferentes. A segunda, a psicologia cognitiva, tende a enfatizar o estudo do processo e da função, da mesma forma que o nível algorítmico de análise. E o terceiro campo, a neurociência cognitiva, trabalha para entender como a cognição é implementada no cérebro. Sim, esses campos se sobrepõem, e essas não são as únicas distinções que existem. Mas tentarei argumentar que essas são as melhores categorias possíveis para nossa discussão e que são, de muitas maneiras, descendentes de campos mais antigos que precederam o estudo científico da psicologia.

Onde eu me encaixo? Fui treinado como psicólogo cognitivo. Isso significa que estudo como a memória funciona, como a mente opera para tomar decisões, como classificamos e categorizamos as coisas e como prestamos atenção a algumas coisas enquanto ignoramos outras. E eu conto principalmente com experimentos comportamentais realizados em laboratório para fazer isso, e frequentemente complemento a pesquisa com modelos computacionais que descrevem como os diferentes processos e algoritmos podem funcionar. A psicologia cognitiva está preocupada com a mente humana, embora nem sempre usemos o termo "mente" o tempo todo. A maior parte dos psicólogos cognitivos não tem foco clínico, então não estamos necessariamente estudando o diagnóstico e o tratamento de comportamento psicopatológico, saúde ou doença mental.

Mas, às vezes, descrevo minha pesquisa como ciência cognitiva, especialmente se quiser enfatizar as relações com outros campos e disciplinas. Outras vezes, descrevo minha pesquisa como neurociência cognitiva, pois posso estar explorando uma explicação com base no funcionamento do cérebro para entender algum conjunto de resultados, ou porque estou usando uma técnica baseada no funcionamento do cérebro. No entanto, normalmente não me refiro ao meu trabalho como "neurociência". A neurociência é uma disciplina muito ampla, com suas próprias tradições e práticas, das quais não faço parte. Eu também não usaria os termos "neuropsicologia" ou "neuropsicologia cognitiva", uma vez que esses campos, embora semelhantes, tendem a abordar as aplicações clínicas da pesquisa do cérebro. Tais cientistas costumam trabalhar em ambientes clínicos com pacientes que sofrem de distúrbios cerebrais.

CAPÍTULO 2 | UMA HISTÓRIA DA PSICOLOGIA COGNITIVA

O que todos esses termos realmente significam? Existe alguma diferença? Estamos todos estudando a mesma coisa, mas usando termos diferentes? Eles não se referem de verdade à mesma coisa, embora muitas pessoas (como eu) usem mais de um desses termos para descrever o que fazem. Para responder a essa pergunta precisaremos voltar alguns anos, ou talvez alguns séculos.

PRECURSORES DA PSICOLOGIA

A psicologia cognitiva, ciência cognitiva e neurociência cognitiva são disciplinas relativamente novas. Mas isso não significa que o cérebro, a mente e o comportamento foram ignorados pelos cientistas anteriores ao seu advento. Longe disso. As formas mais antigas de investigação eram mais introspectivas e intuitivas. Introspecção significa "olhar para dentro", e se você não tem outras técnicas ou ferramentas para mensurar o pensamento e o comportamento, o autoexame não é uma má maneira para começar. Essas primeiras tradições introspectivas geraram percepções e ideias interessantes, mas a técnica introspectiva carecia de rigor científico. No entanto, ainda vale a pena dar uma olhada em algumas dessas pesquisas iniciais por conta da maneira como isso influenciou o que veio a seguir. Ajuda também a definir quais perguntas queremos fazer sobre como a mente funciona. Nossa ciência moderna e a compreensão moderna do cérebro e da mente trazem vestígios dessas primeiras descobertas. As pessoas estão interessadas em pensar desde que começamos a pensar. Mas foi apenas nos últimos cem anos que os humanos foram capazes de estudar o pensamento e a cognição através do modo científico moderno.

Quais são os precursores da ciência psicológica moderna? Não quero recuar muito no tempo, então começarei brevemente com alguns dos filósofos do Iluminismo europeu. John Locke (1632-1704), por exemplo, foi um filósofo inglês cujo importante trabalho foi realizado no final do século XVII. Locke foi prolífico, influente e fez contribuições para a ciência política, economia e filosofia. Também foi um dos primeiros pensadores a apresentar uma ideia absolutamente moderna sobre como a mente funciona. A contribuição fundamental de Locke para a psicologia foi a ideia de que o conhecimento não é inato. Os humanos não nascem com ideias, pensamentos e conceitos prontos. Em vez disso, devemos adquirir o que sabemos através de experiência direta e sensorial com o mundo. Ele argumentou que a mente era uma "tela em branco" no nascimento e se referiu a isso como *tabula rasa*, que é uma frase em latim que significa tábua ou lousa em branco. Nenhum de nós escreve em lousas, é claro, portanto, essa metáfora comum pode não fazer muito sentido. Mas uma lousa é apenas um pequeno quadro-negro portátil, que um dia já foi feito de ardósia de verdade; como um Microsoft Surface Pro com apenas um recurso e resolução de tela realmente baixa. A mesma metáfora poderia ser expressa nos tempos modernos, dizendo que a mente é uma "página em branco", ou uma "folha em branco", ou mesmo um "novo arquivo".

Chamamos a ideia de Locke de "empirismo". Nascemos sem saber nada sobre o mundo, mas temos sistemas sensoriais com algumas restrições básicas e fundamentais. Por meio da experiência e da observação, aprendemos como o mundo funciona, como falar e ler e como adquirir novos conhecimentos. Aprendemos observando as associações entre as coisas, a correlação natural entre eventos e fazendo inferências sobre suas causas. As ideias de Locke de como adquirimos novos conhecimentos e, em seguida, estendemos nosso conhecimento a novas situações foram desenvolvidas por David Hume (1711–1776) em seu trabalho sobre associação e indução. Terei muito mais a dizer sobre Hume e indução posteriormente neste livro, mas sua contribuição principal foi explicar algumas restrições à ideia da folha em branco. Enquanto Locke argumentou que os humanos têm uma capacidade inata de raciocinar, Hume sugeriu que não temos essa capacidade. Isso apresenta um paradoxo: se não temos capacidade de raciocinar e generalizar, como podemos aprender, seja o que for? Ou seja, como sequer sabemos como começar a escrever na lousa em branco? Hume afirmou que aprendemos a fazer previsões, inferências e conclusões sobre o mundo pelo processo de indução. Com a indução, contamos com nossas experiências passadas para fazer previsões sobre o futuro e, de acordo com Hume, temos o instinto, ou hábito, de fazer isso. Em outras palavras, a mente não é uma lousa totalmente em branco. É uma lousa com algumas regras. Uma lousa com memória. Uma lousa que pode generalizar a partir do passado.

Embora hoje entendamos muito mais sobre a natureza do cérebro, o papel da genética e as restrições de nossos sistemas cognitivos e sensoriais, nossa compreensão moderna da mente e do cérebro ainda é basicamente uma visão empirista. Agora, temos isso como certo, mas nem sempre foi assim. Antes de Hume e de Locke, as pessoas entendiam que as ideias, pensamentos e conceitos eram inatos e/ou divinos. Esse conceito de que as ideias são inatas vai muito além da suposição de que herdamos habilidades naturais de nossos pais. Uma visão verdadeiramente nativista acredita que os próprios conceitos e ideias já estão dentro de nós, esperando para serem descobertos. O filósofo francês, considerado o fundador do Iluminismo moderno, René Descartes (1596–1650), acreditava que os conceitos e as ideias são inatos e estão conosco desde o nascimento. Sua ideia (suponho que ele até acreditava que suas ideias sobre as ideias eram inatas) era que nossa alma, que é semidistinta do corpo, já tem acesso ao conhecimento idealizado diretamente de Deus, e que podemos aprender a descobrir essas verdades com o tempo e reflexão. As ideias de Descartes eram de natureza dualística. Ou seja, ele acreditava que o corpo e a mente estavam ligados, mas não eram a mesma coisa. Ele acreditava que a mente não pertencia inteiramente ao mundo físico e que tinha conexões com um mundo divino.

Eu não entendia essa ideia quando a ouvi pela primeira vez quando era estudante de graduação. Fazia pouco sentido para mim. Mas começou a fazer quando dei uma olhada no contexto histórico mais amplo. Descartes nasceu no final do século XVI, numa época em que os europeus viviam as mudanças da chamada "Era das Explorações" e da Reforma. Ele era católico, e pensar nisso ficou mais fácil para imaginá-lo lutando contra uma dualidade de um tipo diferente. Tentar desenvolver uma compreensão moderna da mente, que ainda se encaixasse na estrutura anterior da Idade Média, quando Deus desempenhava um papel fundamental em tudo o que acontecia. Descartes traçou uma linha divisória. Assim, vejo seu dualismo como uma consequência natural dessa linha. De um lado da linha estão as ideias mágicas, metafísicas e divinamente inspiradas do passado e do outro, a ciência do futuro, racional, física e centrada na Terra.

Embora haja algum apelo intuitivo à noção de que os pensamentos vêm de dentro, consideramos as ideias básicas do empirismo tão óbvias hoje que não é fácil apreender a concepção cartesiana[2] de conceitos inatos. No entanto, ainda há aspectos dessa visão que influenciam o modo como a psicologia moderna tenta entender como pensamos. Nossos pensamentos e ideias parecem vir de dentro de nós. As pessoas têm todos os tipos de pensamentos e ideias interiores. Além disso, a neurobiologia básica de como percebemos, ficamos presentes e pensamos parece ser parcialmente determinada por nossos genes, e é produto da evolução. Apesar da evolução e da seleção natural em si serem o resultado de pressões ambientais externas sobre o organismo, nossos genes armazenam um registro de como nossos ancestrais se adaptaram à pressão. Ou seja, mesmo as explicações biológicas não são inatas no sentido cartesiano. Mas, ainda assim, faz sentido estudar alguns aspectos da cognição e do pensamento como um processo inato.

No entanto, também existe um apelo à ideia de que nossas ideias, pensamentos e conhecimento vêm de fora de nós. Afinal, contamos com a nossa

---

2 Cartesius é a forma latinizada do nome de Descartes. *Cartesiano* é, então, a adjetivação de seu nome para ideias e obras associadas a ele. As coordenadas cartesianas, ou espaço X-Y, são um exemplo. Foi dito que Descartes teve um *insight*, que ele acreditava ser divino ao observar uma mosca no teto. Ele percebeu que poderia descrever o local usando as linhas onde o teto e a parede se encontravam e que qualquer local nesse plano poderia ser descrito com essas duas coordenadas. Descartes e a mosca, Newton e a maçã, Arquimedes na banheira, adoramos contar histórias sobre pessoas que descobrem coisas por meio de *insights* enquanto estavam sentadas por aí, divagando. Isso é, evidentemente, o que as pessoas faziam antes da *Internet*.

memória, que é a representação de coisas que aconteceram, para planejar ações e tomar decisões. Falamos a língua que falamos por causa de quem e do que estamos rodeados. Vemos o mundo pelos olhos de nossa cultura. Tudo o que sabemos vem de nossa experiência com o mundo e aprendemos coisas novas sobre nosso meio através dos conceitos que formamos a partir dessas experiências.

Na linguagem popular, essa tensão entre explicar nossos pensamentos de acordo com as habilidades cognitivas com que nascemos contra as que adquirimos é muitas vezes referida como o contraste de natureza *versus* criação. De acordo com esse contraste, imaginamos que nossa psicologia seja um produto daquilo que a natureza nos deu, uma ideia derivada do nativismo cartesiano, ou um produto de como nossas mentes foram estimuladas, um conceito que descende do empirismo. Apesar de ser enquadrado como um contraste, nativismo *versus* empirismo, ou natureza *versus* criação, ninguém realmente acredita que esta seja uma distinção entre um ou outro. Em vez disso, o contraste sugere que ambos desempenham um papel em nosso desenvolvimento mental, em como formamos conceitos e ideias, assim como em nossa psicologia. Reconhecemos que alguns processos psicológicos e habilidades são mais influenciados por genes e restrições biológicas, enquanto outros são mais influenciados pelo que vivenciamos. Esta é a visão dominante em nossa compreensão moderna da mente. Nossas mentes são uma espécie de lousa-em-branco-mas-com-regras neurobiológica, as quais funcionam de maneiras previsíveis, governadas por princípios que herdamos biologicamente. Lousas em branco com regras, restrições, vieses e princípios. Os psicólogos cognitivos tentam entender as regras, restrições, vieses e princípios de como essas lousas funcionam.

Por séculos e séculos, filósofos (incluindo Descartes, Locke, Hume e outros que discutirei), clérigos, médicos e pensadores tentaram entender de onde vêm nossos pensamentos. Embora esse trabalho inicial tenha sido importante e ainda hoje molde nossa visão de mundo, foi somente no final do século XIX que alguns cientistas começaram a aplicar o método científico para tentar responder à pergunta "de onde vêm os pensamentos?".

A primeira tentativa séria de se fazer isso foi empreendida por Wilhelm Wundt (1832–1920) no final do século XIX. Wundt era um médico em Leipzig, Alemanha, que queria compreender os processos da mente da mesma forma que os fisiologistas estudam a estrutura dos órgãos e sistemas do corpo. O problema era, naturalmente, que você consegue observar coisas como fluxo sanguíneo, vísceras, ossos e fluídos em outros corpos, registrar o que vê e desenvolver teorias a partir dessa observação. Entretanto, você não pode fazer isso com o pensamento (hoje, meio que podemos fazer isso por meio da neuroimagem, mas trata-se de um desenvolvimento recente e falarei sobre isso mais tarde no *Capítulo 3*).

CAPÍTULO 2 | UMA HISTÓRIA DA PSICOLOGIA COGNITIVA

Wundt percebeu que, caso pretendesse levar a sério o estudo científico do pensamento, precisava de alguma forma de mensurar e registrar o que foi observado. Uma boa mensuração e registros dos dados são essenciais para a ciência. Ciência sem mensuração e registros dos dados é apenas especulação e ficção. À medida que a Revolução Industrial deu lugar ao moderno século XX, os cientistas da mente começaram a procurar maneiras de quantificar e mensurar. E com o trabalho de Wundt, chegamos aos primórdios da psicologia como ciência.

OS PRIMÓRDIOS DA PSICOLOGIA EXPERIMENTAL

"Psicologia" é um termo muito amplo. No uso popular, pode significar muitas coisas. A definição mais comum é psicologia clínica. Pensamos no psicólogo como alguém que interage com clientes ou pacientes de forma a ajudá-los com sua saúde mental e seu bem-estar. E essa é certamente uma importante descrição do trabalho do psicólogo. Porém, existem outros tipos de psicólogos. Fora do domínio clínico, podemos nos referir ao que fazem como "psicologia experimental" (ou, às vezes, "ciência psicológica", embora isso também inclua o trabalho clínico). A psicologia experimental é mais bem definida como a aplicação do método científico à compreensão do comportamento humano. Uma das coisas mais importantes no método científico é a mensuração. Os cientistas querem medir coisas, sejam elas átomos, esporos, massa corporal, pressão atmosférica ou comportamento humano, e deve haver uma maneira de mensurar as coisas de forma que todos estejam de acordo. As coisas que você mede e a maneira como você as mede definirão os tipos de dados que você pode coletar. Isso, por sua vez, afeta o que você pode estudar, as perguntas que pode fazer e as conclusões que pode tirar de sua pesquisa. De uma forma muito real, a ciência é movida pela precisão e pelas limitações da tecnologia para medir e registrar as coisas.

No início da história da psicologia experimental, entretanto, não havia padrões consensuais. Ninguém nunca tinha feito algo assim antes. Ninguém jamais havia usado o método científico para estudar o comportamento. Mas, no final do século XIX, alguns pesquisadores – seguindo o exemplo da medicina, fisiologia e biologia – começaram a desenvolver maneiras de observar e analisar o comportamento. Wundt foi o principal desse grupo de estudiosos. Ele estava interessado em compreender como as pessoas criavam e entendiam as experiências perceptivas. Por exemplo, suponha que alguém lhe peça para escolher um cartão vermelho de uma série de quatro cartões de cores diferentes. O que se passa em sua mente enquanto você toma essa decisão? Parece bastante simples, basta escolher o cartão vermelho. Para realizar a tarefa muito simples de pegar um cartão vermelho de uma série de quatro cartões coloridos, você precisa ser capaz de fazer seus olhos e mãos responderem a uma declaração verbal, trabalhando em conjunto para realizar esses comportamentos.

Reserve um momento para considerar:

- Você precisa ouvir as instruções;
- Você precisa entender a instrução;
- Você precisa direcionar seus olhos para as cartas;
- Você precisa direcionar sua atenção para cada carta;
- Você precisa reconhecer as diferentes cores, talvez as comparando com alguma memória ou representação interna;
- Você precisa tomar uma decisão sobre qual carta é a mais adequada;
- Você precisa de um critério de decisão (ou seja, quão próxima a correspondência deve ser?);
- Você precisa fazer sua mão alcançar o cartão vermelho.

E isso está longe de ser uma lista completa; mesmo a primeira afirmação, "você precisa ouvir a instrução", pressupõe informações adicionais sobre a percepção auditiva e o reconhecimento da fala. Cada etapa envolve outras etapas intermediárias e sub-rotinas. Pegar um cartão em resposta a um pedido verbal envolve uma longa lista de etapas. E, no entanto, a maioria de nós seria capaz de fazer isso tão rápido e tão facilmente que seria difícil descrever. Como você mediria todas essas etapas e, mais ainda, as descreveria?

Na ausência de qualquer outro tipo de técnica de mensuração, Wundt desenvolveu algo chamado "introspecção treinada", que significa olhar para dentro. Os participantes do experimento, no laboratório de Wundt, se concentrariam em observar seus próprios pensamentos e comportamentos. Ao contrário da introspecção ingênua, na qual podemos estar vagamente cientes do que ocorre na mente, a introspecção treinada requer concentração e prática considerável para ser capaz de gerar consistência interna na observação.

Portanto, quando você for solicitado a escolher um cartão vermelho de uma série de quatro cartões de cores diferentes, deve primeiro se concentrar em ouvir as instruções e observar que uma dessas palavras o lembra de uma cor. Você pode então observar seus olhos sendo atraídos quase automaticamente para as cartas à sua frente e as examinando rapidamente em busca da carta vermelha. Mas como saber qual é a carta vermelha? Você precisa introspectar um pouco mais, de forma a pensar sobre como reconhece a cor pelo que ela é. Isso leva tempo, prática e esforço.

CAPÍTULO 2 | UMA HISTÓRIA DA PSICOLOGIA COGNITIVA

Wundt, e mais tarde seu aluno Edward Titchener (1867–1927), desenvolveram o que hoje chamamos de *estruturalismo*, porque estavam interessados em descobrir a estrutura do pensamento. Na época, não havia um consenso claro de que todos esses pensamentos aconteciam em diferentes áreas do cérebro. O estruturalismo não está preocupado com a estrutura do cérebro, mas sim com a estrutura do pensamento. Os estruturalistas eram treinados em introspecção, assim como podemos treinar fisiologistas em anatomia básica ou químicos na habilidade de medir com a pipeta.

Se você fez alguma leitura sobre meditação e atenção plena, isso pode lembrá-lo do tipo de exercícios que as pessoas fazem quando estão aprendendo a ser conscientes de seus próprios pensamentos. A introspecção, assim como a atenção plena, envolve treinar-se para estar ciente do que está acontecendo em sua mente. Ela pode proporcionar importantes *insights* sobre a complexidade da percepção, memória e pensamento. Infelizmente, a introspecção não é muito científica ou confiável. Pesquisadores de diferentes laboratórios de pesquisa rapidamente perceberam que a introspecção como técnica não é confiável. Também tende a ignorar muitas influências inconscientes. Por exemplo, se você for solicitado a escolher um cartão vermelho de uma série de quatro cartões de cores diferentes, sua mão provavelmente começará a se mover em direção ao cartão vermelho assim que você ouvir a palavra "vermelho". É muito difícil fazer uma introspecção sobre esse aspecto do comportamento. Muitas ações motoras orientadas visualmente são involuntárias. Os movimentos dos olhos em direção ao cartão vermelho também seriam involuntários e indisponíveis para inspeção. Como resultado, a introspecção é inadequada para observar muitos dos aspectos básicos da cognição e do comportamento humanos. Simplesmente não podemos pensar objetivamente sobre o modo como dirigimos nossa atenção, como reconhecemos objetos e como trazemos coisas da memória. Normalmente estamos cientes dos subprodutos, isto é, das memórias e do conteúdo de nossos pensamentos, mas não estamos cientes dos processos cognitivos e neurais que produzem esses subprodutos.

BEHAVIORISMO

A obra de Wundt, junto com o trabalho de Titchener, foi importante, mas incompleto. A introspecção simplesmente não é a técnica certa para entender como nossas mentes funcionam. É muito variável, muito difícil de controlar e muito limitada para ser um padrão de mensuração. Os psicólogos tentaram agir em conjunto e desenvolver maneiras sistemáticas de medir comportamentos com precisão e objetividade. Normalmente nos referimos à segunda fase como *behaviorismo*, porque esses psicólogos se opuseram a Wundt (e também a psicanalistas como Freud) que buscavam estudar esses estados mentais internos e subjetivos. Em vez disso, eles argumentaram que, para a psicologia ser levada a sério como ciência, ela deveria limitar seu foco apenas às coisas que podiam ser medidas e observadas objetivamente. Como resultado, psicólogos como John Watson (1878–1958) e B. F. Skinner (1904–1990) começaram a estudar o comportamento como uma função de entradas (*inputs*) de estímulos (o que um organismo pode ver ou ouvir) e saídas (*outputs*) comportamentais (o que um organismo faz em reação ao estímulo).

O experimento psicológico dessa época, que se tornou clichê, é o de um rato em uma gaiola que, ao pressionar um botão ou alavanca, em resposta a um sinal, recebe uma recompensa em forma de alimento. Os behavioristas optaram por estudar animais como ratos e pombos, não tanto porque estavam interessados no que os ratos e pombos podiam fazer, mas porque os ratos eram um modelo conveniente para o aprendizado em geral. A suposição é que todos os organismos seguiriam os mesmos princípios básicos. E em termos de aprendizagem associativa, os behavioristas estavam certos: ratos, gatos, macacos e humanos exibem alguns dos mesmos padrões. Por exemplo, minha gata Pep (abreviação de Peppermint) aprendeu a me acordar de manhã realizando uma longa e complexa série de ações. Pep vai miar, abrir a porta do guarda-roupa, sacudir as persianas, jogar-se na cama e, às vezes, até bater a porta. Ela faz tudo isso entre 5:00 e 5:30, *antes* do meu despertador matinal. Seu cérebro vinculou alguma associação entre os comportamentos que ela realiza, porque eles predizem meu acordar (e lhe dar comida). Ela aprendeu sobre a correlação entre o conjunto de comportamentos e a resposta eventual. Na minúscula mente felina de Pep, fez o que equivale a uma inferência causal sobre seus comportamentos que causam alguns dos meus comportamentos. Não sabe ou entende por que eles se adequam, apenas que se adequam. Ela aprendeu essas associações por meio de um processo que os behavioristas chamam de *condicionamento operante*. Os comportamentos que ela faz; coçar, miar e pegar coisas são ações que os gatos normalmente fazem. Mas se eu acordar e alimentá-la, ela aprenderá a associar um ou mais desses comportamentos à comida. Se eu não acordar e alimentá-la, ela não aprenderá a associar esses comportamentos. O aprendizado é gradual, mas não involuntário. Ela está motivada a aprender. Pep realmente quer me acordar porque ela quer mesmo ser alimentada.

Essa formação gradual de comportamento foi descoberta pela primeira vez por um psicólogo pioneiro chamado Edward Thorndike (1874–1949). Thorndike, como muitos dos primeiros psicólogos, estava muito interessado nos fenômenos mentais, mas não tinha certeza de como estudá-los. No início, ele tentou estudar telepatia em crianças. Como você pode imaginar, isso foi um fracasso, principalmente porque a telepatia é impossível. Porém, ele percebeu que as crianças que ele estudou podiam perceber pistas muito sutis, como os movimentos involuntários e inconscientes do pesquisador, e isso poderia *parecer* telepatia. Bons jogadores de pôquer, por exemplo, podem ler sugestões sutis, ou "sinais", como movimentos faciais involuntários. Isso levou Thorndike a tentar entender como o comportamento pode ser moldado por estímulos do ambiente. Depois de algumas tentativas menos do que bem-sucedidas de estudar a inteligência de pintinhos (ele não tinha permissão para ter galinhas em seu apartamento), desenvolveu um aparelho chamado "caixas problema" para estudar gatos. O gato era preso em uma caixa que tinha todo o tipo de alavancas e puxadores, e ele tentava de tudo para conseguir sair. Thorndike projetou a caixa de forma que uma sequência específica destrancasse a porta e o gato pudesse sair e comer. Era basicamente um *escape room*[3] para gatos, mas em vez de se divertir com os amigos, como os humanos fazem, o gato provavelmente ficava ou apavorado, ou entediado. Assim que adivinhavam a sequência, os animais eram treinados e testados novamente, e Thorndike descobriu que seu comportamento era moldado pela recompensa final. Isso parece muito óbvio para nós agora, mas na época foi inovador, pois demonstrou que os gatos podiam reter um traço de memória do que tinham acabado de fazer, e esse traço poderia ser fortalecido (ou "carimbado", nos termos de Thorndike). E assim como a evolução e a seleção natural podem selecionar e favorecer certos traços que ajudam o organismo a sobreviver no longo prazo, esse comportamento modelador pode selecionar e favorecer comportamentos que ajudam o organismo a sobreviver no curto prazo.

Os humanos fazem exatamente a mesma coisa, é claro. Vejo um ótimo exemplo quando estaciono no *campus* da universidade. Os alunos, professores e funcionários que compram um passe de estacionamento têm um identificador afixado em seu veículo que é lido por um sensor de rádio (RFID) que abre o portão. Você pode adquirir um desses identificadores caso trabalhe em uma universidade, hospital ou um grande escritório. Mas ninguém realmente entende como funciona. Eu vejo as pessoas dirigindo, tentando posicionar seus carros no lugar certo, tentando posicionar seu identificador no local adequado, puxar para cima lentamente, parar, mover, parar; assim como meu gato faz ao executar toda a sequência de comportamentos que predizem o meu despertar, os motoristas realizam toda uma sequência de ações, às vezes desnecessárias, para fazer o portão abrir.

---

[3] *Escape Room* são jogos de raciocínio em cenários criados para que os jogadores consigam, dentro de um tempo determinado, encontrar a saída antes que o tempo acabe. (N. E.)

Não sabemos quais ações são necessárias para fazer com que o portão se abra, apenas que alguma sequência de operações o é. O portão geralmente se abre e tudo o que estávamos fazendo antes disso é reforçado. Se por acaso você fizesse o carro ir para frente e para trás quando o portão se abriu, isso seria reforçado, mesmo que toda a sequência não fosse necessária para abrir o portão. A associação é gradual. Coisas que parecem funcionar são reforçadas. Coisas que não funcionam não são reforçadas. E alguns comportamentos irrelevantes podem acabar sendo reforçados, porque ocorrem juntamente com o resultado. Às vezes chamamos isso de "superstições".

Mas eis aqui a maior diferença: se quiséssemos, poderíamos tentar entender como funciona o portão. Poderíamos usar nossa habilidade de raciocinar. Poderíamos usar nossa linguagem para estabelecer uma hipótese e testá-la. Poderíamos ler um artigo *online*[4] e tentar entender como funciona o sistema RFID, qual é seu alcance e poderíamos ajustar nosso comportamento. Isso requer planejamento, linguagem e uma teoria da mente que pressupõe que outras pessoas sabem como as coisas funcionam e estão nos passando informações confiáveis. E quando isso é implementado, não acontece de forma tão gradual. Se ler as instruções, realizar as ações descritas e o portão se abrir, você simplesmente continuará fazendo isso. Em outras palavras, podemos nos dar ao luxo de ser capazes de compreender a causa e o efeito. Os gatos não têm esse luxo. Temos esse luxo porque temos uma linguagem. E o behaviorismo, como abordagem à psicologia, revela-se inadequado para explicar como e por que usamos a linguagem.

PSICOLOGIA COGNITIVA

Em 1957, o psicólogo behaviorista B. F. Skinner publicou um livro chamado *Comportamento Verbal*. Skinner já havia se tornado o psicólogo mais famoso do mundo. Ele era prolífico, interessante, conhecido e uma figura pública um tanto notória. Como estudante de graduação, inventou a câmara de condicionamento operante (também conhecida como "Skinner Box"), que era um aparelho que rastreia as respostas comportamentais feitas por ratos na presença de diferentes pistas e reforçadores. Por um tempo, até se acreditou que ele havia criado sua filha em uma câmara operante (ele não o fez). Ele era, em muitos aspectos, *a* autoridade em psicologia em meados da década de 1950. Na visão de Skinner,

---

[4] Quando fui pesquisar *online* "estacionamento RFID", encontrei páginas e páginas sobre "como *hackear* estacionamento". Parece que um denominador muito comum nos humanos é buscar vencer o sistema e dar um jeitinho.

todo comportamento pode ser explicado pelos mecanismos fundamentais de aprendizagem por reforço. E assim, o livro *Comportamento Verbal* apresenta uma teoria sobre como isso deve funcionar, argumentando que aprendemos a nos comunicar porque somos reforçados ao dizer algumas coisas e não outras. Ou seja, os humanos usam a linguagem para obter as coisas de que precisam. Quando uma criança aponta para um brinquedo ou comida e verbaliza algo, ela recebe o brinquedo ou a comida. Com o tempo, seu comportamento verbal é moldado de acordo com as mesmas regras do reforço e do aprendizado operante mais geral. Se a psicologia do behaviorismo era para ser uma ciência natural do comportamento humano, então as regras e leis do aprendizado deveriam ser generalizadas para a gama do comportamento humano, incluindo a linguagem.

Porém, o livro encontrou uma espécie de retrocesso no campo da linguística. Noam Chomsky, por exemplo, escreveu uma extensa resenha e crítica ao livro de Skinner. Sim, o mesmo Chomsky que agora é provavelmente mais famoso por seus debates com William F. Buckley, uma aparição no *Da Ali G Show* e sua política de esquerda. A revisão de Chomsky apontou que a linguagem é um comportamento complexo, que é aprendido com exemplos mínimos e menos na forma de *feedback* (ele mais tarde se referiu a essa ideia como a "pobreza do estímulo"). As crianças dizem coisas que nunca ouviram e podem obter recompensas quando falam algo incorreto. Quando uma criança diz "eu *eh* suco", os pais vão buscar um pouco de suco para ela. Os pais, provavelmente, não iriam ignorá-la até que ela dissesse, "Eu gostaria de um pouco de suco". Em vez disso, Chomsky argumentou que deve haver alguns comportamentos inatos que tornam a linguagem quase impossível de *não* se aprender.

A crítica de Chomsky em 1959 foi um sucesso. Não tanto um sucesso de público de modo geral, mas um sucesso entre muitos psicólogos e linguistas que viam Skinner e outros behavioristas como rígidos demais, muito comprometidos com uma teoria específica e desdenhosos de outras abordagens propostas para estudar o comportamento e a mente. Outros viram a crítica de Chomsky da mesma forma que você pode ver um crítico que gosta (ou odeia) os mesmos filmes que você gosta (ou odeia). A crítica de Chomsky forneceu alguma justificativa e um sentimento de "sim, obrigado!" às pessoas que estavam estudando fenômenos fora do reino do behaviorismo. A análise de Chomsky é agora considerada um dos documentos fundadores do que veio a ser chamado de "revolução cognitiva". Não foi algo planejado em segredo, ou travado em salas de aula, mas uma rápida mudança de pensamento. E a noção de que essa mudança de pensamento foi uma "revolução" tornou-se a história da origem da psicologia cognitiva experimental.

Sim, a psicologia cognitiva tem sua própria história de origem. De acordo com a versão ligeiramente fictícia, os departamentos de psicologia experimental na década de 1950 estavam quase todos comprometidos com o ensino do behaviorismo. Mas as pessoas queriam sair dos limites do estudo do comportamento como resultado de contingências de reforço, e (imaginou-se que) a crítica de Chomsky abriu a cortina e mostrou as limitações do behaviorismo. É um exagero, claro, mas se tornou parte da história da psicologia experimental. E, de fato, a década de 1960 foi uma época incrível de descobertas para a psicologia experimental. Realista ou não, o sucesso da psicologia cognitiva, na esteira da análise de Chomsky, pode ter reforçado a ideia de que essa crítica foi o estímulo, ou o catalisador, do desenvolvimento posterior da psicologia experimental, e fortaleceu a associação entre tal análise e a disciplina.

Havia outro aspecto, muito mais prático, mas menos dramático, nessa chamada revolução. No final da década de 1950 e início da década de 1960, a maioria das grandes universidades de pesquisa possuía e operava computadores *mainframe* nas suas pesquisas. À medida que iam sendo mais difundidos, foram disponibilizados para uso dos psicólogos. O desenvolvimento do computador digital tornou possível mensurar e analisar dados coletados de pessoas, que estavam bem além das taxas de resposta que foram mensuradas pelas câmaras operantes de Skinner. Os psicólogos foram capazes de desenvolver maneiras de medir o tempo de reação (a medida precisa, em milissegundos, de quão rápido uma pessoa pode responder a algo). Também puderam desenvolver meios de apresentar palavras e imagens de maneira visual para os participantes da pesquisa com um tempo muito preciso. Isso já era possível antes dessa época, mas as técnicas se desenvolveram consideravelmente na década de 1960. Esses avanços tecnológicos impulsionaram a psicologia experimental rapidamente, de uma forma que não teria sido possível sem os computadores.

Contudo, o mais importante, a meu ver, é que o computador tornou possível uma nova metáfora para a mente. Lembre-se de que os behavioristas desenvolveram a abordagem limitadora que tinham, a fim de controlar as formas menos científicas de medição que estavam sendo usadas pelos estruturalistas antes deles. Seu modelo da mente enfatizava funções mecânicas e também cálculos, mas sua abordagem não permitia qualquer observação ou descrição de estados mentais internos. Ao fazer isso, eles efetivamente limitaram a psicologia ao estudo das entradas (*inputs*) e saídas (*outputs*) de comportamento. Um computador tem *inputs* e *outputs*, mas também tem um estado interno claro e observável. Os circuitos eletrônicos e tubos dos primeiros computadores tornaram mais fácil ver que o mundo externo (*inputs*) poderia ser *representado* por meio de conexões de circuitos. Diferentes arquiteturas internas podem afetar o desempenho dos sistemas. A ordem das etapas do processamento de informações é importante. Essa representação pode influenciar o *output* do sistema, e é até algo que pode ser

CAPÍTULO 2 | UMA HISTÓRIA DA PSICOLOGIA COGNITIVA

estudado e analisado. Ao contrário do estruturalismo, que enfatizava o processo de pensamento, ou do behaviorismo, que estudava as leis do comportamento, o estudo das representações internas, como em um computador, fornecia algum meio de estudar estados internos inobserváveis.

O desenvolvimento do computador possibilitou o que podemos chamar da metáfora de "a mente é um computador", e essa metáfora passou a influenciar a forma como pensamos sobre a mente e o cérebro, e o modo como queremos estudá-los. A psicologia cognitiva, então, é o estudo do comportamento e da representação mental. É também o estudo da mente, que é o nome que costumamos dar ao processamento de informações e cálculos que ocorre no cérebro.

Como vimos nas seções anteriores, as metáforas da mente são um produto de seu tempo e uma força motriz na forma como a ciência é conduzida. Descartes, na Europa da Era Renascentista, viu a influência de Deus e do divino. Para ele, a mente não era totalmente parte do corpo. Também fazia parte do divino. E assim, o nativismo é uma consequência razoável dessa metáfora: sua mente é o que Deus projetou. A mente tinha sido vista como uma lousa em branco durante a Era do Iluminismo, como anatomia funcional na Era de Darwin, ou como um motor de estímulo-resposta durante a Revolução Industrial. Essas metáforas – o divino, o vazio e o mecânico – enquadram a investigação científica. As limitações dessas metáforas também provocam mudanças no pensamento científico. A metáfora do computador é a metáfora que impulsiona a psicologia cognitiva. E mesmo quando aprendemos mais sobre o cérebro, inclusive no nível dos neurônios, a metáfora parece estar de acordo. Pode ser uma mudança de paradigma muito mais profunda.

CIÊNCIA COGNITIVA

A história da ciência e da tecnologia é frequentemente delineada por *mudanças de paradigma*. Trata-se de uma mudança fundamental na forma como vemos o mundo e em nossa relação com ele. As grandes mudanças de paradigma às vezes são chamadas de Era ou de Revolução. A Era Espacial é um exemplo perfeito. A segunda metade do século XX assistiu não apenas um aumento incrível na consciência pública a respeito do espaço e das viagens espaciais, mas muitos dos avanços industriais e técnicos que agora consideramos naturais foram subprodutos da Era Espacial. A exploração do espaço nos permitiu pensar de forma diferente sobre nosso planeta e nosso lugar no universo. Pela primeira vez na história humana, foi possível para nossa espécie ter uma visão de longo alcance; ser capaz de ver nosso planeta inteiro em uma foto. Ser capaz de ver como nós, enquanto humanos, somos uma pequena parte de todo o sistema, e não o centro dele.

A Era Espacial e a corrida das missões espaciais tripuladas que primeiro entraram em órbita e, finalmente, chegaram à Lua, foram possíveis devido ao desenvolvimento da química, ciência da computação, ciência dos materiais e comunicação. Muitos dos avanços tecnológicos que consideramos normais agora foram desenvolvidos para o programa espacial (e os militares, de modo geral). O *smartphone* que você guarda no bolso, ou carrega na mão, é descendente de materiais desenvolvidos por empresas de defesa e pelo governo. Ele se fundamenta em protocolos de comunicação desenvolvidos para exploração e defesa do espaço, e conta com o sistema GPS, o qual nunca teria sido possível sem os satélites de comunicação originalmente lançados na década de 1950. A própria *Internet*, embora não seja uma consequência direta do programa espacial, cresceu junto com ele, como um sistema de comunicação por computador desenvolvido pelo Departamento de Defesa dos Estados Unidos e influenciado pela Guerra Fria. Eu poderia continuar, mas acho que isso é o suficiente para deixar claro que a Era Espacial, em meados do século XX, trouxe uma mudança de paradigma no pensamento e uma mudança tecnológica que transformou grande parte da vida humana na Terra.

Acredito que estamos no início de uma nova era e de uma nova, e profunda, mudança de paradigma. Acho que estamos bem no que eu chamaria de Era da Ciência Cognitiva. Não tenho certeza se alguém mais chama assim, mas acho que isso realmente define a era atual. Outras descrições possíveis podem ser a Era do Computador ou a Era do Algoritmo. Ou talvez a Era dos Dados. Passamos a confiar no computador e nos dados de uma forma nunca vista antes e muito disso surgiu no século XX, quando a psicologia cognitiva encontrou a ciência da computação, a linguística e a neurociência e nasceu o termo "ciência cognitiva".

Também acho que uma compreensão das ciências cognitivas é essencial para entender nossas relações com o mundo e uns com os outros. Digo isso porque no século XXI, muitas das abordagens baseadas em computador para a compreensão do comportamento – inteligência artificial, aprendizado de máquina e aprendizado profundo – estão agora sendo plenamente realizadas. Todos os dias, algoritmos de computador estão resolvendo problemas, tomando decisões e fazendo previsões precisas sobre o futuro; sobre o nosso futuro. Os algoritmos decidem nossos comportamentos de mais maneiras do que conseguimos perceber. Decidem o que lemos nas redes sociais; a quais anúncios seremos expostos. Eles são capazes de transformá-los em *advertainment* que capturam nossa atenção de maneiras que podem ser muito difíceis de resistir, em parte por causa de todos os dados que fornecemos às empresas de mídia e publicidade e que são analisados por algoritmos de computador complexos e poderosos.

Enquanto escrevo, ouço música no Spotify, que usa algoritmos para analisar minhas preferências musicais para ajustar o serviço e me manter ouvindo e pagando. Netflix e Amazon Prime fazem o mesmo com vídeos. E, claro, meu telefone me ajuda a fazer todos os tipos de coisas por meio de algoritmos. Sempre que o uso para fazer algo, também contribuo com os dados subjacentes que tornam seus algoritmos (*Google*, Apple, *Facebook*, etc.) ainda melhores. Por exemplo, quando procuro restaurantes ou lojas de varejo no Google Maps, obtenho recomendações que me são úteis. Entretanto, quanto mais eu procuro, mais informações eu dou ao *Google* que eles podem usar para melhorar a pesquisa. Também uso um serviço chamado Google Lens no meu telefone Android (é realmente incrível, a propósito). Aponto minha câmera para um objeto que desejo identificar: geralmente um pássaro, uma planta ou um inseto. Quando eu ativo o Google Lens, ele analisa os recursos da imagem e pesquisa, via *Google*, na *Internet*, correspondências que me ajudam a identificar as coisas. Isso é útil quando quero saber que tipo de borboleta ou planta estou vendo. Mas essa informação também é muito útil para o *Google*, pois ajudará seus algoritmos a aprender mais sobre o mundo natural. Para nós, é uma pesquisa. Para o *Google*, é um *input* de treinamento.

Os algoritmos operam muitas outras coisas além das empresas de mídia. Estão sendo desenvolvidos veículos autônomos que dependem da operação simultânea de muitos computadores e algoritmos. Mesmo veículos não autônomos possuem sistemas sensoriais e algoritmos de processamento. Quando comprei um carro novo em 2019, fiquei surpreso com o progresso na direção assistida por algoritmo. Este carro não é um veículo autônomo, mas pode assumir algumas coisas sozinho. Com o controle de bordo, ele é capaz de calcular a velocidade dos carros à minha frente e diminuir a velocidade de acordo. Ele pode alertar sobre veículos nas áreas laterais e traseiras que, de outra forma, estariam em um ponto cego. Pode até me avisar se julgar que minha atenção está vacilando (como, por exemplo, eu mudar de faixa sem sinalizar). E com GPS a bordo e/ou um *smartphone* conectado, ele sabe onde estou o tempo todo e pode rastrear dados de velocidade, frenagem, acelerações etc. Esses dados me ajudam a dirigir, mas também podem ajudar o fabricante a projetar algoritmos melhores. E meu próprio comportamento ao dirigir mudou. A tecnologia assistiva não é mais uma novidade. É apenas uma parte do ato regular de dirigir.

Computadores, máquinas e algoritmos se tornarão – e já estão se tornado – essenciais para quase tudo o que fazemos. E toda vez que contamos com um algoritmo de computador para nos ajudar com alguma coisa – para identificar um objeto, para procurar um local, ou para tomar uma decisão – ajudamos a fornecer dados de treinamento cruciais para o algoritmo. Cada vez que usamos um comando de voz via Siri, *Google* ou Alexa, fornecemos mais dados de treinamento para esses serviços. Se o comando de voz foi executado com sucesso, o algoritmo aprende com isso. Se não foi realizado com sucesso, então, aprende com isso também. Estamos treinando essas máquinas, esses sistemas de Inteligência Artificial (IA), esses *bots*, para saber o que precisamos e prever o que precisaremos. À medida que melhoram, contamos com eles cada vez mais e, no processo, os ajudamos a se aperfeiçoarem, o que nos incentiva a confiar ainda mais neles e assim por diante. É um *loop* de reforço em que os algoritmos nos ajudam e nós ajudamos os algoritmos. Isso é emocionante? Ou isso é assustador?

Esta é realmente uma nova era. Esta é de fato uma mudança de paradigma. Este é o ápice não apenas da psicologia cognitiva e da ciência da computação, mas de vários campos relacionados, todos muito interessados no estudo do processamento de informações. Isto é ciência cognitiva. E eu defendo que nossa Era Moderna, que coloca dados, algoritmos e informações como as principais matérias-primas e indústrias, deveria ser chamada de Era da Ciência Cognitiva. Como cientistas cognitivos (um rótulo que muitas vezes eu aplico a mim mesmo), essa nova era é nossa ideia, nosso Prometeu moderno. Vamos dar uma olhada mais de perto na ciência cognitiva e como ela reuniu vários campos diferentes, como se desenvolveu e por que é importante.

A ciência cognitiva é um campo interdisciplinar que surgiu pela primeira vez nas décadas de 1950 e 1960 (junto com o computador digital) e buscou estudar a cognição, ou processamento de informação, como área de estudo em si, ao invés de focar em um conceito psicológico estritamente humano. Como um novo campo, inspirou-se na psicologia cognitiva, na filosofia, na linguística, na economia, na ciência da computação, na neurociência e na antropologia. À medida que o campo se desenvolveu, recebeu um nome, uma abordagem e uma sociedade acadêmica. Apesar disso, a maioria dos cientistas, mesmo aqueles que se autodenominam "cientistas cognitivos", continuam fazendo parte das tradições estabelecidas. Alguns cientistas até se perguntam se a ciência cognitiva ainda existe. Isso provavelmente ocorre porque a ciência cognitiva é uma abordagem interdisciplinar ao invés de um campo em si. Embora as pessoas ainda tendam a trabalhar e a lecionar nas áreas tradicionais já estabelecidas, parece-me que a sociedade como um todo está em dívida com a natureza interdisciplinar das ciências cognitivas. E embora seja um campo muito diverso, o aspecto mais importante a meu ver é a relação entre biologia, computação e comportamento. É a partir dessas interações que nossa Era Moderna se desenvolveu.

A Influência da Biologia

Uma força dominante na vida moderna é o algoritmo; um motor computacional para processar informações e fazer previsões. Os algoritmos de aprendizagem absorvem informações, aprendem a fazer associações, a fazer previsões

CAPÍTULO 2 | UMA HISTÓRIA DA PSICOLOGIA COGNITIVA

a partir dessas associações e, a seguir, adaptam-se e transformam-se. Isso é conhecido como aprendizado de máquina, mas a chave aqui é que as máquinas aprendem biologicamente.

Por exemplo, o algoritmo (*aprendizagem hebbiana*) que impulsiona a aprendizagem de muitas redes neurais artificiais foi descoberto pelo psicólogo e neurocientista Donald Hebb (1904–1985), da Universidade McGill. O livro de Hebb, *The Organization of Behavior*[5] [*A Organização do Comportamento*] é um dos mais importantes escritos neste campo e explica como os neurônios aprendem a fazer associações. Este conceito foi refinado matematicamente pelos cientistas cognitivos Marvin Minsky (1927–2016), David Rumelhart (1942–2011), James McClelland, Geoff Hinton e muitos outros. Os avanços que vemos agora em termos de aprendizado de máquina e aprendizado profundo são um resultado indireto do trabalho de cientistas cognitivos, estudando como adaptar e construir algoritmos de computador para combinar algoritmos já vistos em neurobiologia. Este é um ponto crucial: não é apenas que os computadores podem aprender, mas que o aprendizado e a adaptabilidade desses sistemas podem ser baseados em uma compreensão da neurociência. Essa é a vantagem de uma abordagem interdisciplinar.

Como outro exemplo, a base teórica para a revolução da IA foi desenvolvida por Allen Newell (1927–1992) (um cientista da computação) e Herbert Simon (1916–2001) (um economista). Seu trabalho nas décadas de 1950-1970, para entender a tomada de decisão humana e a solução de problemas e como modelá-la matematicamente, forneceu uma abordagem computacional baseada na compreensão do comportamento humano. Novamente, esta é uma vantagem da abordagem interdisciplinar proporcionada pela ciência cognitiva.

A Influência dos Algoritmos

Talvez uma das maneiras mais evidentes e imediatamente presentes de ver a influência da ciência cognitiva esteja nos algoritmos que fazem funcionar os muitos produtos que usamos *online*. O *Google* é muitas coisas, mas em seu cerne, é um algoritmo de busca e uma forma de organizar o conhecimento no mundo de maneira que as informações necessárias ao usuário possam ser encontradas. As ideias básicas de representação do conhecimento, que fundamentam a categorização do conhecimento do *Google*, foram exploradas desde o início por cientistas cognitivos como Eleanor Rosch e John Anderson nas décadas de 1970 e 1980 (discuto essa pesquisa posteriormente no *Capítulo 9*).

---

[5] Hebb, 1949.

Ou, então, considere o *Facebook*. A empresa executa e projeta um algoritmo sofisticado que aprende sobre o que você valoriza e faz sugestões sobre o que você deseja ver. Ou, talvez mais precisamente, faz sugestões para aquilo que o algoritmo prevê que o ajude a expandir sua rede no *Facebook*... previsões sobre o que fará você usar mais o *Facebook*.

Em ambos os casos, *Google* e *Facebook*, os algoritmos estão aprendendo a conectar as informações que adquirem do usuário, de você, com o conhecimento existente no sistema para fazer previsões que sejam úteis e adaptáveis para os usuários, para que estes forneçam mais informações ao sistema, de modo que ele possa refinar seu algoritmo e adquirir mais informações, e assim por diante. À medida que a rede cresce, ela busca se tornar mais adaptável, mais eficaz e com mais conhecimento. É isso que seu cérebro também faz. Leva você a se envolver em um comportamento que busca informações para refinar sua capacidade de previsão e se adapta a isso. Essas redes e algoritmos são mentes sociais; eles desempenham o mesmo papel na sociedade que nossa rede de neurônios desempenha em nosso corpo. Na verdade, eles podem mudar a sociedade. Isso é algo que algumas pessoas temem.

Quando CEOs de tecnologia e políticos se preocupam com os perigos da IA, acho que essa ideia está no centro de sua preocupação. A ideia de que os algoritmos, nos quais confiamos cada vez mais em nossa tomada de decisão, estão alterando nosso comportamento para servir ao algoritmo, da mesma forma que nosso cérebro altera nosso comportamento para servir nossa própria mente e corpo, é algo que muitos consideram inquietante e irrefreável. Acho que esses medos são fundados e inevitáveis, mas como qualquer nova era ou mudança de paradigma, devemos continuar a abordar e a compreender isso a partir de orientações científicas e humanistas.

Este é o legado da ciência cognitiva e, na verdade, é o legado do desenvolvimento da psicologia experimental desde o século XIX. Os avanços dos séculos XX e XXI surgiram como resultado da exploração de algoritmos de aprendizagem em biologia, da instanciação desses algoritmos em computadores cada vez mais poderosos e da relação desses dois conceitos com o comportamento. Os avanços tecnológicos na computação e na neurociência permitiram que essas ideias se tornassem uma força dominante no mundo moderno. O medo de um futuro controlado por algoritmos e inteligência não-humanos pode ser inevitável às vezes, mas uma compreensão da ciência cognitiva é crucial para sermos capazes de sobreviver e de nos adaptarmos.

Eu segui o desenvolvimento da psicologia experimental desde os dias do estruturalismo do início do século XIX até o behaviorismo e as ciências cognitivas. Mas você deve ter percebido que deixei algo de fora: o cérebro!

CAPÍTULO 2 | UMA HISTÓRIA DA PSICOLOGIA COGNITIVA

Embora eu ache que estamos vivendo na Era da Ciência Cognitiva, creio que a próxima fronteira verdadeira nesta era é a neurociência cognitiva, ou o estudo do cérebro e da mente. Não deixei isso de fora porque esqueci de escrever a respeito, ou por não ser importante. Foi para que possamos aprofundar mais esse tema no próximo capítulo. Vamos discutir sobre o cérebro.

CAPÍTULO 3

COMPREENDENDO O CÉREBRO

Quando eu ainda era menino, uma amiga minha sofreu um trágico acidente de carro. Não me lembro de todos os detalhes de trinta anos atrás, mas recordo que ela estava dirigindo, sozinha no carro e, de alguma forma, no caminho para a escola, perdeu o controle de seu veículo e bateu em uma árvore. A força do impacto quebrou os ossos de seu rosto e danificou uma parte significativa da área frontal do cérebro (a área conhecida como córtex pré-frontal – às vezes chamada de PFC – discutirei sobre a anatomia do cérebro mais adiante). O dano foi grave: além de fraturas faciais e cranianas e danos ao cérebro provocados pela força do impacto, os neurocirurgiões tiveram que remover uma pequena área da parte frontal do cérebro, um procedimento conhecido como lobectomia frontal. Ela passou várias semanas em coma durante a recuperação.

Minha família e eu a visitamos no hospital algumas vezes e, por semanas, nada mudou. Ela não respondia. Depois de um ou dois meses, ela acordou, mas sem capacidade de falar e com o mínimo de consciência com relação a quem seus pais eram. Mas mesmo um cérebro danificado é capaz de se curar e, em jovens, essa regeneração pode restaurar algumas funções[6]. E assim, com o tempo, ela recuperou parte de sua capacidade de falar, ouvir, andar, ler e,

---

[6] *Neuroplasticidade* é um termo que se refere à flexibilidade de desenvolvimento do cérebro em geral e é frequentemente usado para se referir à capacidade do cérebro de se adaptar a lesões e mudanças, especialmente em idades precoces.

CAPÍTULO 3 | COMPREENDENDO O CÉREBRO

eventualmente, de manter conversas com amigos e familiares. Parecia que iria se restabelecer.

Ela não pôde se formar naquele ano, e eu fui para a universidade, a algumas horas de distância, e perdi contato com ela e sua família. Não havia *smartphones* naquela época e nenhuma mídia social. Havia *Internet* esparsa nas universidades de pesquisa, mas, apesar de ter um endereço de *e-mail* no final dos anos 1980, ninguém mais tinha e nunca recebi *e-mails*. A única maneira de se comunicar com amigos e familiares era por meio de cartas. As cartas eram como *e-mails* ou mensagens diretas (DMs), mas você as escrevia à mão em folhas de papel e enviava essas folhas em envelopes para o destinatário, que leria seus pensamentos alguns dias depois (tudo isso parece tão estranho agora). O telefone era outro modo de manter contato com as pessoas. Mesmo assim, tínhamos apenas um telefone na minha residência, por isso tendia a ser reservado para chamadas relativas à casa. Tudo isso é uma forma de dizer que eu não tinha como acompanhar de forma prática o que estava ocorrendo, mesmo que quisesse.

Alguns anos depois, depois de se recuperar do acidente, ela finalmente conseguiu se formar no Ensino Médio, e minha família e eu participamos de uma recepção depois da formatura. Como eu tinha perdido contato, não fazia ideia de que ela havia se recuperado. Eu estava ansioso para conversar com minha velha amiga. Conversamos sobre a escola, sobre seus planos para o futuro e sobre o acidente. Ela parecia quase a mesma, e falava como se fosse a mesma, o que me motivou, já que a última vez que a vi ela mal conseguia falar.

Mas o problema é que *ela não era mais a mesma pessoa*. Não quero dizer isso de forma metafórica. Quero dizer que ela realmente não parecia ser a mesma pessoa. Era como se uma nova pessoa estivesse habitando o mesmo corpo. Apesar de sua aparência física ter se recuperado a um estado próximo do que era antes do acidente, sua personalidade tinha mudado visivelmente. Era fácil ignorar as cicatrizes no seu rosto, mas não era fácil ignorar as mudanças no pensamento, comportamento e personalidade. Aceitamos que as pessoas mudam do lado de fora o tempo todo. Não aceitamos que mudem por dentro. Suas aspirações eram frequentar uma faculdade da Ivy League e fazer a diferença na sociedade através de suas escolhas profissionais. Sua personalidade era o que você descreveria como estudiosa, amigável e agradável, além de ser muito empática. Pensava muito nos outros e era muito próxima dos amigos. Era alguém em quem você podia confiar.

Depois do acidente, ficou difícil de entendê-la. Inicialmente, demorou muitos meses para que ela recuperasse a fala. E quando ela conseguiu, foi lentamente. Muitas vezes ela conversava e contava histórias que às vezes eram confusas, às vezes engraçadas, às vezes contraditórias. Descrevia eventos que eram completa ficção, ou dizia coisas que deveriam ser vistas como confidenciais. Inventava coisas que eram objetivamente falsas, como o filme que viu no início da semana, além de muitas vezes contar histórias conflitantes sobre os mesmos eventos para pessoas diferentes. Comparada à pessoa que costumava ser, também não tinha inibição social: ela era, com frequência, incapaz de deixar escapar comentários inadequados. Enquanto seu comportamento antes do acidente era o de uma pessoa atenciosa, inteligente, confiável e ambiciosa, seu comportamento após o acidente tornou-se o de uma pessoa com uma vida mental caótica. Devo salientar que essas observações foram feitas um ou dois anos após sua recuperação, ocorrida décadas atrás. Não sei o que houve com ela desde então. Talvez tenha se recuperado completamente e passou a viver uma vida gratificante. Espero que isso tenha acontecido de fato.

Estou começando com esta história porque ela me permite ilustrar alguns tópicos. Por um lado, esta foi a primeira vez que fiquei cara a cara com a relação entre o cérebro e o comportamento. Eu sabia que pensamento, memória e comportamentos eram funções baseadas no cérebro, é claro. Naquela época, eu já tinha feito um curso de "introdução à psicologia", então já havia lido estudos de caso famosos. Mas nunca tinha visto as conexões entre cérebro, mente e comportamento de modo tão claro e direto antes. Ali estava alguém que eu conhecia, que parecia e falava da mesma forma que alguns anos antes, mas agia e se comportava de maneira muito diferente. A única mudança foi o dano e a subsequente remoção de seu córtex pré-frontal.

Porém, mais relevante para este livro é a maneira como este caso mostra que comportamentos específicos podem ser relacionados a regiões cerebrais específicas. Ou seja, o córtex pré-frontal da minha amiga parecia controlar alguns aspectos de sua personalidade e, especificamente, sua capacidade de planejar o que queria fazer e dizer e sua capacidade de inibir comportamentos inadequados. Os neurocientistas cognitivos referem-se a essa ideia como *localização de função*. Embora comportamentos e pensamentos complexos dependam de muitas áreas do cérebro, alguns componentes dos comportamentos podem ser localizados em áreas específicas do córtex. Como veremos mais adiante neste capítulo, existem áreas do cérebro especializadas em compreender e produzir a linguagem falada, para reconhecer e processar rostos, para coordenar os movimentos das mãos e dos olhos e (neste caso), executar e inibir comportamentos complexos.

Este exemplo também me permite destacar como o campo da neurociência cognitiva surgiu. Muito do que agora sabemos e entendemos sobre a conexão entre o cérebro, a mente e o comportamento foi inicialmente descoberto através do trabalho com pacientes que sofreram danos cerebrais resultantes

CAPÍTULO 3 | COMPREENDENDO O CÉREBRO

de derrame, traumatismo contuso, ou como efeito colateral de cirurgias realizadas no tratamento de outros problemas. Mais tarde neste capítulo, voltarei a este caso e discutirei porque o dano que minha amiga sofreu a afetou da maneira que descrevi.

Este livro trata principalmente do pensamento e da mente. Mas precisamos começar entendendo o cérebro; o órgão que impulsiona o processamento cognitivo. Posteriormente neste capítulo, cobrirei uma introdução básica à estrutura do cérebro e aos métodos que estão sendo usados no estudo da neurociência cognitiva. Discutirei a longa e interessante história desse campo, incluindo alguns dos mais famosos e fascinantes estudos de caso, os quais promoveram a compreensão inicial de como as estruturas cerebrais são mapeadas em relação aos aspectos da personalidade e das funções cognitivas. E como a pesquisa em neurociência cognitiva é um dos estudos mais influentes e estimulantes que estão sendo feitos hoje, também escreverei sobre algumas pesquisas fascinantes que estão sendo realizadas em universidades e institutos de pesquisa em todo o mundo, incluindo alguns trabalhos verdadeiramente inovadores que estão sendo efetuados na minha própria universidade sobre a natureza da consciência e o trabalho esclarecedor dos psicólogos sociais que tentam entender como o cérebro orienta nossas crenças políticas e comportamentos sociais.

A ESTRUTURA DO CÉREBRO

Vamos começar fazendo um rápido *tour* pelo cérebro. Se nosso objetivo é compreender como e por que as pessoas se comportam de determinada maneira, precisamos entender mais sobre cognição e processamento de informações. E para fazer isso, precisamos entender como o cérebro funciona.

Dentro da cabeça, imediatamente sob o crânio, o cérebro é um órgão denso feito de proteína e gordura. É protegido do contato direto com o mundo exterior, mas o cérebro se conecta ao mundo e estende sua consciência através de seus olhos, ouvidos, nariz, dedos e outros sistemas sensoriais. Esses *inputs* são conectados a outros *inputs*, e essas conexões constituem a sua experiência com o mundo. Essas conexões também representam coisas que já aconteceram: suas memórias e seu conhecimento. Tudo o que você pensa, considera, decide, lembra e vivencia conscientemente, acontece neste órgão. Simplificando, seu cérebro é quem você pensa que é.

Apesar do que você já possa ter ouvido muitas vezes em bate-papos, não é verdade que uma pessoa comum usa apenas 10% de seu cérebro. Você usa todo

45

o seu cérebro o tempo todo. Não tenho certeza de onde surgiu esse neuromito[7], mas é meio absurdo. Vejamos esta afirmação com mais detalhes. O córtex cerebral humano é uma das estruturas mais evoluídas na fisiologia dos mamíferos e é engraçado pensar que teríamos evoluído com um cérebro complexo que, como padrão, é 90% inoperável. Não fazemos afirmações como "você usa apenas cerca de 10% do seu fígado" ou "a pessoa padrão usa apenas cerca de 15% da pele em dado momento", então por que acreditaríamos nisso sobre o cérebro? Além disso, nos casos em que alguém realmente está usando menos de 100% do cérebro, como uma pessoa que tem danos em alguma parte do cérebro, os efeitos costumam ser claramente perceptíveis. E, no entanto, ainda nos referimos à ideia de que usamos 10% do cérebro.

É provavelmente mais correto dizer que temos consciência apenas de uma pequena proporção da atividade geral do cérebro. Mas isso é uma limitação cognitiva, não fisiológica. Essa limitação provavelmente evoluiu como vantagem adaptativa para nós. Seria impossível estar explicitamente ciente de todos os processos cerebrais enquanto eles acontecem. O mundo apresenta uma gama constante de informações sensoriais em contínua mudança, mas muitos desses detalhes não são relevantes para o que estamos fazendo ou pensando. Também não temos consciência da atividade cerebral constante necessária para nos manter respirando, em pé, percebendo e vivendo. É claro que nunca estaremos conscientes de absolutamente tudo! Precisamos priorizar aquilo que podemos prestar mais atenção, o que podemos prestar menos atenção e o que acontece automaticamente sem atenção e consciência. Discutirei essas ideias com muito mais detalhes no *Capítulo 5*. Por enquanto, o que quero destacar é que estamos usando todo o nosso cérebro o tempo todo, mas devido à forma como nosso sistema cognitivo evoluiu, somos conscientes apenas de uma pequena proporção dessa atividade. Essa limitação, ou gargalo, é um dos aspectos mais fundamentais que regem a forma como pensamos.

Com esse famoso neuromito fora do caminho, vamos voltar a uma discussão sobre o cérebro. Seu cérebro tem o tamanho de uma couve-flor grande. Ou, mais corretamente, o cérebro humano médio tem entre 1120 e 1230 centímetros cúbicos, com algumas pequenas variações devido à genética, sexo, nutrição e outros fatores. O cérebro está longe de ser uma massa uniforme. A parte externa, que você veria se estivesse olhando para a imagem de um cérebro, ou para

---

[7] *Neuromito* é um termo usado com frequência por cientistas para se referir a crenças muito comuns, mas não comprovadas e/ou factualmente incorretas, sobre o cérebro. Os neuromitos mais comuns incluem a ideia de que usamos apenas 10% do nosso cérebro, que aqueles que usam mais o lado direito do cérebro são mais artísticos, enquanto os que usam o lado esquerdo são mais matemáticos, e que existem "estilos de aprendizagem" baseados no cérebro (Dekker, Lee, Howard-Jones e Jolles, 2012).

um cérebro real, é chamada de córtex. É onde se realiza a maior parte da ação cognitiva e é a área que discutirei com mais detalhes. Outras áreas logo abaixo do córtex são importantes para criar suas memórias e para compreender as emoções. Essas estruturas subcorticais também são importantes para a nossa discussão porque afetam igualmente a forma como nos lembramos, pensamos e respondemos às coisas do ambiente. Há, do mesmo modo, várias outras estruturas, também conhecidas como mesencéfalo e rombencéfalo, que ajudam a manter suas funções básicas: faz seu coração bater, você respirar e o mantém vivo. Não vou discutir muito isso neste livro, embora essas áreas ainda sejam importantes (porque mantêm você vivo).

O córtex humano, além de variar em sua estrutura interna, também varia entre diferentes pessoas. Alguns indivíduos têm cérebros maiores, e outros possuem cérebros ligeiramente menores. O tamanho no córtex humano é geralmente correlacionado com o tamanho físico, mas essa dimensão não está fortemente relacionada à inteligência ou comportamento. Há uma pequena correlação, mas muitos outros fatores influenciam o que chamamos de inteligência. Existem também diferenças biológicas entre os sexos[8]. Um estudo em grande escala sobre cérebros humanos do programa UK Biobank confirmou que os cérebros masculinos tendem a ser apenas ligeiramente maiores do que os cérebros femininos[9]. Parte dessa variação é de se esperar, dada a diferença geral no tamanho físico entre homens e mulheres. Os pesquisadores descobriram uma sobreposição substancial entre os cérebros masculino e feminino, mas também algumas variações na estrutura e função. Por exemplo, os cérebros masculinos nesta amostra eram ligeiramente maiores em termos de volume médio do que os cérebros femininos, mas também havia maior variabilidade dentro da amostra de cérebros masculinos, em relação à amostra de cérebros fcmininos. Em algumas regiões, os cérebros femininos mostraram níveis ligeiramente mais elevados de conectividade. Ritchie e seus colegas têm o cuidado de apontar que essas são diferenças pequenas. O efeito no processamento cognitivo, se houver, será pequeno e provavelmente não terá impacto sobre o que as pessoas podem fazer para viver, como trabalham e como interagem umas com as outras. Os cérebros masculinos e femininos diferem, mas são, em sua maioria, extremamente semelhantes.

Os cérebros das pessoas diferem em tamanho e em termos de composição interna. Mas o tamanho do cérebro não nos diz muito sobre o pensamento e

---

[8] Neste livro, usarei a convenção geral de *sexo* referindo-se à biologia geneticamente determinada, e *gênero* para me referir à identidade sexual humana, que geralmente está fortemente correlacionada com o sexo genético, mas não inteiramente.

[9] Ritchie *et al.*, 2018.

o comportamento. Precisamos conversar um pouco mais sobre do que seu cérebro é feito, sobre suas diferentes áreas e sobre a especialização dessas diferentes áreas.

Matéria Branca e Cinzenta

Em termos gerais, o cérebro é composto de matéria branca e cinza, e estas variam em densidade. Ambas são muito importantes para a função cognitiva e para os comportamentos. A massa cinzenta é aquilo a que nos referimos ao usar expressões como "põe a massa cinzenta para trabalhar" e é o que vemos se estivermos olhando diretamente para um cérebro. A massa cinzenta é composta de corpos celulares de neurônios; as células interconectadas que muitas vezes pensamos como sendo "elétrico" quando usamos metáforas como "esse é um comportamento eletrizante". A metáfora de que pensar é atividade elétrica vem do século XX e reflete a ciência e a tecnologia da época. O córtex humano médio é composto por cerca de 16 bilhões de neurônios, cada um com múltiplas conexões com outros neurônios. Além disso, existem bilhões a mais nas outras estruturas do cérebro e nas conexões entre o cérebro e a medula espinhal e o resto do corpo.

Os neurônios variam incrivelmente em termos de tamanho e estrutura. A área do cérebro que está fortemente envolvida com o pensamento de ordem superior (o córtex frontal, descrito com muito mais detalhes posteriormente) é composta de células que podem ter apenas alguns mícrons, ou milímetros de comprimento, e estão densamente conectadas a outros neurônios. Os neurônios motores, que são as células que conectam as áreas do cérebro que coordenam o movimento dos músculos em outras áreas do corpo, podem ser muito longos; até um metro de comprimento. É claro que grande parte desse comprimento é disposto em longas fibras que conectam a célula aos músculos. Quando eu tinha cerca de seis ou sete anos, esse fato me apavorava de alguma forma. Tentar visualizar uma única célula do meu corpo, que era quase tão comprida quanto eu, resultou em uma visão de pesadelo de algo que parecia uma lula gigante vivendo dentro de mim. Não é a melhor imagem para se visualizar quando se está tentando dormir!

A matéria branca é o tecido adiposo e, em sua maior parte, corresponde ao tecido conjuntivo e à mielina que envolve parte do neurônio. A mielina é importante para o aprendizado e envolve as partes dos neurônios que formam as conexões com outros neurônios (os axônios e os dendritos). A mielina, sendo composta de tecido, ajuda a isolar a conexão de outros neurônios. Este isolamento é importante para a velocidade da conexão. Geralmente, quanto mais isolamento o neurônio tem, mais rápido o impulso elétrico pode ir de uma

CAPÍTULO 3 | COMPREENDENDO O CÉREBRO

extremidade do neurônio a outra, e isso aumentará a velocidade do processamento cognitivo.

A substância básica, a massa branca e cinzenta, é o que você vê quando olha para o cérebro. A massa branca e cinzenta é criada a partir de uma massa densa e espessa de neurônios interconectados. Isto ainda não nos diz muito sobre o pensar. O que mais importa é como esses neurônios são agrupados e como esses grupos localizados funcionam. Os agrupamentos são geralmente chamados de lobos e existem quatro lobos distintos no córtex humano.

Os Quatro Lobos

Seu cérebro não é apenas uma grande massa. A fisiologia e a função do cérebro são organizadas sistematicamente em quatro áreas distintas conhecidas como lobos. Você provavelmente já sabe um pouco sobre essas áreas do cérebro, mas vamos discutir cada uma delas com alguns detalhes. Conhecer algo sobre a arquitetura funcional básica do cérebro acabará sendo muito útil para compreender a organização da mente, do pensamento e do comportamento. E antes de prosseguirmos, quero discutir um pouco a tendência de usar certas metáforas quando falamos sobre o cérebro.

Quando pensamos sobre o cérebro, percebemos que é quase impossível fazer isso sem usar metáforas. Provavelmente, a mais comum é a metáfora do "cérebro como computador". Nessa metáfora, o próprio cérebro é visto como o *hardware* ou a máquina, enquanto as operações cognitivas são entendidas como um *software*. O que chamamos de mente é o resultado da execução desse *software* cognitivo no cérebro. Isso não significa que o cérebro está literalmente executando um *software*, mas é uma metáfora que descreve a relação entre as funções e a estrutura do cérebro. O computador é uma metáfora comum que se popularizou a partir da década de 1960 e ainda hoje é usada. Mas existem outras metáforas mais antigas.

Outra metáfora para o cérebro e a mente de que gosto muito é o que chamo de *metáfora hidráulica*. Isso provavelmente remonta, pelo menos, a Descartes, que defendia um modelo de função cerebral em que as funções neurais básicas eram governadas por uma série de tubos que transportavam "espíritos" ou fluidos vitais. Você pode rir da ideia de tubos cerebrais, mas essa visão parece bastante razoável para uma teoria de uma época em que os fluidos corporais eram um dos indicadores mais claros de saúde, doença e simplesmente estar vivo: sangue, secreção, urina, pus, bile e outros fluidos são indicadores de que as coisas estão funcionando bem ou não e, quando eles param, nós paramos. E, no tempo de Descartes, essas eram as principais maneiras de entender o corpo humano.

Portanto, na ausência de outras informações sobre como os pensamentos e a cognição ocorrem, faz sentido que os primeiros filósofos e psicólogos fizessem uma suposição inicial de que os pensamentos no cérebro também fossem uma função dos fluidos.

Anatomia Básica do Cérebro

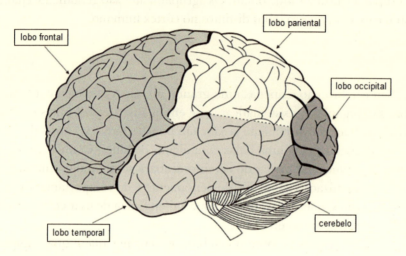

FIGURA 3.1: Um diagrama de vista lateral do córtex cerebral humano, mostrando o lobo frontal, o lobo temporal, o lobo parietal e o lobo occipital. O cerebelo e o tronco cerebral aparecem na parte inferior.

Essa ideia vive em nossa linguagem através das metáforas conceituais[10] que usamos quando discutimos o pensamento. A teoria da metáfora conceitual é uma teoria abrangente da linguagem e do pensamento, de autoria do linguista George Lakoff. Uma das ideias básicas é que pensamos sobre as coisas e organizamos o mundo em conceitos que correspondem ao modo como falamos sobre elas. Não é que a linguagem apenas direciona o pensamento, mais que isso, a linguagem e os pensamentos são conectados. Nossa linguagem fornece uma janela sobre como pensamos sobre as coisas – o *Capítulo 10* discutirá essa teoria com muito mais detalhes. Usamos metáforas, incluindo esta metáfora hidráulica, quando falamos sobre o cérebro e a mente. Como resultado, muitas vezes falamos sobre

---

[10] Terei muito mais a dizer sobre metáforas conceituais posteriormente neste livro, quando discutir a linguagem e os conceitos. A maioria desses exemplos corresponde a metáforas em inglês, geralmente inglês americano. Outras línguas terão outras metáforas que podem ou não corresponder.

CAPÍTULO 3 | COMPREENDENDO O CÉREBRO

cognição e pensamento como informação "fluindo", da mesma forma que um fluido pode fluir. Temos expressões comuns como o "fluxo de consciência" ou "ondas de ansiedade", "pensamento profundo", "pensamento superficial", ideias que "vêm à superfície" e memórias que "vêm à tona" quando você encontra um velho amigo. Todas essas expressões têm suas raízes ("raízes" é outra metáfora conceitual, de um tipo diferente!) na antiga ideia de que o pensamento e as funções cerebrais são controlados pelo fluxo de fluidos vitais através dos tubos no cérebro. E como você verá abaixo, vou discutir a ativação neural como um "fluxo de informação". Eu poderia escrever que a informação "flui adiante" ou que há uma "cascata" de atividade neural. Claro, eu realmente não quero dizer que a ativação neural e a cognição estão fluindo como água, mas, como tantas metáforas em nossa linguagem, é simplesmente impossível descrever as coisas sem usar essas expressões e, ao fazer isso, ativar a metáfora conceitual comum que pensar é um processo fluido.

Para este passeio pelo cérebro, vamos começar em uma nascente cognitiva, o lugar a partir do qual as informações do mundo externo entram no fluxo cognitivo. O lobo occipital está localizado na parte de trás da cabeça, numa posição elevada, contra o crânio (veja a Figura 3.1). A função primária do lobo occipital é a visão e, como os humanos são criaturas visuais, o lobo occipital realmente parece a nascente do fluxo de informações. Isso pode parecer contraintuitivo de início: seus olhos estão na frente de sua cabeça e as informações visuais são processadas na parte de trás de seu cérebro, mas, como veremos mais tarde no *Capítulo 4*, a via visual que vai de seus olhos até a parte de trás de seu cérebro realmente ajuda a processar informações, tanto que, no momento em que a informação visual que foi captada por seus olhos chega ao cérebro, ela já havia sido parcialmente processada em partes com algumas informações básicas sobre localização, cor e contorno áspero.

A informação da via visual entra no cérebro na parte posterior do lobo occipital e a informação neural flui para a frente no cérebro. Enquanto isso acontece, uma rede em cascata de neurônios divide as informações em características perceptivas como bordas, contornos, localização espacial de bordas e contornos e movimento. À medida que a informação flui mais adiante no lobo occipital, a informação é processada ainda mais em características mais complexas como ângulos e conjunções. Estes são conhecidos como "primitivos visuais" e, eventualmente, podem ser processados posteriormente como letras, números, formas e objetos.

Em algum ponto, porém, os fluxos divergem. As informações do sistema visual se dividem e fluem ao longo de um caminho para o topo do cérebro até os lobos parietais enquanto o outro caminho leva aos lobos temporais.

Os lobos parietais estão envolvidos na integração sensorial e espacial e, por essa razão, o fluxo visual dos lobos occipital ao parietal é frequentemente referido como o "sistema onde". O lobo parietal também processa informações de outros sentidos, incluindo informações de toque de diferentes partes do corpo. Existem neurônios sensoriais que conectam as partes do seu corpo (lábios, língua, pontas dos dedos, abdômen, etc.) a áreas no lobo parietal e, não surpreendentemente, há relativamente mais da região cortical dedicada ao processamento de informações táteis de áreas sensíveis, como os dedos e lábios, e relativamente menos de áreas como a lombar. A sensibilidade tátil está correlacionada com quanto córtex é dedicado a essa área.

Os neurônios que foram ativados por informações visuais no lobo occipital também enviam informações, ao longo de um caminho, para o lobo temporal. Ele, às vezes, é chamado de "sistema o que", porque é aqui que aprendemos a nomear e rotular as coisas, e a formar conceitos. Os lobos temporais estão localizados nas laterais da cabeça, atrás das orelhas. Isso é conveniente porque é onde as informações auditivas são processadas. Essa também é uma área crítica para a memória. Uma estrutura subcortical (ou seja, abaixo do córtex) chamada hipocampo está envolvida no processamento de informações de tal forma que possam ser ativadas novamente – algo também conhecido como memória. Como o lobo temporal se ocupa da audição e da memória, é também o local onde grande parte do processamento da linguagem humana se desenvolve. Como veremos mais tarde, os danos a esta área podem ter efeitos profundos na memória, na compreensão da linguagem falada e na capacidade de reconhecer as coisas.

Na parte frontal do cérebro, atrás dos olhos, está o apropriadamente denominado lobo frontal. Esta área do cérebro é responsável pela atividade motora, como mover as mãos, lábios e cabeça. Na região frontal, há uma área no topo da cabeça chamada faixa motora, que fica bem ao lado de uma seção do lobo parietal que processa as informações sensoriais. Essas duas áreas trabalham juntas para enviar e receber informações sensório-motoras de, e para, todas as regiões do corpo. Há também uma área do lobo frontal localizada bem ao lado do lobo temporal que ajuda a produzir a linguagem falada. O uso da linguagem envolve várias áreas do cérebro para coordenar os aspectos cognitivos da linguagem, com seus aspectos falados, visuais e auditivos.

A parte frontal do córtex frontal é a área a que me referi anteriormente como córtex pré-frontal. Essa área do cérebro não é exclusiva dos humanos, mas somos únicos na forma de quão grande, relativamente falando, é o nosso córtex pré-frontal. Essa área do cérebro é responsável por planejar, inibir o comportamento e selecionar o que prestar atenção. O córtex pré-frontal também é responsável por coordenar e regular algumas das funções de outras áreas do cérebro. E, como descrevi no início, esta área foi aquela danificada no acidente de carro que mudou o comportamento da minha amiga. O dano em seu córtex pré-frontal foi suficiente para mudar sua personalidade, porque afetou a maneira como ela planejava, decidia e selecionava comportamentos. As outras áreas de seu cérebro continuaram bem, então ela era capaz de falar, lembrar e perceber coisas. Mas não conseguia usar tudo isso junto da mesma forma que antes.

Estruturas Subcorticais

Também quero discutir brevemente algumas das estruturas que residem sob o córtex, abaixo da parte do cérebro que você veria se estivesse olhando diretamente para ele. Vou me referir a algumas delas posteriormente no capítulo e novamente quando discutir a memória, mais adiante neste livro. Portanto, podemos muito bem descrevê-las aqui.

A primeira delas é o *hipocampo*, localizado abaixo da superfície da região temporal (ver Figura 3.2). O hipocampo é encontrado em muitas outras espécies além dos humanos e é responsável por criar e consolidar memórias. O papel do hipocampo foi descoberto pela neuropsicóloga canadense Brenda Milner, do Instituto Neurológico de Montreal. Em 1953, ela começou a estudar um paciente chamado Henry Molaison (1926–2008)[11] que, por causa das suas crises epilépticas graves, havia sido tratado com a remoção de partes de seu lobo temporal. É desta região que as convulsões tinham se originado. O neurocirurgião Henry Scoville (1906–1984) era conhecido por forçar um pouco os limites, e mesmo naquela época a cirurgia foi considerada um tanto radical. A cirurgia, conhecida como lobectomia temporal, curou sua epilepsia. Porém, ninguém esperava o que aconteceria a seguir. Henry não conseguiu formar novas memórias. Ele desenvolveu um dos mais graves casos de amnésia anterógrada já estudados. Isso quer dizer que, embora se lembrasse de quem era, onde morava e, na verdade, de todos os conhecimentos intelectuais e factuais que aprendera até o momento da cirurgia, ele não conseguia memorizar nada de novo. Cada dia era essencialmente o mesmo dia para Henry.

Foi um caso curioso e perfeito. Henry tinha inteligência acima da média e reteve todas as suas habilidades de linguagem e memórias. Só faltava essa importante habilidade. Após a cirurgia, Henry participou de muitos estudos

---

[11] Henry era conhecido apenas por suas iniciais H. M. até sua morte em 2008, e foi uma inspiração para o personagem de Guy Pearce no filme *Amnésia*.

neuropsicológicos cognitivos extensos, com Brenda Milner como investigadora principal. Por meio de experimentação cuidadosa, ela conseguiu mostrar que o hipocampo é a estrutura que permite ao cérebro produzir novas memórias. É capaz de criar as associações e conexões necessárias para obter um estado presente de ativação neural (o que está acontecendo agora) e recodificá-lo para que possa ser reativado mais tarde.

Da mesma forma, Milner descobriu que nem todas as memórias precisam desse sistema hipocampal. Discutirei isso com muito mais detalhes posteriormente nos capítulos sobre aprendizagem e memória, mas ela descobriu que as memórias para *novas ações* e *procedimentos* não parecem exigir este sistema. Milner testou a capacidade de Henry de melhorar em um teste, habilmente projetado, de memória motora, o teste de desenho de espelho. Neste teste, a pessoa deve traçar um desenho complicado em uma folha de papel, mas sem conseguir ver as próprias mãos. Em vez disso, os participantes observam suas mãos através de um espelho. Isso não é fácil. Se você tiver um espelho por perto, tente fazer isso. Tente traçar o contorno de uma forma ou copiar algumas palavras enquanto observa seus dedos no espelho. Impossível!

A questão é a seguinte: se você fizer isso por alguns minutos, daí fazer uma pausa e tentar novamente traçar a mesma forma, você ficará um pouco melhor. Ainda será difícil, mas você terá um desempenho melhor. E se você tentar isso por alguns dias seguidos, ficará ainda melhor. Seu sistema sensorimotor formaria novas conexões e novas associações, e você se baseia nessa memória sensorimotora para se aprimorar e se desenvolver. O que Milner descobriu foi que Henry melhorou com o tempo, tão bem quanto os participantes de estudo que não tinham amnésia e que tinham hipocampos totalmente operacionais. Henry nunca se lembrava de ter feito essa tarefa de desenho de espelho antes, mesmo que a tivesse feito mais cedo naquele mesmo dia. A memória explícita do evento não estava lá, mas ele melhorava, o que indica que as memórias perceptiva e motora estavam presentes e sendo utilizadas. Parece que o hipocampo é criticamente importante para formar novos traços de memória para eventos e fatos, mas não para formar novos traços de memória sobre como fazer as coisas. Essa descoberta, e muitas outras semelhantes feitas por Milner, ajudaram a moldar a forma como entendemos a memória hoje.

Estruturas Subcorticais

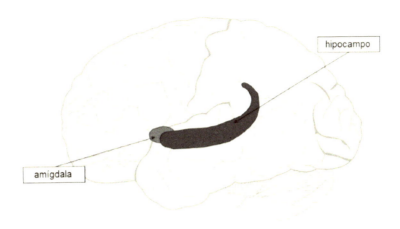

FIGURA 3.2: A localização do hipocampo e da amígdala dentro do córtex.

A história da descoberta do papel do hipocampo e seu papel na memória é uma das grandes histórias de descoberta da psicologia cognitiva. A outra estrutura subcortical que desejo discutir, a amígdala, não tem essa história. Junto com o hipocampo, a amígdala faz parte de todo um complexo de estruturas subcorticais conhecidas como sistema límbico. Este sistema inclui várias estruturas que são comuns aos cérebros de vertebrados e são bastante semelhantes em muitos mamíferos. O sistema límbico inclui o hipocampo e a amígdala junto com o tálamo, hipotálamo, corpos mamilares e outras estruturas. Não há um acordo consistente sobre as estruturas que compõem esse sistema. Alguns neurocientistas evitam usar esse termo. Mas todas essas estruturas parecem trabalhar juntas para cumprir os objetivos de aprendizagem, memória e, no caso da amígdala, medo e controle emocional.

Agora que sabemos um pouco sobre a estrutura do cérebro, como as informações são enviadas e como as diferentes áreas do cérebro são especializadas para coisas diferentes, podemos falar um pouco mais sobre como essas áreas trabalham juntas. Uma boa maneira de ver como os sistemas cerebrais funcionam juntos em um indivíduo é dar uma olhada nos estudos de caso.

ESTUDOS DE CASO

Você já passou por um prédio que foi demolido recentemente e lhe ocorre que não se lembra mais o que estava lá? Pode ser difícil lembrar o que estava lá, mesmo se fosse um prédio pelo qual você passava todos os dias, porque não pensamos nos detalhes da paisagem urbana quando ela está em boas condições de funcionamento. Somente quando o edifício se foi é que nos damos conta de sua ausência e do papel que desempenhou. Só então percebemos que fazia parte de algo maior. A mesma ideia parece se aplicar aos nossos pensamentos e comportamentos. Quando tudo está funcionando como deveria, nós realmente não percebemos quanta informação estamos processando e quantas ações nosso cérebro está realizando simultaneamente. É assim que deve ser. Mas quando algo está danificado ou faltando, notamos sua ausência, pois isso nos ajuda a ver o panorama geral e o sistema maior. Estudos de caso, estudos de pacientes e outras abordagens semelhantes ajudam a explicar como a cognição funciona, observando o que dá errado quando uma parte específica do sistema está faltando ou danificada.

Voltemos à história da minha amiga que sofreu um acidente de carro. A força do trauma que danificou seu cérebro teria causado lesões ao cérebro como um todo na forma de uma concussão massiva. Esse dano geral pode levar a *déficits* gerais e, de fato, o resultado inicial foi um coma e uma perda total de consciência. Mesmo depois de sair do coma, ela não estava totalmente presente e perdeu o acesso à linguagem por um tempo. Porém, a linguagem e a habilidade de comunicação foram restauradas com o tempo e o tratamento geral. A área do cérebro que foi mais gravemente danificada e a área parcialmente removida foi o córtex pré-frontal. Mais especificamente, ela perdeu a parte mais frontal do lobo frontal, incluindo uma seção do córtex acima de seu olho esquerdo (seu olho esquerdo também foi danificado). A área atrás dos olhos é conhecida como córtex orbitofrontal. Essa região desempenha um importante papel na tomada de decisões, inibição e capacidade das pessoas de entender quais comportamentos são apropriados em situações sociais. As lesões provocam mudanças na habilidade de uma pessoa responder nessas áreas. Minha amiga perdeu uma parte do cérebro que é responsável por muitos comportamentos autorreguladores, por tomar decisões e por interações sociais complexas. Sem o córtex orbitofrontal, ela ainda era capaz de aprender e lembrar, manter conversas e ainda parecia inteligente, mas agia de forma diferente. Sem o córtex orbitofrontal, parecia ser uma pessoa diferente.

Estudos de caso como este são fascinantes porque as lesões, e o súbito desvio da maneira como as coisas deveriam ser, destacam a ligação entre a estrutura e a função do cérebro. No entanto, devemos ter o cuidado de interpretar esses efeitos dentro de um contexto mais amplo. Comportar-se atipicamente significa que o córtex orbitofrontal é a região do cérebro que controla sua personalidade? Ou isso significa que é a única parte do cérebro responsável pelo planejamento, inibição e tomada de decisões? Não necessariamente. O que o padrão da lesão e as mudanças comportamentais resultantes nos dizem é que o córtex orbitofrontal é parte de um sistema que está envolvido em nossa capacidade de tomar decisões e inibir o comportamento. Também sugere que a forma como percebemos a personalidade de uma pessoa é composta em parte pelo modo como percebemos uma combinação de muitos comportamentos complexos, incluindo essas habilidades. Se essa combinação mudar, se esse equilíbrio mudar, não percebemos mais a mesma personalidade. Isso diz respeito tanto às sutilezas da personalidade e nossa percepção dela quanto às complexidades do cérebro e do comportamento.

O exemplo da minha amiga do ensino médio é um bom estudo de caso para começar a pensar sobre como uma área do cérebro afeta um conjunto de comportamentos. Neste estudo de caso, os comportamentos primários afetados estavam relacionados à inibição. Você pode conhecer outras pessoas que sofreram lesões em uma área ou outra e que mostraram tipos muito diferentes de mudanças de comportamento. Por exemplo, se alguém sofresse um derrame que danificasse parte do lobo temporal, notaríamos que sua fala também poderia ter sido afetada. A pessoa pode falar muito devagar ou ter dificuldade em articular frases completas. Se houver lesão na via entre o lobo occipital e o lobo temporal, a pessoa pode não ser capaz de nomear os objetos para os quais está olhando. Ou seja, ela pode "ver" o objeto, pode pegá-lo e, até mesmo, conseguir nomeá-lo se o pegar ou se o segurar, mas simplesmente não consegue encontrar o nome do objeto quando está somente olhando para ele. Como há uma localização geral de função no córtex, como há áreas e vias especializadas, as lesões a diferentes áreas resultarão em diferentes mudanças comportamentais. Quando estudados de forma mais sistemática, esses estudos de caso nos falam sobre como o cérebro funciona e como a estrutura do cérebro está ligada à função.

Phineas Gage

O estudo de caso mais famoso em neurociência cognitiva é provavelmente o de Phineas Gage (1823–1860), que trabalhava em uma companhia ferroviária nos Estados Unidos nos anos 1800. Seu trabalho era a de ajudar na demolição de obstáculos, abrindo caminho para a companhia construir suas ferrovias. Gage trabalhava com explosivos. Ele fazia um buraco na rocha, colocava explosivos no buraco e então socava tudo junto com areia usando uma barra de metal pesada chamada pilão de ferro. Esse pilão de ferro tinha mais de um metro de comprimento e 3 centímetros de diâmetro. Parece perigoso mesmo somente o descrevendo. Um dia, Gage estava trabalhando para abrir caminho através de uns pedregulhos, em Vermont, e, ao colocar os explosivos no buraco, a carga explodiu. A força da explosão transformou o pilão de ferro em um projétil. A barra de ferro foi disparada contra Gage, atingindo-o diretamente no rosto.

A força do impacto fez o pilão de ferro entrar pela boca de Gage, passar por trás de seu olho esquerdo, e sair pelo alto de sua cabeça. A barra passou inteira através da cabeça de Gage, e ainda voou cerca de oito metros com pedaços do cérebro de Gage presos a ela. Enquanto isso, Gage caiu para trás e teve uma convulsão. Mas, surpreendentemente, ele conseguiu se mover e falar e estava consciente quando foi levado para um hospital. O tratamento teria sido muito diferente da medicina moderna. Por um lado, ninguém realmente entendia como o cérebro funcionava para controlar o comportamento. Então, Gage sofreu um grande inchaço e concussões e quase morreu, mas depois de semanas, ele se estabilizou e o risco de morte passou. Depois de um tempo, ele conseguiu voltar à vida, mas como você pode imaginar, não foi fácil. Como minha amiga após o acidente de carro, Gage mudou.

Há uma citação famosa atribuída ao médico de Gage na época, dr. John Martyn Harlow (1819–1907). Harlow escreve:

> O *equilibrium*, ou equilíbrio, por assim dizer, entre suas faculdades intelectuais e as propensões animais, parece ter sido destruído. Ele é inquieto, irreverente, às vezes soltando os palavrões mais grosseiros (o que não era seu costume), manifestando pouca deferência por seus companheiros, impacienta-se quando solicitado a se conter, ou ao receber orientações quando estas conflitam com seus desejos, às vezes pertinazmente obstinado, embora caprichoso e vacilante, elabora muitos planos de operações futuras, que mal são arranjados e, por sua vez, são abandonados por outros que parecem mais viáveis. Uma criança em sua capacidade intelectual e manifestações, ele tem as paixões animais de um homem forte. Antes de sua lesão, embora sem treinamento escolar, ele possuía uma mente bem equilibrada e era considerado por aqueles que o conheciam como um negociante astuto e inteligente, muito enérgico e persistente na execução de todos os seus planos de operação. A esse respeito, sua mente mudou radicalmente, tão decididamente que seus amigos e conhecidos disseram que ele não era mais Gage.

Esse relato provavelmente alonga um pouco a verdade, como às vezes fazia a medicina do século XIX. E também se acredita que a imagem pintada por Harlow de como Gage era antes do acidente não é muito precisa. Ninguém havia realmente observado e detalhado seu comportamento antes do acidente.

Ele era um escavador de ferrovia, o que não é exatamente o mesmo que um "negociante astuto e inteligente". No entanto, havia informações suficientes da família que corroboravam esse quadro geral de um homem que era bastante normal antes do acidente, mas que mudou e se transformou em uma pessoa diferente depois, mais infantil e com menos inibição. Esse quadro geral é, superficialmente, um tanto semelhante às mudanças gerais que notei em minha amiga do Ensino Médio que mencionei antes: a mudança na personalidade, o falar ou fazer coisas inadequadas e a dificuldade de planejamento. E, além disso, a falta de inibição é comparável ao que é observado hoje em pacientes com lesão no lobo frontal. E mais tarde, reconstruções *post mortem* das lesões parecem confirmar isso. O histórico do caso de Gage mostrou uma ligação direta entre o cérebro e alguns, mas não todos, comportamentos complexos. Os explosivos podem ter lançado inadvertidamente a barra de ferro através de sua cabeça, mas Gage inadvertidamente lançou o campo da neurociência cognitiva.

Apesar das deficiências dos relatos neuropsicológicos contemporâneos de Gage e da qualidade "acredite se quiser" da história dele, seu caso é importante para a história da neuropsicologia e da neurociência cognitiva. Antes de Gage, havia um entendimento geral de que o cérebro é responsável pelo pensamento, linguagem e coordenação de comportamentos, mas quase nada se sabia sobre a organização do córtex humano. O caso Gage deixou claro que as funções cognitivas e comportamentais eram localizadas. Também mostrou, embora de forma imperfeita, como as lesões cerebrais podem levar à dissociação funcional.

Na neurociência cognitiva, uma dissociação ocorre quando a lesão em uma área do cérebro resulta na perda de alguma função, mas deixa outras funções intactas. O caso de Gage mostra o que é conhecido como dissociação simples, o que significa que uma área está danificada e uma função ou grupo de funções semelhantes está danificada, mas outras não. Isso nos diz que há alguma relação entre a lesão e a função, mas não descarta inteiramente outras explicações para as mudanças funcionais. Essa dissociação singular nos diz apenas sobre uma área e uma função.

Uma dupla dissociação pode ser vista ao se comparar dois pacientes diferentes. Por exemplo, o paciente A pode ter lesões na via neural que conecta o córtex visual ao lobo parietal (ver Figura 3.1). O paciente B pode ter lesões em outra parte da via visual que conecta o córtex visual ao lobo temporal (novamente, consulte a Figura 3.1). Dado o que você já sabe sobre o córtex visual no lobo occipital e as funções do lobo parietal e dos lobos temporais, que padrão de comportamento você espera que cada paciente exiba? O paciente A provavelmente será capaz de nomear os objetos apresentados, mas terá dificuldade em identificá-los. O paciente B seria incapaz de nomear objetos, mas seria capaz de segurá-los corretamente e até mesmo identificá-los pelo nome ao tocá-los. Este é um exemplo de dissociação dupla porque o paciente A mostra mudanças de função em um comportamento, mas não em outro, e o paciente B mostra exatamente o padrão oposto. A dupla dissociação é geralmente considerada uma evidência neuropsicológica bastante forte, pois ajuda a descartar explicações alternativas para diferenças funcionais entre dois pacientes e mostra como uma única área pode afetar um processo e não o outro.

David e o Delírio de Capgras

Há casos em que uma dupla dissociação pode ser observada até mesmo em um único paciente. Uma dupla dissociação significa, na neurociência cognitiva, que a lesão em uma área afeta um processo observável, mas não outro. Ao mesmo tempo, a lesão em outra área pode afetar o segundo processo observável e não afetar o primeiro. Um dos casos neuropsicológicos mais incomuns é o do Delírio de Capgras. Delírio ou Síndrome Capgras, também conhecido como erro de identificação ilusória, é um conjunto extremamente raro de sintomas em que o paciente reconhece pessoas familiares, um cônjuge ou um dos pais, por exemplo, mas não acredita que a pessoa é quem diz ser. Ou seja, esses pacientes admitem que a pessoa tem a mesma aparência, não têm problemas para identificá-los, não têm *déficits* visuais e nenhuma lesão em qualquer área visual. Eles simplesmente não acreditam em seus olhos. Como resultado, sofrem uma ilusão, convencendo-se de que outra pessoa tomou o lugar de seu ente querido e está se passando por ele.

Imagine como isso deve ser assustador para ambas as partes! Deve ser realmente assustador viver com alguém e então começar a pensar que essa pessoa foi, de alguma forma, substituída por um impostor idêntico. E para a pessoa que convive com o portador do Delírio de Capgras também deve ser assustador saber que está morando com alguém que acredita que você é um impostor. Qualquer tentativa de convencê-lo do contrário provavelmente só aumentaria a suspeita.

Por muito tempo, esse delírio foi considerado de natureza psiquiátrica, o que significa que, embora pudesse estar relacionado a alguma lesão cerebral, a verdadeira natureza do delírio residia em algum problema grave de compreensão. Ou podia surgir como uma forma de resolver os conflitos freudianos na relação com a pessoa. Mas agora é entendido principalmente como um conjunto específico de conflitos cognitivos e comportamentais que surgem como resultado de uma lesão muito específica. Isso foi descoberto, em parte, por meio de um notável estudo de caso envolvendo um paciente adulto jovem, David, e seu neurologista, dr. Vilayanur Ramachandran[12].

---

[12] Hirstein & Ramachandran, 1997.

CAPÍTULO 3 | COMPREENDENDO O CÉREBRO

David mora na Califórnia e, quando jovem, sofreu lesões cerebrais devido a um acidente de carro. Ao contrário do caso da minha amiga do Ensino Médio, a lesão não foi na região orbitofrontal, mas espalhado através de todo o cérebro. David ficou em coma por cinco semanas. Quando ele finalmente recuperou a consciência, a maioria de suas habilidades começou a retornar, e aspectos como inteligência, uso da linguagem e percepção visual pareciam não ter sido afetados pelo acidente, tendo ele recuperado essas funções. Enquanto se restabelecia, David foi morar com os pais. Eles notaram algo incomum: David não acreditava que seus pais fossem realmente seus pais. Começou a dizer que eram impostores. Por exemplo, durante o jantar, ele dizia à sua mãe "impostora" que a mulher que tinha preparado o café da manhã era sua mãe verdadeira e que cozinhava melhor. Certa vez, quando seu pai o levava de carro a algum lugar, David lhe disse: "você é melhor motorista que meu pai". E essa ilusão não se restringia apenas aos seus pais: ele pensava que sua casa era uma casa impostora. Sua mãe contou uma história em que David ficou chateado por passar tanto tempo na "casa impostora" e por querer ir para casa. Sua mãe não conseguiu convencê-lo de que aquela era a sua casa, de modo que ela o levou para fora, saindo pela porta da frente, deu uma volta de carro com ele e depois voltou, entrando na casa com ele pela porta dos fundos, e então David disse: "é bom finalmente voltar para casa".

David e seus pais tinham ficado felizes porque o acidente não causou lesões maiores, mas não conseguiam explicar aquilo. Eles notaram que David muitas vezes acreditava que o pai ou a mãe com quem estava no momento era um impostor, enquanto lembrava-se de ter estado no início do dia com o pai ou com a mãe verdadeiro. Mas nem sempre ele tinha a impressão de que seus pais eram impostores. Ele sabia que seus pais ainda existiam, mas ficava confuso quando interagia com eles. Não conseguia acreditar que eram as mesmas pessoas. Um dia, notaram algo incrível: David parecia nunca ter esses delírios quando falava ao telefone com um de seus pais.

No início, eles pensaram que isso poderia ser apenas coincidência, mas acontecia todas as vezes. A ilusão só ocorria quando David estava vendo seus pais, nunca acontecia quando ele apenas falava com eles. Para que o delírio sucedesse, era necessário que David interagisse visualmente com os pais. No entanto, isso não explicava tudo. Já tinha sido estabelecido que David não sofria de qualquer deficiência visual. Ele reconhecia seus pais nas fotos, embora nem sempre acreditasse que as pessoas nas fotografias fossem de fato seus pais. E ele não tinha dificuldade em reconhecer objetos visuais. A ilusão se restringia à crença de que seus pais ou sua casa não eram realmente seus pais ou sua casa.

O dr. Ramachandran surgiu com uma maneira engenhosa para testar uma hipótese sobre o que havia sido danificado no cérebro de David e como isso estava afetando seu comportamento e causando a ilusão. David viu fotos de pessoas, inclusive de seus pais, enquanto um instrumento em seus dedos media algo conhecido como resposta galvânica da pele. A resposta galvânica da pele, ou GSR (sigla em inglês), é sensível às reações emocionais. Quando você vê a fotografia de alguém que conhece e ama, mudanças mínimas na temperatura e o suor alteram a química da sua pele. Você não consegue dizer que isso está acontecendo, mas um instrumento sensível consegue. O que acontece com a maioria das pessoas é que, quando veem uma foto de alguém que amam, o GSR detecta uma mudança em relação à quando veem uma foto de pessoas desconhecidas. O que eles queriam saber de David era se seu cérebro e corpo forneciam evidências de que ele *estava* reconhecendo seus pais como seus pais, mesmo que alegasse o contrário.

Quando David viu essas fotos, o GSR não indicou muita diferença entre imagens familiares e desconhecidas. Ou seja, não parecia que seu cérebro era capaz de reagir da maneira emocional adequada ao rosto familiar. Era como se o cérebro de David fosse capaz de reconhecer sua mãe, ou uma imagem de sua mãe, como uma representação verdadeira dela a partir de um nível intelectual e factual, mas seu cérebro não fornecia a resposta emocional adequada. O caminho das áreas especializadas em reconhecer faces (chamada *área fusiforme da face*, ou FFA na sigla em inglês) no córtex visual para o lobo temporal não foi danificado. Como resultado, David conseguia reconhecer seus pais e ter acesso a informações gerais sobre quem eles eram. No entanto, o caminho que conectava as áreas de reconhecimento de rosto com os centros de emoção na amígdala (Figura 3.2) foi danificado e, portanto, não havia conexão emocional e, assim, não distinguia emocionalmente rostos familiares de desconhecidos. Em outras palavras, seu cérebro reconhecia sua mãe, mas não associava esse reconhecimento à emoção correta. David teve que lidar com uma realidade incômoda. "Parece que é minha mãe, mas não sinto que seja minha mãe". Por causa dessa desconexão, o sistema cognitivo de David resolveu o conflito criando uma ilusão. Os testes também foram realizados apenas com a voz, e a equipe descobriu que, quando David ouvia seus pais, seu cérebro reagia corretamente, e foram capazes de detectar a resposta emocional apropriada. Não havia conflito, porque a via do córtex auditivo não tinha sido danificada.

Você pode estar se perguntando por que ele simplesmente não aceitou essa mudança na resposta emocional. Por que ele simplesmente não aceitou que a resposta emocional era diferente? Por que sua mente racional não entendeu a natureza da desconexão do jeito que agora compreendemos? Por que sua mente decidiu anular o conflito em seu cérebro criando uma ilusão? Acontece que houve algumas lesões adicionais que o impediram de resolver o conflito.

CAPÍTULO 3 | COMPREENDENDO O CÉREBRO

Houve lesões menores em algumas das áreas pré-frontais que afetaram parte de seu controle executivo e interferiram na tomada de decisões e no planejamento. Sem essa capacidade racional de anular a desconexão, sua mente criou a ilusão.

O Delírio de Capgras é raro e ainda não foi totalmente compreendido. Contudo, ajuda-nos a entender como diferentes áreas do cérebro funcionam para realizar uma tarefa que a maioria faz automaticamente e sem nem mesmo pensar: reconhecer um ente querido. A lesão e os comportamentos subsequentes são o resultado do sistema avariado, mas podemos usar esse padrão para completar o que precisamos saber sobre o sistema de reconhecimento de pessoas. Pensando na discussão anterior sobre o fluxo de informação, a informação da visão entra no córtex visual primário e o FFA é ativado quando a informação visual corresponde à configuração de um rosto. Mas tudo o que diz é que existe um rosto ali. O FFA pode ativar áreas no lobo temporal para que você possa relembrar as memórias e nomes corretos, e também ativa os centros emocionais na amígdala para que você possa reconhecer a pessoa em um nível emocional. As áreas de controle executivo da região frontal (Figura 3.1) ajudam a coordenar a resposta adequada a todas essas informações e à pessoa que acabamos de reconhecer[13]. Eu não disse nada sobre a integração de som e cheiro. E algumas das minhas descrições das regiões do cérebro também foram simplificadas. Além disso, sempre há muito mais coisas acontecendo a qualquer momento. Você pode estar falando com cinco ou mais pessoas que conhece em um grupo de dez e tem que manter todos esses rostos em mente, atribuir nomes, responder de forma diferente a cada uma delas, etc. As regiões pré-frontais alocam sua capacidade de processamento e consciência por meio da atenção. Terei muito mais a dizer sobre isso nos próximos capítulos. Quando esse sistema funciona, nunca percebemos todas as suas partes e componentes. Mas quando o sistema está comprometido ou danificado, podemos ver mais claramente como tudo funciona.

FOTOGRAFANDO O CÉREBRO EM AÇÃO

Estudos de caso como os anteriores nos ajudam a entender como o cérebro funciona e como diferentes áreas do cérebro contribuem para determinar comportamentos pela lógica de subtração ou dissociação. Se um paciente sofreu lesões em uma área, observamos quais comportamentos foram afetados, quais não estão mais presentes ou quais mudaram. Também podemos

---

[13] Estou apresentando uma descrição muito simplificada do reconhecimento de pessoas.

observar quais comportamentos não foram afetados, ainda estão presentes ou não foram alterados pela lesão. E ao examinar o conjunto de vários estudos de caso ou estudos de pacientes, começamos a obter uma imagem coerente de como o cérebro fica envolvido em nossos padrões de pensamento, ações e comportamentos.

No entanto, tentar entender o cérebro e a mente estudando as mudanças ocorridas quando ele está lesionado não fornece uma imagem completa e traz várias desvantagens. Por um lado, as lesões cerebrais, seja por trauma, tumor ou acidente vascular cerebral, não são muito precisas. Frequentemente, várias áreas são danificadas. E sempre que houver impacto suficiente para destruir uma parte do cérebro, ele pode ser acompanhado por inchaço e dano por concussão em toda a área. Por outro lado, esses casos geralmente são únicos e isolados. Um estudo de caso claro como o Capgras de David nos diz muito, mas como o caso é único, pode ser difícil fazer inferências para toda a população. Finalmente, em muitos casos, faltam informações sobre como o paciente era antes do acidente ou derrame que causou a lesão. Isso foi visto muito claramente no caso de Phineas Gage. Sabemos que algumas das mudanças em sua personalidade foram resultado de lesões cerebrais, mas não sabemos realmente como ele era antes do acidente. Os poucos depoimentos que existem não são confiáveis e, nos anos 1800, as pessoas geralmente não monitoravam os padrões cognitivos e comportamentais dos trabalhadores de demolição de ferrovias. Também não fazemos isso agora, embora tenhamos registros escolares.

Portanto, mesmo que os estudos de caso sejam úteis, precisamos de outras maneiras de entender o cérebro. E, no final do século XX, tornou-se possível medir a atividade cerebral em participantes normais e saudáveis enquanto eles pensam, percebem, respondem e se comportam. Isso teve um impacto profundo no campo da neurociência cognitiva, no campo da psicologia em geral e até na mídia popular. Agora podemos observar o cérebro em ação.

Existem várias maneiras de medir ou criar imagens do cérebro, mas quero me concentrar em duas técnicas amplamente definidas. A primeira examina a atividade elétrica no cérebro e é capaz de detectar mudanças muito rápidas e imediatas em resposta a alguma coisa. A segunda técnica mede o fluxo sanguíneo no cérebro e é capaz de fazer medições bastante precisas com relação à localização: quais áreas do cérebro ficam relativamente mais ou menos ativas durante uma tarefa ou comportamento cognitivo. Discutirei cada uma com mais detalhes e, em seguida, falaremos sobre como essas técnicas revolucionaram o estudo da psicologia e do comportamento.

Medindo a Atividade Elétrica

Conforme discutido anteriormente, os neurônios em seu cérebro se conectam e se comunicam por meio de energia eletroquímica. A conexão entre os neurônios é química: neurotransmissores, mas o neurônio "dispara" enviando um pulso elétrico chamado potencial. Quando um neurônio recebe um *input*, (de outro neurônio ou de uma célula sensorial) acima de um certo limite, ele irá gerar uma breve carga de eletricidade que percorre o comprimento da célula e faz com que os neurotransmissores sejam liberados da outra extremidade, o que propagará a atividade para outro neurônio. Não é de se admirar que a "metáfora do computador" para o nosso cérebro seja tão convincente: em ambos os casos, temos pequenas unidades que se comunicam por eletricidade.

As técnicas para medir essa atividade elétrica já existem há muito tempo. Quase desde a época de Gage, no final de 1800, os fisiologistas perceberam que eletrodos podiam registrar tal atividade elétrica. Um fisiologista e psiquiatra alemão chamado Hans Berger (1873–1941) registrou o primeiro eletroencefalograma humano (EEG) em 1924, mas não havia muitas pesquisas ou necessidades clínicas para essa tecnologia até o final dos anos 1960. Esses registros realizados no século XX eram quase sempre restritos a longos registros de toda a atividade cerebral, e contribuíram para o que conhecemos sobre a atividade do cérebro durante o sono, sonhos (REM), atividade de alerta e estados agitados. Isso nos fala sobre o cérebro, mas nos diz muito pouco sobre como o cérebro funciona para realizar tarefas cognitivas.

Porém, se as medidas de EEG forem combinadas com um evento de estímulo, podem fornecer mais informações sobre como o cérebro reage quando você ouve, vê ou experimenta alguma coisa. Esta medida é chamada de Potencial de Eventos Relacionados (ERP na sigla em inglês) porque o potencial elétrico está ligado a um evento. Esta técnica é conhecida desde meados do século XX, mas foi somente nas décadas de 1980 e 1990 que ela se tornou mais difundida, impulsionada em parte pela disponibilidade de recursos de computação suficientes para realizar as análises. Como acontece com muitos dos avanços da psicologia cognitiva, o computador desempenhou um importante papel.

Eis como a técnica funciona: o participante senta-se em frente a um monitor de computador (para estudos visuais) e usa um conjunto de eletrodos na cabeça. Ele se parece um pouco com uma touca de natação com cerca de vinte fios saindo dela. Os fios são conectados em uma extremidade a eletrodos que ficam próximos ao couro cabeludo e estes são conectados a uma interface de computador para registrar a atividade elétrica. O participante então realiza algumas tarefas perceptivas ou cognitivas enquanto os eletrodos registram a atividade cerebral.

Como o computador coordena a apresentação do estímulo e o registro dos estímulos, ele consegue registrar os impulsos elétricos para uma área específica imediatamente após a pessoa ver uma imagem, dar uma resposta ou ler uma palavra. Isso nos diz como o cérebro responde a algo antes mesmo que a pessoa tenha consciência disso.

Uma das descobertas mais importantes na pesquisa de ERP consiste em mostrar como o cérebro reage ao perceber algo inesperado ao compreender uma frase. Por exemplo, uma pessoa pode ser solicitada a ler uma frase simples na tela que termina de uma forma esperada ou inesperada. Uma frase esperada seria "O gato pegou um rato" e uma frase inesperada seria "O gato pegou uma montanha". Elas são quase iguais, e a frase "o gato pegou" cria uma expectativa para "rato" que é resolvida ou não. Quando a pessoa lê a frase inesperada, há um pico maior na voltagem negativa cerca de meio segundo depois de ouvir a palavra inesperada. Isso é chamado de componente "N400" porque é um pico de tensão negativa (N) cerca de 400 milissegundos após o evento (400). Nesse caso, parece estar relacionado à relação entre as palavras usadas na frase e os conceitos armazenados na memória, que é um tópico que discutirei com mais detalhes posteriormente neste livro.

Tanto o EEG quanto o ERP tiveram impacto na pesquisa e no uso clínico. Um transtorno com o qual muitos pais podem estar familiarizados é o Distúrbio de Processamento Auditivo Central (DPAC), um termo genérico para sintomas relacionados à audição, geralmente em um ambiente escolar. As crianças que foram diagnosticadas com DPAC têm dificuldade em mudar o que estão fazendo para prestar atenção a algo que está sendo dito a elas. Uma vez que as crianças podem ter dificuldades auditivas por vários motivos, pode ser um desafio diagnosticar ou compreender esse distúrbio específico, mas o registro ERP ajuda a mostrar que o cérebro pode não estar reagindo à entrada auditiva conforme o esperado.

Outra aplicação recente do EEG é o desenvolvimento de tecnologia que pode registrar o EEG enquanto uma pessoa está fazendo outra coisa. Uma empresa canadense chamada InterAxon inventou uma pequena faixa de cabelo chamada Muse. O Muse se parece um pouco com um fone de ouvido, mas tem sensores que passam pela sua testa e acima das orelhas. O Muse foi projetado para ajudar as pessoas a aprender a meditar; funciona gravando os EEGs da área frontal do cérebro e se conecta a um *smartphone* via *bluetooth*. Você usa fones de ouvido enquanto medita e o aplicativo do seu telefone reproduz sons, como de ondas ou de um rio. A engenhosidade surge quando você se envolve na meditação. O dispositivo registra uma linha de base de sua atividade antes de você começar. À medida que você medita, ele monitora a atividade elétrica nas áreas frontal e temporal do seu cérebro. Se sua mente começar a divagar e o Muse sentir a mudança, ele ajustará em tempo real a intensidade dos sons que você está ouvindo. Se você estiver em um estado de consciência plena, as ondas podem ser muito leves, mas se você começar a deixar sua mente vagar, o som das ondas aumenta um pouco, permitindo que você use isso como uma sugestão sutil para trazer sua atenção de volta para a respiração (ou qualquer que seja o seu foco). O Muse usa sua própria atividade elétrica cerebral para fornecer *feedback* imediato. Já usei esse aparelho em meu próprio laboratório de pesquisa e é um dispositivo e uma tecnologia incríveis. Não é difícil imaginar como o EEG em tempo real poderia ser usado para controlar outros dispositivos (como luzes, robôs e aplicativos).

Medindo o Fluxo Sanguíneo no Cérebro

Uma das deficiências do EEG/ERP como metodologia de pesquisa é a falta de precisão quanto à localização. Os ERPs podem ser registrados a partir de regiões do couro cabeludo, mas não podem fornecer muitas informações sobre as estruturas do cérebro ou a ativação abaixo da superfície. O EEG/ERP tem uma resolução temporal muito boa, mas sua resolução espacial é apenas moderada. No entanto, as técnicas que medem o fluxo sanguíneo no cérebro podem ser muito mais precisas. A metodologia mais comum é fMRI que é a sigla em inglês para Ressonância Magnética Funcional.

Os neurônios não armazenam energia, portanto, quando disparam, precisam repor a glicose e o oxigênio, e é função do sistema circulatório fornecer um suprimento estável desses elementos. O sangue rico em oxigênio entra e o sangue pobre em oxigênio sai. No início da década de 1990, um cientista chamado Seiji Ogawa descobriu que o sangue oxigenado e o sangue desoxigenado têm propriedades magnéticas ligeiramente diferentes[14]. Essa diferença pode ser medida com um eletroímã poderoso. A medida é conhecida como sinal BOLD (sigla em inglês para Dependente do Nível de Oxigênio no Sangue). As áreas do cérebro que ficam relativamente mais ativas durante uma tarefa e, portanto, requerem mais oxigênio, terão um sinal BOLD diferente do que outras áreas que estão relativamente menos ativas. Um participante em um estudo de fMRI será solicitado a se deitar dentro de um grande eletroímã enquanto vê as imagens apresentadas ou realiza outras tarefas. O ímã mede os sinais BOLD em várias áreas, e estes são analisados posteriormente para determinar quais áreas do cérebro estavam mais ativas durante aquela tarefa.

---

[14] Ogawa, Lee, Kay & Tank, 1990.

Como mencionei antes, todo o seu cérebro está sempre ativo, e o mesmo acontece durante um estudo de fMRI. Além de pensar sobre a tarefa cognitiva de interesse, você também está pensando sobre muitas outras coisas: "Quando essa experiência vai acabar? Este ímã é enorme! Isso é realmente seguro? Onde deixei meu telefone? Minhas costas estão doendo de tanto ficar deitado aqui". Com toda essa atividade, como o pesquisador consegue isolar o sinal BOLD para a tarefa na qual está interessado? A forma mais comum é uma técnica subtrativa. A pessoa é essencialmente examinada duas vezes. Por exemplo, na primeira vez, ela pode ser examinada e não solicitada a pensar em nada em particular, e uma segunda vez pode ser examinada e solicitada a se imaginarem balançando uma raquete de tênis. As duas varreduras devem ser quase iguais, exceto que, em uma condição, a pessoa está imaginando o jogo de tênis e, na outra, não – as imagens do tênis são a única diferença. A próxima etapa depende de um poderoso algoritmo de computador que subtrai a condição de linha de base da condição de tênis e a varredura resultante deve mostrar quais áreas são relativamente mais ativas quando a pessoa está pensando em tênis. Devem ser, aliás, áreas da área sensório-motora dos córtex parietal e frontal, as mesmas áreas que estariam ativas se a pessoa estivesse realmente jogando tênis.

A pesquisa usando fMRI, embora ainda imperfeita, permitiu que discerníssemos as áreas do cérebro que processam rostos, músicas ou que ficam ativas ao planejar ações motoras e ao tomar decisões complexas. Muito do que agora se sabe sobre a arquitetura funcional do cérebro (ou seja, o que acontece onde) foi descoberto por fMRI ou confirmado por fMRI.

Um dos meus colegas do Instituto do Cérebro e da Mente da Universidade Western, dr. Adrian Owen, foi pioneiro no uso de fMRI como forma de medir a consciência em pacientes em estado vegetativo, e até mesmo para se comunicar com eles[15]. O estado vegetativo é o que muitas pessoas chamam de "morte cerebral". Esses pacientes, que estão em uma espécie de coma, não apresentam sinais de que percebem qualquer coisa ao seu redor. Eles podem parecer acordados, mas não respondem a vozes, estímulos auditivos ou visuais de qualquer tipo. Por muito tempo, pensou-se que tais pacientes não tinham qualquer função cognitiva ou consciência. Pensava-se que o cérebro estava operando apenas em um nível baixo, apenas o suficiente para manter a pessoa viva.

No entanto, o dr. Owen desenvolveu uma técnica revolucionária, com a ajuda de modernas tecnologias de imagem cerebral, para medir o processamento consciente em alguns desses pacientes. Primeiro, ele pediu a alguns voluntários saudáveis que se imaginassem jogando tênis enquanto examinava seus cérebros

---

[15] Owen & Coleman, 2008.

CAPÍTULO 3 | COMPREENDENDO O CÉREBRO

e, não surpreendentemente, os participantes mostraram aumento da atividade da área sensorial motora quando foram examinados por meio de fMRI. Ele então pediu que imaginassem estar jogando tênis quando a resposta a uma pergunta fosse "sim". A equipe de pesquisa, a seguir, fazia perguntas simples, como "Você cresceu em Londres?". Se a resposta fosse sim, os participantes se imaginariam jogando tênis. Desta forma, ele poderia ver a atividade cerebral como um espelho de uma resposta "sim/não". Em seguida, Owen experimentou essa técnica em pacientes em estado vegetativo, considerados em morte cerebral e sem consciência. Surpreendentemente, alguns desses pacientes, embora não todos, foram capazes de imaginar o jogo de tênis, pois seus cérebros reagiram como se estivessem imaginando tênis. Eles foram capazes de usar imagens do jogo de tênis como uma resposta afirmativa, "sim", a perguntas pessoais e para responder a perguntas sobre o que se passava em seus arredores. Muitos desses pacientes estavam conscientes, mas não podiam responder ou se comunicar. O trabalho do dr. Owen tem implicações claras e profundas com relação ao cuidado desses pacientes. Conforme essa técnica for sendo refinada e se tornar mais portátil (e adaptada a outras técnicas de medição como EEG), ela dará aos médicos, profissionais de saúde e familiares uma maneira de se comunicarem com os pacientes e entes queridos em estado vegetativo.

CONCLUSÕES

Como humanos, fazemos parte de um sistema maior. Transferimos informações para cadernos, telefones e para a *Internet* a fim de nos lembrarmos das coisas. Contamos com outras pessoas para nos ajudar a tomar decisões e resolver problemas. E muitos de nossos comportamentos são guiados por reações a coisas do mundo exterior. Mas o cérebro é onde tudo acontece. A atividade eletroquímica em seu cérebro define quem você é, no que você está pensando e o ajuda a planejar comportamentos. Até muito recentemente, os cientistas sabiam muito pouco sobre como o cérebro desempenhava essas funções. Porém, o desenvolvimento da neurociência cognitiva na evolução de técnicas que permitem aos cientistas medir a atividade do cérebro nos deu uma visão incrível.

Esse campo está avançando rapidamente e, alguns anos após a publicação deste livro, algumas das informações poderão até ficar desatualizadas. Mas as informações básicas sobre a especialização funcional de diferentes áreas provavelmente se manterão. Conforme você lê os capítulos subsequentes destas páginas, sempre vale a pena pensar sobre como o cérebro realiza os comportamentos mais complexos.

CAPÍTULO 4

Você pode Confiar nos seus Sentidos?

Existimos no mundo por meio de nossos sistemas sensoriais: visão, tato, audição, etc. Esses sentidos nos dizem o que precisamos saber sobre o mundo, são o meio pelo qual registramos o que está acontecendo agora e o que acabou de acontecer. Tais sentidos fornecem todas as informações que temos sobre o que está à nossa frente. Eles nos permitem ler, comunicar e reagir. Uma boa parte do processamento de informações sensoriais que resulta em palavras, conceitos, pensamentos, memórias e reconhecimento de objetos acontece em nível mais profundo, mas o *input* vem diretamente de nossos sentidos. Quais são esses sistemas sensoriais? Quantos são e como eles trabalham juntos? Como eles funcionam com representações e estados internos, como memória e pensamento? Antes que eu me empolgue muito fazendo todas essas perguntas, vamos tentar responder pelo menos uma delas. Ou melhor, vamos dar uma olhada em uma visão comum sobre uma dessas questões e, em seguida, explorar se ela é precisa.

Tenho uma memória de infância quando aprendi sobre "os cinco sentidos", no meu segundo ano da escola primária. Como explicarei mais tarde, quando escrever sobre a memória, essa lembrança é provavelmente imprecisa, na melhor das hipóteses, e possivelmente até completamente fictícia. Mas ainda trago comigo essa memória. De acordo com o que lembro da escola, os cinco sentidos são visão, audição, paladar, olfato e tato. Era isso. Você geralmente não aprende sobre as nuances da percepção tátil, ou as diferentes maneiras como a visão é processada. Não aprendemos muito sobre *déficits* sensoriais, ou como indivíduos com perda de audição, ou visão processam as coisas. Não aprendemos

70

CAPÍTULO 4 | VOCÊ PODE CONFIAR NOS SEUS SENTIDOS?

sobre integração sensorial e como visão e audição se combinam. Aprendemos apenas sobre os cinco sentidos. Era o Ensino Fundamental, é claro, então você espera mesmo que a descrição seja simples. Mas a maioria entre nós ainda pensa em termos de cinco sistemas sensoriais diferentes e separados, e tendemos a pensar sobre sensação e percepção com a mesma sofisticação que aprendemos na escola. Ou seja, pensamos que não somos muito sofisticados e que, quase sempre, não precisamos ter uma compreensão aprimorada da percepção. Confiamos em nossos sentidos.

Essa memória inicial tem algum grau de especificidade. Por exemplo, lembro que a sala de aula ficava do lado esquerdo do corredor (isso era, sem dúvida, resultado da memória visual-espacial e percepção visual). Lembro-me que era o meu primeiro ano na escola, tendo vindo transferido de outra. Não me recordo do nome da professora, mas posso meio que me lembrar de algumas coisas sobre como era a sala de aula, como era estar lá. São memórias sensoriais. Agora, como eu disse, essa memória provavelmente não é verdadeira, embora seja específica. Possivelmente, não houve um único dia em que tudo isso tenha sido colocado diante de mim. Talvez tenha sido no primeiro ano, o que parece mais realista, ou até na pré-escola. Ou talvez tenha sido na televisão, no programa da Vila Sésamo. Talvez tenha sido tudo isso junto e eu apenas tenha misturado tudo na memória específica que tenho agora (e como veremos mais tarde no livro, é assim que a memória funciona, consolidando e reconstruindo experiências). A questão é que eu realmente não confio na minha memória sobre esse fato. Posso experimentar o evento de memória, mas não acredito que seja muito preciso. Tenho uma experiência atual e real, na qual não confio muito. Posso não confiar em minha memória, mas confio em meus sentidos. Você provavelmente também confia em seus sentidos. Mas deveria?

A frase em si é uma expressão idiomática comum: "você tem que confiar em seus sentidos", "confie em seus próprios olhos", "acredite no que vê", "ver para crer", "acreditarei quando ver", "fotos, ou então não aconteceu". O fato de haver tantas expressões comuns como estas sugere que há uma ideia subjacente, ou uma metáfora conceitual, que sustenta a ideia de que "percepção é realidade" ou talvez que "percepção é crença". Essa ideia é predominante em nossa cultura e, portanto, é transmitida em nosso idioma. Na verdade, há algo sinistro em ouvir que você não deve ou não pode acreditar no que vê. George Orwell (1903–1950) escreveu, em seu livro *1984*:

> O partido disse para você rejeitar a evidência de seus olhos e ouvidos. Era seu comando final e mais essencial.

Quando Orwell escreveu isso, foi para caracterizar um cenário de pesadelo, um partido governante que diz explicitamente às pessoas que não se deve acreditar no que elas veem com seus próprios olhos. Começando por volta de 2015 e na década de 2020, bem depois que os eventos desse romance se passam, a ideia moderna de *fake news* foi propagada por muitas facções diferentes e em vários países. Um exemplo claro e recente é o tamanho da multidão na posse do presidente dos EUA, Donald Trump, em 2017. O presidente Trump afirmou que foi a maior multidão em uma posse da história, mas fotos tiradas do alto do monumento a Washington sugerem fortemente que a multidão era muito maior na posse de Barack Obama[16]. É claro, da perspectiva de onde o presidente estava, a multidão deve ter parecido incrível. Da perspectiva das pessoas na rua, poderia parecer muito grande (se você estivesse na frente) ou esparsa (se você estivesse a vários quarteirões de distância). A desconexão levou o próprio secretário de imprensa do presidente a contestar as evidências fotográficas em favor do relato oficial e fez com que muitas pessoas questionassem qual versão dos fatos (ou "fatos alternativos", como disse um funcionário da Casa Branca) deveria ser aceita.

Embora não fosse o mesmo cenário fictício criado por George Orwell, ainda assim gerou incerteza no que deveria ser uma observação bastante clara e direta. Por causa dessa incerteza, nos perguntamos em que devemos acreditar. Para muitas pessoas, ouvir que você não pode confiar no que vê ou lê é uma experiência assustadora e perturbadora.

Porém, você deve confiar em seus sentidos? É verdade que é preciso "ver para crer"? Eu argumento que, em muitos casos, o inverso é realmente mais preciso, que "crer é ver". Quero começar este capítulo com alguns exemplos claros de como você não deve confiar em seus sentidos: ilusões visuais. Em seguida, explicarei como seus sistemas sensoriais e cerebrais funcionam e como essas ilusões são apenas exemplos exagerados de como percebemos e entendemos o mundo. Não vemos o mundo que está diretamente à nossa frente, mas o que vemos é uma reconstrução do que está à nossa frente, mesclada com o que já conhecemos. Entender como o sistema funciona e por que funciona dessa maneira pode ajudar a reduzir a sensação de incerteza quando somos confrontados com a possibilidade de as coisas nem sempre serem o que parecem.

---

[16] Não há um número oficial, mas estimativas usando fotos e contagens de pessoas circulando no metrô sugerem que cerca de 500.000 a 600.000 pessoas compareceram à posse de Trump e cerca de 1.800.000 pessoas compareceram à posse de Barack Obama em 2009. Nenhuma fonte confiável mostrou que a multidão na posse de Trump tenha sido maior do que a da posse de Obama.

O ESTUDO DAS ILUSÕES

Uma maneira de mostrar que as coisas nem sempre são o que parecem ser é examinar as ilusões sensoriais e perceptivas. A palavra "ilusão" [*illusion*] vem do latim [*illusio*] por meio do inglês medieval, e sua raiz é "enganar" [*ludere*]. Normalmente pensamos nas ilusões como truques ou enganos. Um ilusionista é um artista que engana o público fazendo-o pensar que vê algo diferente do que está à sua frente. Da mesma forma, muitas vezes pensamos em uma ilusão sensorial como a tentativa de nosso sistema sensorial de nos enganar. Embora possa ser mais adequado descrever a ilusão como um engano que é criado por uma desconexão entre o que ativa o *input* sensorial e como o resto do cérebro interpreta esse *input* sensorial. A ilusão é o resultado da resolução de um conflito entre sensação e conhecimento, em favor do conhecimento. Dessa forma, não é realmente um engano, mas o resultado de uma decisão inconsciente e muitas vezes involuntária tomada em favor de evidências anteriores. As ilusões nos mostram que nosso cérebro e nossa mente trabalham para fazer avaliações e previsões sobre o que vemos. Normalmente, essas previsões se alinham com as informações sensoriais à nossa frente e não notamos nada. Quando eles não se alinham, experimentamos uma ilusão[17].

As ilusões existem em diferentes modalidades. Existem ilusões auditivas, nas quais você pode ouvir algo que não aconteceu. Por exemplo, seu cérebro preencherá os sons da fala que faltam para completar as palavras. Isso é uma ilusão no sentido de que você percebe o que não estava lá, mas também é uma previsão útil e na verdade nos impede de cometer erros ao ouvir o que as pessoas dizem. Existem ilusões de toque nas quais você pode perceber o toque de algo que não está lá. Por exemplo, o "zumbido fantasma" com seu *smartphone* ocorre quando você pensa que recebeu uma notificação e sente um zumbido ou vibração do telefone. Tudo isso pode ser exemplo de ilusões, mas o processo de sua criação é diferente. Algumas parecem mais fáceis de descartar do que outras. Vejamos primeiro uma ilusão visual muito simples, que é claramente um conflito entre o que você está sentindo e o que está percebendo e que é muito difícil de ignorar.

A Ilusão de Müller-Lyer

Uma das ilusões mais fortes e fundamentais é a ilusão de Müller-Lyer. Você definitivamente já experimentou essa ilusão, mesmo sem saber o nome.

---

[17] É possível argumentar que tudo o que vemos e ouvimos é uma ilusão, no sentido de que o que vemos e ouvimos é uma reconstrução baseada em nossas suposições e conceitos. Mas vou restringir o uso do termo "ilusão" para significar casos em que a compreensão do que vemos não é o mesmo que o *input* sensorial objetivo.

Na figura abaixo (Figura 4.1), existem duas linhas horizontais, cada uma ladeada por um par de pontas de seta apontando para fora, ou por um par de setas apontando para dentro. A linha no topo, aquela com a seta apontando para dentro, parece ser mais longa do que a linha na parte inferior, aquela com as pontas das setas apontando para fora. Tenho certeza de que você já viu isso e de que sabe que ambas as linhas têm exatamente o mesmo comprimento. E se você não tem certeza sobre isso, por favor, pegue um pedaço de papel, meça uma e compare com a outra. Elas têm exatamente o mesmo comprimento, mas não parecem tê-lo. Provavelmente já vi esta figura, ou uma semelhante, centenas de vezes e sei que as linhas são do mesmo tamanho e, no entanto, apesar de saber, não consigo vê-las iguais. Essa é a ilusão. Ambas as linhas são iguais. Você sabe que ambas as linhas são do mesmo tamanho. E, no entanto, ambas as linhas não parecem ser iguais. A questão é: por que uma linha parece ser mais longa do que a outra?

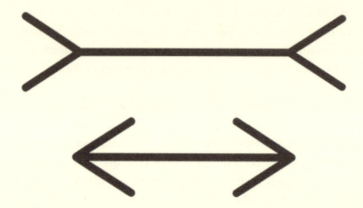

FIGURA 4.1: Müller-Lyer visto de um ângulo horizontal.

Vejamos com mais detalhes como essa ilusão funciona. Primeiro, no nível mais baixo possível no fluxo de processamento de informações, as linhas serão as mesmas. A imagem na retina do seu olho será um reflexo preciso do que está no mundo exterior. Descreverei mais sobre a retina mais adiante neste capítulo, mas por enquanto, vamos concordar que a retina, que é a parte de trás do seu olho, é a estrutura que a luz e informações visuais ativam primeiro. As duas linhas ocuparão *exatamente* o mesmo espaço na retina porque, na verdade, são iguais. E as duas linhas irão ativar o córtex visual primário da mesma maneira. Em outras palavras, de "baixo-para-cima", elas devem ser iguais. Então, de onde vem o conflito? Vem do conhecimento de "cima-para-baixo" e de suposições que você tem sobre como o mundo funciona e como os objetos existem no espaço tridimensional. Essa influência de "cima-para-baixo" substitui não apenas a entrada sensorial vinda de seus olhos, mas também seu próprio conhecimento de que essas linhas são iguais. Esse conhecimento de "cima-para-baixo" está profundamente enraizado e, em alguns casos, é inato, tendo sido selecionado por eras de evolução. Trata-se de suposições profundamente arraigadas com relação ao mundo visual.

O papel dessas suposições pode ser mais fácil de ver se virarmos a imagem de lado (Figura 4.2).

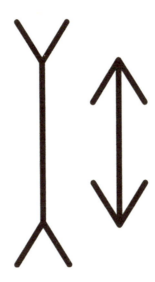

FIGURA 4.2: Müller-Lyer visto de um ângulo vertical.

Olhe a figura à esquerda. Tente imaginar que você está olhando *para* o canto de uma sala. Nessa imagem, a linha vertical é onde as duas paredes se encontram para formar o canto e as setas podem ser o ponto onde as paredes e o teto (ou piso) se encontram. Consegue ver isso? Agora, olhe a figura à direita, imagine que você está olhando para o canto externo de um edifício. Nesta imagem, a linha vertical é novamente o local onde as duas paredes se encontram para formar um canto, e as setas são o topo e a base do edifício quadrado recuando na distância. Na figura da esquerda, a linha vertical seria o ponto mais distante do observador e na figura da direita, a linha vertical seria a parte mais próxima do objeto para o observador. Isso implicaria que a linha vertical à esquerda, a parte interna do canto, pode estar mais distante que a linha vertical à direita, a parte externa do canto.

Essas suposições arraigadas sobre perspectiva e distância levam você a ver uma linha como sendo mais próxima do que a outra. Essa premissa ativa outras duas mais profundamente arraigadas sobre o mundo visual. Primeiro, os objetos que estão mais próximos parecem maiores e ocupam mais espaço na retina. É assim que a física do olho funciona. Em segundo lugar, entendemos que os mesmos objetos tendem a ter um tamanho constante, independentemente de quão próximos ou distantes estejam. Chamamos isso de "constância do tamanho". Se você estiver olhando para duas pessoas, uma próxima e outra distante, a mais próxima ocupará muito mais espaço em sua retina. Mas você normalmente não vê dessa forma, o que vê são duas pessoas do mesmo tamanho.

Então, vamos juntar todos esses fatos e premissas. Você tem duas linhas que ocuparão o mesmo espaço na retina, porém o contexto ao redor delas o faz pensar que uma está mais próxima do que a outra. As coisas mais próximas ocupam mais espaço na retina. Mas você acha que vê uma linha próxima e outra distante ocupando o mesmo espaço na retina. Isso só poderia acontecer se a linha mais distante fosse *realmente maior* do que aquela mais próxima. E, então, você percebe a linha à esquerda como sendo mais longa, embora saiba que não é. A única maneira de satisfazer simultaneamente todas as restrições é criar esse engano. O engano que, na verdade, é mais uma correção. O conhecimento tácito profundamente arraigado que você tem sobre a distância no espaço tridimensional anula a informação que vem diretamente da retina e anula sua compreensão real. E então, você percebe a ilusão.

De certa forma, a solução não é realmente uma ilusão. É a resolução de um conflito entre as informações que vêm de sua retina e a maneira como você interpreta essas informações de acordo com suas premissas e conhecimento tácito sobre objetos em um mundo tridimensional. Quando há um conflito, você quase sempre o resolve em favor dessas premissas. Esse é um dos problemas com a percepção: ela fornece informações, mas estas não fazem nenhum sentido, a menos que correspondam a algo que já conhecemos. Além do mais, dependemos de nossa visão e dos sistemas de reconhecimento de objetos para trabalhar o mais rápido possível. Não queremos conflito. Não precisamos de conflito porque isso prejudicaria a rápida eficácia do sistema visual. Para evitar um conflito, qualquer possível desconexão geralmente será resolvida em favor desse conhecimento tácito profundamente arraigado. E o mais importante, esta resolução não pode ser anulada pela crença, neste caso a crença e o conhecimento de que as linhas são iguais. A última coisa de que precisamos é um sistema visual que possa ser substituído de boa vontade pela crença pessoal.

Em suma, essa ilusão simples demonstra que temos premissas profundamente arraigadas sobre o mundo visual. Estas não podem ser anuladas pela crença ou mesmo por conflitos de baixo nível. Elas geralmente estão corretas e ajudam a fornecer uma experiência consistente para nós, suavizando a ambiguidade e os conflitos que podem vir tanto de dentro como de fora.

A ilusão de Müller-Lyer é uma ilusão artificial. É uma tentativa exagerada de criar um conflito e, por isso, pode não surpreender muito o fato de que o sistema visual funcione dessa maneira. O mundo natural geralmente nos fornece informações que funcionam com essas premissas, e não contra elas. Afinal, as premissas vêm do mundo natural. No entanto, existem alguns exemplos de ilusões visuais que persistem até na natureza.

Ilusão da Lua

Uma dessas ilusões visuais você pode observar em uma noite clara de Lua cheia. É chamada de "ilusão da Lua". Se você nunca ouviu falar dela, a ilusão da Lua é a experiência perceptiva da Lua cheia no momento em que está nascendo ou se pondo, quando parece ser muito maior do que quando atinge um ponto mais elevado no céu. Quando a Lua nasce (ou se põe), parece enorme no horizonte, mas quando está bem acima, tem uma aparência muito menor (veja a Figura 4.3). Você veria a mesma coisa com o Sol, mas não é aconselhável olhá-lo diretamente. Você também veria a mesma coisa com a Lua minguante ou crescente, mas a ilusão parece ser mais forte quando a Lua está cheia. Como isso acontece? Afinal, a Lua está a uma distância definida da Terra e, esteja ou não no horizonte ou diretamente acima, está sempre exatamente à mesma distância de você naquela noite. Este efeito não pode ocorrer em função da distância e a Lua obviamente não muda de tamanho. Deve haver algo mais, uma interferência entre o que seu sistema visual está captando e o que você está interpretando de acordo com seus conhecimentos e conceitos. Este é provavelmente um dos exemplos mais puros da nossa incapacidade de confiar em nossos sentidos. Não há como a Lua mudar de tamanho e, no entanto, ela parece claramente maior no horizonte. Como isso é possível?

FIGURA 4.3: Um exemplo da ilusão da Lua.

A ilusão da Lua é conhecida há muito tempo e, francamente, também confunde as pessoas há muitos séculos. Ptolomeu (90–168), o matemático greco--egípcio, interessou-se pela ilusão da Lua e reconheceu que devia ser uma ilusão, talvez causada pelas diferenças na refração atmosférica no horizonte *versus* o zênite acima. Ptolomeu também chegou a uma explicação um pouco mais bizarra, pressupondo que quando você inclina a cabeça para trás, as coisas parecem mais distantes. Filósofos e astrônomos posteriores ofereceram explicações alternativas. Cleomedes, um astrônomo grego, sugeriu que poderia ser devido à nossa interpretação do tamanho aparente. Arthur Schopenhauer (1788–1860), filósofo alemão do século XIX, também sugeriu essa hipótese.

Na explicação do tamanho aparente, a ilusão da Lua ocorre porque nosso conhecimento tácito de objetos em três dimensões entra em conflito com as informações do sistema sensorial. Quais são algumas dessas premissas tácitas? Um deles tem a ver com objetos que se afastam em direção a um ponto de fuga no horizonte. Geralmente percebemos e entendemos que os objetos no céu perto do horizonte estão mais distantes do que os objetos diretamente acima. O horizonte é o ponto de fuga e, à medida que as coisas no céu se afastam, elas recuam em direção a esse ponto de fuga no horizonte. Por exemplo, se um pássaro passa voando por você e continua sua trajetória em direção ao horizonte, à medida que se afasta de você, ele se aproxima da linha do horizonte. Também parecerá menor à medida que voa para mais longe. A mesma ideia é verdadeira para objetos no solo, exceto que funciona na direção oposta. Objetos diretamente abaixo de seus pés estão próximos a você e se eles se afastarem, recuam em direção à linha do horizonte para cima, no plano visual. Geralmente, as coisas no horizonte estão mais longe de você do que as coisas diretamente acima ou abaixo.

Então, como isso funciona com a ilusão da Lua? Vamos analisar isso como fizemos com a ilusão de Müller-Lyer. Começaremos com suposições:

- Os objetos continuam do mesmo tamanho, independentemente de quão próximos ou distantes estejam;
- Os objetos próximos parecerão maiores na retina do que os objetos mais distantes;
- Os objetos no horizonte estão mais distantes do que os objetos acima e abaixo.

A Lua está, é claro, muito longe. Não temos realmente uma noção de quão longe, porque não somos capazes de observar nada além de grandes corpos celestes naquela longa distância. Por estar tão longe, a Lua não age de acordo com a suposição do horizonte recuando. Ao contrário de pássaros, aviões, ou mesmo nuvens, a Lua no horizonte está à mesma distância que a Lua acima. A Lua, ao contrário de quase tudo o mais que você vê, não é ligada à Terra[18]. Como resultado, a suposição da linha do horizonte ligada à Terra não deve se aplicar. Porém, nossas premissas, ou suposições, de conhecimento tácito só são psicologicamente úteis caso se apliquem a todos os casos, de forma que possamos fazer avaliações rápidas do mundo. Se aplicarmos as suposições a todos os casos, incluindo a Lua, ainda presumiremos que todos os objetos do horizonte estão geralmente afastados de nós. Isso significa que temos que reconciliar o fato de que a Lua não parece menor no horizonte. Ou seja, nossas suposições de conhecimento tácito nos dizem que ele está mais longe no horizonte do que quando acima, mas ainda ocupa o mesmo tamanho na retina.

Uma maneira de resolver esse conflito é assumir que a Lua do horizonte deve estar mais distante *e* ser maior do que a Lua acima, no céu. Se a Lua no horizonte fosse realmente maior do que a Lua no céu, ambas poderiam projetar a mesma imagem na retina. Ou seja, isso resolveria o conflito. Nossa mente prefere resolver o conflito. E assim, percebemos a Lua no horizonte como sendo maior e que está mais distante. É como a ilusão de Müller-Lyer, pois nossos olhos veem duas coisas iguais, mas nossa mente impõe algumas premissas sobre esses objetos,

---

[18] A Lua está, é claro, literalmente presa à Terra, no sentido de que sua existência está vinculada à gravidade da Terra. Mas não está *na* Terra e não faz parte dela.

a saber, que um deve estar mais longe do que o outro e, portanto, inexplicavelmente, deve ser maior.

Isso, é claro, não faz sentido. Sabemos que a Lua tem o mesmo tamanho. Nossos olhos também não nos enganam, pois captam as mesmas informações. É a nossa mente que está confundindo as coisas. Apesar do conhecimento, o efeito é avassalador. Na próxima vez que você tiver a chance de observar o nascer da Lua, observe como ela parece grande. Observe como surge no horizonte. Perceba que, se você tirar uma foto, ela nunca parecerá tão grande. Em seguida, saia de novo para fora e olhe uma vez mais para a Lua quando ela estiver acima, no céu, e note que ela parece menor e mais brilhante. Observe, também, que associamos coisas brilhantes com pequenas (pequenos pontos de luz) e coisas mais escuras com grandes (grande mar escuro). Atente que também associamos coisas menores com "estar no alto" (instrumentos pequenos produzem notas altas, pássaros pequenos, coisas que voam) e coisas maiores com "coisas que estão em baixo" (instrumentos grandes produzem notas mais baixas, animais grandes, coisas que não podem voar).

Essas ilusões sugerem que a questão colocada pelo título do capítulo, "Você pode confiar em seus sentidos?" não é fácil de responder. Você pode ficar tentado a responder "não" com base nessas ilusões, mas estas surgem porque confiamos em nossos sentidos. Não temos nada a dizer sobre o assunto. Nossas mentes já decidiram. Nossas mentes precisam processar informações sensoriais na velocidade da luz para que possamos tomar decisões sobre o mundo, escolher ações, adotar comportamentos e interagir com o mundo. Só podemos fazer isso se impusermos algumas premissas sobre o que percebemos. Confiamos que nossos sentidos se alinham com as premissas que impomos. Quando não, optamos por confiar em nossas mentes e não nas informações sensoriais conflitantes. Escolhemos confiar em nossas mentes porque elas já confiam em nossos sentidos.

Na próxima seção, vamos ver como as informações sensoriais são convertidas em percepção. Quero que você tenha em mente essas ilusões, junto com a ideia de que precisamos ter um sistema cognitivo disposto a cometer erros ocasionais de forma a acertar na maioria das vezes. Este é um tema que permeará todo o livro e que ressurgirá muitas vezes.

O SISTEMA VISUAL

Seu sistema visual é um computador biológico realmente notável, construído pela evolução e pela seleção natural (e muitas outras vezes construído em outras espécies). Quando estudei pela primeira vez o sistema visual dos mamíferos, fiquei surpreso com o quão mecânico ele é. Cada parte do sistema faz um pequeno cálculo, processa uma parte da informação e passa essa informação para a próxima parte do sistema, como em um computador. Embora possa ser um clichê dizer que a mente é como um computador, no caso do sistema visual, isto é verdade. Como veremos, grande parte do processamento de informações ocorre fora do cérebro. Entenda que quando digo "processamento de informações", não quero dizer necessariamente "pensamento", embora o exemplo possa ser descrito como "cognição". Na visão, a extensão da cognição extracraniana é impressionante, e isso se deve em parte à forma como a visão evoluiu. É bastante correto dizer que as partes do sistema visual que ficam fora de seu córtex cerebral, seus olhos e nervos ópticos, são um sistema cognitivo altamente evoluído por si só.

Do Olho ao Cérebro

Como exemplo, quero que você considere a trajetória computacional com relação ao papel da visão no ato de ler este livro. Vou começar discutindo como a luz reflete na página, é captada por seus olhos e percebida e processada pelo sistema visual no cérebro. Começaremos com esse exemplo porque é assim que presumo que a maior parte do conteúdo deste livro está sendo consumido e processado. Estou presumindo que a maioria de vocês leitores está lendo este texto num livro, ou talvez em uma tela. Até certo ponto, isto é uma suposição e também uma generalização. É o que presumo ser geralmente verdade, com base na minha experiência com o mundo. Mas também percebo que minha suposição não captura a experiência de todos. Se você estiver ouvindo este texto em um audiolivro, por exemplo, considere a experiência que teve ao ler outro livro. Se você é deficiente visual, então minha suposição definitivamente não captura sua experiência. Discutirei posteriormente um caso que mostra como as mesmas áreas do cérebro envolvidas na visão assumem o controle e fazem uso da informação acústica de modo semelhante. Por enquanto, porém, vou assumir que a maioria das pessoas que estão interagindo com este livro o fazem visualmente.

De volta ao nosso exemplo. As palavras na página requerem algum tipo de luz para serem distinguidas e percebidas. O que também é verdade para as palavras de uma tela, embora neste caso a luz seja emitida pela própria tela. O sistema visual evoluiu para processar a luz. A luz é a única entrada, o único *input*. Muitos animais usam luz para obter comida, porque eles não conseguem usar a luz para produzir alimento como as plantas[19]. Muitos animais evoluíram para

---

[19] Provavelmente há uma metáfora mais profunda aqui, sobre como a luz do Sol é usada por plantas e animais para obter alimento, mas não tenho certeza de qual seja. Além disso, muitos animais usam outros sentidos para obter alimento, como olfato, tato e audição.

serem sensíveis à luz solar, e usamos os mesmos sistemas para desenvolvermos sensibilidade a outro tipo de luz. A luz viaja quase instantaneamente, por isso é uma fonte confiável de informações sobre o que está ao nosso redor. Como sinal, essencialmente não há perda de tempo. A luz ressalta e reflete as coisas do mundo e, dependendo das propriedades químicas desses objetos, quantidades variáveis de energia luminosa são refletidas e absorvidas. Essa luz refletida está em todos os lugares, mas se você quiser usá-la para navegar ou planejar comportamentos, precisará de algum mecanismo para captar a sensação produzida pela luz e convertê-la em informações que possam ser processadas. Isso é o que seu olho faz. A luz do Sol bate na Terra, atinge sua página e parte dessa luz é refletida de diferentes maneiras (a tinta não reflete tanto) e, eventualmente, essa luz refletida atinge seus olhos. Todas as ideias conhecidas, todas as histórias contadas e todos os processos judiciais julgados podem ser vividos por qualquer pessoa como resultado do mesmo processo: pela luz refletida em uma página ou pela luz que emana de uma tela. A mesma luz que emana de um sol a milhões de quilômetros de distância ou alimentado pela eletricidade gerada pela queima de combustível fóssil (que é um antigo subproduto da luz solar) também transmite as ideias e pensamentos de pessoas que viveram muito tempo atrás para nossas mentes no presente. A luz, e os nossos olhos, possibilitam esta transmissão de informações e de ideias.

Reserve um momento para reconhecer o quão nossos olhos são notáveis. E tenha em mente que o olho humano é notável, mas dificilmente único. Os olhos dos mamíferos evoluíram na maioria das espécies e são bastante semelhantes aos nossos. Outras espécies desenvolveram olhos altamente desenvolvidos que são bastante diferentes e, em muitos casos, muito superiores aos nossos em termos de sensibilidade e acuidade. Por exemplo, aves de rapina, como a águia-de-cabeça-branca, têm uma visão extremamente precisa. Eles usam seu sistema visual para localizar pequenas presas a vários quilômetros de distância. Os cefalópodes (lulas, polvos e sépias) têm olhos grandes e sensíveis que lhes permitem perceber detalhes do seu ambiente em condições de pouca luz no fundo do mar. Muitos insetos e aracnídeos desenvolveram olhos compostos. Algumas aranhas, como a "aranha lançadora de rede", têm olhos desenvolvidos à visão noturna tão poderosos que parecem pequenos binóculos. Essas aranhas têm olhos tão sensíveis que, teoricamente, poderiam ver galáxias cuja luz é fraca demais para nossos olhos detectarem. Claro, este é um trecho um pouco fantasioso, a aranha lançadora de rede usa seus olhos para detectar a presa e mirar a rede que lança. Eles não comem galáxias e não têm resposta comportamental, nem o conceito de galáxias. Eles não veem galáxias de fato, apesar de a tecnicidade de seus olhos permitir tal façanha.

Voltemos ao nosso exemplo da leitura de palavras em uma página. A luz refletida da página do livro atinge seus olhos incríveis, e o que acontece a seguir é ainda mais incrível. Depois de passar pela membrana externa e pela córnea, a luz entra no olho através de uma abertura, a pupila. Sua íris (a parte colorida de seu olho) circunda a pupila e pode se mover para alterar o tamanho da abertura da pupila (ou diafragma). Isso permite que mais ou menos luz entre em seus olhos. Quando a luz é mais forte, sua pupila se contrai para produzir uma pequena abertura e quando a luz está fraca, sua pupila se abre amplamente para permitir a entrada de mais luz. Conforme a luz passa pela pupila, ela passa pela lente, que funciona de maneira muito semelhante à lente de uma câmera. É um tecido duro, em relação ao resto do olho, mas ainda assim flexível – e está ligado a músculos que podem esticá-lo de forma a alterar sua capacidade de focalizar a luz que entra. A lente focaliza a luz que entra através de um líquido claro no globo ocular e produz uma imagem na parte posterior do olho (consulte a Figura 4.4 para ver detalhes).

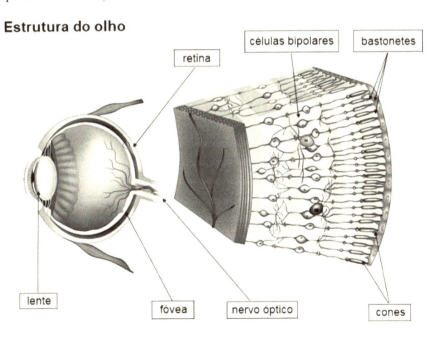

FIGURA 4.4: Um corte transversal de um olho humano com um *close* da retina, mostrando cones e bastonetes.

Essa imagem, que captura a luz de fontes naturais e artificiais, e principalmente a luz refletida dos objetos no mundo, é focada na parte sensível do olho: a retina. E, como acontece com a lente de uma câmera, a imagem será invertida. A retina contém milhões e milhões de fotorreceptores que detectam e absorvem a luz e a convertem na energia eletroquímica que os neurônios utilizam. Quando você olha nos olhos de alguém, suas pupilas parecem escuras, geralmente um negro sólido e uniforme. Isso ocorre porque toda a luz que entra nos olhos é absorvida pelas células da retina. Quando você olha nos olhos de alguém, uma imagem do seu rosto, o que chamaremos de "imagem da retina", irá para a retina e será absorvida pelas células do olho da outra pessoa. Esta imagem do seu rosto é, de uma forma muito real, agora uma parte indelével da fisiologia da outra pessoa. Mais do que apenas uma "janela para a alma", os olhos de uma pessoa absorvem imagens de tudo o que entra neles.

De volta à nossa imagem da retina. A imagem está focada na retina do olho, que é essencialmente o lado interno curvo da parte posterior do globo ocular. É recoberta por muitos milhões de fotorreceptores e cada um deles fica lá, esperando para detectar a luz. As retinas humanas têm dois tipos de fotorreceptores: bastonetes e cones. Estes são assim chamados devido à forma geral de cada tipo de célula. Os bastonetes têm forma de haste. Os cones são, previsivelmente, em forma de cone. E, como veremos mais tarde, há vários tipos de cones. Embora toda a imagem do mundo visual à sua frente caia na retina, a lente focaliza a imagem em uma área especial de alta acuidade no centro da parte posterior do olho, chamada fóvea. Enquanto você lê este livro, os padrões claros e escuros de luz produzidos pelo reflexo da luz nas letras da página são focalizados na fóvea. Em outras palavras, a coisa para a qual você olha (um rosto, palavras, a caneca de café) projeta sua imagem na fóvea. Agora, é claro, lembre-se de que seu olho ainda não tem ideia do que você está olhando. Sua capacidade de focar em uma imagem de interesse é governada tanto pelas propriedades do mundo ao seu redor quanto pelo seu conhecimento e compreensão desse mesmo mundo. Discutirei mais sobre esse processamento posteriormente neste capítulo e em outras partes do livro.

Cada um desses tipos de fotorreceptores tem uma função específica. Os bastonetes, que estão localizados em maior proporção nas áreas da retina fora da fóvea, são os mais comuns entre os dois tipos de células. Existem cerca de 90 milhões de bastonetes em cada olho. Eles também são os mais sensíveis entre esses dois tipos de células — ou seja, são mais sensíveis a níveis mais baixos de luz do que os cones. Há duas razões para essa alta sensibilidade, e uma implicação resultando disso. A primeira tem a ver com a estrutura química da célula. Esses fotorreceptores contêm um fotopigmento químico que é perturbado pela luz. Na célula bastonete, o fotopigmento é sensível a um único fóton de luz (um fato que acho espantoso). Quando isso acontece, quando as ondas de luz atingem essa substância química, o bastonete pode disparar um impulso. Ele envia um sinal informando que "luz foi detectada". Esse é o seu único trabalho. A segunda razão pela qual o sistema de bastonetes é tão sensível é que eles estão conectados ao próximo nível do sistema (as células bipolares da retina) em uma proporção de cerca de 20:1. Isso significa que cada célula bipolar tem vinte bastonetes, trabalhando para detectar luz para ela. O resultado é um sistema muito sensível, com fotorreceptores individuais sensíveis a níveis de luz muito baixos e uma rede onde existem muitos bastonetes trabalhando para detectar a luz. Mas há algumas implicações que resultam dessa sensibilidade. Os bastonetes são sensíveis apenas à luz e não têm a capacidade de responder à luz com diferentes comprimentos de onda. Por conta disso, eles não fornecem informações sobre cor. Outra implicação é que, como eles estão conectados à próxima camada na proporção de 20:1, isso significa que a próxima camada da rede não tem informações sobre onde, em seu campo de cerca de vinte bastonetes, a luz estava ativa. Agora, trata-se de uma região muito pequena, o que significa que o que sistema de bastonete ganha em termos de sensibilidade com esse arranjo, ele perde parcialmente em termos de precisão. Se quisermos ver cores e distinguir mais detalhes, precisamos de um sistema diferente e de um tipo diferente de fotorreceptor. Aí entram os cones.

Seus olhos têm menos receptores de cones em relação aos bastonetes. Há apenas cerca de 7 milhões de cones em cada olho, e eles estão quase todos localizados na fóvea, aquela área no centro de seus olhos onde sua pupila e lente focalizam uma imagem. Além disso, os cones não são tão sensíveis quanto os bastonetes. Eles requerem mais luz do que os bastonetes para serem ativados. Mas os cones, embora sejam em menor número e menos sensíveis, contribuem muito para a nossa experiência visual. Por um lado, o sistema de cones é mais preciso: ele detecta o mundo com grande acuidade. A maior acuidade se deve ao fato de os cones se conectarem à próxima camada da rede, as células bipolares, em uma proporção muito menor. Cada célula bipolar se conecta a apenas cerca de três cones. Isso significa que, em contraste com os bastonetes de alta sensibilidade, os cones simplesmente não captam tanta luz e, como resultado, eles não são tão sensíveis a situações de pouca luz. No entanto, também há um benefício nessa proporção baixa. Como cada célula bipolar tem apenas algumas células de cones fornecendo informações, há mais informações sobre onde a fonte de luz atingiu a retina. A rede só precisa descobrir onde, no campo de três células cones, a luz foi detectada. Isso é mais preciso. Por conta disto, os cones são mais precisos do que os bastonetes. Como os cones estão todos localizadas na fóvea, você está focalizando uma imagem externa em células que já têm uma acuidade mais alta.

No entanto, os cones fazem mais do que fornecer uma imagem de alta resolução ao cérebro. Na verdade, existem três tipos de células cone e cada uma delas é maximamente sensível à luz de um determinado comprimento de onda. Cones curtos são maximamente sensíveis à luz de um comprimento de onda mais curto (luz vista como azulada); cones médios são maximamente sensíveis à luz de um comprimento de onda ligeiramente maior (o que vemos como verde); e cones longos são maximamente sensíveis à luz de um comprimento de onda ainda maior (luz vista como vermelha). Os três tipos de cones – curto, médio e longo – são sensíveis a comprimentos de onda de luz curtos, médios e longos e, portanto, nos permitem detectar objetos que refletem a luz de fundo nesses diferentes comprimentos de onda. Em outras palavras, usamos os cones para ver as cores.

Os bastonetes e cones não sabem de nada disso. As células bastonete não sabem que estão vendo apenas uma cor. Cones curtos não sabem que estão vendo azul. Nada na retina realmente sabe de alguma coisa: as células estão apenas detectando luz, embora de maneiras extremamente especializadas. É um sistema completo. Cada bastonete e cada cone fazem muito pouco. Porém, o sistema constitui toda a nossa experiência visual. É o sistema visual que realiza o trabalho. Por exemplo, os cones, embora menos sensíveis e em número menor, acabam produzindo uma experiência visual rica em função da forma como o sistema é construído. A rede de cones para as células bipolares produz uma experiência diferente daquela da rede de bastonetes para as células bipolares. Esses dois sistemas, cada um deles parte do sistema visual, evoluíram para atingir objetivos diferentes. Os bastonetes detectam mais luz e são mais sensíveis, portanto, detectam mudanças menores no ambiente. Compreender esses sistemas enquanto sistemas, e não apenas enquanto células, contribui para a nossa compreensão do cérebro e da mente em um sentido mais amplo. O poder está na rede e na arquitetura cognitiva; está no nível de processamento, na computação; está no sistema, não nas células. Isso é verdade para todos os sistemas cognitivos que discutiremos, mas é particularmente claro na visão.

Os bastonetes e cones são apenas a primeira etapa neste sistema computacional. Essas células recebem a entrada, o *input*, vindo do mundo externo na forma de energia física (luz) e a convertem em energia eletroquímica para seu cérebro usar e, em seguida, enviam o sinal para a próxima camada de neurônios, que, por sua vez, enviam as informações para a próxima camada de neurônios e assim por diante. A ativação flui da retina para o nervo óptico (que é como um grande cabo coaxial que canaliza toda a ativação do seu olho). Esses neurônios que transmitem as informações da parte posterior do olho para a parte posterior do córtex (seu lobo occipital e parte posterior da cabeça) se cruzam parcialmente no caminho. Este cruzamento parcial tem uma função importante. No nível da retina, você tem dois olhos (esquerdo e direito) e dois campos visuais (as coisas à sua esquerda e as coisas à direita). Mas você vê a maior parte dos dois campos com cada olho. Ou seja, seu olho esquerdo vê as coisas que estão à sua esquerda, mas também vê as coisas que estão bem à sua frente e à sua direita.

Para que isto ocorra, as informações visuais de cada olho se cruzam parcialmente. Nessa área de cruzamento, o nervo óptico vindo de cada olho se divide de modo que o campo visual restante de cada retina (do olho esquerdo e do olho direito) é combinado. Em outras palavras, as informações do lado esquerdo do campo visual são combinadas, assim como as do lado direito. Em termos de reconhecimento de objetos, é mais importante saber de que lado do mundo o objeto aparece, ao invés de em que globo ocular ele está aparecendo. Afinal, a maioria das coisas é vista por ambos os olhos.

Campos Receptivos

Até agora, acompanhamos o fluxo de informações visuais desde o momento em que um fóton atinge um receptor em seu olho, até o nervo óptico e o quiasma óptico, que é a área onde os campos receptivos se cruzam e se unem. Nesse ponto, a informação do seu olho está pronta para ser processada pelo cérebro. Seu cérebro não está obtendo informações visuais cruas. A informação visual já foi bastante processada fora do córtex pelos sistemas visuais de nível inferior. Essa informação já processada ativa a área occipital do córtex − descrita no *Capítulo 3* − que é a área visual primária, na parte posterior do cérebro. As células em seu córtex visual primário são inicialmente organizadas no que é chamado de mapa retinotópico. Isso significa que as células do córtex visual são organizadas em correspondência direta com as células receptoras da retina. Como resultado, os neurônios do córtex visual primário podem reagir à informação conforme ela aparece na retina. Se você fosse capaz de registrar a atividade de cada neurônio na área visual, algo que é possível em animais não humanos, você veria todo um padrão de respostas neurais que têm a mesma organização espacial dos receptores e, por extensão, do mundo lá fora. O cérebro refletiria o olho e, portanto, o mundo exterior. No nível mais baixo, essas informações processadas representam o mundo externo fielmente. É direto, apesar de não ser exato. Isso logo mudará, à medida que suas premissas e conhecimentos tácitos começarem a desempenhar um papel. Seu cérebro não deixará essa informação vinda do sistema sensorial passar sem impor alguma estrutura.

No momento em que a informação da retina e do nervo óptico atinge o córtex visual primário no lobo occipital, a informação pode ser codificada por localização e cor. O olho ainda não sabe exatamente nada sobre a cor, mas tem informações rudimentares sobre a cor dos três diferentes tipos de cones que respondem a diferentes comprimentos de onda de luz. Seu cérebro decodifica essas informações e as conecta aos seus conceitos sobre objetos e cores. Como o lobo occipital preserva o arranjo espacial na retina, áreas de ativação adjacentes no mundo exterior (porque fazem parte do mesmo objeto) também são adjacentes na retina e, portanto, representadas por neurônios adjacentes no córtex visual primário. O olho ainda não sabe nada sobre os objetos, mas, por causa da correspondência das células retinais com as corticais, é possível para o cérebro fazer essas suposições posteriormente.

Como parte dessas suposições funcionam? Como seu cérebro começa a receber toda a ativação que vem de seu olho e a perceber características e objetos? A resposta começa com campos receptivos visuais. Esses campos começam a desempenhar uma função fora do córtex e são a principal maneira pela qual seu cérebro percebe características, formas, letras e objetos.

Quando dou palestras sobre campos receptivos na minha universidade, percebo que este é sempre um dos primeiros pontos a apresentar dificuldade. Por alguma razão, este parece ser o primeiro tópico importante que geralmente precisa de um pouco mais de explicação. Não sei exatamente por que, mas acho que é porque até agora (em minhas aulas e neste livro), estivemos discutindo afirmações simples de fatos sobre a história da psicologia, psicologia cognitiva em geral, o cérebro, etc. Este é o primeiro tópico que abordamos que investiga o papel da arquitetura cognitiva, que trata de coisas no nível computacional e algorítmico. Para entender a visão e a cognição, precisamos entender o problema de como obter informações visuais cruas do mundo com os olhos e, destes, para o cérebro e como são transformadas em objetos. Isso quer dizer que precisamos entender os processamentos computacionais e algoritmos que descrevem como a informação visual é processada. Precisamos entender como as células visuais e os neurônios são construídos e conectados para resolver esse problema. Uma maneira de resolvê-lo é por meio dos campos receptivos. O arranjo de neurônios e campos resulta na extração de características. Ao contrário dos tópicos anteriores sobre a história da psicologia ou a anatomia básica do cérebro, este tópico é sobre o processamento cognitivo e os cálculos que surgem das conexões. Essas conexões resultam nos pilares cognitivos da percepção e do reconhecimento de objetos.

O que é exatamente um campo receptivo? São células que respondem diferencialmente a um padrão de ativação visual e não a outros. As células visuais têm preferências nesses campos visuais. São como detectores seletivos. Pense nesta analogia simples, meu carro tem vários sensores proximais que detectam se há

CAPÍTULO 4 | VOCÊ PODE CONFIAR NOS SEUS SENTIDOS?

veículos próximos ao meu. Dois deles são detectores de proximidade lateral, os quais irão identificar a presença de um objeto no ponto cego que está em cada lado do meu veículo. Se alguém estiver dirigindo pelo meu lado esquerdo, por exemplo, o sensor ativará um alarme para me avisar. Esse sensor tem uma função. Quando há um objeto ao meu lado, ele envia um sinal. Quando nada ocorre, não envia. Esse sensor simples possui um campo receptivo que se expande a partir do veículo. Detecta coisas naquele campo e nada mais. Ele será ativado por qualquer coisa: carros, caminhões ou gado. Não importa a cor ou a marca do carro. Ele não sabe de nada e não precisa saber. Por si só, esse sensor com um campo receptivo não faz muita coisa. Simplesmente cumpre sua função. Mas se você conectar esse sensor a outras partes do sistema, ele poderá realizar mais. De certa forma, também faço parte desse sistema. Os detectores de objetos laterais não detectam de fato outros veículos. Eu faço isso, interpretando a saída, ou *output*, desses sensores. Você pode até construir outros sensores para detectar outras coisas no ambiente e conectar esses sensores para detectar mais de uma coisa ou uma configuração específica de coisas.

Um campo receptivo no sistema visual tem mais ou menos a mesma ideia dos detectores de veículos que descrevi. Em cada estágio do processamento, desde as células ganglionares que estão atrás da retina, passando por diferentes transmissores até o córtex visual primário, os neurônios respondem seletivamente a padrões de ativação na retina. Por exemplo, se você está olhando para uma tela em branco com uma única linha preta vertical, a experiência subjetiva que você obtém é a de que você está vendo uma única linha preta vertical, algo como o número um. É assim que pode parecer da perspectiva do seu cérebro, e tenha em mente que estou realmente simplificando. Cada um de seus receptores retinais responde à luz e não à escuridão. Quando detecta luz, um receptor dispara de determinada forma, quando não detecta tanta luz, dispara de modo diferente. Agora, imagine todo um agrupamento dessas células, cada uma delas capaz de disparar quando detecta luz e não quando não o faz. Um tipo de agrupamento, que chamaremos de agrupamento "centro *on*", dispara mais rapidamente quando a energia da luz ativa as células no centro do agrupamento, mas não ativa as células na periferia. Tal agrupamento dispara mais rapidamente quando o centro está "ligado", mas as células circundantes estão "desligadas". Se este agrupamento estiver conectado a uma única célula ganglionar no sistema visual, essa célula ganglionar é chamada de célula "central", porque sua função é detectar a luz no centro de seu campo (ver Figura 4.5).

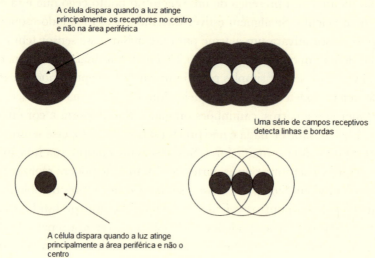

FIGURA 4.5: Os campos receptores nas células ganglionares podem ser sensíveis à luz no centro ou na periferia de seu campo. Isso permite que as células detectem bordas e linhas claras ou escuras.

Há outras células que fazem exatamente o oposto: elas disparam mais rapidamente, como um agrupamento, quando esse aglomerado de células tem mais energia luminosa atingindo as células na periferia, mas não no centro. Tal aglomerado está conectado a uma célula ganglionar e é chamado de célula "centro *off*" porque dispara quando não há luz no centro de seu campo receptivo. Se você pegasse uma rede dessas células centralizadas, o tipo que dispara mais rapidamente quando não há luz no centro, mas mais luz na periferia, e as alinhasse, o que esse conjunto de células centralizadas seria capaz de detectar? Bem, você obteria algo que parece um detector de contornos de linhas escuras. Cada um desses centros é como um pixel escuro cercado por claros, e toda uma gama desses pixels escuros cercados por pixels claros se parece exatamente com o que você está acostumado a ver. É uma linha escura cercada pelo branco. Se você conectasse essa matriz linear de células centralizadas a um único neurônio, teria um detector de linha simples. Este detector de linha é construído a partir de aglomerados de células, ligadas a outras células que estão organizadas de uma maneira particular.

Seu olho não sabe que está olhando para uma linha escura sobre um fundo branco, mas tem células especializadas em detectar áreas escuras organizadas

CAPÍTULO 4 | VOCÊ PODE CONFIAR NOS SEUS SENTIDOS?

em uma linha reta vertical cercada por um espaço em branco. Veja como essa arquitetura é poderosa. O sistema pode fazer uso de muitas configurações diferentes de células com diferentes campos receptivos. Existem células simples que correspondem a barras claras e escuras de orientações diferentes. São como as que acabei de descrever que correspondem a contornos e linhas. Existem outras células mais complexas que correspondem a barras claras e escuras de orientação e comprimentos diferentes, e há outras células complexas que correspondem a barras claras e escuras de orientações e comprimentos diferentes que se movem através do campo visual em uma direção particular. Em cada estágio, *inputs* simples são agrupados de forma a alimentar outra camada das redes, a fim de abstrair mais informações. A partir da rede densa e fortemente agrupada de bastonetes e cones na retina, você obtém linhas, bordas, contornos, ângulos e movimentos. Mas pense no que está acontecendo aqui. Você está impondo estrutura ao mundo visual, mas perdendo alguns detalhes. Cada estágio *abstrai* as informações um pouco mais. De maneira a perceber a realidade, precisamos abstrair as coisas e reconstruí-las.

Vamos tentar resumir um pouco. Descrevemos a maneira como os campos receptivos funcionam, como as células se aglomeram para se conectar a outros neurônios e criar outros campos receptivos. Também descrevemos como as células nas áreas visuais primárias do córtex occipital são organizadas em um mapa retinotópico. A próxima etapa do processamento é a ativação, em seu córtex visual, de células mais especializadas: células que respondem seletivamente a bordas, linhas, contornos e outros componentes visuais, organizadas em seu cérebro de forma correspondente ao modo como estão organizadas em sua retina. A ativação no cérebro se assemelha à ativação no olho. Bem antes de saber o que está realmente olhando, sua retina, seu caminho óptico e seu córtex visual primário têm uma representação bastante acurada das informações à sua frente. Seu olho e seu córtex visual têm um mapa detalhado do padrão de informações claras e escuras que você está vendo. É realmente como um mapa em um sentido metafórico, porque a linha, as bordas, as cores, o gradiente, são abstrações. São uma representação do que está à sua frente, mas não uma cópia perfeita e exata. Algumas informações são deixadas de fora, outras são alteradas e idealizadas.

Nesta fase do fluxo de informações, você realmente não sabe o que está vendo. Tudo o que você tem é o mapa detalhado que foi criado pelas conexões em seu caminho visual. No entanto, você tem todas as informações de que precisa para começar a reunir os componentes visuais e a formar objetos. É aqui que a história se torna realmente interessante e mais complicada. Porque, no córtex cerebral, você não tem apenas uma via visual, você tem duas vias visuais.

Dois Caminhos

De acordo com o relato simplificado que apresentei acima, os estágios iniciais do sistema visual são baseados em dados e computacionais. O arranjo das células fornece ao seu cérebro dados sobre onde as informações claras e escuras estão localizadas no campo visual. Seu cérebro recebe informações sobre cor, bordas, conjunções e movimento. Porém, você ainda não sabe nada sobre como juntar essas coisas e formar objetos. Esta é, sem dúvida, a verdadeira função da visão. Inicialmente, percebemos o mundo como formas e linhas, mas não vivemos em um mundo de formas e linhas. Vivemos em um mundo de objetos. Precisamos ser capazes de identificar objetos no mundo. Precisamos ser capazes de identificar as coisas para que possamos navegar, interagir e responder a elas.

Por exemplo, se você está lendo ou ouvindo este livro enquanto está em um café, provavelmente está sentado em uma mesa com uma caneca de café. Ou se estiver lendo em casa, você também pode estar tomando uma caneca de café, um copo de água ou uma xícara de chá. Não é preciso quase nenhum esforço para reconhecer a caneca de café ou uma xícara de chá. Mas quero que você pare um pouco e pense sobre o que é o reconhecimento de objetos. Para reconhecer a caneca de café, você precisa segmentar alguns contornos no campo visual de outros, e juntá-los. Isso começa com a detecção de dados em um nível mais baixo e sua transmissão para estruturas mais complexas no sistema visual, como acabei de descrever. Mas esse sistema só o levará até certo ponto. O reconhecimento requer algum conhecimento sobre o que são as canecas de café. O reconhecimento de objetos também frequentemente exige um nome para o objeto. Quando você vê uma caneca de café, você a reconhece como algo que integra o conceito de caneca de café. Esse conceito inclui informações sobre para que é usado, qual é o seu nome e do que é feito.

Se você está sentado em uma mesa ou cadeira e tem uma caneca de café ou xícara chá, tome um gole agora. Se não tiver uma caneca de café, mas uma garrafa de água, faça a mesma coisa. Se não tiver nenhum dos dois, tente se imaginar fazendo isso. Independentemente de qual delas você escolheu, alcançar e pegar a caneca de café deve ter acontecido quase automaticamente. Não deve ter exigido nenhum processamento consciente além da tomada de decisão de pegar a caneca. Você provavelmente não precisou pensar de modo consciente sobre a direção na qual suas mãos deveriam ir. Certamente não teve que pensar conscientemente sobre como abrir as mãos apenas o suficiente para caber ao redor da caneca de café ou como fechá-las ao redor do objeto, e provavelmente não teve que pensar conscientemente sobre quanta pressão deveria aplicar para

CAPÍTULO 4 | VOCÊ PODE CONFIAR NOS SEUS SENTIDOS?

ter certeza de que a caneca não caísse de suas mãos. Essas ações motoras foram guiadas pela visão. Necessariamente não fizeram uso do conceito nem do nome do objeto.

Parece que identificamos os objetos de duas maneiras. Primeiro, reconhecemos as coisas por nome e identidade. Quando vemos algo, podemos lhe dar um nome. Em outras palavras, sabemos o que é. Mas também reconhecemos objetos reagindo a eles e assumindo um comportamento de acordo. Acontece que existem duas vias visuais que correspondem a esses dois modos de reconhecer os objetos. Esses dois fluxos visuais coletam o mesmo *input* visual nas áreas visuais primárias e se dividem paralelamente em duas direções. Um dos fluxos, que é conhecido como fluxo dorsal ou fluxo de "como e onde", é uma via que ativa áreas no córtex visual através do córtex motor. Este fluxo dorsal permite que você selecione a ação motora apropriada em resposta ao ambiente visual. Isso pode acontecer muito rapidamente. Também pode acontecer de modo inconsciente. Se alguém jogar algo em você, pode levantar a mão para desviar o objeto, sem precisar dar um nome a ele. Quando você pega aquela caneca de café, o fluxo dorsal guia sua mão e ajuda a pegá-la da maneira adequada. Da mesma forma que pode ajustar a força da sua mão para erguer uma caneca pesada de café ou um confeito delicado. Pegadas diferentes para objetos diferentes.

O outro fluxo visual é conhecido como fluxo ventral ou, às vezes, como "sistema o que". O fluxo ventral pega a ativação do córtex visual primário e a envia para a região temporal do córtex. É aqui que a linguagem é localizada. E é onde você acessa palavras e as vincula a conceitos. Esses dois sistemas funcionam juntos na maioria das vezes. O reconhecimento de objetos quase sempre envolve a coordenação de entrada visual com ação motora e conhecimento conceitual. Esses dois sistemas também se comunicam. Quando você pensa sobre a palavra "tênis", a ativação da área de linguagem do cérebro se propaga para a área do fluxo dorsal e ativa algumas das áreas motoras. E vice-versa.

Os neurocientistas demonstraram que esses dois fluxos também podem operar de forma independente. Por exemplo, se alguém tiver lesões na via dorsal como resultado de um derrame, provavelmente terá dificuldade em selecionar a força apropriada para pegar um objeto, mesmo que consiga dar nome ao objeto. Essa via pode ser dissociada da via ventral. Se um indivíduo tiver lesões ao longo da via ventral, ele não será capaz de nomear os objetos apresentados visualmente, mas geralmente podem selecionar a força certa para segurar o objeto. Esta é uma condição conhecida como agnosia de objetos visuais. Significa apenas que as pessoas não podem nomear os objetos que veem, mas podem se comportar em relação a eles de forma adequada e, em muitos casos, podem até lembrar o nome do objeto assim que o sentirem. Uma pessoa com agnosia de objetos visuais seria incapaz de denominar a caneca de café à sua frente como caneca de café. Mas elas ainda saberiam que ela contém café, ainda saberiam como alcançá-la e, assim que a pegassem, seriam capazes de acessar o nome caneca de café como resposta à sensação do objeto.

O sistema visual é complexo e dinâmico. Foi moldado pela seleção natural para nos permitir interagir com o meio ambiente. É complexo o bastante para que mesmo uma lesão razoavelmente grave, como um derrame, não cause o colapso de todo o sistema, mas apenas em parte dele. Em um acidente vascular cerebral, a lesão parcial resultará no tipo de déficit visual geral descrito acima, mas outros tipos de lesão e alterações no sistema básico resultarão em mudanças ainda mais interessantes e fascinantes. Alguns exemplos são muito específicos, mas cada um pode ser explicado pela compreensão da arquitetura cognitiva geral do sistema visual. Esta arquitetura quase sempre opera mesmo sem o *input* primário do sistema visual.

Visão às Cegas

Por exemplo, há um caso específico em que uma de minhas colegas, dra. Jody Culham, está trabalhando. O indivíduo, uma mulher de Glasgow chamada Milena Canning, fica completamente cega quando olha para uma cena estática. Ela não consegue distinguir nenhum detalhe, tampouco reconhece objetos, e não é capaz de ver letras ou números. Porém, consegue ver objetos se eles estiverem se movendo. Portanto, ela tem alguma lesão cerebral. Com base no que você já sabe sobre o fluxo de informações visuais no cérebro, onde você acha que a lesão estaria localizada? Se você está pensando no córtex "occipital", está correto. Ela sofreu uma série de derrames debilitantes que danificaram seu córtex occipital e interferiram na sua capacidade de ver. No caso desta paciente, o córtex occipital não foi completamente lesionado, mas o suficiente para atrapalhar sua visão. Para todos os efeitos, ela é cega.

Tirando o fato de que ela não é exatamente cega. Ela tem a sensação de poder ver movimentos fugazes. Não exatamente ver, mas conforme ela relatou, "sentia" que quase conseguia ver. Quando seus médicos colocaram algumas cadeiras em um corredor, conseguiu caminhar ao longo do corredor sem esbarrar em nada. Ela não conseguia ver as cadeiras exatamente. Não conseguia apontar para elas, nem dizer que estavam lá. Mas alterou sua trajetória de forma a evitá-las. Os médicos de Milena em Glasgow julgaram que ela teria uma condição muito específica conhecida como "visão cega". A visão cega é uma condição na qual uma pessoa que, de outra forma, seria completamente cega ainda pode sentir e agir com base em informações visuais. Normalmente

CAPÍTULO 4 | VOCÊ PODE CONFIAR NOS SEUS SENTIDOS?

resulta de algum córtex residual não lesionado. Mas os indivíduos com visão cega não são conscientes de sua capacidade. Milena, por outro lado, teve uma experiência consciente de sentir algo. Como uma experiência fugaz, um fantasma da visão. Porém, poderia haver outras explicações? Talvez ela estivesse usando o som ou algum outro sentido para guiá-la, e não realmente a visão. Para determinar o que estava acontecendo, os pesquisadores precisavam examinar o cérebro. Seus médicos na Escócia a encaminharam para a dra. Culham na Universidade Western, no Canadá.

A dra. Culham trabalha na minha universidade, no mesmo prédio e departamento. Ela é uma das maiores especialistas do mundo no estudo sobre como a visão orienta as ações. Uma das coisas que ela quis fazer foi testar a capacidade de Milena de perceber movimento em ambientes controlados e conduzir uma série de estudos de imagens cerebrais para tentar descobrir o que estava e o que não estava lesionado na via visual. Um teste envolveu pedir a Milena para fazer julgamentos de discriminação de movimento de objetos que se moviam em uma tela. Milena foi capaz de fazer julgamentos precisos sobre essas figuras, embora não pudesse fazer julgamentos sobre objetos estacionários. Como os pesquisadores esperavam inicialmente, sua visão estava intacta com relação a perceber o movimento. Na verdade, ela relatou ser capaz de ver um número incrível de objetos em movimento:

> No início do primeiro bloco de um tabuleiro de damas em movimento, os olhos de MC começaram a lacrimejar e sua bochecha se mexeu, como pode ser visto pela câmera. No final dessa varredura, quando questionada se viu movimento, ela disse: "Isso foi incrível. Eu pude ver milhares de coisas. Eu nunca vi tanto movimento. Eu não posso acreditar! Eu estava chorando e rindo"[20].

Parecia que, sob configurações controladas, Milena era capaz de ver o movimento, mas não os objetos em si. Quando a dra. Culham e sua equipe examinaram o córtex occipital, encontraram pouquíssima atividade geral, consistente com a ideia de que Milena não estava experimentando muita atividade visual. No entanto, a equipe de Culham, usando ressonância magnética funcional e estrutural, observou o funcionamento significativo do complexo de movimento temporal médio, que é uma área do córtex visual especializada em alguma percepção de movimento. Não apenas esta área foi poupada, mas mostrou uma forte ativação durante algumas das tarefas de detecção de movimento que Milena realizou. Em outras palavras, sua experiência subjetiva de ser capaz de ver coisas

---

[20] Arcaro *et al.*, 2019.

se movendo (mas não as ver de fato) foi apoiada por neuroimagem. Ela não tinha o sentido de visão por si só, mas seu sistema visual podia sentir coisas se movendo e conseguia sentir isso também. Ela era cega, mas com visão.

A visão cega é rara, mas não totalmente desconhecida em pessoas que perderam a capacidade visual devido a lesões cerebrais ou a derrame. Como vimos nos capítulos anteriores, a função cerebral para muitas capacidades é distribuída por mais de uma região, e lesões a uma parte dessa região frequentemente resultam em prejuízos à essa capacidade. Neste caso, a lesão no córtex visual de Milena era grave, mas não total. Como resultado, sua perda de função era grave, mas não total.

O cérebro e a mente têm uma maneira de resolver problemas que surgem como resultado de lesões ou de perda de informações. No caso de Milena, o *input* ainda estava lá, mas a área para processá-lo estava lesionada. Vejamos um exemplo em que o córtex visual está funcionando plenamente, mas o *input* não está lá. Ou melhor, o *input* não é esperado.

Ecolocalização

Muitos dos exemplos que discuti até agora lidam com lesões a alguma parte do sistema e o que se perde como resultado. Mas existem alguns casos fascinantes que exploram o quão resistente o cérebro é e como a função pode ser preservada. Nesse caso, não há lesão cerebral. O córtex visual está ótimo. Mas não há *input* visual para o córtex. Eis a história fascinante da ecolocalização cega.

Daniel Kish nasceu com uma condição genética que resultou na perda total da visão no nível da retina. Quando criança era completamente cego. Seu córtex visual não recebia nenhuma informação do nervo óptico. Não havia nada de errado com seu córtex visual, mas como não possuía *input* visual, não possuía elementos necessários para construir uma imagem ou realizar os fundamentos da percepção visual. Mas eis aqui uma coisa incrível sobre as pessoas: elas têm a capacidade de se adaptar. E uma coisa incrível sobre o cérebro: ele também tem a capacidade de se adaptar.

Daniel logo começou a navegar o mundo por meio do som. Em particular, ele começou a ecolocalizar espontaneamente. Ele fazia um clique agudo e repetitivo com a língua e ouvia as mudanças sutis do modo como o som ecoava de volta e era capaz de inferir a descrição de diferentes objetos e obstáculos no mundo ao seu redor. Daniel faz isso desde que se lembra, mas você pode tentar por si mesmo. Você não será muito bom nisso, mas tente observar se consegue ver a diferença entre dois cômodos diferentes da sua casa. Ande em um grande espaço vazio, como uma escada ou um corredor, feche os olhos e tente fazer um som de clique agudo (não um som de muxoxo). Deve soar oco e ecoar. Agora caminhe (olhos abertos ou fechados) em uma sala menor, talvez alguma que tenha um tapete, carpete ou algumas cadeiras. Deve soar mais baixo, com menos eco, sem som. Se você continuar emitindo cliques e caminhar perto de uma parede, poderá ouvir a mudança. Claro, você já sabe como é o ambiente e, portanto, acaba preenchendo os detalhes de sua memória visual. Porém, você também deve ser capaz de ouvir a diferença. Se você teve uma vida inteira de prática e nenhuma imagem visual ou memória para preencher os detalhes, não deve ser muito difícil imaginar o uso de um sistema como este para navegar.

Conforme Daniel colocou em uma entrevista, "Estou enviando um sinal e recebendo o sinal de volta e inferindo coisas sobre o meio ambiente". O que não está muito longe da experiência visual descrita anteriormente neste livro, em que a luz de uma fonte externa reflete em um objeto e envia o sinal de volta aos seus olhos. Em ambos os exemplos, o sinal é recebido e o receptor infere coisas sobre o ambiente. Daniel só recebe um sinal diferente, um sinal acústico. Usando esse tipo de ecolocalização, consegue levar sua vida tão bem, ou quase tão bem, quanto um indivíduo com visão. Ele é capaz de cozinhar, fazer caminhadas, fazer compras e até andar de bicicleta por ecolocalização. Andar de bicicleta não é muito difícil para ele, desde que possa ouvir os sinais. Com a ecolocalização, está recebendo uma boa imagem mental do que está no entorno.

Usei uma metáfora visual agora, sugerindo que Daniel tem uma "imagem mental". Mas será realmente uma imagem? Ou é algo diferente? Uma possibilidade é que ele esteja usando sua audição para navegar. Isso significaria que sua navegação é puramente baseada no som. Porém, outra possibilidade, mais intrigante, é que ele esteja usando as áreas visuais do cérebro, as mesmas áreas que são projetadas para reconhecer objetos e fazer navegação visual, mas que trabalham com *input* de som, em vez de *input* visual. Como poderíamos sequer diferenciar uma da outra?

Alguns pesquisadores da minha universidade desenvolveram um experimento interessante e criativo para descobrir[21]. Stephen Arnott, Lore Thaler e Jennifer Milne, junto com Mel Goodale e o próprio Daniel, alistaram dois outros participantes cegos que fazem ecolocalização há muito tempo. Eles os testaram extensivamente em suas habilidades visuais e suas habilidades de ecolocalização e verificou-se que estavam na mesma situação de Daniel. Ou seja, sem visão,

---

[21] Nem sempre usarei exemplos de pesquisa da minha universidade, mas faço isso porque conheço bem essas pesquisas. E, neste caso, é um ótimo exemplo. Mel Goodale, o pesquisador principal, é um dos maiores especialistas do mundo em cognição visual. Existem poucos outros lugares no mundo onde esse trabalho poderia ter sido realizado.

sem entrada visual para o córtex e uma capacidade de ecolocalização altamente desenvolvida. Em seguida, eles planejaram um estudo para descobrir o que o cérebro de fato fazia durante a ecolocalização.

Como vimos no *Capítulo 3*, uma das maneiras mais eficazes de medir a atividade cerebral é a ressonância magnética. O fMRI mede o fluxo sanguíneo cerebral nas áreas do cérebro que ficam ativas durante uma tarefa cognitiva. Rastreando o fluxo sanguíneo com ímãs, você pode dizer se uma área está envolvida e ativa em uma tarefa. Mas há um problema: a fMRI tem um som muito alto e é realizada com o paciente deitado, quase imóvel, com a cabeça essencialmente dentro de um tubo. Você não conseguiria realizar uma tarefa de ecolocalização. Os participantes da pesquisa que usam ecolocalização não seriam capazes de ouvir muito bem com o barulho e não conseguiriam localizar nada além do interior do túnel. Agora, com a cognição visual, a solução é bem simples. Você pode mostrar fotos de objetos (em uma tela) e registrar as áreas que estão sendo ativadas. O fMRI realmente não atrapalha. Porém, como você pode mostrar fotos de uma ecolocalização?

Os pesquisadores desenvolveram uma maneira criativa de fazer isso. Primeiro, eles pediram aos dois participantes da pesquisa que realizassem uma identificação de ecolocalização de vários objetos diferentes e fáceis de reconhecer em ambientes controlados. Por exemplo, eles teriam que identificar objetos grandes e lisos ou objetos com bordas irregulares cobertos com papel alumínio. Esses objetos têm sons diferentes porque as superfícies dos objetos refletem o som de maneiras diferentes. Essa é a razão pela qual eles parecem diferentes também, aliás; eles refletem a luz de volta de maneiras distintas. A tarefa de identificação dos objetos foi bastante simples, e os participantes conseguiram identificar os objetos de forma segura por ecolocalização. Após a primeira tarefa de ecolocalização, os pesquisadores pediram aos participantes que a realizassem novamente. Assim como antes, os participantes fizeram o que sempre fazem para identificar os objetos. Emitiram o som agudo de clique estalando a língua e ouviram as diferentes formas como soava. Mas desta vez, enquanto faziam a ecolocalização, os pesquisadores gravaram os sinais da ecolocalização colocando microfones muito pequenos nos ouvidos dos participantes. Desse modo, quando eles faziam seus sons de clique, enviavam o sinal, que ricocheteava nos objetos e era refletido de volta e gravado pelos microfones que estavam exatamente no mesmo lugar que os ouvidos do participante. Em outras palavras, os microfones captaram e gravaram sinais de ecolocalização com o mesmo som que os participantes estavam ouvindo. Desta forma, foram capazes de tirar uma *foto auditiva* dos objetos. Ao reproduzir essas gravações para os participantes, estes conseguiram identificar os objetos, do mesmo modo como quando faziam uma ecolocalização. Isso porque eles ouviram seus próprios cliques exatamente da mesma perspectiva como se os tivessem emitido ao vivo. Realmente não é diferente de ver uma foto que você tirou com seu telefone a partir da sua perspectiva.

Agora que eles tinham uma representação auditiva gravada dos objetos que era análoga a uma foto, podiam realizar um estudo de imagem de ressonância magnética. Assim, reproduziram a gravação em fones de ouvido com cancelamento de ruído enquanto faziam uma ressonância magnética do cérebro. O que descobriram foi notável. Quando o participante ouviu seus cliques de ecolocalização gravados, o córtex auditivo foi ativado conforme o esperado. Mas o córtex visual também! Além disso, as áreas visuais mostraram evidências do mapa retinotópico sendo ativado em uma forma que correspondia à forma dos objetos. As áreas posteriores de processamento visual também foram ativadas. Para todos os efeitos, aquelas pessoas estavam vendo o mundo. Sua experiência interna e subjetiva era *visual*, apesar de não haver nenhum *input* a partir de seus olhos.

Isso levanta algumas questões sobre sua experiência subjetiva e cognitiva e sobre a visão em geral. Esses indivíduos experimentam uma imagem visual? Se o circuito neural que impulsiona a visão e as imagens visuais em indivíduos com visão está sendo ativado da mesma forma nesses indivíduos cegos, isso significa que eles veem os objetos da mesma forma que os indivíduos com visão? Possivelmente. A implicação está lá, mas ainda é muito difícil de comparar. Uma coisa que ficou clara é que esse efeito parece depender de quão cedo a pessoa perde a visão, o que parece indicar que isso não é exatamente a mesma coisa que visão. Em indivíduos cegos que aprenderam a usar a ecolocalização mais tardiamente (embora ainda na infância), os efeitos se mostraram menos pronunciados. Parece que, caso o córtex visual tivesse sido mais envolvido com a visão, ele seria menos capaz de assumir o controle da identificação do objeto auditivo.

Outra questão que surge é qual é a função do córtex visual e das vias? Esta pesquisa sugere que o córtex visual é um córtex de identificação de objetos de propósito geral. Ele extrai formas vindas de um objeto a partir de um sinal. O córtex visual preserva alguma correspondência com o mundo exterior, mesmo quando as informações se tornam mais abstratas. Ele tenta combinar as representações de *inputs* com os padrões existentes de ativação (ou seja, de memória). Ele orienta o comportamento de acordo com essas representações. Pode direcionar a cognição para acessar nomes, conceitos e memórias. O córtex visual é um dos principais elos da mente com o mundo exterior. Seu trabalho é tão importante que, se não receber informações visuais, pode aprender a fazer seu trabalho com outras informações. Como o som.

VOCÊ PODE CONFIAR NOS SEUS SENTIDOS?

Vimos vários exemplos de estímulos sensoriais que fornecem a seu cérebro um resumo incompleto ou até incorreto do mundo exterior. Em alguns casos, como as ilusões visuais que discutimos no início, podemos nos sentir enganados porque sabemos que o que vemos não é realmente o que está lá. Em outros casos, como a visão cega ou a ecolocalização, parece que o cérebro desenvolve soluções alternativas se não houver informações visuais suficientes para processar. O que nosso cérebro realmente experimenta é uma abstração. Uma recriação. Uma mistura de experiência objetiva e subjetiva.

Simplesmente não vemos o mundo como ele é. Vemos o mundo como uma mistura do que ele é e do que nosso cérebro precisa ver. Você deve confiar em seus sentidos? Você deve confiar na percepção? Claro. Certamente, irão ocorrer erros ocasionais de percepção ou identificação. Mas são raros e geralmente de baixo impacto. Nossos cérebros cometem esses erros porque a percepção depende de fazer suposições, previsões e palpites fundamentados sobre o mundo. É para realizar essas suposições calculadas que o sistema perceptivo foi projetado. Ele nos ajuda a pensar, a assumirmos o comportamento mais adequado e a perceber o mundo como precisamos percebê-lo, de modo rápido. A percepção atende a nossos comportamentos, nossos objetivos e nossos impulsos. A percepção nos mantém vivos. É por isso que confiamos nela. É tudo o que temos.

CAPÍTULO 5

ATENÇÃO: POR QUE SEMPRE HÁ UM CUSTO

"Todo mundo sabe o que é atenção. É a tomada de posse pela mente, de forma clara e vívida, do que parecem ser vários objetos ou linhas de pensamento simultaneamente possíveis. A focalização e a concentração da consciência são sua essência. Implica o afastamento de algumas coisas para lidar efetivamente com outras e é uma condição que tem seu oposto no estado confuso, atordoado e aluado que em português é chamado de distração, e *Zerstreutheit* em alemão".

William James

Quase tudo o que fazemos e quase tudo em que pensamos envolve nossa capacidade e habilidade de prestar atenção. Prestamos atenção às coisas no mundo e, do mesmo modo, prestamos atenção à nossa própria atividade mental. A atenção é como nos envolvemos ativamente com as informações. Você provavelmente está prestando atenção a várias coisas agora. Uma delas, espero, é este livro. E, enquanto lê, sua atenção pode mudar e flutuar. Pode notar o som do ventilador, o zumbido do seu telefone ou uma sombra que passa. Você pode notar mudanças internas também. Talvez algo que você acabou de ler o lembre de algo que viu ou leu em algum outro lugar.

Você pode estar ciente de que tem uma relação curiosa com sua atenção. Embora possa controlá-lo o bastante para alterar seu foco, você não tem controle total. A atenção às vezes também parece ser automática. Pode até dar a impressão de que tem controle sobre você. Mesmo assim, você consegue seguir sua linha de pensamento sem pensar sobre isso. Coisas exteriores podem interrompê-lo. Estímulos e sinais dirigidos para o meio ambiente podem assumir o controle da sua atenção e redirecioná-la. Pensamentos e ideias em sua mente também fazem isso. Você ainda está prestando atenção, mas o foco e o local para onde a dirige nem sempre dependem de você.

Mesmo quando acha que não está prestando atenção em nada, ainda assim, está prestando atenção em alguma coisa. Você está provavelmente prestando atenção a muitas coisas em qualquer momento, embora possa não estar dando muita atenção a nenhuma delas. Pode estar monitorando o mundo a procura de qualquer coisa que, mais tarde, chame toda a sua atenção: monitoramento curto e momentâneo dos sinais que está recebendo. Seu cérebro espera por um sinal ou estímulo importante, que exija ou demande mais cognição, mais pensamento. Isso pode soar um pouco aleatório, esse movimento e atualização constantes que podem dificultar prestar atenção em uma coisa por muito tempo. Mas também se trata de um sistema flexível e adaptável.

Considere esta cena comum: você e um amigo combinam de se encontrar depois do trabalho ou da escola para tomar um café no Starbucks. Ao chegar, você procura seu amigo na cafeteria. Embora seja muito movimentado e cheio de pessoas, você é capaz de identificar seu amigo quase que automaticamente assim que o vê. Você o cumprimenta, faz um pedido no balcão e se senta. Por ser um Starbucks, o barista anotará seu pedido e nome, escreverá seu nome no copo, fará a bebida e o irá chamar pelo nome quando seu pedido estiver pronto. Nesse ínterim, você volta a falar com seu amigo, quase totalmente inconsciente de todas as outras conversas que estão acontecendo ao seu redor. Perceba que consegue se concentrar facilmente no que seu amigo está dizendo e não no que os outros estão falando, embora provavelmente haja música tocando e pessoas conversando. E cada um de vocês tem um *smartphone* que compete por sua atenção. O barista está chamando diversos nomes, e você, na melhor das hipóteses, está apenas parcialmente ciente dos nomes que estão sendo chamados. Também pode estar completamente inconsciente, uma vez que provavelmente não seria capaz de se lembrar de nenhum dos nomes que foram chamados antes do seu. Talvez nem tenha certeza se o barista chamou algum nome. Isto até que ele chame seu nome. Então sua atenção muda. Rapidamente. Mesmo que esteja conversando com seu amigo e deliberadamente não prestando atenção às outras conversas, você sai imediatamente da conversa e reorienta sua atenção para o barista. Depois que a atenção muda, você se levanta para pegar sua bebida, volta para sua mesa e retoma a conversa de onde parou e continua a ignorar todas as outras conversas e nomes que estão sendo chamados. E, assim como provavelmente não conseguiu se lembrar de nenhum dos nomes que foram chamados antes do seu, provavelmente não se lembrará de nenhum chamado depois.

Esta é uma experiência comum e muito familiar. E mesmo assim, há muita coisa acontecendo nesta cena simples e cotidiana. Vamos examinar esta cena mais de perto para ver exatamente o que o cérebro e a mente estão fazendo. Em primeiro lugar, a atenção visual está envolvida na varredura que você faz enquanto procura seu amigo na loja. Sua atenção o ajuda a filtrar rostos desconhecidos e a selecionar aquele com o qual você está familiarizado. A mesma atenção visual permite que você se concentre no menu antes de fazer o pedido. Em segundo lugar, você também está usando sua atenção auditiva da mesma forma que a visual, isto é, para ignorar outras conversas enquanto fala com seu amigo. Mas, ao mesmo tempo, você ainda está monitorando os outros sons, esperando que seu nome seja chamado. Se pudéssemos medir seu nível de atenção à conversa, poderíamos até descobrir que você consegue ser mais atencioso com seu amigo depois de tomar sua bebida do que antes, porque você não precisa mais dedicar recursos de atenção para ouvir seu nome quando ele for chamado. Finalmente, você também está prestando atenção ao seu amigo a cada momento, de forma a se manter envolvido na conversa e entender o que ele diz e, também, para prestar atenção ao que você mesmo quer dizer em resposta. Ter uma conversa simples envolve monitorar pelo menos duas pessoas falando e alternar entre o que você ouve e o que deseja dizer em retorno. Parece natural e quase automático para a maioria de nós. Muitos aspectos desse processo são automáticos. Não exigem recursos de atenção. Eles operam fora da percepção consciente. Porém, realmente há muita coisa acontecendo nos bastidores. As demandas de tarefas neste exemplo simples são altas, e seriam um grande desafio para uma máquina ou algoritmo de computador. Imagine tentar programar um computador para seguir uma voz (ou várias) enquanto gera frases e, além disso, monitora outra voz que irá chamar um nome. Seria um programa muito complexo. Mesmo assim, conseguimos fazer isso quase automaticamente, sem pensar sobre o processo. Contamos com nossa atenção para selecionar, focar, realizar multitarefas e sustentar o comportamento.

Definindo Atenção

A maneira como a atenção funciona nos exemplos acima sugere que ela realiza mais de uma coisa. Isso indica que nossa atenção é uma construção complexa, que exige uma definição complexa e multifacetada. A maneira como falamos sobre atenção em nossa linguagem cotidiana revela algo sobre suas qualidades psicológicas. William James escreveu em 1890 que "todo mundo sabe o que é a atenção". Eu coloquei a citação inteira no início do capítulo. E, como muitas coisas que James escreveu, ele acertou em cheio. Todos nós sabemos o que é atenção, pelo menos em um sentido geral. Na verdade, usamos o termo atenção hoje com o mesmo sentido que James em 1890. Portanto, o primeiro desafio aqui é descrever tudo o que a atenção é e algumas coisas que ela não é.

Vamos destrinchar a citação de James um pouco e destacar alguns dos principais tópicos da atenção, porque eles são o tema deste capítulo. James escreve que a atenção está tomando posse "de um entre vários objetos ou linhas de pensamento simultaneamente possíveis". O importante aqui é "um entre vários". Uma maneira de pensar sobre a atenção é examinar nossa capacidade de selecionar uma coisa entre várias outras. Chamaremos isso de *atenção seletiva* e a definiremos como os recursos cognitivos necessários para selecionar algo no ambiente, ou em nossa memória, que queremos processar mais profundamente ou pensar a respeito[22]. Atenção seletiva é o que acontece quando você está falando com um amigo em um Starbucks cheio. Há muitas outras imagens e sons, e você precisa ignorar em grande parte essas coisas (conversas de outras pessoas, outros sons, pedidos de bebidas sendo gritados) de forma a poder ouvir seletivamente a pessoa com quem está falando. Atenção seletiva também é o que acontece quando você lê este livro, prestando mais atenção ao que está lendo e menos ao que está acontecendo ao seu redor. Você seleciona o estímulo que precisa processar. Seleciona o que é necessário para cumprir uma meta.

James também menciona "linhas de pensamento", uma metáfora conceitual que evoca a imagem de um pensamento conectado a outro, como que a puxar todo um trem de pensamentos. Vamos chamar esse aspecto da atenção de "atenção sustentada" e defini-la como o resultado de processos cognitivos necessários para permanecermos envolvidos no mesmo pensamento ou tarefa, de um momento para o seguinte. Prestamos atenção nas características e aspectos das coisas no ambiente como uma forma de manter a atenção. Caso contrário, nossas mentes começarão a divagar e a procurar outras coisas para prestar atenção.

Ele também fala sobre atenção como envolvendo concentração consciente. Chamaremos isso de atenção concentrada e a definiremos como o processo de usar o esforço consciente para manter sua atenção em alguma coisa. Observe que isso está relacionado à atenção seletiva, mas não é exatamente a mesma coisa. E está relacionado à atenção sustentada, mas também não é exatamente a mesma coisa. Finalmente, James fala sobre "consciência", o que implica a

---

22 Conforme vimos no *Capítulo 4*, e veremos mais tarde quando discutirmos a memória, nem sempre é claro como e onde definir as coisas que estão no ambiente e as que estão em nossa memória. Porque temos que processar as informações que chegam e combiná-las com a memória, a linha entre o que está "lá fora" e o que está "na mente" é muito confusa.

CAPÍTULO 5 | ATENÇÃO: POR QUE SEMPRE HÁ UM CUSTO

natureza ativa da atenção e sugere a relação entre atenção e memória de trabalho, que é o tipo de memória de curto prazo que nos ajuda a processar as coisas que estão bem na nossa frente. Terei mais a dizer sobre a memória de trabalho no *Capítulo 6*, mas, por enquanto, podemos descrevê-la como sua forma mais imediata de memória. Há outro aspecto sobre a atenção, que aparece em nosso exemplo da Starbucks, mas que não é capturado na citação de James, que é a sua capacidade de monitorar o mundo, ou a cena, em busca de coisas que capturem sua atenção de forma a aprofundar o processamento. Chamaremos essa ideia final de captura de atenção.

Na próxima parte do capítulo, vou contar como os psicólogos conseguiram entender como a atenção funciona. Uma vez que entendermos como a atenção foi conceituada, poderemos então explorar a compreensão moderna da atenção. Isso nos ajudará a responder a perguntas como "de que maneira posso melhorar minha capacidade de prestar atenção?". Ou "posso aprender a fazer multitarefas melhor?". E "como posso impedir que minha mente divague?".

ATENÇÃO SELETIVA

O estudo moderno da atenção começou, como muitas áreas do estudo da psicologia, com financiamento militar[23]. Na primeira metade do século XX, o Reino Unido estava em guerra com a Alemanha, tanto na Primeira Guerra Mundial quanto, duas décadas depois, na Segunda Guerra Mundial. Foi durante a Segunda Guerra que os dois países começaram a considerar o poder aéreo como um dos aspectos mais críticos da estratégia militar. Ambos os lados do conflito queriam melhorar o poder aéreo e a habilidade de seus pilotos. A psicologia experimental ainda era uma ciência nova, mas era vista como uma forma de tentar entender mais sobre os limites do desempenho humano. Nos Estados Unidos, os psicólogos trabalharam com os militares em avaliações e testes, mas foi o trabalho com os pilotos britânicos que realmente mostrou como a psicologia poderia ser usada para compreender a capacidade e o desempenho humanos. Por exemplo, Fredric Bartlett (1886–1969), conhecido pela pesquisa sobre memória e pensamento, fundou um dos primeiros laboratórios de psicologia aplicada na Universidade de Cambridge, que se dedicava a usar a nova ciência psicológica

---

[23] Sempre fico surpreso com o quanto de nossa era da ciência cognitiva moderna veio de financiamento militar. Testes de QI, testes de personalidade, computadores, pesquisa sobre atenção e pesquisa sobre trabalho em equipe tiveram seu início nas forças armadas. O *smartphone* moderno é possível com banda larga, GPS, redes de celular, computadores digitais... todos os quais são produtos diretos à custa dos militares. Até a própria existência da *Internet* se deve aos militares.

para ajudar os aliados a vencer a guerra. Foi também nessa época que Alan Turing (1912–1954) estava trabalhando com sua máquina, de maneira quebrar a criptografia alemã, uma história notável, com um final trágico, que foi contada em livros e filmes, mais recentemente no filme de 2014 *O Jogo da Imitação*, com Benedict Cumberbatch como Turing.

A guerra acabou, mas não a pesquisa. Dois psicólogos, Colin Cherry (1914–1979) e Donald Broadbent (1923–1996), continuaram a trabalhar nos problemas de psicologia aplicada e de aviação. Um grande desafio para os pilotos, tanto em tempos de guerra como de paz, é prestar atenção a muitos sinais diferentes. Este é, obviamente, um desafio para todos, mas parece ser particularmente pronunciado em pilotos que têm que pilotar o avião, monitorar dezenas de painéis de instrumentos, bem como manter conversas com seu copiloto, equipe e tripulação de solo. A maioria dos pilotos pode fazer isso razoavelmente bem. Uma das coisas que Cherry descobriu foi que mesmo quando os pilotos estavam se concentrando no voo, e em um diálogo com seu copiloto, eles tinham pouca dificuldade em mudar a conversa, dirigindo-a para a equipe de solo ou outro contato pelo rádio quando fosse importante. Exatamente como no exemplo com o qual comecei, em que você mal percebe o barista chamando os nomes até que ele chame o seu. Cherry se referiu a isso como o efeito coquetel.

Todos conhecemos esse efeito, mesmo sem frequentarmos coquetéis. Tem a ver com uma situação em que você está totalmente envolvido em uma conversa com alguém. A chave aqui é "está totalmente envolvido". Ah, claro, também podemos manter uma conversa de maneira indiferente e desligar-se dela, sem realmente ouvir. Todos nós fazemos isso de vez em quando, nossa mente vagando para nossos *smartphones* ou para o que queremos fazer para o jantar. Mas quando você está totalmente envolvido em uma conversa, tende a se concentrar na pessoa e no assunto sobre o qual falam. O efeito coquetel surge de um cenário específico em que você está totalmente engajado em uma conversa, e outra pessoa que não está participando dela chama seu nome e sua atenção momentaneamente diminui e se dirige para a pessoa que falou seu nome. É como se, mesmo durante uma conversa intensa em que você está dando toda a sua atenção, ainda houvesse alguma parte residual do seu sistema atencional monitorando o ambiente em busca de informações importantes. E seu nome é uma das mais importantes.

Podemos continuar a descrever cenas como essa, mas para estudá-la psicologicamente é preciso projetar um experimento controlado. E foi isso que Cherry fez. Ele inventou uma tarefa psicológica conhecida como tarefa de escuta dicótica. Ela foi concebida não apenas para imitar o cenário do coquetel, mas também para levá-lo ao extremo a fim de isolar o efeito. É chamada de dicótica porque

CAPÍTULO 5 | ATENÇÃO: POR QUE SEMPRE HÁ UM CUSTO

envolve ouvir duas mensagens diferentes, uma em cada ouvido. Usando um conjunto de fones de ouvido, uma mensagem falada é reproduzida no ouvido direito e outra mensagem falada é reproduzida no ouvido esquerdo. E nesta tarefa, você deve prestar atenção a apenas um ouvido. Agora, isso é bastante complicado de se gerenciar, mas para garantir que os participantes da experiência estejam realmente usando toda a sua atenção, eles são solicitados a seguir a mensagem de um ouvido. Ou seja, a pessoa tenta repetir tudo o que ouve em um ouvido, assim que ouve. É uma tarefa que exige muito. Imagine ouvir dois audiolivros diferentes ao mesmo tempo, um em cada ouvido, e tentar repetir um deles enquanto ouve. Você não seria capaz de prestar atenção a nada no outro ouvido, porque toda a sua atenção e capacidade de processamento estariam focados em um ouvido e não no outro. E enquanto os participantes seguem a mensagem em um ouvido, a mensagem no outro é reproduzida e é essencialmente ignorada, porque toda a atenção da pessoa é dedicada à tarefa de seguir o que está ouvindo no ouvido que foi determinado. É como se você estivesse em um coquetel intenso demais para seus ouvidos.

O que Cherry fez a seguir é a chave para a tarefa. Enquanto as pessoas acompanhavam a mensagem que estava sendo reproduzida em um ouvido, usando quase toda a capacidade cognitiva e atencional disponível, eles foram condicionados a ignorar completamente a mensagem no ouvido que não deveria prestar atenção. Cherry, no entanto, estava interessado em saber se os participantes conseguiriam ou não obter algum significado ou conteúdo semântico, apesar de ignorar a mensagem. Ao final do experimento, eles foram questionados sobre o conteúdo da mensagem no ouvido que deveria ter sido ignorado. Isso pode parecer injusto e não natural. Afinal, se você está conversando com um amigo na Starbucks (como no exemplo no início do capítulo), ficaria surpreso se seu amigo lhe pedisse para responder a perguntas sobre o que outra pessoa estava falando, ou quais nomes o barista chamou antes de chegar ao seu. Porém, esse é todo o objetivo da tarefa de escuta dicótica. Queremos saber o que chega de uma fonte não focalizada. Isso é fundamental, porque se quisermos entender como seu sistema atencional é capaz de selecionar e focar em algumas informações do ambiente em detrimento de outras, precisamos determinar o que o sistema usa para fazer a seleção.

As primeiras pesquisas descobriram que a seleção da atenção tendia a ser direcionada pelo que os psicólogos chamam de características de baixo nível. Trata-se de recursos que estão muito próximos dos aspectos físicos de um sinal, mas raramente têm algum significado. No som, isso significaria localização no espaço, altura, volume e tom. Na visão, isso significaria luz, movimentos e localização. Nos estudos de escuta dicótica de Cherry, as pessoas ouvem uma mensagem em um ouvido, a seguem e essencialmente ignoram a outra mensagem. Elas não têm muita escolha, porque a tarefa de acompanhamento é muito exigente. Depois de alguns minutos, o experimentador faz perguntas aos ouvintes sobre a mensagem à qual eles não prestaram atenção. Isto é, se eles houvessem seguido a mensagem no ouvido direito, a perguntaria seria sobre a mensagem que ouviram no ouvido esquerdo.

Os pesquisadores descobriram que as pessoas não conseguem entender muito o que foi dito no ouvido ao qual não deveriam dar atenção. Elas não conseguiram repetir nenhuma mensagem. Não foram capazes de detectar ou relatar qualquer palavra solta. Não puderam detectar uma mudança de um idioma para outro. E não conseguiram nem mesmo distinguir entre palavras e o que não eram palavras. Na versão clássica deste experimento, muito pouco significado pode ser detectado ou compreendido. Alguns aspectos da mensagem parecem ser transmitidos. Por exemplo, as pessoas puderam dizer se a mensagem que deveria ser ignorada era de fala ou de sons não-falados (tons ou ruído). As pessoas também conseguiram relatar com precisão se a voz no ouvido desatento mudou de voz de homem para voz de mulher. Parece que o mecanismo de filtragem da atenção opera apenas com *inputs* suficientes para conseguir reunir informações sobre o nível baixo, informações perceptivas como tom, altura e volume. É disso que você precisa se quiser selecionar uma mensagem entre muitas e segui-la. É disso que você precisa se quiser prestar atenção ao seu amigo no Starbucks e não se distrair com as pessoas conversando ao seu redor. Em outras palavras, seu cérebro presta um pouco de atenção aos aspectos físicos do som, apenas o suficiente para poder captar a mensagem correta, mas não tanto a ponto de o conteúdo das mensagens às quais ficamos desatentos competisse por atenção e processamento mais extensos.

Gargalos no Fluxo de Atenção

As pesquisas com escuta dicótica indicaram que havia limites para o quanto podemos prestar atenção de uma vez. Isso certamente está de acordo com suas intuições. Provavelmente parece evidente. O desafio é projetar uma teoria, ou um modelo, de como essas limitações funcionam na mente e no cérebro. Como acontece com muitas teorias, muitas vezes há uma metáfora que inspirou o modelo. Nesse caso, a metáfora é a de um gargalo. O gargalo de uma garrafa é a sua parte mais estreita. O gargalo atua para restringir o fluxo de qualquer líquido que esteja na garrafa e apenas permite que uma pequena quantidade entre ou saia. Um gargalo atentivo, então, é um mecanismo que agiria para restringir o

CAPÍTULO 5 | ATENÇÃO: POR QUE SEMPRE HÁ UM CUSTO

fluxo de informações (em vez de líquido) para o cérebro[24]. Uma possibilidade é que esse gargalo funcional esteja em algum lugar no fluxo de entrada. O gargalo impede o cérebro de processar tudo de uma vez. Ele limita o que você consegue ouvir e entender. Indiretamente, esse gargalo desempenha o mesmo papel que os campos receptivos e células complexas do sistema visual que descrevi no *Capítulo 4*. Lembre-se de que a visão é um processo de abstração computacional de informações e perda de alguns detalhes. Os gargalos de atenção, ao ouvirmos, fazem a mesma coisa, embora de uma maneira muito diferente. Porém, o objetivo parece ser o mesmo: extrair rapidamente as informações necessárias em detrimento de detalhes confiáveis.

Se houvesse um gargalo funcional para o processamento de informações, onde ele estaria? No início do processamento ou mais depois? Donald Broadbent projetou um modelo de seleção inicial de uso geral de atenção que, embora incompleto, ajudou a impulsionar a pesquisa nessa área por décadas. Segundo seu modelo, a atenção auditiva é um gargalo informacional que só deixa entrar algumas informações, de forma que você processa apenas o que precisa. Há capacidade ilimitada em um nível baixo no sistema. Tudo é processado. Todo o som que atinge seu ouvido está inicialmente presente. Assim como todos os recursos visuais estão presentes na imagem retinal, conforme descrevi a visão no *Capítulo 4*. Então, o gargalo, no início do sistema, permite a entrada de informações conforme necessário para processamento posterior.

Este modelo parece muito simples. Mas quando você reflete sobre essa ideia por alguns minutos, percebe que é muito mais complicada. Em primeiro lugar, como saber quais informações são importantes? Como você pode deixar entrar as informações importantes antes de saber quais são elas? Como você consegue deixar de fora as informações sem importância antes de saber que não são importantes? A ideia de gargalo não é, em si, tão simples quanto parece. Precisamos de um sistema que possa resolver o problema de deixar entrar informação demais, mas sem introduzir outro problema de ter que saber com antecedência quais são as informações. Na visão, o sistema cognitivo resolve esse problema com a abstração inicial dos recursos visuais. Na atenção auditiva, segundo essa teoria, o gargalo trata a informação de forma análoga. O gargalo pode ser *ligado* por atributos físicos de baixo nível. Não é um gargalo passivo, mas um interruptor ativo, capaz de limitar algumas informações em detrimento de outras.

---

24 Mais uma vez, voltamos a usar uma "metáfora fluida". Muitas das teorias que discutimos são construídas em cima dessa metáfora mais profunda. Acho que pode ser um desafio até mesmo discutir cognição e pensamento sem recorrer a ela. Perceba, embora o cérebro seja claramente uma rede eletroquímica, a mente muitas vezes ainda parece ser hidráulica.

O sistema de atenção auditiva baseia-se nessas características e atributos para tomar decisões rápidas sobre o que é importante.

De maneira a incluir algumas informações e excluir outras, o modelo de gargalo precisa ser capaz de detectar e selecionar recursos simples que irão acionar o interruptor de atenção. Seu sistema de atenção precisa de características básicas e primitivas, que podem não ter nenhum significado por si mesmas, mas são preditivas de significado, objetos e coisas do mundo. A conexão entre característica e objeto é semelhante ao que vimos no *Capítulo 4* com relação à percepção visual. Linhas e bordas podem não ter significado por si mesmas, mas são preditivas de significado. Linhas e bordas existem no fluxo visual porque a luz é refletida por objetos de maneiras estruturadas e confiáveis. Linhas e bordas existem no fluxo visual porque provavelmente foram causadas por um objeto. Um modelo de atenção seletiva para sons depende da mesma conexão entre som e objeto.

Quais são alguns dos candidatos a esses recursos primitivos? A localização é um desses candidatos. Se você ouvir um som alto à sua direita, irá rapidamente direcionar sua atenção para o local de onde o som se origina. Você consegue voltar seus ouvidos em direção a esse som. Outro animal que não é humano faria a mesma coisa, mesmo sem o mesmo nível de conhecimento ou linguagem. Os gatos são especialmente bons nisso. Pode parecer que estão dormindo, mas eles conseguem mover os ouvidos para se orientar por um som. A localização é livre de conteúdo. A localização é uma característica puramente física. Por si só, não significa nada e, portanto, pode ser usada para selecionar informações no modelo de gargalo da seleção inicial. A localização também está ligada à existência de objetos. O piar de um pássaro irá gerar sons a partir de uma mesma área, obviamente porque está naquela área. Uma pessoa falando irá gerar seus sons a partir de determinada área. O objeto (o pássaro ou pessoa) está produzindo sons e, portanto, a localização, que é inerentemente uma característica física e de baixo nível, pode ser usada para reunir informações sobre um objeto antes mesmo de tal objeto ser identificado.

Você também pode detectar diferenças de altura ou de tom sem atribuir qualquer significado a isto. As altas frequências soam diferentes das baixas porque as ondas sonoras movem o ar de maneiras fisicamente diferentes. Os sons agudos têm ondas de alta frequência, o que significa que a energia da onda é mais compactada. Sons baixos têm ondas de baixa frequência. Essa característica é puramente física. Não precisa haver nenhum significado relacionado à frequência. Mas objetos e coisas criam sons de acordo com as características desses objetos. Um cão pequeno emite um latido mais agudo do que um cão grande porque, quando late, move o ar de maneiras diferentes. O cachorro grande tem uma cabeça grande, uma boca grande. Eles movimentam mais ar em frequências mais baixas do que cães pequenos com cabeças menores. O tom é gerado pela característica física do objeto. E é percebido pela arquitetura física do ouvido. E é, portanto, um candidato ideal para atenção auditiva de baixo nível.

A intensidade é outro recurso de baixo nível, relacionado à amplitude ou ao tamanho das ondas sonoras. Mais energia sonora da fonte do som significa ondas sonoras maiores e mais altas. Se você gritar com alguém, você movimenta mais ar com sua voz, usando mais energia do que se simplesmente falasse. E como a energia do som se dissipa no espaço e no tempo, os objetos que estão mais próximos tendem a soar mais alto porque mais dessa energia chega aos seus ouvidos. E, assim como o tom, podemos sentir e perceber informações sobre o volume. A intensidade também é candidata a um recurso auditivo primitivo de baixo nível.

Um candidato final é o timbre, o qual corresponde à qualidade de um som. A maioria dos sons não são puros. A maior parte dos objetos não gera tons puros com uma onda senoidal. As ondas sonoras são combinações complexas de muitas ondas com formas intrincadas e convolutas. Tal como acontece com a localização, altura e intensidade, o timbre (ou qualidade do som) surge devido à forma do objeto que produz o som. Por exemplo, um violoncelo e um piano podem tocar a mesma nota, no mesmo local e com a mesma intensidade, mas ainda assim soarão muito diferentes. O piano emite sons de uma maneira diferente de um violoncelo. Ele movimenta o ar de maneiras diferentes, criando uma onda com uma forma e complexidade diferentes. Seu ouvido e atenção podem detectar essa característica antes que qualquer significado seja atribuído a ela.

O maior desafio em descrever como a atenção seletiva funciona é descobrir como podemos selecionar algo no ambiente para prestar atenção antes de sabermos o que é tal coisa. Isso pode parecer um problema trivial, mas como a maioria dos problemas que parecem triviais, é muito mais complexo do que se possa imaginar inicialmente. As características fazem parte dos objetos, mas para associar as características aos objetos, você precisa saber o que o objeto é. Mas, é claro, para saber o que é o objeto, você precisa de características. Já está vendo onde isso vai dar. É uma espécie de argumento circular insolúvel. É parte de um problema psicológico/filosófico maior, denominado *problema de ligação*. O problema da ligação trata de compreender como ligamos o que vemos e ouvimos de uma forma que reflita objetos reais no mundo. Esse problema aparece em muitos lugares. Vimos isso no *Capítulo 4*, quando discutimos a percepção visual. Está aparecendo agora com a atenção seletiva. Para sobreviver e prosperar, precisamos ser capazes de prestar atenção às coisas no mundo. Nas coisas necessárias para a sobrevivência, para a comunicação com os outros e nas coisas necessárias ao prazer. O modelo de gargalo que estou descrevendo oferece uma solução, embora não seja o único modelo desse processo. E, conforme veremos, não é uma descrição completa.

O primeiro problema que temos que resolver com atenção seletiva é o que fazer com todas as informações presentes inicialmente. Assim como na visão, na qual argumentamos que todas as informações visuais atingem a retina, temos que considerar que todos os sons que estão no ambiente em que você está atingem seu ouvido. De acordo com a teoria do gargalo, temos uma capacidade ilimitada na parte mais baixa do sistema. Neste caso, "baixo" significa mais perto do ouvido. Nossos ouvidos não têm voz, mas sentem tudo. Todo o som do ambiente atinge seus ouvidos ao mesmo tempo. O ouvido processa a onda sonora e é capaz de perceber informações sobre altura, intensidade e outros. Não tenho espaço neste livro para entrar em detalhes sobre como o ouvido faz isso, mas a essência é a mesma que vimos na visão. Há receptores que respondem à energia física e a convertem em informação neural. Todas as informações processadas chegam ao seu ouvido e são enviadas ao córtex auditivo primário no lobo temporal.

Vamos examinar isso no contexto da seleção de um canal de informação para prestar atenção, como na tarefa de escuta dicótica. Você está ouvindo uma mensagem em um ouvido e outra mensagem no outro ouvido. Já descrevi a tarefa antes; você tem que repetir a informação que capta em um ouvido. Você dirige seletivamente sua atenção àquele canal e ignora o outro. Então, podemos fazer perguntas sobre aquilo que conseguiu captar no outro canal, isto é, no ouvido para onde a atenção não era focada. Então, de imediato, temos um problema a resolver, mas temos também algumas informações sobre como resolver isso. Temos que prestar atenção a um canal. Um ouvido. A maneira mais fácil de fazer isso é com a indicação de localização. Podemos acionar o interruptor de atenção de forma a processar as coisas de apenas um ouvido. Fácil. Mas algumas informações conseguem passar. As pessoas podem dizer se a voz no ouvido não atendido mudou da voz de um homem para a de uma mulher. Nesse caso, as informações sobre timbre e altura ainda estão sendo monitoradas pelo ouvido desatento, que processa as informações posteriormente e pode até mesmo acionar o interruptor. Se você estivesse acompanhando a voz de um homem no ouvido direito e a voz do homem mudasse para o ouvido esquerdo, sua atenção seguiria essas indicações de baixo nível. O timbre e o tom da voz capturariam sua atenção e transfeririam o local da sua atenção e do seu processamento conceitual para o outro ouvido. Você pode nem saber que começou a seguir o outro ouvido. Em princípio, cometeu um erro. Começou a concentrar a atenção no ouvido errado e nem percebeu. Mas, na prática, seu sistema atencional fez uma inferência razoável. Você estava prestando atenção na voz de um homem no início e, mesmo quando a localização da voz mudava, seguia a voz para outro local. Esta é uma adaptação prática. As pessoas se movem em seus ambientes e mudam de local. Mas os sons vindos de determinada fonte, em geral, não mudam repentinamente de timbre.

Este exemplo mostra o gargalo e o sistema de seleção inicial em ação. Mesmo quando você presta atenção apenas em um ouvido, informações de baixo nível, como altura e timbre, ainda estão sendo processadas. Elas ainda estão ativando os detectores de características. E, por causa disso, são capazes de "desligar o interruptor". Nesse caso, ao prestar atenção na voz de alguém, será mais importante, mais útil, mais adaptável, incorporar coisas como tom e timbre. Afinal, você não identifica realmente uma pessoa pela origem de sua voz. Você identifica uma pessoa pelo som de sua voz. Portanto, essa informação aciona o interruptor.

A teoria do gargalo funciona assumindo que há essa capacidade ilimitada no início, e que os recursos podem ser usados para acionar o interruptor e selecionar qualquer mensagem para se prestar atenção e processar posteriormente. Tal como acontece com a visão, tudo isso acontece antes de você compreender o significado, antes de saber o que está ouvindo. Isso acontece como consequência da arquitetura cognitiva e da forma como o sistema é construído.

O modelo do gargalo, conforme descrito por Broadbent, é uma boa representação. Descreve muito do que acontece nesse tipo de atenção seletiva e é responsável por muitos dos dados observados. Há um problema gritante, porém. O modelo não explica o fenômeno do coquetel, o que implica não explicar o exemplo da Starbucks com o qual comecei. Por que não? De acordo com esse modelo, a capacidade do sistema é ilimitada, mas é restrita antes que qualquer significado seja processado. A única maneira de manter ou mudar a atenção é o sistema se ater a características de baixo nível, perceptivas e sem significado. Porém, se apenas características de baixo nível podem acionar o interruptor, como seu nome consegue entrar e desviar sua atenção? Parece não haver maneira de o modelo processar o significado de uma forma que dê conta disso. O modelo pode não estar errado, mas aparentemente não está completo.

Para produzir um relato completo da atenção seletiva e para explicar o efeito coquetel (sinta-se à vontade para chamar isso de efeito Starbucks, se quiser, ou mesmo efeito cafeteria), precisamos considerar um modelo de seleção tardia. Em outras palavras, precisamos mover o gargalo atentivo.

Seleção Inicial e Tardia

A ideia de um gargalo atentivo faz sentido intuitivamente. Simplesmente não podemos processar tudo e precisamos ter uma maneira de selecionar as coisas às quais queremos prestar atenção. Mas a ideia do gargalo não funciona bem para tudo. Não importa o quão focado esteja em alguma coisa, tendo uma conversa, por exemplo, ou jogando um videogame, quase sempre será tirado desse foco de atenção caso alguém chame seu nome. As características de percepção de baixo nível podem ajudar a limitar a atenção e a restringir aquilo em que prestamos atenção, mas o gargalo pode não estar tão baixo no fluxo de processamento. Algumas informações devem estar sendo transmitidas para que coisas como o seu nome sejam processadas.

Por que isso é importante? Lidamos com vários *inputs* o tempo todo e às vezes deixamos as coisas fora de ordem. Você pode ver isso nos pequenos erros que todos nós cometemos. Estejamos lendo, escrevendo ou apenas atualizando o *Twitter* ou *Instagram*, também estamos monitorando o ambiente em busca de outros sinais importantes. Suponha que você esteja imerso na leitura de notícias *online* e seu marido ou mulher entre e faça uma pergunta. Por uma fração de segundo, você pode ficar confuso sobre quem disse o quê. Pode até responder às perguntas incorretamente com base no que estava lendo, e não no que foi perguntado. Às vezes, as informações se misturam porque não somos capazes de filtrar um canal em detrimento do outro. Se a maioria das informações não supervisionadas fosse filtrada no início, antes de ser processada para se obter significado, não seríamos capazes de prestar atenção a uma conversa e ter nossa atenção desviada caso alguém chamasse nosso nome. Perderíamos nosso pedido no Starbucks. Embora as características perceptivas pré-processadas sejam importantes para se produzir um modelo da atenção, também precisamos de uma maneira de receber mais informações.

Versões atualizadas da teoria do gargalo, mais notavelmente o trabalho de Anne Treisman (1935–2018), uma psicóloga britânica que realizou a maior parte de seu trabalho em Princeton, sugeriu que os componentes físicos de baixo nível ainda são importantes na atenção seletiva, mas ela não se dá no local de percepção, ao invés disso, essa seleção se baseia em uma resposta às informações do ambiente. Em outras palavras, você não bloqueia as coisas. Em vez disso, as informações são processadas, mas você impede que as coisas sejam selecionadas e executadas uma vez que estejam no sistema. Veja, um dos maiores problemas com a teoria da atenção de Broadbent é que ela pressupõe que selecionamos as informações para permitir a entrada. Se você nunca permitir a entrada das informações, elas não estarão mais disponíveis para processamento. Sabemos, porém, mesmo através de nosso exemplo simples da Starbucks, que informações às quais você não está prestando atenção entram em nossos sistemas cognitivos. No exemplo da Starbucks, você mal ouviria o barista chamando os nomes. Não registraria nada, e ouvir os nomes sendo chamados não

CAPÍTULO 5 | ATENÇÃO: POR QUE SEMPRE HÁ UM CUSTO

iria interferir em sua capacidade de se concentrar na conversa. Até escutar seu nome, é claro.

Como essa teoria da seleção tardia funciona? Anne Treisman afirmou que a seleção e o gargalo ocorrem muito mais tarde no processamento. Seu trabalho sugeriu que ouvimos tudo e a maior parte dessas informações chegam aos nossos cérebros e mentes, e então escolhemos as informações às quais responder. De acordo com Treisman, essas informações ficam todas disponíveis nas mentes por um breve período, até que você as processe posteriormente. Essa ideia se baseia na teoria do gargalo da seleção inicial, enfatizando a importância das características primitivas. Isso aumenta a ideia de que a seleção e o filtro estão no processamento posterior e, portanto, suscetíveis a um processamento mais cognitivo. Se você presumir que algumas palavras e conceitos têm importância especial, poderá então supor que essas palavras têm um limite de ativação inferior. Seu nome, por exemplo, é importante. É, sem dúvida, a palavra mais importante que existe para qualquer pessoa. É provavelmente uma das primeiras palavras que você ouviu. Como resultado, pode-se dizer que ele tem um baixo limite de ativação e você o reconhecerá e responderá a ele mesmo quando as informações provenientes do ambiente forem silenciosas, confusas, desatendidas ou distorcidas. É como se sua capacidade de reconhecer seu nome estivesse sendo executada por um módulo detector de nomes que monitora o ambiente em busca de qualquer vestígio de seu nome. Está em alerta máximo o tempo todo. Assim que ele detecta o menor sinal do seu nome, soa o alarme, sua atenção é atraída e você se orienta em direção a esse sinal.

O modelo de Treisman explica nosso cenário da cafeteria, mas também faz outras coisas. Nos experimentos clássicos de escuta dicótica, as pessoas prestam atenção em um canal (ou seja, informações apresentadas em um ouvido) e perdem o significado de qualquer coisa no outro ouvido. Nos estudos originais, o ouvido desatendido estava completamente separado do ouvido atento. Ou seja, não havia razão para combiná-los. Mas alguns estudos foram feitos com informações que se conformavam com uma narrativa em um ouvido e uma diferente no outro, e se a narrativa mudasse do ouvido esquerdo para o direito, a maioria dos participantes da pesquisa mudava o foco junto com ela. Se você ouviu uma história com o ouvido esquerdo e o enredo mudou no meio da frase para o ouvido direito, a única maneira de entender isso seria seguir a história. Isso simplesmente não funciona com o modelo de seleção inicial de Broadbent porque sua teoria assume que informações não supervisionadas são impedidas de entrar. O modelo de Treisman assume que as informações dos canais atendidos e não atendidos são capazes de entrar no espaço de trabalho cognitivo para, em seguida, você selecionar as informações que fazem sentido.

O modelo mais eficaz parece ser aquele que permite que você se sintonize com essas características de baixo nível e sem significado, mas ainda permite que muitas informações entrem. As características ativam seus receptores auditivos e, em seguida, enviam sua cascata de ativação para o lobo temporal do cérebro, onde o significado da palavra é processado. Essa informação se irradia para outras áreas dos lobos temporal, frontal e até parietal, onde o significado é processado. As informações nas quais você está prestando atenção, que está processando, nas quais está trabalhando, se ativam. Elas ativam o que já está ativo e, dessa forma, você consegue manter sua atenção. As informações às quais você não está prestando atenção simplesmente desaparecem e se deterioram. Mas estão no sistema. Estarão lá se você precisar durante um breve período. Podem ativar conceitos-chave, como seu nome. Podem até mesmo anular a atenção às características de baixo nível e fazer você mudar de foco sem perceber. Isso é bom para a sobrevivência. Também é a fonte de muitas de nossas frustrações quando tentamos prestar atenção. Não é fácil e muitas coisas ainda entram e interferem. A teoria de Broadbent pode ser incompleta, mas para ser honesto, muitas vezes eu gostaria de poder selecionar um canal e evitar que todas as informações estranhas fossem processadas. Há momentos em que gostaria que o gargalo fosse mais cedo e mais estreito.

CAPACIDADE

Muitos anos atrás, quando minhas filhas estavam naquele período entre a pré-escola e o Ensino Fundamental, fomos a um centro de recreação coberto em nossa cidade. Vivemos no Sul de Ontário e, às vezes, nos meses de inverno, pode ser realmente assustador com a neve, o gelo, a neve derretida, etc. As crianças gostam de sair e brincar na neve, mas também ficam entediadas, e quatro ou cinco meses de inverno rigoroso pode ser monótono. Os pais procuram atividades para fazer em ambientes fechados. Centros recreativos cobertos como parques aquáticos, parques de cama elástica, academias e pistas de boliche atendem essa necessidade de atividade física e são populares em todos os lugares.

Esse centro de recreação em particular tinha coisas como boliche, paredes de escalada e um campo de minigolfe interno chamado *Glow Golf*, algo como "golfe brilhante". Talvez você tenha visto algo assim. É um jogo de minigolfe coberto, onde você tenta passar sua bola através de obstáculos e a fazer cair na taça. Além disso, há luzes negras que fazem com que algumas coisas como as bolas, os tacos e algumas de suas roupas brilhem. Fora isso, é meio escuro e tem um pouco daquela atmosfera de casa mal-assombrada. Isso poderia ser divertido, pensamos. Ou, pelo menos, isso vai ser divertido para duas crianças com menos de dez

CAPÍTULO 5 | ATENÇÃO: POR QUE SEMPRE HÁ UM CUSTO

anos, elas vão gostar do jogo, rir de suas roupas brilhantes e nós nos divertiremos vendo-as se divertirem. É importante ressaltar que não é um jogo especialmente exigente e, portanto, não deve demandar muita atenção.

Foi passatempo nos primeiros dez minutos. No entanto, a atração também era muito popular e havia muitas outras famílias e crianças. Nossas filhas ainda eram muito pequenas, então demoravam para passar por cada buraco. Havia obstáculos. O minigolfe é assim. Se você quiser se divertir, pode demorar alguns minutos para acertar cada buraco. Mas um grupo maior de crianças mais velhas estava atrás de nós. Tinham provavelmente entre 12 e 14 anos. Eram muito mais rápidas, melhores no jogo, mais barulhentas, mais inquietas. Por causa do jeito como o jogo como o minigolfe funciona, elas estavam bem atrás de nós. Enquanto esperavam, elas corriam, fingiam que se batiam com tacos de golfe e tornavam a brincadeira muito mais estressante do que deveria ser. Eu me ofereci para deixá-las passar, mas o grupo era tão grande que, embora algumas delas estivessem bem atrás de nós, outras em seu grupo ainda estavam jogando e não quiseram nos passar. Então, pelos 45 minutos seguintes, enquanto eu tentava brincar com minhas filhas e ficar de olho nelas por serem pequenas, havia um grupo de crianças indisciplinadas de 12 anos bem atrás de mim. Foi preciso muita concentração para *ignorar* a atividade delas e tentar me concentrar em aproveitar o meu jogo. No final de *glow golf*, eu me sentia completamente exausto. Não do jogo. O *glow golf* não é em si um exercício exaustivo. Estava exausto de todo o controle cognitivo que tive que exercer para ignorar as crianças barulhentas atrás de mim. Minha capacidade de atenção estava sobrecarregada.

O controle cognitivo, que é uma forma de atenção, exige esforço. Parece que temos uma capacidade limitada de prestar atenção, de ignorar o ato de prestar atenção e de empregar nossos recursos cognitivos em um problema. Vemos isso de muitas outras maneiras.

Você já se sentiu exausto depois de fazer uma prova? Ou realizando uma tarefa difícil que exigia muita atenção? Sua capacidade provavelmente diminuiu ao final do dia. Talvez você tenha chegado a um ponto em que seu desempenho ficou abaixo do ideal. Provavelmente já se sentiu muito exausto e isso pode até ter afetado seus julgamentos. É neste período de capacidade diminuída ou exaurida que os erros são cometidos e os ânimos podem até explodir. É aqui que as pessoas perdem informações importantes. É aqui que podemos falhar em nos conter. E é aqui que somos menos capazes de controlar nossa atenção e comportamento. É aqui também que as pessoas ficam com raiva e mal-humoradas.

Como podemos evitar isso? Uma possibilidade é mudar o que você está fazendo e se permitir recarregar. Quando estou me sentindo exausto por conta de alguma coisa – lecionar, por exemplo – noto que minha capacidade não é afetada para outras coisas. Ainda posso entrar no carro, ouvir música e dirigir para casa. Posso estar cansado de pensar em um problema de pesquisa, mas isso não parece afetar minha capacidade de começar a preparar o jantar. Quando mudo para outra atividade, sinto que minha capacidade não está mais esgotada. E porque não consigo resistir a usar a "metáfora do fluido", vou apenas dizer: um reservatório de recursos de atenção secou, mas o outro ainda está cheio.

O psicólogo Lee Brooks, que trabalhou a maior parte de sua carreira na Universidade McMaster em Hamilton, Ontário, foi um influente pesquisador na área de psicologia cognitiva. Lee morreu em 2010, mas foi um dos meus heróis acadêmicos e intelectuais. Mais do que qualquer outra pessoa, sua pesquisa realmente afetou a maneira como penso sobre o funcionamento da mente. Um de seus primeiros estudos mostrou como esses reservatórios de atenção funcionam e como os mantemos separados. O experimento e a tarefa são inteligentes e criativos, então quero levar alguns parágrafos explicando isso – você vai me agradecer.

No experimento de Brooks, os participantes são solicitados a fazer uma tarefa com imagem visual ou uma tarefa com imagem verbal. Em imagens visuais, uma forma é mostrada aos participantes e eles devem memorizá-la bem o suficiente para que possam imaginá-la mais tarde, de forma a visualizar e inspecionar essa imagem com o olho da sua mente. Em um experimento, a forma era uma grande letra com contorno e com um asterisco em um dos lados. Eles foram instruídos a memorizar isso e, em seguida, imaginar o asterisco fazendo um traço ao redor da letra em sua mente. Então, imagine uma grande letra "F", desenhada como um contorno com um asterisco na parte inferior esquerda e, em seguida, imagine o asterisco fazendo um traço ao redor da letra (veja a figura para um exemplo). Às vezes, o asterisco fica na borda externa da figura e outras vezes na borda interna. Em cada junção, os participantes indicariam SIM ou NÃO caso o asterisco estivesse ou não em uma borda interna ou externa. Muito fácil, certo? Sim, é. Você pode fazer isso agora, se quiser. Olhe a imagem abaixo, grave-a na memória e tente fazer a tarefa de imaginar e quando o asterisco estiver na borda extrema, imagine SIM e quando estiver na junção interna, imagine NÃO. Para esta forma, seria SIM, SIM, SIM, SIM, NÃO, NÃO, SIM, SIM, NÃO, SIM.

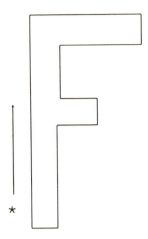

FIGURA 5.1: um exemplo de tarefa de imagem de letra

As imagens verbais eram igualmente fáceis. Em vez de uma imagem, os participantes tinham que memorizar uma frase. Por exemplo, eles leriam uma frase como "um pássaro na mão não está no arbusto" e a memorizariam de forma que pudessem repeti-la usando sua voz interior. E enquanto você está imaginando a frase com sua voz interior, também pode imaginar uma resposta SIM ou NÃO à pergunta se cada palavra sucessiva é ou não um substantivo. Isso também é muito fácil de fazer. E para esta frase a resposta é: NÃO, SIM, NÃO, SIM, NÃO, NÃO, NÃO, SIM.

Essas tarefas são fáceis de fazer mentalmente, mas se você tentar realizar cada uma delas, descobrirá que é fácil memorizar e imaginar a frase, mais fácil ainda imaginar dizer SIM ou NÃO às imagens visuais. Brooks raciocinou que muitas vezes usamos dois reservatórios de atenção. Usamos atenção visual e atenção verbal e, se uma tarefa for retirada do mesmo reservatório, haverá um custo para o desempenho. Se as tarefas forem extraídas de dois reservatórios separados, haverá pouco ou nenhum custo.

Brooks testou isso de uma forma inteligente. Além de terem que memorizar uma imagem visual ou verbal, os participantes do estudo também foram solicitados a responder de duas maneiras: ou uma resposta visual-espacial ou uma resposta verbal. A resposta visual espacial envolvia apontar para um "S" ou "N" que estavam espalhados em uma folha, e você tinha que olhar e indicar áreas diferentes. A resposta verbal era apenas dizer "SIM" ou "NÃO" em voz alta enquanto o pesquisador lhe ouvia.

Os indivíduos podiam estar em uma das quatro condições. Uma condição visual-visual em que memorizaram a imagem e apontaram; uma condição visual-verbal em que memorizaram a imagem e falaram; uma condição verbal-visual em que memorizaram uma frase e indicaram; e uma condição verbal-verbal na qual memorizaram uma frase e falaram. Brooks previu e descobriu que, quando as imagens e as respostas eram extraídas do mesmo reservatório de atenção, as pessoas eram mais lentas e cometiam mais erros do que quando as imagens e a resposta eram extraídas de reservatórios diferentes. Visualização e percepção, ao que parece, competem pelas mesmas respostas neurais. Quando elas extraem informações do mesmo reservatório, podem drená-lo mais rapidamente.

É por isso que você consegue andar e falar, dirigir enquanto conversa ou preparar o jantar enquanto assiste a um vídeo. São duas tarefas diferentes com demandas perceptivas e de atenção muito distintas. É por isso que você não consegue prestar atenção a duas conversas muito bem ou ouvir música com vocais enquanto tenta escrever.

Parece que podemos realizar multitarefas até certo ponto, mas é muito mais difícil quando envolve o compartilhamento de recursos de atenção. Vamos falar sobre essa ideia, a multitarefa, com mais detalhes. Todos nós pensamos poder realizar multitarefas, e as realizamos em virtude da maneira como nossos sistemas cognitivos evoluíram. Mas, como mostra o trabalho de Brooks, existem custos, e esses custos aumentarão na medida em que as tarefas que você está tentando realizar simultaneamente sejam semelhantes.

MULTITAREFA

Uma maneira de pensar sobre a necessidade de atenção seletiva e sobre a multitarefa é parar um momento e considerar em detalhes tudo o que está acontecendo ao seu redor enquanto você lê este livro. Por exemplo, provavelmente você está segurando o livro ou leitor de *e-book* em suas mãos. O livro tem um certo peso e você pode prestar atenção a isso (ou não). Mas mesmo que você não preste atenção direta a isso, seu sistema motor o faz. Ele precisa ajustar a força para que consiga segurar o livro sem o deixar cair. Seu sistema motor reage automaticamente, levando em consideração este peso para que você não o deixe cair. Também ajusta o suporte para que você não o precise puxar demais para cima. Há considerável computação neural e cognitiva acontecendo apenas nesse aspecto, mas provavelmente você não está ciente disso, a menos que dedique um tempo para se concentrar nisso. Este delicado empurrar e puxar com segurar, força, gravidade e a massa do livro é um conjunto de comportamentos que ocorre principalmente fora da atenção consciente. E essa é apenas uma das muitas coisas que estão acontecendo enquanto você lê.

Também pode haver uma variedade de ruídos ambientais ao seu redor que não são importantes para a leitura. Talvez haja um ventilador funcionando, um gato ronronando, uma chaleira fervendo ou um carro passando. Você os ouve de leve, mas não se atenta demais. Ou talvez você esteja ouvindo uma música que seja perceptível, mas que não o distraia. Uma vez mais, você precisa filtrar essas coisas. Talvez esteja na praia e haja pessoas conversando, crianças rindo. Isso é perceptível e faz parte de sua consciência, mas apenas em um nível baixo.

Você realiza atividades sensoriais e neurais que fazem parte da sua leitura, mas não faz parte *do que* você está lendo e, portanto, você nem mesmo está ciente de que essa computação cerebral é processada. Move seus olhos pelas palavras. Mantém o foco da atenção em uma única linha. Reconhece palavras. Constrói um modelo mental da frase. Lembra-se de outras ideias e lê. Você está ciente dos conceitos e ideias à medida que são ativados e reunidos? Ou está apenas ciente do produto? Vira as páginas. Respira. Toma um gole de chá ou café, engole. Sua mente divaga. Você a traz de volta.

A não ser pela atenção às ideias do livro, muitas dessas ações e comportamentos acontecem sem que você perceba. Você está fazendo várias coisas ao mesmo tempo e prestando atenção apenas a uma delas. Em outras palavras, você está realizando multitarefas. Está se concentrando em uma coisa (leitura), enquanto muitas outras acontecem automaticamente. Quanto mais você se concentra em uma coisa, mais essas outras são transferidas para o "piloto automático". Ou, como James colocou na citação do início do capítulo: atenção "implica o afastamento de algumas coisas para lidar eficazmente com outras". Ao ler um livro, deixamos de prestar atenção à maioria desses outros comportamentos e ações para que possamos lidar de forma eficaz com as ideias que estamos lendo.

Note um aspecto fundamental deste cenário. Você está fazendo várias coisas ao mesmo tempo, mas está prestando atenção a apenas uma coisa. As outras acontecem automaticamente. Isso significa que, se você tentasse prestar atenção a alguns desses comportamentos ou processos, teríamos que nos afastar da tarefa principal de leitura. Tente se concentrar na força que está empregando ao pegar no ato de segurar o livro e em como o sente em sua mão, ao mesmo tempo que tenta se concentrar no que está lendo. Pode ser possível, mas vai descobrir que sua capacidade de se concentrar no livro é reduzida. Você está realizando a multitarefa, e isso "implica o afastamento de algumas coisas para lidar de forma eficaz com outras".

Isso levanta uma questão. Se temos que nos afastar de algo para realizar a multitarefa, então por que a multitarefa? Ela é natural, adaptável e inevitável.

Realmente precisamos ser capazes de fazer mais de uma coisa ao mesmo tempo. Precisamos estar atentos para onde caminhamos, enquanto precisamos estar cientes dos obstáculos, dos outros, dos nossos próprios pensamentos. Nossos sistemas cognitivos evoluíram para fazer isso. É impossível evitar, pois há muitos sinais. Porém, muitos desses sinais – a maioria deles – não são importantes. Há muito barulho no mundo, tanto literal quanto metaforicamente. Não podemos processar tudo. Então, realizamos a multitarefa, alternamos, e há um custo nisso. Mas mesmo havendo esse custo, ele é benéfico, porque implica que podemos nos concentrar em uma coisa e nos retirarmos (um pouco) daquilo que não importa. Isso é adaptativo. É bom para a sobrevivência, contudo nem sempre é bom para pensar.

Um dos maiores desafios para pensar (aprender e prestar atenção) é a multitarefa. Realizamos várias tarefas ao mesmo tempo e temos a sorte de ter cérebros e mentes que evoluíram para nos permitir processar muitos fluxos diferentes de informações e alternar rapidamente entre eles. O problema é que a maioria de nós acha que somos muito melhores ao realizar multitarefas do que realmente somos.

Dou aulas em uma grande universidade e palestras para uma classe que pode ter entre 75 e 150 alunos. Uma das coisas que noto quando olho para a classe é que a maioria dos alunos está fazendo anotações em seus *laptops*, ou em um dispositivo semelhante a um, como Surface Pro ou um iPad Pro. Além disso, muitas vezes eles deixam seus *smartphones* por perto. O mais comum é ver um aluno fazendo anotações em seu *laptop* e, ocasionalmente, olhando para o *smartphone* que está colocado imediatamente à esquerda ou direita do computador. Assistir a uma palestra é uma combinação de olhar para o palestrante, olhar para os *slides* no projetor ou para o quadro negro, olhar para o seu *laptop*, digitar algumas notas, olhar para o seu telefone, olhar de novo para a palestra, olhar para o que digitou, em seguida, olhar para o telefone. Cada "olhada" é um afastamento de algumas coisas para lidar de forma eficaz com outras. Você deve se perguntar o quão eficaz é isso com todas essas mudanças acontecendo.

A propósito, isso não é uma crítica aos meus alunos. Na verdade, acho que eles costumam ser muito atenciosos e engajados na aula. Mas essa mudança de atenção é apenas a maneira como as coisas são. E, claro, não são apenas os alunos. Na verdade, os professores são piores. Se eu olhar ao redor em uma reunião de departamento, ou em uma reunião de professores, ou uma palestra onde possa haver muitos professores presentes, muitos deles também têm um *laptop* e/ou um *smartphone*. Vejo muitos colegas apenas ouvindo pela metade uma apresentação enquanto respondem aos *e-mails* ou verificam seus *smartphones*. Eu sou culpado de fazer a mesma coisa. Costumo fazer anotações em um iPad Pro e alternar entre *e-mails*, anotações e, ocasionalmente, o *Twitter*.

CAPÍTULO 5 | ATENÇÃO: POR QUE SEMPRE HÁ UM CUSTO

E não é apenas em ambientes acadêmicos; as pessoas fazem isso ao mesmo tempo em que assistem à televisão. Alguns programas populares dependem de as pessoas assistirem e se envolverem nas redes sociais ao mesmo tempo. As pessoas assistiam a *Game of Thrones* com uma mão no controle remoto e outra no *smartphone* para que, ao mesmo tempo, pudessem postar e tuitar suas reações. As pessoas "tuitam ao vivo" um debate presidencial. Eu treinei os times de *softball* da minha filha por anos e noto os pais o tempo todo em seus telefones, mesmo enquanto assistem ao jogo. Muitos desses pais que veem fixamente seus celulares também solicitaram que eu colocasse uma política de "proibição de celulares" para os jogadores no banco. Porém, as meninas estão em seus telefones de qualquer maneira. Até eu, o treinador, uso meu telefone para atualizar a pontuação em um aplicativo que envia a pontuação para os celulares dos pais para que eles possam ver a pontuação do jogo, tornando-os ainda mais dependentes de seus dispositivos durante os jogos.

A situação é muito mais grave nas estradas. A próxima vez que você estiver dirigindo ou se deslocando de ônibus, ao parar em um semáforo ou cruzamento, olhe para os outros motoristas ao seu lado. Provavelmente, muitos deles estarão vendo seus telefones. Isso geralmente ocorre apesar das multas altas por estar ao celular enquanto dirige. É contra a lei onde eu moro (em Ontário) há alguns anos, mas ainda vejo isso. De forma conservadora, diria que cerca de 75% de todos os motoristas que vejo parados no sinal estão de olho nos seus telefones. Isso não é seguro. Eu até notei pessoas vendo seus celulares enquanto dirigem. Olhando para a estrada e para o telefone, então de volta para a estrada novamente. Isso não é seguro! Sabemos que não o é. Os motoristas que fazem isso provavelmente sabem também. Mesmo assim, muitos de nós sentimos que podemos realizar várias tarefas ao mesmo tempo. O problema é que não percebemos o que estamos perdendo enquanto fazemos multitarefas, porque estamos fazendo multitarefas. Como podemos perceber se nos afastamos de algumas coisas para lidar com outras?

Multitarefas digitais ou multitarefas com um *smartphone*, computador ou dispositivo não é um fenômeno novo. Os meios para tal podem ser novos, mas o processo não é. Como discutimos antes, essa é exatamente uma das coisas que Cherry e Broadbent estavam interessados em estudar. Isso é o que Brooks estava estudando. Sabemos como funciona, sabemos por que o fazemos e sabemos que geralmente é benéfico. Mas os efeitos da tecnologia e da multitarefa parecem torná-la um problema mais urgente em nossa vida diária. Alguma coisa na natureza da multitarefa digital faz com que pareça um problema novo. Porém, é realmente um problema novo? Vamos examinar isso com mais atenção.

123

Psicologia Cognitiva e o Smartphone

O iPhone foi lançado em 2007. Quando eu estava escrevendo este livro, em 2019, ele já estava em cena havia doze anos. Tendo nascido em 1970, sou da Geração X. Eu não cresci com um *smartphone*, mas experimentei quase toda a sucessão de desenvolvimento de telefones celulares e, na verdade, toda a gama de comunicação digital quando adulto. Depois de crescer com um único telefone em uma linha compartilhada[25], recebi meu primeiro endereço de *e-mail* na universidade em 1988 e já usei *e-mail*, FTP, *Lynx*, *UseNet*, *NetScape*, SMS, *Facebook*, DMs, *Slack* e muitos outros meios de comunicação desde então. Às vezes, ainda ligo pelo telefone quando é absolutamente necessário.

Quando o iPhone comemorou seu aniversário de dez anos, isso me fez pensar sobre os relacionamentos que tive com *smartphones* e dispositivos móveis. É engraçado, de certa forma, pensar nisso como um relacionamento. Porém, para muitos de nós é exatamente assim. Nós nos relacionamos com nossos telefones. Nós os trazemos conosco. Pensamos neles. Eles fixam residência em nossa psique. Talvez não seja tão desenvolvido quanto um relacionamento com uma pessoa. Talvez seja mais como um relacionamento com um animal de estimação.

Claro, como acontece com os animais de estimação, lembro-me de muitos deles. Posso imaginá-los como se fossem relacionamentos reais. O primeiro era sólido, mas simples e só fazia ligações, não tinha câmera e nem mensagens. A ele seguiu-se um ou dois telefones tipo *flip*, esquecíveis, e um que começava a incorporar opções de mídia, mas que de fato nunca cumpriu sua promessa. Lembro-me disso, mas não muito bem. Não tive um relacionamento forte com nenhum deles.

No entanto, então veio o iPhone e tudo mudou. Comecei realmente a amar meu telefone. Tornou-se um relacionamento, em parte, porque o telefone permitia uma melhor comunicação com as pessoas. Tirava fotos. Permitia que eu me comunicasse com amigos e colegas de muitos outros modos que o *flip phone*. O relacionamento foi construído em cima da mesma estrutura que formou a base da maioria dos relacionamentos reais e verdadeiros. Talvez ainda mais, porque o iPhone possibilitava a conexão com todos. E, ao contrário de um telefone ou computador, eu podia levar o telefone a qualquer lugar.

---

[25] Em áreas rurais com conectividade limitada, e até as décadas de 1970 e 1980, uma "linha compartilhada" era a única linha telefônica, literalmente uma "linha" como um "fio", que várias residências compartilhavam. Tínhamos números de telefone diferentes, mas estávamos todos na mesma linha. Isso significava que às vezes, quando você queria fazer uma ligação, pegava o telefone e já havia outra pessoa falando na linha compartilhada entre as casas ao longo da estrada. Isso parece quase incompreensível hoje.

CAPÍTULO 5 | ATENÇÃO: POR QUE SEMPRE HÁ UM CUSTO

Podia me conectar com meus amigos e, na verdade, com toda a *Internet*, a qualquer hora, em todo e qualquer lugar.

Como resultado, e em combinação com os avanços no *design* industrial que produziram telefones cada vez mais bonitos, ficou mais difícil para as pessoas ficarem longe de seus celulares. Sei que, para mim, o uso do celular se tornou um hábito muito maior depois do iPhone do que antes. Comecei com um iPhone 3GS preto, elegante, e depois um iPhone 4S branco que ainda considero o auge do *design* do iPhone. Na verdade, ainda mantenho esse telefone de reserva. Uma mudança para o Android e me vi trabalhando com vários modelos antes de passar para meu *smartphone* atual. Está comigo todos os dias e quase o tempo todo. Isso é demais? Provavelmente. Estou sozinho nisso? Provavelmente não.

Os *smartphones* são hoje usados para muitas coisas. Há até uma chance de você estar lendo isso em um *smartphone*. A maioria de nós tem um e provavelmente o usa para realizar muitas tarefas diferentes. Por exemplo: comunicação, mídia social, tirar e compartilhar fotos, música, vídeo, navegação, notícias, previsão do tempo, calculadora, checar fatos e despertador. Uma coisa comum a todas essas funções é que o *smartphone* substituiu outras formas existentes de realizar as mesmas tarefas. Quinze anos atrás, eu usaria um telefone, um *CD player*, uma câmera, uma calculadora, um mapa rodoviário, um jornal, uma enciclopédia e uma televisão para realizar as mesmas coisas. Agora, tenho um pequeno *smartphone* que faz tudo isso melhor e mais rapidamente, além de muito mais do que isso. Não é de admirar que estejamos viciados. Substituiu todo o resto, e a atenção antes dedicada a tudo isso agora está concentrada em uma coisinha. Essa foi a ideia original do iPhone, um dispositivo para fazer muitas coisas. Como o "Um Anel" de Sauron, em *O Senhor dos Anéis*, o *smartphone* se tornou o único dispositivo que comanda a todos. Será que também nos governa?

O Custo Psicológico de se Ter um Smartphone

Para muitas pessoas, o dispositivo está sempre com elas. Basta dar uma olhada em qualquer área pública: está cheia de pessoas olhando seus celulares. Assim, o *smartphone* começa a fazer parte de quem somos. Essa onipresença pode ter consequências psicológicas. E tem havido vários estudos avaliando os custos disso. Aqui estão dois que despertaram meu interesse.

Em 2015, Cary Stothart realizou uma experiência interessante na qual os participantes foram convidados a se envolver em uma tarefa de monitoramento de atenção que exigia as pessoas verem uma série de números piscando na tela ao mesmo tempo em que mantinham seus telefones consigo. Essa tarefa, chamada de Tarefa de Atenção Sustentada para Respostas (SART na sigla em inglês), é comum em pesquisas de atenção. Na tarefa SART, os participantes são solicitados a pressionar uma tecla o mais rápido possível sempre que um número piscar, exceto o número "3". Quando "3" pisca, eles devem abster-se de apertar a tecla. Esta tarefa requer atenção sustentada, vigilância, bem como controle inibitório. Não é difícil, mas também não pode ser feita automaticamente. Se você estivesse em modo multitarefa, por exemplo, talvez não se saísse muito bem.

Os participantes realizaram a tarefa duas vezes. Para ambas as sessões, foi solicitado que mantivessem seus telefones. A primeira vez foi para ver como eles se sairiam, de forma a ter uma linha de base. Em geral, tiveram um bom desempenho. Em seguida, foram solicitados a fazer isso novamente. Deve ser pelo menos tão fácil na segunda vez, mas os participantes não perceberam que, quando se inscreveram e consentiram com os termos do experimento, forneceram seu número de telefone celular aos experimentadores. Isso significava que os pesquisadores podiam enviar uma mensagem de texto ou ligar para eles enquanto realizavam a experiência. E foi exatamente o que aconteceu.

Na segunda sessão, um terço dos participantes recebeu notificações de texto aleatórias de forma contínua, mas a intervalos variados, enquanto realizavam a tarefa. Imagine fazer uma prova ou assistir a um programa com atenção e seu telefone começar a tocar. Outro terço dos indivíduos recebeu uma ligação aleatória, o que é ainda mais estressante. As chamadas são mais insistentes, as notificações pulsam com mais urgência e, como a maioria das pessoas envia mensagens de texto ou de voz, uma ligação em geral tem mais importância. O outro terço dos participantes procedeu como fizeram na primeira sessão, sem nenhuma interferência adicional além do normal. Os participantes na condição de controle tiveram o mesmo nível de desempenho na segunda sessão que obtiveram na primeira. Até agora tudo bem. Porém, o grupo de participantes que recebeu notificações aleatórias (texto ou chamada) cometeu significativamente mais erros ao realizar a tarefa durante a segunda sessão. E, não surpreendentemente, as chamadas afetaram o desempenho mais do que as mensagens de texto. Em outras palavras, houve um custo real por conta de receber a notificação. Cada aviso de notificação distraía apenas um pouco a pessoa, mas o suficiente para reduzir o desempenho. Este estudo foi realizado em 2015, quando não era incomum que seu telefone fizesse barulho ou vibrasse. Configurações silenciosas tornaram-se mais comuns agora. Então, você deve colocar seu telefone no modo "silencioso"? Talvez não. Por um lado, o estudo de Stothart analisou apenas participantes que não interagiam com seus telefones, apesar do texto. Ou seja, uma notificação pode aparecer, mas eles não deviam olhar. Então, talvez apenas pensar na notificação fosse o suficiente. Essa era a afirmação deles. Uma maneira de testar isso

CAPÍTULO 5 | ATENÇÃO: POR QUE SEMPRE HÁ UM CUSTO

seria deixar os celulares perto das pessoas e nem mesmo enviar notificações. Seu telefone está por perto? Você está se distraindo?

Um artigo publicado recentemente por Adrian Ward e colegas parece sugerir que apenas deixar seu celular perto de você pode interferir em algum processamento cognitivo. Em seu estudo, pediram a 448 voluntários universitários que entrassem em seu laboratório e participassem de uma série de testes psicológicos. Os voluntários foram aleatoriamente designados para uma das três condições: *mesa, bolso/mochila* ou *outra sala*. As pessoas na condição *outra sala* deixaram todos os seus pertences no saguão antes de ir para a sala de testes. As pessoas na condição de *mesa* deixaram a maioria de seus pertences no saguão, mas levaram seus telefones para a sala de testes e foram instruídas a colocá-los virados para baixo sobre a mesa. Os voluntários na condição de *bolso/mochila* levaram todos os seus pertences para a sala de teste e deixaram seus telefones onde naturalmente os deixariam (geralmente no bolso ou na mochila). Os telefones foram mantidos em silêncio.

Os participantes dos três grupos, então, se engajaram em um teste de memória de trabalho e funcionamento executivo chamado de "operação *span*" (ou O-Span). Na O-Span, as pessoas precisam descobrir a solução para alguns testes básicos de matemática e manter a atenção em letras ao mesmo tempo. Requer muita atenção e muita capacidade cognitiva. Não permite que você realize várias tarefas ao mesmo tempo. Se estiver fazendo outra coisa que seja proveniente do mesmo reservatório geral, talvez precise retirar um pouco da atenção dessa tarefa. Eles também pediram aos voluntários para realizar uma tarefa de matrizes progressivas de Raven, que é um teste de inteligência fluida[26]. Os resultados foram surpreendentes. Em ambos os casos, ter o telefone perto reduziu significativamente o desempenho dos participantes nessas tarefas. Se estivesse na sua mesa, apenas colocado lá, sem fazer nenhum som, você ainda seria ligeiramente afetado.

Um segundo estudo descobriu que as pessoas mais dependentes do celular eram as mais afetadas. Isso não é uma boa notícia para alguém como eu, que parece ter seu telefone sempre por perto. Eles concluíram: "Aqueles que mais dependem de seus dispositivos sofrem mais com sua proximidade e se beneficiam ao máximo com sua ausência". Um de meus alunos de graduação está atualmente executando um estudo de replicação deste trabalho e, presumindo que seja replicado, esperamos observar com mais detalhes como e por que o *smartphone* tem esse efeito.

---

26 *Inteligência fluida* é um termo que se refere à resolução de problemas e à inteligência de raciocínio, em oposição ao conhecimento e recuperação de fatos.

A implicação desse trabalho é que você pode não estar pensando muito no seu telefone, mas talvez apenas olhando para ele de vez em quando por hábito, mais do que qualquer outra coisa. Mas esse hábito ainda é uma mudança cognitiva, e a mudança de atenção sempre tem um custo. Olhar rapidamente para o seu telefone pode ser o suficiente para tirá-lo do jogo. Pode ser o suficiente para fazê-lo esquecer uma das letras da lista que você deveria se lembrar. Isso pode fazer você perder uma informação importante na tarefa de Raven, ou custar segundos em um teste de atenção constante.

As implicações de longo prazo são ainda mais sérias. Mesmo se você não estiver enviando mensagens de texto e se mantendo longe dos *e-mails* e mídias sociais enquanto dirige, ainda pode ter deixado seu telefone no painel. Talvez você o use para transmitir música enquanto dirige ou ouve um *podcast*. Olhar rapidamente para o telefone, mesmo por hábito, pode ser suficiente para tirar os olhos da estrada pela fração de segundo em que um pedestre, também dando uma olhada rápida em seu telefone, entra na sua frente...

Com os riscos inerentes, uma pessoa pode imaginar se *smartphones* são uma ideia inteligente? Suponho que sim. A implicação é apenas que os telefones, como qualquer distração, têm um custo. O local desse custo não é tanto o telefone, mas é uma consequência da maneira como nossa mente funciona. Como tantas outras coisas que discutimos, nossas mentes são adaptáveis e nos permitem criar, navegar, resolver e pensar. A arquitetura cognitiva que nos permite fazer isso tão bem às vezes leva a melhor sobre nós e produz erros. Os erros são o custo de se negociar. Frequentemente, não podemos deixar de fazê-lo, a menos que tomemos medidas especiais. Isso é o que muitas pessoas fazem com seus telefones. Encontramos maneiras de parar de cometer esses erros.

Apesar das muitas aplicações desses dispositivos, ainda me pergunto o quão úteis eles realmente são, pelo menos para mim. Quando estou escrevendo ou trabalhando, geralmente desligo o *WiFi* ou uso um aplicativo de bloqueio como o *Freedom*, de forma a reduzir as distrações digitais. Mas ainda estou com meu telefone bem na mesa e me pego olhando para ele. Eu fiz isso agora, enquanto escrevia esta frase. Isso tem um custo. Eu digo aos alunos para colocarem seus celulares no modo silencioso e na bolsa durante um exame. Também tem um custo. Eu digo aos alunos para colocá-los na mesa no modo silencioso durante as aulas. Há um custo. Quando estou dirigindo, posso deixar o telefone à vista porque o utilizo para tocar música e navegar com o Google Maps. Eu uso o Android Auto para maximizar a exibição e silenciar notificações e distrações. Mas isso tem um custo.

É uma relação de amor e ódio para muitas pessoas. Uma das razões pelas quais ainda tenho meu velho iPhone 4S é porque ele é lento e não tem aplicativos de *e-mail*/mídia social. Eu o levo em um acampamento ou caminhada de forma a ter avesso a informações de clima, mapas, bem como telefone e mensagens de texto, mas nada mais. É menos distrativo – embora pareça estranho ter que possuir um segundo telefone para evitar que eu me distraia com o meu telefone "verdadeiro". Muitos de nós gastamos milhares de reais em um *smartphone,* e ainda, por mês, em um plano de uso de dados e, ao mesmo tempo, temos que desenvolver estratégias para evitar o uso do dispositivo. Deve parecer um estranho paradoxo da vida moderna pagarmos para usar algo que temos que nos esforçar muito para evitar usar.

CAPÍTULO 6

MEMÓRIA: UM PROCESSO IMPERFEITO

No *Capítulo 4*, argumentei que nem sempre você pode confiar em seus sentidos. Isso porque não percebemos o mundo exatamente como ele é. O que pensamos que vemos e ouvimos é uma reconstrução do que havia ali momentos antes. O que pensamos que percebemos diretamente é, na verdade, informação processada. E o processamento de informações leva tempo, implica um processo, durante o qual perdemos algumas informações. E também implica que, mesmo quando pensamos que estamos vivendo no presente, estamos vivendo uma reconstrução do passado imediato. No momento em que registramos o que está à nossa frente e percebemos o que estamos olhando, o que ouvimos e o que cheiramos, o mundo já mudou. No *Capítulo 5*, sugeri que aprendêssemos a multitarefa como uma forma de nos afastarmos de coisas que podem não ser diretamente importantes e comprometer nossos recursos cognitivos com o que pode ser mais relevante e significativo. Tal como acontece com as lacunas de percepção, isso significa que perdemos algumas informações.

Em outras palavras, nossos sistemas perceptivos e atencional desenvolveram e evoluíram uma estratégia para lidar com a enxurrada constante e contínua de informações vindas do mundo ao simplesmente perder algumas delas. Deixamos de seguir alguns fluxos e redirecionamos a atenção para seguir outros fluxos. Nunca seremos capazes de seguir os dois ao mesmo tempo. Preenchemos algumas lacunas aqui e reconstruímos outras ali.

No entanto, há uma vantagem na maneira como processamos as informações e no fato de que as perdemos. Viver em um mundo reconstruído nos apresenta uma troca benéfica. Quando olhamos para uma cena visual, por exemplo, podemos usar nosso conhecimento existente para preencher alguns dos detalhes dessa cena. Quando lembramos e usamos esse conhecimento existente, essencialmente percebemos e processamos de novo apenas as informações que provavelmente serão úteis para fazer previsões e tomar decisões. Reforçamos a associação e fortalecemos os laços entre a memória e o que estamos percebendo. Isso significa que deixamos de assimilar algumas informações e que podemos deixar de notar algumas coisas? Claro, mas essa falha ocasional é o custo da eficiência que desenvolvemos. Em geral, evoluímos e nos adaptamos a essa compensação entre perder alguns dos detalhes que esperávamos ver e processar e cuidar daquilo que pode ser novo ou digno de nota.

Você já deve ter percebido o paradoxo do que estou defendendo. Se estivermos usando nosso conhecimento para preencher alguns dos detalhes, de onde vêm esse conhecimento e essa informação? É parte da nossa memória, é claro. Usamos nosso conhecimento e memória existentes para preencher muitos dos detalhes da percepção que podemos não codificar totalmente quando olhamos para uma cena ou ouvimos algo. Isso é eficiente e bom para nosso cérebro, nossa mente e cognição em geral, porque não temos que trabalhar para perceber tudo em uma cena familiar o tempo todo. Ótimo, certo? Sim, às vezes isso é ótimo, mas nem sempre. Se você está usando seu conhecimento para preencher algumas lacunas e detalhes, então não está realmente vendo o que está bem na sua frente. Em vez disso, está vendo uma mistura do que está à sua frente e do que está na sua memória. E isso significa que, às vezes, você pode pensar que vê algo ou ouve algo que não está realmente lá.

Isso cria um pequeno problema. Quando você usa sua memória para preencher os detalhes, está inferindo o que *deveria* estar lá, preenchendo coisas que normalmente estão, mas talvez nem sempre estejam. Este é um processo probabilístico. Seu cérebro adivinha o que você está vendo. Pode ser imperfeito, mas geralmente funciona. Porém, um palpite ainda é um palpite. Na maioria das vezes, seu cérebro dá um bom palpite. No entanto, às vezes, sua memória dá um palpite errado. Nesse caso, você cometerá um erro. Boas e más suposições (erros) vêm do mesmo lugar. Ambas são o resultado de sua memória tentando preencher os detalhes para que você possa se concentrar na tarefa em mãos.

ADIVINHANDO SOBRE O PASSADO E O PRESENTE

Como funcionam essas suposições da memória? Vejamos um exemplo simples. Pense na rua em frente à sua casa, na via em frente à sua casa. Agora, suponha que quase sempre haja um carro azul estacionado do outro lado da rua de onde você mora. Você sai de sua porta e lá está ele. Você chega em casa do trabalho e lá está ele. O carro provavelmente pertence a alguém que mora perto de você. Talvez o dono more do outro lado da rua. Talvez não haja outro lugar para estacionar e esse seja o seu lugar preferido. Se você o vê lá o dia todo, pode significar que o proprietário está por perto o tempo inteiro. Agora, antes de continuar, quero destacar como já estamos preenchendo detalhes de nossa memória para um evento que nem aconteceu. Isso é apenas imaginário. Pedi para você imaginar o carro. E ainda assim, não temos problemas para fazer suposições e inferências sobre o carro, seu dono e sua vida. É assim que nossa memória funciona. Ela preenche o plano de fundo e os detalhes, quer queiramos ou não. Ela prevê possibilidades, quer queiramos ou não. A memória está trabalhando continuamente com percepção e atenção, de forma a tentar dar ordem e sentido ao mundo.

Voltando ao nosso exemplo, se você olhasse rapidamente para fora, esperaria ver o carro em horários determinados e previsíveis. Se o carro está sempre lá à tarde, por exemplo, sua memória faz uma anotação e gera uma expectativa de que o carro estará lá à tarde. Confiável e consistente. Essa expectativa pode ser forte o suficiente para que, se por acaso o carro não estiver lá, sua memória possa preencher esses detalhes de qualquer maneira. Ou seja, você pode pensar que viu o carro mesmo que ele não estivesse lá. Sua memória estaria preenchendo os detalhes errados. Ou você pode argumentar que está preenchendo os detalhes certos na hora errada. Você pode nem perceber se um dia o carro sumiu. Ou, se você tentou se lembrar da cena no final do dia, pode não ser capaz de dizer com certeza se a viu naquele dia ou não. Sua memória sabe que geralmente está lá e, portanto, a suposição certa e segura é pensar que ele estava lá.

Na maioria das vezes, esse tipo de preenchimento dos detalhes e adivinhação é uma coisa boa. Isso significa que você não precisa observar especificamente que o carro está lá todos os dias. Isso é bom, porque você pode pensar em outras coisas. É um exemplo de seu cérebro combinando padrões e fazendo previsões boas e realizáveis. E você achar que o carro estava lá quando não estava provavelmente não vai lhe causar nenhum problema. Claro, pensar que estava quando não estava é tecnicamente um erro de memória, mas é um erro inócuo. Usar a memória para fazer suposições sobre o presente é muito eficiente e inevitável, mas também significa que você comete erros inevitáveis de vez em quando.

A ciência e a psicologia da memória são a ciência e a psicologia dos erros. Existem muitos tipos de erros de memória. Todos nós sabemos que há momentos em que nossas memórias nos decepcionam. Frequentemente, tendemos a nos concentrar em nossa memória defeituosa quando esquecemos as coisas.

Esquecemos os nomes das pessoas. Esquecemos onde colocamos nosso *smartphone*. Esquecemos de ligar para o dentista. Esquecemos aniversários e datas importantes. Esquecer as coisas é apenas um tipo de erro de memória, mas é o tipo de erro do qual estamos mais conscientes. Esquecer algo significa enfrentar as consequências desse erro. É fácil perceber quando esquecemos algo, porque há algo faltando ou alguém nos lembra que esquecemos.

Mas existem outros tipos de erros de memória. Erros que são muito menos perceptíveis. Erros que às vezes estão intimamente relacionados às previsões e inferências com as quais nossa memória nos ajuda. Esses tipos de memórias falsas são mais difíceis de perceber, mais perniciosas, porque trabalham em conjunto com a tendência natural de usar nosso conhecimento e nossas memórias para preencher os detalhes. É difícil dizer a diferença entre uma falsa memória em que preenchemos os detalhes errados e esse processo natural de apenas preencher os detalhes. Além disso, esse tipo de falsa memória passa despercebido porque muitas vezes não tem importância. Mas às vezes, é claro, tem importância.

A MEMÓRIA É UMA COMPANHEIRA INDIGNA DE CONFIANÇA

Deixe-me contar uma história que lembro da minha adolescência. A maioria de nós tem muitas memórias de vários tipos de eventos pessoais e coisas que aconteceram conosco. Descreverei esses tipos de memórias como "memória episódica" nos próximos dois capítulos. Para a maioria de nós, essas memórias assumem a forma de histórias que recordamos e contamos. Boas histórias são interessantes, têm detalhes interessantes, personagens e um enredo interessantes. Contamos essas histórias às pessoas e a nós mesmos para informar, explicar e entreter. As histórias, é claro, são uma forma de ficção.

Minha história é uma das muitas que contei e recontei. Estou dizendo isso aqui porque tem a ver com erros de memória. É uma história sobre uma história. Não me lembro da data exata[27], mas foi em algum momento entre 1986 e 1988. Posso dizer isso não por causa de uma memória pessoal para a data, mas por causa de uma forma factual de memória que é chamada de "memória semântica". Eu tinha acabado de aprender a dirigir em 1986, quando fiz dezesseis anos. Eu não tive carro até muitos anos depois, e os eventos se desenrolaram antes de eu

---

[27] Uma das coisas mais frustrantes sobre a memória é que parecemos lembrar algumas coisas vividamente, como uma história, mas outras não. Curioso que o que lembro seja uma experiência subjetiva, mas não algo concreto como a data ou mesmo o ano. Lembro-me de como me senti ou acho que me senti, mas não consigo nem ter certeza da minha idade ou em que dia aconteceu.

ir para a faculdade. De maneira geral, o conhecimento factual me permite concluir que foi entre 1986 e 1988, quando me formei no Ensino Médio. Terei mais a dizer sobre os diferentes tipos de memória de longo prazo nos *Capítulos 7* e *8*; por agora, vamos apenas assumir que a memória pessoal nem sempre é o mesmo que a memória factual geral.

Eu estava dirigindo o Ford Bronco do meu pai. Os Ford Broncos no início dos anos 1980 eram montados como picapes e tinham espelhos nas laterais que se estendiam para fora a meio braço de comprimento, como um caminhão. Esses espelhos eram fixados ao veículo com uma dobradiça de metal, para que pudessem ser movidos para frente e para trás para fazer ajustes. Eu estava dirigindo com um amigo. E nisso, devo ter desviado um pouco para o lado direito da estrada e o espelho do lado do passageiro fez contato com algo, provavelmente um poste telegráfico ou uma placa, que o fez virar para dentro e bater no vidro da janela do passageiro, quebrando a janela e lançando estilhaços de vidro no meu amigo (que não se feriu).

Embora tenha havido um lado bom no fato de que ninguém se feriu, não foi bom eu ter quebrado a janela do passageiro do Ford Bronco do meu pai. Não foi uma colisão séria, mas ainda assim era um problema. Algo que teria que ser consertado. Algo que afetaria a dirigibilidade do carro. Algo pelo qual eu teria que pagar, e que também deixaria meu pai chateado. Assim que cheguei em casa, contei a ele sobre o acidente. Eu disse que devo ter batido de raspão em um poste telegráfico ou placa com o espelho do lado do passageiro. Mas por que me desviei e me aproximei demais do poste? Não tive uma resposta clara, mas achei que devia ter desviado para a direita para evitar um carro que se aproximava na outra pista. Isso pareceu oferecer uma explicação de porque eu não pude evitar essa colisão.

O problema é que não tenho certeza se minhas lembranças eram verdadeiras. Elas explicaram minhas ações e se encaixaram em uma história. Mas até hoje não consigo me lembrar exatamente o que aconteceu 2-3 segundos antes. Embora eu não tenha certeza se essa parte da minha história é verdadeira, também não tenho certeza se é uma mentira. Não disse propositalmente uma mentira para evitar a culpa. Simplesmente não me lembrava de jeito nenhum. Só precisava de uma explicação e preenchi alguns detalhes. Criei uma história coerente usando o que eu sabia que tinha acontecido e o que pensei que poderia ter acontecido.

Acho que não me lembrei de todos os detalhes na ocasião. E certamente não me lembro deles agora. Porém, lembro de ter contado a história para meu pai, portanto minha memória do evento é que deve ter sido verdade. Mas também me lembro de pensar se ele acreditaria na minha explicação, então me lembro de que o evento pode não ter acontecido dessa maneira e que menti para meu pai. A história era verdadeira? Esqueci algo? Exagerei? Menti? Não lembro. Tenho a memória de me sentir seguro sobre a história, mas também de me sentir inseguro em relação a ela. Nenhuma é uma memória forte. Agora, tudo que lembro é a história sobre a história.

Provavelmente todos nós temos muitas memórias como esta. Memórias de um evento parcialmente lembrado. O que acabamos lembrando agora é mais do *ato de lembrar em si* do que do evento. Cada vez que nos lembramos do evento (ou lembramos da lembrança do evento), ele está sujeito a alguma mudança. Se observarmos algum novo detalhe, fizermos uma nova interpretação ou mesmo mesclarmos algumas informações atuais com a memória, armazenaremos essa combinação como parte da memória para a próxima vez que a chamarmos. Cada lembrança traz consigo a possibilidade e a probabilidade de uma mudança. Em suma, nossas memórias estão longe de ser estáveis. Elas são imperfeitas e estão em constante mudança.

Mas estou me adiantando.

Antes de discutirmos mais sobre as memórias falsas, devemos discutir a memória e o pensamento em geral. Para entender como e por que essas falsas memórias surgem, e por que confiamos em nossas memórias, apesar de sua fluidez e maleabilidade, vale a pena explorar um pouco sobre como a memória funciona, como os psicólogos descobriram esse funcionamento e como o cérebro trabalha para criar a experiência que chamamos de memória. Este capítulo será sobre como acessamos nossas memórias, como elas influenciam nosso pensamento e como as falsas podem não ser tão diferentes das memórias "verdadeiras". Então, nos próximos dois capítulos, abordarei a psicologia cognitiva da memória de curto prazo, memória de longo prazo e conhecimento.

Se quiser melhorar seu pensamento, você precisa ser capaz de compreender como a sua memória funciona. Se você quer aprender a discernir a precisão de suas intuições, precisa ser capaz de compreender como a memória influencia o comportamento. Se você deseja fazer julgamentos e tomar decisões com confiança e precisão, precisa saber como a memória funciona, quando confiar e quando não confiar nela. Pensar tem tudo a ver com memória, e pensar bem depende de uma boa memória.

AFINAL, O QUE É MEMÓRIA?

Temos a tendência de pensar na memória como um registro do passado, principalmente orientada para o passado. Uma das coisas mais surpreendentes sobre a memória é que ela não é realmente sobre o passado. Sua memória é sobre o futuro. Memória é como usamos coisas que aconteceram no passado para informar o que fazemos agora no presente e o que faremos no futuro. A memória pode ter o verniz do passado, mas também tem a funcionalidade de prever o futuro. Funcionalmente, não faria muito sentido ter um sistema de memória que apenas permitisse reviver o passado por si só. Lembramos o passado para que possamos dar sentido ao presente e prever resultados e eventos futuros.

Então, o que é memória? Essa parece ser uma pergunta bastante direta. Até você tentar responder, é claro. A memória é uma espécie de sistema de armazenamento interno para algo que aconteceu no passado? A memória é um registro de tudo o que está em sua mente e cérebro? A memória é um processo que permite avançar e recuar no tempo? A memória é um processo mental consciente ou é um processo mental inconsciente? Suas memórias são armazenadas e recuperadas ou são vividas e revividas? A resposta a essas perguntas é... meio que sim.

Temos a tendência de considerar a memória um processo mental análogo a uma gaveta de arquivos ou a um disco rígido de computador: você tem uma experiência e então a arquiva na memória, onde pode ser recuperada mais tarde, quando necessário. Mas não é bem assim que a memória funciona. Tudo o que vivemos é por meio de nossas memórias. Isso é verdade até para a observação direta, porque assim que você percebe algo, a coisa que está à sua frente já mudou. Demora alguns milissegundos para a energia da luz viajar do seu olho para o córtex visual primário e de lá para o lobo temporal, onde você pode reconhecer o objeto. Nesse ponto, o que você percebe visualmente não é exatamente o que está à sua frente, mas uma memória reconstruída do que estava na sua frente alguns milissegundos atrás. O mesmo se aplica à audição; no momento em que o som viajou dos lábios de outra pessoa para o seu ouvido, ele já desapareceu do mundo para sempre. Tudo que ficou é sua memória do som. E, como discutimos anteriormente, o que você percebe é uma mistura do que realmente está lá no mundo com o que você pensa que está, com base no que você lembra e com base no que você sabe. Os processos neurais de percepção e memória se sobrepõem. Sua memória é uma forma de percepção reconstruída. E como a sua percepção é intensificada pela memória, isso implica que até mesmo a sua percepção também é uma percepção reconstruída.

Antes de me aprofundar muito na selva do questionamento da realidade objetiva, vamos definir a memória como o processo de reconhecer que um padrão de ativação neural que está ocorrendo agora é semelhante a um padrão que ocorreu antes. O reconhecimento não precisa ser aberto e explícito, tudo o que importa é que você se comporta da mesma maneira, ou que seu cérebro é capaz de tratar a correspondência entre o padrão atual de ativação e o padrão anterior de ativação como sendo semelhante. Isso é memória.

MEMÓRIA E PENSAMENTO

Até certo ponto, o próprio processo de pensar nada mais é do que o processo de usar sua memória. Quando aprendemos algo, melhoramos o reconhecimento da semelhança entre cenários ou eventos que aconteceram no passado e cenários e eventos que estão acontecendo agora. Aprender é um processo de fortalecer a conexão entre o que você sabe (sua memória) e o que você não sabe. Usamos evidências anteriores para tomar decisões, resolver problemas e fazer julgamentos sobre o mundo. Usamos o que sabemos e o que pensamos que sabemos para guiar nossos comportamentos. Pensar é usar a memória para tomar decisões, fazer planos e julgamentos.

Uma maneira importante de usarmos nossas memórias para guiar o pensamento é avaliar novas situações de risco. Em seguida, usamos nossas avaliações de risco para planejar ações e orientar o comportamento. Encontramo-nos o tempo todo em situações arriscadas e sem risco. Mas um dos aspectos inerentes do risco é a incerteza. Se estivermos familiarizados com uma situação e uma circunstância, isso implica que temos alguma memória de uma situação anterior semelhante. Podemos usar essa memória e a sensação de familiaridade para reduzir a incerteza associada a uma nova situação. Podemos reconhecer o risco e os resultados possíveis porque já os enfrentamos antes. Quando não reconhecemos o risco, a situação ou o resultado, isso aumenta a incerteza. Se você está em uma situação perigosa, mas não reconhece o risco porque não tem nenhuma memória relevante disponível, você pode se comportar de maneira inadequada. Se você não tiver acesso a uma memória relevante, pode acabar se colocando em perigo. Pior ainda, na tentativa de reduzir a incerteza, podemos nos lembrar da coisa errada. Ou às vezes, quando nos deparamos com uma nova situação, lembramos de situações semelhantes do passado, mas podem não ser as certas para orientar o comportamento. Nesses casos, nossas tentativas de usar o passado para guiar o comportamento podem ter consequências negativas.

Esse foi o caso no início de 2020, quando líderes mundiais, médicos e cidadãos enfrentaram pela primeira vez a ameaça do novo coronavírus que causou o surto de COVID-19. Embora o vírus fosse novo, alguns aspectos do novo vírus e a reação a ele eram semelhantes a vírus, pandemias e crises ocorridas no passado. Muitos de nós nos comportamos de maneira a indicar que estávamos tentando reduzir a incerteza da situação fazendo o que fizemos em crises anteriores. Mas às vezes isso acabou sendo uma questão. O vírus era muito novo e muito diferente. O prefeito da cidade de Nova York, Bill de Blasio, no início de março de 2020, talvez lembrando a abordagem que os líderes anteriores tomaram após os ataques terroristas de 11 de Setembro, na qual as pessoas foram encorajadas a não ficar em casa, mas a ir ao teatro e restaurantes, de Blasio fez um anúncio no *Twitter*. Ele escreveu:

Bill de Blasio
@BilldeBlasio

Já que estou encorajando os nova-iorquinos a continuar com sua vida + sair para a cidade apesar do coronavírus, pensei em oferecer algumas sugestões. Aqui está a primeira: até quinta-feira, 3/5, vá ver "O Traidor" @FilmLinc. Se "The Wire" fosse uma história verdadeira ambientada na Itália, seria este filme.

8:16 PM · Mar 2, 2020 · Twitter for iPhone

2.2K Retweets   **1.7K** Likes

FIGURA 6.1: Um tuíte do prefeito de Nova York, Bill de Blasio.

Um mês depois, nova-iorquinos morriam por causa desse vírus. De Blasio estava se comportando como se lembrasse do conselho de 11 de Setembro ou como se estivesse se lembrando dos pôsteres "Mantenha a Calma e Continue com a Vida" da época da Segunda Guerra Mundial no Reino Unido[28]. Ele estava recaindo na ideia, na memória, de que as pessoas não devem permitir que a adversidade atual as impeça de fazer coisas que normalmente fariam. Estava recuado na memória de que devemos manter a calma e seguir em frente. Porém, o surto de coronavírus de 2020 não foi como essas situações anteriores. E, como descobrimos mais tarde, esse foi um conselho complicado. O apelo ao familiar, embora compreensível e quase inevitável, não foi dos melhores.

---

[28] Um exemplo de elaboração de memória por si só, os pôsteres "Mantenha a Calma" foram impressos no final dos anos 1930, mas nunca oficialmente exibidos. O que lembramos são as recriações baseadas em um pôster descoberto em uma livraria nos anos 2000. Nós simplesmente achamos que eles eram comuns na Grã-Bretanha do tempo de guerra, mas não eram.

CAPÍTULO 6 | MEMÓRIA: UM PROCESSO IMPERFEITO

Essa confiança na memória para avaliar o risco é uma parte necessária do que fazemos e como interagimos com o mundo. Essa tendência está presente no início da vida e usamos nossas memórias para determinar o risco desde tenra idade. Para usar um exemplo simples, uma criança pequena que está começando a andar não sabe que um fogão pode ser perigoso. Como poderia saber? Na verdade, ela pode pensar que é bom estar perto dele. Afinal, pode ver seus pais ou cuidadores mexendo no fogão enquanto estão preparando o café da manhã, almoço ou jantar e sua memória armazenaria uma conexão entre o cuidador, o fogão e a comida. Provavelmente é uma boa memória. Além disso, um fogão tem a altura certa para ser interessante para uma criança que está aprendendo a andar. Pode ter botões na frente e uma porta que é puxada para baixo para abrir o forno. Do ponto de vista de uma criança pequena, um fogão é uma coisa interessante, associada a muitas coisas boas. E então, provavelmente é natural pensar que uma criança queira se aproximar dele.

No entanto, há obviamente um perigo associado ao fogão. Se a criança não tem memória ou nenhuma experiência anterior de ter sido queimada nele, não há razão para ela considerar que está em uma situação perigosa e arriscada. Na verdade, todas essas boas lembranças podem aumentar a tendência de querer estar perto do fogão. Felizmente, a maioria das crianças não tem esse tipo de experiência negativa. A maioria das crianças não foi queimada pelo eletrodoméstico. Na ausência de uma experiência negativa direta na memória, queremos garantir que as crianças evitem o fogão. Em vez disso, geralmente criamos uma experiência ligeiramente negativa para eles se lembrarem. Damos-lhes um motivo para se lembrarem de que não é tão bom. A maneira de fazer isso é o cuidador ou os pais darem uma advertência severa. Eles gritam ou assustam a criança quando se aproximam do fogão. "Pare! Não toque no fogão!", diriam. Você pode até se sentir mal ao dizer isso porque pode assustar a criança. Mas o que você está tentando fazer é criar uma memória na criança de forma a garantir que haja uma probabilidade maior de um evento ligeiramente desagradável associado ao fogão. Nesse caso, o evento desagradável é a repreensão, e não uma queimadura mais grave. Queremos que a criança se lembre de ter sido repreendida (em vez de queimada) para que, quando se aproximar do fogão novamente, considere que é perigoso. Queremos que a memória de ter sido repreendida esteja disponível para a criança, para que esteja lá para quando ela precisar. Queremos reduzir a incerteza e aumentar a proeminência da memória para o evento negativo.

Ter algo disponível na memória permite que você faça um julgamento rápido. A criança tem uma memória disponível de ter sido repreendida. Essa memória está disponível porque vem à mente com rapidez e facilidade. E como agora está disponível na mente, a criança pode julgar o fogão de forma rápida e confiável como algo para se ter cautela. Dessa forma, a disponibilidade de memória é uma heurística útil e prestativa. Ela fornece um meio para que a memória ajude a criança a fazer julgamentos rápidos. Essa heurística pode, de uma forma muito real, ajudar a garantir a sobrevivência. A memória altera o comportamento, de forma que a criança curiosa se comporte apropriadamente com cautela perto do fogão, apesar de nunca ter se queimado. Tudo isso acontece em um piscar de olhos, imperceptível. A memória disponível pode salvar vidas.

Ambos os exemplos, o tuíte de De Blasio sobre a COVID-19 e a memória disponível da criança que a ajuda a evitar o fogão, destacam uma cadeia mental de eventos que liga percepção, atenção, memória e cognição. Ou seja, o presente é colorido pelo passado. O efeito é automático e inevitável. Você não pode ignorar a cascata de ativação neural que ocorre quando uma situação, objeto ou evento atual traz à mente um conhecimento anterior semelhante. Ver o fogão evoca instantaneamente a associação ligeiramente negativa com um evento passado. A disponibilidade automática é crucial neste caso. Se o risco de perigo for alto e o tempo necessário para causar lesões for muito rápido, faríamos bem em fazer o julgamento muito rapidamente, se não instantaneamente. Que melhor maneira de avaliar e diagnosticar rapidamente uma situação do que confiar na primeira memória, na mais forte e mais relevante? Se a memória parece forte, deve ser a memória certa a ser usada. Se a memória é recuperada rapidamente e sem esforço, e está disponível em nossas mentes, então ela é entendida como um atalho cognitivo rápido e confiável que podemos usar para tomar nossas decisões e fazermos julgamentos sobre o mundo. E então, usamos essa informação para fazer um julgamento, uma inferência ou um ajuste ao nosso comportamento. Problema resolvido, certo?

Talvez não. Como ocorre com tantos dos conceitos que tenho discutido neste livro, os processos cognitivos e a arquitetura cognitiva que nos levam através do mundo e nos ajudam a nos comportar de forma adaptativa são os mesmos processos cognitivos e arquitetura que às vezes nos enganam. Isso é provavelmente o que aconteceu com Bill de Blasio (e muitos outros que poderiam ter sido casuais demais ao abordar a COVID-19 no início da pandemia). A memória disponível que parecia oferecer orientação não resultou na decisão certa. Quando esses atalhos cognitivos ajudam, chamamos de heurística. Quando esses atalhos cognitivos ferem ou nos fazem cometer erros, chamamos de viés. Heurísticas úteis e vieses prejudiciais são dois resultados do mesmo processo mental subjacente. E esse processo é a tendência de usar memória para orientar nossas avaliações e percepção do mundo. Vamos olhar para as heurísticas e para os vieses em mais detalhes.

CAPÍTULO 6 | MEMÓRIA: UM PROCESSO IMPERFEITO

A Heurística da Disponibilidade

Daniel Kahneman e Amos Tversky (1937–1996) passaram anos estudando como as pessoas usam suas memórias e conhecimentos para tomar decisões e fazerem avaliações de risco. Eles se referem a essa tendência como a heurística da disponibilidade. Como descrevi, ela refere-se à tendência de basear um julgamento sobre o que está mais disponível em nossa memória. Ou, mais precisamente, é a tendência de fazer uso da facilidade com a qual uma memória pode ser disponibilizada. Dessa forma, nossas memórias podem nos enganar, porque às vezes a informação errada vem à mente. Às vezes, a informação errada é surpreendentemente fácil de vir à mente. Outras vezes, a informação errada está disponível porque não temos uma imagem completa. Se informações imprecisas vierem à mente, poderemos cometer erros. Estes podem nem sempre ser prejudiciais, mas são imprecisos, e refletem a tensão entre o que algo é (objetivamente) e o que achamos que é (subjetivamente). Quando essas coisas estão em tensão, é quase impossível não resolver a tensão em favor do que achamos que é. Quase sempre favorecemos nossa interpretação subjetiva de eventos. Isso resulta em um viés, um preconceito. Nós experimentamos este viés porque algumas coisas que vêm à mente facilmente e estão, dessa forma, disponíveis, podem refletir com precisão a realidade. Vamos ver um exemplo recente. Algo que ilustra a natureza do viés de disponibilidade.

Em 2014, vários jogadores da Liga Nacional de Futebol Americano (NFL em inglês) nos Estados Unidos foram acusados, presos ou implicados em casos de violência doméstica. Os casos foram cobertos extensivamente pela imprensa e foi uma história que chamou a atenção da opinião pública, mesmo para aqueles que não acompanham o futebol americano. O caso específico que muitas pessoas se lembram foi o de Ray Rice, do Baltimore Ravens. O sr. Rice foi visto em um vídeo de segurança agredindo sua noiva (agora esposa) em um elevador. A filmagem é, de fato, horrível. Rice é visto batendo nela e arrastando seu corpo inerte para fora do elevador. Uma cena brutal. A maioria das pessoas se lembra de Ray Rice por isso e não por sua carreira no futebol (que era muito boa, até então). De fato, Rice perdeu sua posição na equipe e não joga mais futebol americano por causa disso. Na época, havia muita cobertura de mídia, ampla disponibilidade de fotografias e vídeo, e o caso foi discutido em mídias sociais e nos noticiários. As pessoas falavam muito sobre o ocorrido, liam e assistiam ao vídeo. Em uma pesquisa realizada nessa época pelo popular *site* esportivo *fivethirtyeight.com*, quase 70% dos americanos endossaram a opinião de que "a NFL tem uma epidemia preocupante da violência doméstica".

O problema é que a evidência objetiva não sustentou exatamente essa conclusão. Eu não quero minimizar a violência doméstica ou agressão de Rice. A violência doméstica é um problema. E sua existência na NFL e em outros lugares é preocupante. Mas não foi correto dizer que em 2014 a NFL, em particular, teve uma epidemia preocupante da violência doméstica. Na verdade, em 2014, em comparação com a população em geral, os jogadores da NFL tiveram uma taxa notavelmente menor de prisões por quase todos os crimes, inclusive por violência doméstica. Ben Morris, um estatístico que trabalha com a *fivethirtyeight. com*, usou números da Secretaria de Justiça para calcular as prisões por 100.000 pessoas para todos os homens de 25 a 29 anos, que é a faixa etária da maioria dos jogadores da NFL. O que ele descobriu é que as taxas foram menores para casos de dirigir sob influência de substâncias, agressão não-doméstica, infrações relacionadas a drogas, má conduta, infrações sexuais, roubo e inclusive a violência doméstica. Parece que os jogadores da NFL, pelo menos em 2014, tinham chances muito menores de serem presos por qualquer coisa, inclusive por violência doméstica[29], do que a média.

Então, por que as pessoas acharam que a NFL tinha uma epidemia preocupante da violência doméstica? A razão provavelmente parece óbvia à luz da heurística da disponibilidade que tenho discutido. A pesquisa foi realizada quando o tema da violência doméstica, e especialmente o caso de Ray Rice, estava na mente de todos. As pessoas estavam falando sobre isso, postando sobre isso, escrevendo sobre isso e pensando nisso. Estava muito evidente. E assim, quando as pessoas responderam a uma pesquisa simples sobre se elas concordavam ou discordavam da premissa de que "a NFL tinha uma epidemia preocupante da violência doméstica", e elas tivessem lido apenas sobre Ray Rice e alguns outros casos, isso influenciou seu julgamento. A primeira coisa que vem à mente é uma série de casos de violência doméstica envolvendo pessoas famosas. O que não vem à mente é a violência doméstica em outras profissões, como segurança pública ou medicina. O que não vem à mente é o restante dos jogadores da NFL que não foram presos por violência doméstica naquele ano. O que certamente não vem à mente são as taxas de prisão por grupo de 100.000 homens entre 25 e 29 anos de acordo com as estatísticas da Secretaria de Justiça. Ou seja, temos uma memória disponível de um vídeo de uma agressão explícita que foi mostrado

---

[29] Você pode ler o relatório original. Ele mostra que, embora os jogadores da NFL sejam presos a uma taxa mais baixa do que a população geral, a violência doméstica ainda é um problema e é a principal causa de prisão de jogadores: MORRIS, Benjamin. "The Rate of Domestic Violence Arrests Among NFL Players". *FiveThirtyEight*, [S. l.], p. 1-5, 31 jul. 2014. Disponível em: https://fivethirtyeight.com/features/the-rate-of-domestic-violence-arrests-among-nfl-players/. Acesso em: 15 out. 2021.

CAPÍTULO 6 | MEMÓRIA: UM PROCESSO IMPERFEITO

repetidas vezes, mas não temos memória disponível (ou qualquer memória) das estatísticas do crime de violência doméstica.

Este é um exemplo da heurística da disponibilidade em ação. Como geralmente não temos acesso a informações precisas, como taxas de detenção ou a taxa básica de ocorrência, tendemos a confiar no que temos acesso, que é a nossa memória de alguma coisa. Essa memória disponível é geralmente tudo o que temos. É rápida e, em geral, confiável. O mesmo processo que nos permite aprender a evitar um fogão quando somos jovens por termos uma memória disponível de sermos repreendidos também nos leva a erros de julgamento. Usamos o que temos.

Daniel Kahneman dá muitos exemplos em seu livro de 2011, *Rápido e Devagar: Duas Formas de Pensar*. O exemplo mais conhecido é de um dos primeiros estudos de Kahneman e Amos Tversky. Eles colocaram a um grupo de participantes da pesquisa perguntas como "suponha que alguém escolha aleatoriamente uma palavra de três letras ou mais, de um texto em inglês. É mais provável que a palavra comece com a letra "R", ou que "R" seja a terceira letra?". Descobriram que as pessoas achavam que era mais provável que a palavra colhida aleatoriamente começasse com a letra "R". Mas isso não é verdade. De fato, você é muito mais propenso a selecionar aleatoriamente uma palavra com "R" na terceira posição. Se você não acredita em mim, veja o texto original em inglês deste parágrafo até aqui[30]; haverá quinze palavras com "R" na terceira posição. Até a palavra "word" tem "R" na terceira posição. E há apenas quatro palavras que começam com "R". Palavras com "R" na terceira posição são mais comuns do que as que começam com "R" e por isso, se você escolher uma palavra em inglês aleatoriamente, é muito mais provável que seja uma palavra que tenha "R" na terceira posição.

Surge a questão: por que as pessoas acham que mais palavras da língua inglesa começam com "R" quando, na verdade, mais palavras têm o "R" na terceira posição? Por que somos tão facilmente enganados? Por que estamos errados? Tudo isso tem a ver com a maneira como nossas memórias funcionam. Se eu pedir a você para discriminar palavras em português que começam com "R", você vai se lembrar de toda uma lista dessas palavras: rato, redondo,

---

30 Parágrafo no original em inglês: "Daniel Kahneman gives many straightforward examples in his book, *Thinking Fast and Slow*. The most well-known example is from an early study by Kahneman and Amos Tversky. They asked a group of research participants questions like 'suppose one samples a word of three letters or more at random from an English text. Is it more likely that the word starts with the letter R or that R is the third letter?' They found that people agreed that it was more likely that the word sampled at random would start with the letter R. But that's not true. In fact, you are far more likely to randomly select a word with R in the third position. If you do not believe me, look at this paragraph so far". (N. E.)

refogado, ribeirinha, rio, etc. Se eu pedir a você para pensar em palavras com "R" na terceira posição, como você faz isso? Você tem que pensar na primeira letra delas e então verificar se o "R" está na terceira posição – há muitas, é claro, se você olhar para as poucas frases anteriores, encontrará palavras com "R" na terceira posição, mas você não pensaria nelas facilmente porque não é desse jeito que nos lembramos das palavras. E assim, quando as pessoas tentam se lembrar de palavras, recordam-se de muitas que começam com "R" e menos das que têm "R" na terceira posição. É simplesmente mais fácil lembrar as palavras com "R" na primeira posição. Esta facilidade em lembrar também desempenha um papel no julgamento. Quando as pessoas são questionadas sobre o que é mais provável, elas respondem com o que está disponível em sua memória. E o que está disponível em sua memória são várias palavras que começam com "R".

Como você pode ver, isso é como o exemplo da NFL, embora mais mundano. Em ambos os casos, algumas informações estão facilmente disponíveis na memória. No exemplo de Ray Rice, a informação está disponível porque é sensacionalista. No exemplo de posição da letra "R", a informação está lá por causa do modo como nos lembramos e recuperamos palavras. Em ambos os casos, no entanto, a informação não é realmente a correta para orientar as decisões. Não temos as informações corretas para julgar a violência doméstica na NFL porque não é algo que geralmente temos acesso. Obter as informações corretas levaria tempo. Tampouco temos as informações corretas para avaliar palavras que começam com "R" *versus* palavras com "R" na terceira posição, porque só recordamos as palavras com base em sua letra inicial. Em ambos os casos, a informação correta demoraria demais para ser obtida, e nos dois a informação incompleta vem à mente facilmente. E, assim, a usamos. A heurística da disponibilidade leva a este viés quando as informações disponíveis nos levam a tomar a decisão errada.

Não é surpreendente que anunciantes, políticos e outros grupos ou indivíduos que procuram influenciar seu comportamento se aproveitam disso. Por muito tempo, as pessoas nos Estados Unidos tinham um sentimento exagerado dos riscos associados ao terrorismo. Quando os ataques de 11 de Setembro ocorreram, isso afetou nosso pensamento sobre os riscos e probabilidade de terrorismo. Ajustamos nossos comportamentos e políticas de acordo com esse risco percebido. Porém, os atentados terroristas não são comuns nos Estados Unidos. Esses tipos de atentados ocorrem em uma taxa muito baixa, pois não há muitos. O mesmo acontece com chacinas nas escolas ou nas ruas. São uma tragédia quando acontecem – e ocorrem com alguma frequência –, mas a taxa básica geral ainda é bastante baixa. Sequestro de crianças é outro exemplo. Acontece,

CAPÍTULO 6 | MEMÓRIA: UM PROCESSO IMPERFEITO

e quando acontece é trágico, mas a taxa básica geral também é baixa. Mas se formos solicitados a julgar a probabilidade desses eventos, provavelmente superestimaríamos o risco. Provavelmente iríamos julgá-los mais frequentes do que de fato são. Isso ocorre devido à heurística da disponibilidade. Os eventos trágicos, mas pouco frequentes, são facilmente recordados por causa de sua natureza trágica. São relevantes porque são discutidos. E essa informação não pode ser substituída pela informação correta e precisa porque muitas vezes não conhecemos a taxa básica geral ou a probabilidade verdadeira. Tudo o que sabemos é o que está disponível na memória. Tudo o que sabemos é o que sabemos. E se você receber suas notícias de uma fonte que enfatiza o terrorismo, os tiroteios escolares e os sequestros de crianças, não é de admirar que possa superestimar o risco.

Uma coisa que desejo enfatizar é que quando você faz esses julgamentos, não está exatamente cometendo um erro. Bem, sim, está cometendo um erro no sentido de que pode estar superestimando o risco ou a probabilidade de um evento, mas em algum grau você está se comportando exatamente da maneira que sua mente é projetada para se comportar. Quando faz previsões e julgamentos, você está aproveitando o que vê, o que sabe e o que lembra. Na maioria das vezes, isso nos leva na direção certa. Evitamos coisas perigosas, mesmo que tenham sido perigosas apenas algumas vezes. Tomar informações limitadas e fazer julgamentos rápidos com base no que vem à mente é uma adaptação evolutiva. Parece ser um erro apenas quando olhamos para o quadro geral.

Representatividade

Às vezes, a memória afeta a maneira como percebemos e interagimos com as pessoas, e isso pode nos levar a generalizar conceitos e a formar estereótipos. Por exemplo, em meados de 2010[31] nos Estados Unidos, no final da presidência de Barack Obama, havia alguns casos de policiais sendo atacados por manifestantes, que protestavam em resposta à morte de civis desarmados pela polícia de Ferguson, Missouri. Quando esse evento inicial levou a alguns ataques contra policiais, meios de comunicação nos EUA se referiram a uma "Guerra aos Policiais". Observe o enquadramento. Descrever algo como uma "guerra" deve influenciar a mente e disponibilizar um conceito que envolve algo que exige esforço longo

---

[31] Quando eu estava completando este livro em 2020, os EUA entraram em várias ondas de protestos em massa contra a brutalidade policial e mais especificamente contra o tratamento dado aos negros. Estes protestos foram estimulados pelo assassinato de George Floyd (1973–2020) pela polícia de Minneapolis, mas se espalharam pelo país. O enquadramento como "Guerra aos Policiais" foi menos prevalente, em parte por causa do tamanho dos protestos, de mudanças da opinião pública e também do tamanho da resposta da polícia.

e concentrado. Deve trazer à mente conflito e violência. Esses conceitos estarão disponíveis. Combine essa disponibilidade com cobertura frequente e sensacionalista de alguns casos atuais de policiais que foram baleados e o que você recebe é uma memória nova, disponível. As pessoas ouvirão a frase "guerra aos policiais" e se lembrarão disso. Devem ativar memórias, conceitos e ideias sobre a guerra. Isso expandirá a ideia já colocada pela cobertura desses casos. Como resultado, não foi surpresa que, ao serem questionados em uma pesquisa se concordavam ou não que houvesse uma "guerra aos policiais" nos EUA, a maior parte disse que "sim". Todas as evidências estão disponíveis na memória. Toda a evidência está bem no topo da sua mente. Mas nenhuma evidência é um reflexo preciso do mundo. Nenhuma das evidências reflete a taxa de criminalidade geral em queda. Nenhuma das evidências reflete o fato de que ser policial é, em geral, uma profissão segura. A evidência reflete a *sua* experiência de ter ouvido algo e de lembrar isso depois. A evidência disponível não está realmente errada: reflete o que você viu e leu. Só que não é a informação correta para responder a essa pergunta. E se as informações disponíveis forem consistentes ou relacionadas aos nossos estereótipos e preconceitos existentes, então é ainda mais difícil de descartar.

A pesquisa de Kahneman e Tversky também pode nos dar informações sobre esta ideia. Eles realizaram pesquisas sobre como as pessoas percebiam diferentes profissões e descobriram que a maioria de nós nos baseamos em nosso conhecimento das pessoas como representantes de estereótipos e conceitos, e não sobre nosso conhecimento de indivíduos, de taxas básicas e de probabilidades verdadeiras. Eles chamaram isso de "heurística da representatividade". Sabemos muito sobre estereótipos porque usam a mesma estrutura conceitual que nossas memórias. Sabemos menos sobre as taxas básicas porque simplesmente não temos a experiência ou hábito de ter essa informação. Às vezes até ignoramos informações sobre taxas básicas quando são fornecidas. É como se não soubéssemos o que fazer com informações básicas e probabilidades, mesmo se as tivermos. Em vez disso, tratamos casos individuais como sendo representativos de sua categoria.

Em um dos exemplos de Kahneman e de Tversky, os participantes da pesquisa foram questionados sobre uma descrição de uma pessoa e deviam fazer um julgamento sobre essa pessoa. Com bastante frequência, cometeram erros de julgamento com base em suas memórias de exemplos estereotipados. Kahneman dá o seguinte exemplo de uma pergunta sobre um nome específico, "Steve". Suponha que Steve foi selecionado aleatoriamente a partir de uma amostra representativa. Neste caso, uma amostra representativa é aquela que reflete a distribuição subjacente da população em geral. Este indivíduo, Steve, é descrito da seguinte forma:

CAPÍTULO 6 | MEMÓRIA: UM PROCESSO IMPERFEITO

Steve é muito tímido e retraído; invariavelmente útil, mas com pouco interesse em pessoas ou no mundo real. Uma alma mansa e organizada, ele tem necessidade de ordem e de estrutura, além de uma paixão por detalhes.

Os participantes da pesquisa foram, então, solicitados a julgar se Steve era mais propenso a ser um bibliotecário ou um agricultor. A maioria dos participantes do estudo escolheu "bibliotecário". Por que bibliotecário? Kahneman sugere que a descrição da personalidade de Steve lembra às pessoas alguém que pode trabalhar em uma biblioteca tranquila[32]. Mas, aqui, bibliotecário não é, de fato, a resposta correta.

Existem (ou havia, quando Kahneman e Tversky fizeram o estudo) mais pessoas envolvidas na agricultura do que na biblioteconomia e, portanto, tecnicamente, seria mais provável que você escolhesse aleatoriamente alguém que fosse agricultor. Apesar disso, as pessoas usam o estereótipo, e não as taxas de base populacional, quando respondem à pergunta. As pessoas usam o que está em sua memória e presumem que um exemplo (Steve) é representativo do estereótipo ou do conceito. Kahneman e Tversky se referem a isso como heurística da representatividade, o que significa que, todas as coisas sendo iguais, assumimos que exemplos específicos são representativos ou típicos do conceito que é ativado na memória. Se a descrição de Steve ativa o conceito de bibliotecário, então deve ser porque Steve é, com efeito, um bibliotecário.

A representatividade é outra heurística que, assim como a disponibilidade, se baseia no conteúdo de nossa memória. Assim como a disponibilidade, a representatividade pode resultar em memórias muitas vezes corretas ou informativas. Talvez já tenhamos conhecido bibliotecários e fazendeiros antes e tenhamos uma ideia de como cada um é, mas provavelmente não temos uma taxa básica do *status* de ocupação das profissões. Por que teríamos?

Kahneman e Tversky geralmente tratam os julgamentos de representatividade como um erro porque, neste caso, é tecnicamente a resposta errada. Frequentemente, são vistos como menos do que racionais, porque as pessoas até ignorarão as informações da taxa básica para confiar em conhecimento estereotipado. Mas isso é realmente um erro? É errado confiar em um estereótipo? Suponha que eu dissesse que peguei uma amostra aleatória de uma pessoa da população geral dos Estados Unidos e a descreva como *"um homem mais velho e rico, que é alto e ligeiramente acima do peso, com cabelos loiros claros mais longos do que o comum*

---

[32] Por favor, não pense que acho que qualquer ou todos os bibliotecários se encaixam neste estereótipo. Essas descrições foram formuladas no final dos anos 1970 e início dos anos 1980 por Kahneman e Tversky para serem deliberadamente estereotipadas e talvez um pouco extremas. A questão principal foi que as pessoas usaram esses estereótipos e não outras informações.

147

e penteados para trás. Ele é propenso a se gabar e a exagerar. Inspira fãs devotos ou detratores igualmente devotados", você não estaria errado se dissesse "Donald Trump". Estaria? De acordo com Kahneman e Tversky, você estaria errado ao superestimar a probabilidade de escolher essa pessoa específica ao acaso. Mas o estereótipo é forte demais para ser evitado. Ainda mais importante, a descrição restringe a busca em sua memória para apenas as pessoas que possuem esses atributos. Perceber a semelhança com o ex-presidente é óbvio, e é quase impossível não deixar que isso influencie seu julgamento.

Assim como a disponibilidade, a heurística de representatividade é uma faca de dois gumes. Ajuda-nos a fazer avaliações rápidas e úteis do mundo e a chegar a uma decisão. Essas avaliações e julgamentos são baseados em nossas memórias, que por sua vez são uma função da nossa própria experiência. Qual a melhor maneira de se fazer um julgamento, ou de tomar uma decisão, quando não temos certeza de todas as informações, além de confiar em nossa memória e experiência?

Na maior parte do tempo, esses julgamentos e decisões rápidos, derivados da memória, são corretos, ou corretos o suficiente para que possamos sobreviver. Mas há pelo menos dois problemas que definem a outra ponta dessa faca de dois gumes. Em primeiro lugar, a pesquisa de Kahneman e Tversky mostrou que confiaremos na memória mesmo quando ela conflitar com informações objetivas sobre as verdadeiras probabilidades. Temos a tendência de confiar em nosso instinto, em vez de confiar na verdade. O segundo problema é ainda mais preocupante: nossas memórias costumam estar erradas, imprecisas, distorcidas e incompletas. Portanto, não apenas confiamos em nossas memórias em detrimento de outras informações externas objetivas, mas também nos baseamos em uma fonte pouco confiável.

Comecei este capítulo rotulando a memória como uma "companheira indigna de confiança", mas isso é apenas parte do problema. Não é confiável mas, ainda assim, temos a tendência de confiar nela. É incompleta, e ainda assim a consideramos completa e precisa. A memória é responsável por intrusões, distorções e lacunas absolutas.

Vejamos as sete maneiras pelas quais nossas memórias nos traem. Estes são os "Sete Pecados da Memória".

OS SETE PECADOS DA MEMÓRIA

A memória humana sempre teve o curioso papel de ser a única operação cognitiva da qual estamos mais conscientes e, ainda assim, na superfície,

CAPÍTULO 6 | MEMÓRIA: UM PROCESSO IMPERFEITO

parece pouco confiável. E o que é uma memória não confiável, afinal? Se você não se lembra de algo, isso pode não ser realmente um erro, pode apenas significar que você não prestou atenção suficiente a algo. Isso não é exatamente um erro de memória. Nesse caso, a memória pode ser um registro bastante preciso da sua falta de atenção.

A memória é curiosa. O próprio ato de lembrar algo cria sua própria nova memória, confundindo ainda mais as linhas entre passado, presente e futuro. Precisamos confiar em nossa memória, mas ela não parece confiável. A memória pode parecer muito precisa, mesmo quando nos fornece informações erradas. Ou pode parecer imprecisa quando, na verdade, pode ser muito precisa. A memória é um registro do passado de que precisamos para o futuro. É um registro do passado que é alterado pelo presente, geralmente sem que percebamos. É assim que representamos a estabilidade e, muitas vezes, é extremamente instável. A memória é uma parceira não confiável, na qual não temos escolha a não ser confiar.

Daniel Schacter, um neurocientista cognitivo da memória na Universidade de Harvard, expôs tudo isso quando publicou em 1999 um pequeno artigo na *American Psychologist* chamado "The Seven Sins of Memory" ["Os Sete Pecados da Memória"]. Nesse ensaio, ele descreveu sete maneiras pelas quais os aspectos adaptativos e benéficos da memória quase que implicam que cometeremos erros e nos enganaremos. Esses erros são previsíveis. Schacter também argumentou que tais erros não são aleatórios, mas um subproduto de como nossa memória evoluiu, assim como da arquitetura cognitiva e neural que suporta a função da memória. De acordo com Schacter, os "Sete Pecados" são transitoriedade, distração, bloqueio, má atribuição, sugestionabilidade, viés e persistência. Todas as sete falhas implicam no modo como o pensamento é auxiliado, afetado e até mesmo prejudicado pelas falhas de memória. Porém, todos os sete também podem ser superados através de cuidado e consciência.

Os dois primeiros, transitoriedade e distração, são realmente falhas de memória do dia a dia. As informações esmaecem com o tempo. Ou, às vezes, a informação não é codificada bem o suficiente em primeiro lugar, pois você não prestou atenção à tarefa em questão. Em qualquer dos casos, o que você acaba tendo é um traço de memória fraco ou esmaecido. Por exemplo, você provavelmente está ciente das vezes que, ao ler algo – um texto para uma aula, uma leitura para uma tarefa, ou mesmo este livro – você se dispersou e esqueceu o que acabou de ler. Você está lendo, sua mente divaga, esquece o que acabou de ler e perde o ponto onde estava lendo. Esse tipo de distração resulta em falha de memória. Para funcionar corretamente, a memória requer algum grau de atenção.

O terceiro pecado, bloqueio, significa essencialmente uma falha temporária de recuperação ou falta de acesso. Isso pode ser devido à propagação da ativação mental em sua rede de memória. À medida que a ativação se espalha para muitas memórias e conceitos, todos eles recebem alguma ativação. Se muitas lembranças e conceitos semelhantes são ativados na memória, e se o nível de ativação for semelhante em várias memórias diferentes, pode ser difícil determinar qual é a memória correta para a ocasião. Se você está tentando lembrar o nome de um ator, ou de um filme famoso, e produz ativação para muitos atores e filmes semelhantes, todos eles competem pela sua atenção. Com níveis semelhantes de ativação, cada memória pode parecer plausível, e cada memória ativada pode acabar inibindo as outras e impedir que a correta apareça. Isso é visto mais fortemente no fenômeno denominado "ponta da língua". É aquele momento em que uma pergunta é feita e você sabe a resposta, mas não consegue dá-la. Em muitos casos, você quase consegue *sentir* que está dizendo a resposta. Parece que algumas das informações estão presentes, incluindo as necessárias para dar a resposta certa, mas as informações não foram ativadas com força suficiente para a lembrança consciente. A sensação subjetiva é aquela na qual a memória está bloqueada, mas a sensação de que está lá permanece. Não é incomum, mas ainda assim é uma sensação muito curiosa.

Cobrimos três desses "Sete Pecados", os quais são falhas gerais em lembrar de algo. O que significa que são fáceis de reconhecer. É fácil reconhecer uma falha ao lembrar de algo, porque a falha ao lembrar é uma boa pista de que você está cometendo um erro. As próximas duas, má atribuição e sugestionabilidade, são distorções e intrusões sobre o que já está na memória. Ambas são erros que surgem de aspectos altamente associados das redes semânticas. Como resultado, esses erros de memória levam à experiência de realmente se lembrar de algo, mas é a coisa errada. É mais difícil perceber esses erros justamente porque você acha que está certo.

No caso da má atribuição, um erro ocorre quando uma pessoa se lembra do fato corretamente, mas pode não se lembrar da fonte correta. Se alguém lhe contar uma história, mesmo que não seja verdade, você pode facilmente se lembrar do conteúdo da história mais tarde e acreditar que é verdade. Vemos exemplos disso na política e nos noticiários o tempo todo. Suponha que um líder político fale uma inverdade (uma mentira) durante uma entrevista. Isso acontece muito. A mídia então cobre a história do líder contando essa falsidade. A notícia é contada e compartilhada muitas vezes nos jornais. O efeito geral é que a mentira se repete. Uma mentira repetida é um terreno fértil para uma possível má atribuição. Por quê? Bem, a exposição repetida tornará os fatos mais disponíveis. Se você se lembra de algumas coisas sobre a mentira, mas não sobre a fonte original (por exemplo, que era uma história sobre uma mentira), então você acaba tendo uma memória forte do conteúdo da mentira, mas uma atribuição errada. Quando isso acontece, você acaba acreditando na sua memória e, por isso, na mentira.

Muitos políticos e líderes são capazes de controlar a narrativa e espalhar informações falsas ao divulgar inverdades e fazer com que sejam cobertas pela imprensa. Quanto mais ultrajante for a mentira, melhor, porque é mais provável que seja coberta por vários meios de comunicação diferentes. O presidente Trump se destacou nisso. Ele conseguiu gerar muita cobertura para declarações enganosas que foram amplamente divulgadas. Essa ampla cobertura, mesmo que por noticiários que buscam desacreditar as declarações originais, muitas vezes, paradoxalmente, espalham ainda mais a mentira e aumentam as chances de que as pessoas se lembrem, falsamente, de que a mentira original é uma verdade. O erro ocorre como resultado de uma má atribuição, porque a informação foi resgatada, mas a fonte dessa informação não foi recuperada corretamente. Este é um erro perfeitamente compreensível, dada a forma como a memória funciona.

Outro dos sete pecados, a sugestionabilidade, está relacionado à má atribuição e à nossa tendência de recordar algumas das informações que temos na memória, mas de relembrá-las de forma incorreta. Dizer que nossa memória é sugestionável significa que frequentemente atualizamos nossa memória de eventos passados com base em uma descrição atual. Caso você se lembre de um evento, digamos da vez em que você quebrou a janela do carro de seus pais, como na minha história anterior, e alguém sugere um novo detalhe enquanto você está se lembrando desse evento, o novo detalhe que foi sugerido também pode se tornar parte da memória. Nem precisa que outra pessoa faça a sugestão. Você pode sugerir novas interpretações para si mesmo e elas também podem se tornar parte da memória. Na minha história sobre o espelho quebrado do Ford Bronco, foi exatamente o que aconteceu. Eu não tinha todas as informações codificadas na memória inicial porque o evento acabou muito rápido. Ao tentar dar sentido a esse acontecimento, sugeri algumas explicações possíveis e elas também passaram a fazer parte da memória. A memória é fácil de mudar, ser adaptada e alterada. Não é difícil se enganar.

Se você pode se enganar, os outros também podem enganá-lo. Outros podem induzi-lo a duvidar de sua própria memória e percepções. Isso pode ser visto de forma mais vívida na ideia de *"gaslighting"*. *Gaslighting*, caso você não esteja familiarizado com o termo, é uma forma de manipulação psicológica que leva o nome de um grande e antigo filme de suspense britânico chamado *Gaslight* (1944) (*À Meia Luz*, no Brasil). No filme (não vou dar *spoiler*, mas você deveria tentar assistir), um marido tenta convencer a esposa de que ela está enlouquecendo ao negar repetidamente o que ela vê e percebe. Ela começa a duvidar de sua própria memória. Tenta resolver o conflito entre o que pensa que viu e o que dizem que viu ao aceitar que deve estar enlouquecendo. Muitos repórteres e escritores acusaram o presidente Trump fazer uso do *gaslighting* nos americanos[33]. O governo foi acusado de tentar convencer os americanos de que o que eles viram e lembraram (seja o tamanho da multidão em sua posse, ou a resposta inicial do presidente à pandemia da COVID-19) não foi o que aconteceu. O objetivo final era que as novas informações, fornecidas pela administração Trump, se tornassem parte da memória da pessoa.

A sugestionabilidade e a má atribuição podem ser difíceis de tratar porque não são fáceis de reconhecer. Por um lado, queremos que nossa memória seja capaz de levar em conta novas informações e atualizar nossa compreensão dos eventos. Essa é a base do aprendizado. E a forma como nossa memória funciona, é que o conteúdo de nossos pensamentos é uma mistura do que estamos vendo agora (percepção) com reconstruções e representações de coisas semelhantes que vimos antes (memória). Isso geralmente acontece em um sistema que chamamos de "memória de trabalho". Descreverei como esse sistema de memória de trabalho funciona no próximo capítulo, mas o que isso significa é que estamos sempre aprimorando nossa percepção do mundo com informações da memória. Estamos sempre atualizando nossa memória com informações do mundo. A combinação dessas coisas reforça nossa memória de longo prazo. Se alguma das novas informações for falsa, ainda assim pode ser combinada com as informações da memória e formar uma nova memória. Isso geralmente é inevitável e é uma função sobre como nossas memórias funcionam. E, como veremos no sexto dos sete pecados, tendemos a confiar em nossas memórias, o que pode piorar as coisas.

É bem ruim termos memórias sugestionáveis que tendem a confundir atribuições. O que torna tudo pior é o sexto pecado da memória: viés. De acordo com Schachter e outros pesquisadores da memória, mostramos uma forte tendência para supor que o que lembramos reflete coisas e eventos que realmente aconteceram. Em outras palavras, temos o viés de confiar em nossas próprias memórias. E por um bom motivo. Usamos nossas memórias para compreender coisas, para aprender coisas e até mesmo para perceber o mundo que está à nossa frente. Tudo o que fazemos e tudo o que já fizemos é filtrado por nossa memória. Tudo o que sabemos, tudo a que damos um nome e tudo em que pensamos é produto de nossas memórias. Portanto, precisamos confiar em nossas memórias, ou tudo desmoronaria. Se uma falsa memória, ou erro, surge de um sentimento

---

[33] Estou tentando não ser muito partidário aqui. Esse tipo de influência e orientação da percepção pública é uma ferramenta que muitos líderes políticos usam. Estou me concentrando no presidente Trump por dois motivos. Primeiro, Trump parecia especialmente comprometido com esse estilo de comunicação política. Em segundo lugar, é a heurística de disponibilidade. Isso era o que estava nas notícias enquanto eu estava escrevendo e provavelmente moldou minhas percepções e preconceitos também.

de lembrança, que se manifesta por existir uma rede densamente conectada ou por pensamentos e ideias relacionados, é perfeitamente razoável supormos que estamos nos lembrando de algo que aconteceu, em vez de apenas responder a um estado de ativação que não reflete o passado. Em suma, se nos lembrarmos disso, tendemos a acreditar, porque há uma memória para isso. Se não tivesse acontecido, presumimos que não haveria uma memória lá. Nós meio que tratamos a memória como uma prova de que algo de fato aconteceu.

Há mais um pecado que Schacter menciona. É um pouco diferente dos outros, que estão todos relacionados a erros de memória, esquecimento e confusão. O sétimo pecado da memória é a persistência. Por mais que queiramos que a maioria de nossas memórias persistam e sejam precisas, também temos algumas que gostaríamos de não ter. Não seria ótimo ser capaz de esquecer algumas coisas? Apenas limpar as coisas e apagar algumas memórias? Nossas memórias muitas vezes têm a lamentável característica de serem persistentes quando não queremos que sejam. Eventos traumáticos, eventos infelizes e outros que gostaríamos de esquecer são muitas vezes difíceis de esquecer por causa de sua proeminência inicial ou do conteúdo emocional, ou por causa das lembranças e ruminações intrusivas. Cada vez que pensamos naquele infeliz acontecimento, acabamos fortalecendo o traço inicial. Pensar em um acontecimento infeliz do passado provavelmente fará com que esse traço de memória fique ainda mais forte. Tente não pensar em algo e você acaba pensando ainda mais nisso.

Esses sete pecados são definidos de forma bastante ampla. Todos eles são exemplos de erros de memória que ocorrem por causa do modo como nossas memórias são estruturadas. Tudo isso acontece por causa do modo como nossas memórias funcionam. Nossas memórias nos orientam, mas às vezes também nos enganam. Podem ser pequenos incômodos, mas eles estão por toda parte. Tente reconhecê-los em suas próprias interações diárias. Você não será capaz de evitar esses sete pecados, mas pode aprender a reconhecê-los. E se puder reconhecê-los, isso poderá ajudar a evitar que interfiram.

Por exemplo, você já fez compras em uma feira de produtores ou feira ao ar livre? Pense sobre este cenário. Imagine que você entrou na feira, examinou as frutas e vegetais disponíveis em uma das barracas e, em seguida, foi para outra barraca. Você está fazendo compras com um amigo e cada um de vocês tem algumas coisas que gostaria de comprar. Conforme você anda pela feira e vai para outra barraca, seu amigo pergunta se o primeiro vendedor tinha limões à venda. *Ele tinha limões? Essa é uma boa pergunta... Você realmente viu limões ou apenas acha que viu limões?*

Perguntas como essas costumam ser muito difíceis de responder, pois você toma tantas coisas como garantidas enquanto as está percebendo que talvez não consiga memorizar os detalhes comuns. Você acaba preenchendo muitos detalhes de memória que podem ou não estar presentes durante a percepção real. Como resultado, pode ser irritantemente difícil responder a uma pergunta sobre o que você acabou de ver. A barraca podia ter limões, se tivesse outras frutas. Mas você pode descobrir que não está 100% certo de que realmente viu limões. Talvez você esteja apenas inferindo a presença desses limões com base em seu conhecimento dos vendedores de produtos agrícolas em geral. Em outras palavras, sua representação de memória de um vendedor de produtos hortifrutigranjeiros pode ter uma característica relacionada a limão. Esse recurso será ativado quando você visitar a barraca de produtos, mesmo que você não veja explicitamente os limões. Sua memória, neste caso, pode estar cometendo um erro ao mesmo tempo em que tenta ajudar preenchendo detalhes e economizando seu tempo e energia.

Estamos, para o bem ou para o mal, usando nossas memórias para perceber, orientar comportamentos, fazer julgamentos e avaliar situações. Não podemos viver no presente sem ser influenciados pelo passado. Dada a importância primária da memória em tudo o que fazemos, acho que é hora de nos aprofundarmos em como a memória funciona a partir de uma perspectiva psicológica cognitiva. No próximo capítulo (*Capítulo 7*), vou dar uma olhada na ideia de sistemas de memória e as evidências de que temos diferentes tipos de memória e, em seguida, dar uma olhada mais de perto em uma teoria da memória de curto prazo chamada "memória de trabalho". Em seguida, no *Capítulo 8*, examinarei mais de perto como organizamos nossa memória de longo prazo em memória de fatos e conceitos e memória de eventos pessoais.

CAPÍTULO 7

MEMÓRIA DE TRABALHO: UM SISTEMA PARA PENSAR

No *Capítulo 6*, passei muito tempo examinando todas as maneiras pelas quais nossa memória parece nos desviar, incluindo erros de memória, heurísticas e vieses. A memória é uma das coisas mais importantes que temos em nossa caixa de ferramentas cognitivas, mas não é muito confiável. No entanto, não escrevi muito sobre como os psicólogos estudam a memória, como a memória funciona e os diferentes tipos de sistemas de memória que temos. É sobre isso que tratam os próximos dois capítulos. Se você quer tomar boas decisões, fazer julgamentos precisos e previsões úteis sobre o mundo, precisa ser capaz de usar sua memória com eficácia. Se quiser evitar as armadilhas e erros que discuti no *Capítulo 6*, precisa ser capaz de usar sua memória de forma adaptativa. O bom uso da memória adaptativa requer um bom entendimento de como a memória realmente funciona. Portanto, neste capítulo, vamos nos concentrar em uma distinção comum na memória: a diferença entre a memória de curto prazo e a de longo prazo, e então descreverei e explicarei uma teoria particular da memória de curto prazo chamada de modelo de memória de trabalho, a qual mostra como a memória de curto prazo está intimamente ligada à percepção e é moderada pela atenção. Terei mais a escrever sobre a memória de longo prazo no *Capítulo 8*.

A maioria dos psicólogos (e a maioria das pessoas) pensa na memória como um conjunto de sistemas interdependentes. Frequentemente, recorremos à analogia do computador para nos referirmos à memória porque reconhecemos que um computador tem memória ativa (RAM) e também armazenamento de longo prazo na forma de disco rígido. Essa ideia permite um relacionamento estreito e analógico com nosso senso intuitivo de memória de curto prazo e lembranças de longo prazo. Assim como no computador, a primeira armazena as informações nas quais você está trabalhando no momento e a segunda armazena os arquivos de que você pode precisar posteriormente. Estas metáforas sobre a memória de computador e de armazenamento de arquivos são úteis para pensar sobre essas amplas generalizações, mas não é realmente a maneira certa de descrever nossa memória porque, em um nível fundamental para nós, toda memória é apenas memória. Todas as memórias são reconstruções de eventos e experiências que aconteceram no passado, mas as usamos de maneiras diferentes. Acessamos nossas memórias em diferentes condições. Essas diferenças funcionais levam ao que podem parecer diferenças sistemáticas, e, dessa forma, podemos discutir a memória nesse nível.

Frequentemente, usamos outras metáforas para a memória, além dessa do computador, sugerindo que pensamos na memória como armazenamento de arquivos em um sentido mais geral. Dizemos coisas como "arquivar para uso futuro", "guardar na memória" ou mesmo "gravado na minha memória", o que realmente sugere uma impressão indelével. Mas a memória também não é assim. Ela é mais dinâmica e ativa do que um arquivo em um disco rígido, e é mais dinâmica do que um único evento gravando ou imprimindo a si mesmo. Como vimos no *Capítulo 6*, as memórias estão em constante mudança, mas, apesar dessa mudança constante e de sua natureza fluida, usamos a memória para tudo o que fazemos: desde manter o controle da atividade de momento a momento à nossa frente e lembrar fatos sobre o mundo, até recordar o que aconteceu ontem e fazer planos para o futuro. Como existem tantas funções diferentes de memória, os psicólogos a estudaram de muitas maneiras diferentes e dinâmicas. O resultado é uma literatura científica muito grande e complexa sobre o que é a memória. Podemos entender esse estudo complexo de várias maneiras. Uma delas é descrever as funções básicas que parecem ser comuns a diferentes sistemas e teorias de memória. Outra maneira de tentar dar sentido à literatura sobre memória é examinar separadamente algumas dessas diferenças e divisões. Ou seja, considere todas as maneiras pelas quais a memória pode ser descrita, dividida, conceituada e estudada. Olhando a memória dessas duas maneiras, entenderemos alguns dos princípios comuns (como a memória funciona em geral) e alguns dos princípios específicos (por que parece haver diferentes sistemas de memória?).

CAPÍTULO 7 | MEMÓRIA DE TRABALHO: UM SISTEMA PARA PENSAR

FUNÇÕES BÁSICAS DE MEMÓRIA

Sua memória tem várias funções básicas, mas a principal é permitir que você faça mais do que apenas reagir ao que está diretamente à sua frente. A memória é aquilo que permite você aprender coisas e generalizar experiências anteriores. Mas como exatamente nossa memória nos permite fazer isso? Vamos definir três operações básicas que sua memória realiza: codificação, armazenamento e recuperação. Codificar é o processo de colocar coisas na memória. Codificar algo implica que o cérebro precisa alterar o formato do que você está percebendo e colocá-lo em um código diferente. Este processo de codificação é uma reconstrução da percepção. A natureza desse processo de codificação implica que sua memória frequentemente tem uma forte conexão com a percepção. A maneira mais eficaz de codificar algo, então, é tentar reativar o máximo possível da experiência perceptiva original. Até certo ponto, é isso que sua memória faz: você percebe algo, o que ativa seu cérebro de uma determinada maneira. Ao codificar, você tentará manter essa ativação por tempo suficiente para poder armazenar e recuperar a ativação para uso posterior.

Uma segunda função ou operação básica é o armazenamento. Usamos nossas memórias para armazenar essas informações percebidas e codificadas. Não é um sistema de armazenamento como um armário ou um sistema de arquivos em um computador, o que implicaria que existe um lugar físico para cada memória. Em vez disso, suas memórias são armazenadas como conexões entre neurônios e as informações são distribuídas por diferentes áreas do cérebro. Precisamos armazenar coisas por diferentes períodos. Algumas informações são armazenadas apenas por alguns segundos (ou recortadas, se necessário, de forma a caber no "armário" acima), outras vezes, armazenamos e reativamos as mesmas memórias por anos e décadas.

A terceira função é a recuperação. A recuperação é usar de fato a sua memória. Pode ser na forma de lembrança explícita ("Eu me lembro deste fato") ou uma recuperação implícita, em que uma experiência anterior influencia como você se comporta em relação a algo no futuro. A recuperação pode ser na forma de preenchimento dos detalhes de uma cena perceptiva (como discutimos no *Capítulo 6*), ou pode assumir a forma de viagem mental no tempo. Podemos vivenciar uma lembrança vívida de um evento anterior que aconteceu conosco, como a conquista do seu primeiro emprego, um primeiro encontro, o nascimento de um filho ou até mesmo um evento mundano como a última ida às lojas para fazer compras.

Essas três funções, codificação, armazenamento e recuperação, descrevem o que nossa memória faz. Mas há muitas circunstâncias diferentes que afetam essas funções. O resultado é que parece que temos diferentes sistemas de memória, alguns dos quais estão mais intimamente ligados à codificação e outros estão mais intimamente ligados à maneira como as coisas são armazenadas e recuperadas. Embora toda a nossa memória esteja em um só lugar (nosso cérebro), parece que temos diferentes tipos e sistemas de memória.

DIFERENTES TIPOS DE MEMÓRIA

Quando escrevo, geralmente me sento à mesa do meu escritório, em casa. Às vezes, quando a casa está vazia, ou quando acordo de manhã cedo, posso sentar-me à mesa da cozinha. Lá há uma porta de correr e uma janela que dá para o *deck* onde temos um pequeno jardim, um lago e alguns comedouros para pássaros. Não sou especialista em jardinagem. Eu também não sou especialista em pássaros. Mas gosto de ver toda a ação no alimentador de pássaros no Verão. Se eu olhar para o comedouro e notar um pássaro, minha memória é instantânea e automaticamente envolvida no processo de olhar, reconhecer e pensar sobre aquele pássaro. Vamos considerar todas as maneiras pelas quais a memória estará envolvida nesta ação aparentemente simples e, em seguida, organizar nossa discussão sobre a memória em torno disso.

Para começar, até mesmo a ação básica de se virar sem pensar para olhar o alimentador de pássaros envolve algum tipo de memória: eu já sei para onde olhar e para o que estou olhando. Esse comportamento é automático e motor: minha cabeça gira quase sem perceber e meus olhos olham para onde espero que o comedouro esteja. Não preciso envolver a consciência para fazer isso. Não preciso estar ciente da memória necessária para virar e olhar. Esta é uma memória processual e é o tipo de memória com que contamos quando nos lembramos das ações necessárias para andar de bicicleta, lembrar como digitar ou pegar a caneca de café sem pensar. E essa memória processual direciona meus olhos do *laptop* para o alimentador de pássaros atrás da casa e me faz concentrar nos pássaros no comedouro.

Vejo dois passarinhos sentados na estaca do comedouro maior. Mesmo sem pensar muito, já sei que são pássaros, porque o *input* perceptivo ativará uma rede de neurônios que reconheço ser a mesma rede que fica ativa sempre que vejo pássaros. Isso também é uma função da memória que chamaremos de memória sensorial. Esta memória sensorial, como explicarei mais tarde, dura apenas uma fração de segundo e é realmente apenas o suficiente para manter o *input* perceptivo ativo até que outra cognição aconteça. Se eu quiser fazer qualquer outra coisa com esse *input* visual, preciso manter essa representação ativa por

CAPÍTULO 7 | MEMÓRIA DE TRABALHO: UM SISTEMA PARA PENSAR

tempo suficiente para reconhecer o que estou olhando. Preciso mantê-la ativa se quiser pensar nos pássaros que vejo. Manter uma entrada sensorial breve ativa envolve uma forma ativa de memória conhecida como *memória de trabalho*. A memória de trabalho é o que costumamos chamar de memória de curto prazo. É ela que conecta a percepção com nosso processamento ativo daquilo que está à nossa frente. A memória de trabalho é aquela que mantém o que estamos ativamente trabalhando na consciência.

Vamos recapitular. Eu uso uma forma de memória automática e processual para olhar para o alimentador de pássaros. Concentro-me em alguns pássaros e ativo um sistema de memória sensorial e mantenho essa representação ativa, dedicando alguns dos meus recursos de processamento cognitivo na forma de memória de trabalho. Até agora tudo bem. E tudo isso está acontecendo automaticamente, sem qualquer intenção ou vontade. Isso vem a seguir.

Agora, suponha que eu esteja pensando ativamente nos pássaros. E suponha que eu realmente me envolva em observar esses pássaros (o que é fácil de se fazer... pássaros são fascinantes de se observar). Algumas coisas podem acontecer a seguir. Primeiro, posso manter a memória de trabalho ativa enquanto penso nesses pássaros, talvez tentando identificá-los. O esforço necessário para fazer isso pode significar que eu me afastei daquilo que estava fazendo antes de notar os pássaros interessantes no comedouro[34]. Posso até esquecer sobre o que estava escrevendo e perder minha linha de pensamento, pois agora estou usando minha memória de trabalho para pensar sobre esses pássaros. O conteúdo da memória de trabalho pode ser mantido, mas ela é limitada a uma pequena janela de experiência ativa com o mundo. Só conseguimos pensar em algumas poucas coisas ao mesmo tempo. Quando passo a pensar nos pássaros, o resultado é que limpo todo o resto da minha memória de trabalho. Agora esqueci a frase que estava escrevendo e estou pensando sobre os pássaros no comedouro em meu jardim.

O primeiro passo neste processo de memória ativa é que me concentro nos pássaros. A segunda coisa que acontece é que a representação desses pássaros na minha memória de trabalho, que inclui a entrada visual e a imagem dos pássaros

---

[34] A frase "me afastei do que estava fazendo" lembra você de alguma coisa? Isso pode lembrá-lo da citação de James sobre atenção no *Capítulo 5*. Se sim, pare um minuto para pensar sobre esse lembrete. Houve uma lembrança explícita de tê-la lido antes? Você se lembra de a ter lido anteriormente neste livro e de onde veio? Ou foi a lembrança de uma vaga sensação de saber que meio que lembrava de algo que já tinha visto, mas não ativou uma memória específica até que eu mencionei agora há pouco? Se alguma dessas coisas aconteceu, é um bom exemplo de recuperação explícita e implícita. É também um bom lembrete de como a memória e a atenção estão intimamente ligadas. Sempre há algum custo para mudar e se afastar. Na verdade, se você leu esta longa nota de rodapé e pensou se lembrou ou não daquela citação de James, pode até ter esquecido que eu estava escrevendo sobre olhar os pássaros e como me distraio de minha própria escrita quando me afasto para olhar os pássaros no comedouro.

e talvez os sons que eles estão fazendo, fará uma conexão com as memórias que foram codificadas e armazenadas. O que percebo e o que mantenho em minha memória de trabalho (uma representação de um pássaro) se conectará com meu conceito sobre pássaros. Esse processo ativa um tipo de memória chamada *memória semântica*, que é minha memória de fatos e coisas. A memória semântica contém todas as coisas que sei em uma rede interconectada de conceitos e ideias. Uma representação ativa na memória de trabalho provavelmente encontrará algumas correspondências com outras representações que estavam ativas anteriormente. Essas representações estão todas conectadas umas com as outras, de modo que essa experiência única que estamos tendo no presente (observar este pássaro agora) se sobreponha às representações do conhecimento adquirido no passado. Algumas dessas memórias ativadas estarão mais próximas umas das outras em função de suas similaridades perceptivas e conceituais. As memórias ativadas também se conectarão com o nome do que estou olhando ("pássaro") e talvez até mesmo o tipo de pássaro ("pintainho-de-bico-preto"). O conhecimento geral e específico é uma forma de organizar um sistema semântico. Essas representações gerais e específicas se conectam a uma forma de memória conhecida como memória lexical, que é a parte de nossa memória semântica que armazena palavras que estão ligadas a esses conceitos.

A memória semântica, a memória lexical e os conceitos fazem parte de um tipo maior de memória que às vezes é chamado de memória declarativa. Esta é uma memória que você pode "declarar" a existência. Ao contrário das formas mais automáticas de memória, como a memória processual ou a memória sensorial, que realizam grande parte de seu trabalho cognitivo fora do reino da consciência, a memória declarativa é aquela que você pode sondar e investigar. Você pode pensar sobre o que está lá. E, como veremos depois, no próximo capítulo, o que está lá é uma rede densa e interconectada de fatos, ideias, lugares, coisas, nomes, palavras, imagens, conceitos, sons e características.

Voltemos ao meu exemplo de observação de pássaros no alimentador. Suponha que sejam pássaros especialmente interessantes. Suponha que sejam pássaros novos, que eu nunca tenha visto. Ou suponha que sejam pássaros que parecem familiares, mas dos quais não sei o nome. Fazer essa determinação envolve a memória de algumas outras maneiras. Primeiro, preciso reconhecer que não os reconheço. Preciso reconhecer os limites do meu conhecimento. Esta é uma forma de consciência de memória de ordem superior chamada "metamemória". Metamemória é a consciência do que sei e do que não sei. Usamos a metamemória para tomar decisões sobre se estamos cientes ou não do que sabemos, e a usamos para tomar decisões sobre se devemos ou não comprometer mais processamento com o comportamento e o processo de descobrir quais pássaros são esses.

CAPÍTULO 7 | MEMÓRIA DE TRABALHO: UM SISTEMA PARA PENSAR

Além da metamemória orientar minhas decisões sobre se eu conheço ou não os pássaros que estou olhando, também pode haver outros pensamentos e comportamentos que dependem da memória. Vamos supor que, neste ponto, eu me afastei completamente do trabalho que estava fazendo. Desviei o olhar do meu computador e estou me concentrando nos pássaros. Esqueci sobre o que estava escrevendo e agora estou totalmente comprometido em observar esses pássaros. Enquanto procuro em minha memória semântica e lexical o nome dos pássaros, posso precisar procurar em minha memória imagens ou representações deles. É muito provável que isso vá desencadear outras conexões, além do conhecimento conceitual geral e específico que está na minha memória semântica. Talvez eu me lembre de alguma outra época e lugar onde já tenha visto esses pássaros antes. Isso pode desencadear uma memória muito específica de ter visto um pássaro como este quando estava de férias ou no comedouro no ano passado. Isso ativa ainda outro tipo de memória conhecido como memória episódica.

A memória episódica é aquele tipo de memória com a qual provavelmente temos a relação mais estranha, porque, ao contrário de nossa memória semântica, ou mesmo da memória processual, onde generalizações amplas são toleráveis e até úteis, quase sempre queremos que nossa memória episódica opere com grande precisão. O que não acontece. Posso, neste momento, estar tentando me lembrar se vi esses pássaros nas férias no ano passado, dois anos atrás, ou em algum outro lugar. Essas memórias são mesmo precisas? A discussão do *Capítulo 6* sugeriu que elas nem sempre são acuradas assim, mesmo que sejam úteis.

Vamos recapitular mais uma vez: a memória processual, a memória sensorial e a memória de trabalho fundamentam os comportamentos de ver, registrar e manter a experiência perceptiva de olhar para os pássaros no comedouro. Eu mantenho a imagem e os pensamentos em minha memória de trabalho. Essa memória de trabalho se conecta com minha memória semântica para reconhecer os pássaros. Meu senso de metamemória me diz que não sei imediatamente que tipo de pássaros são. À medida que procuro em minha memória semântica, ela ativa e estimula as lembranças de episódios passados, alguns precisos, outros não (de novo, a metamemória pode ajudar a eliminar as ambiguidades). Mas isso ainda é apenas parte do que pode acontecer. Tudo o que fiz até agora foi passar alguns minutos perdendo o controle do que estava escrevendo e olhando para alguns pássaros, capturado em um devaneio. Posso usar minha memória de forma a ser mais produtivo, mesmo neste momento de atenção perdida.

Talvez eu deva agora pensar em precisar abastecer o comedouro para pássaros em algum momento no futuro. Tenho sementes de pássaros suficientes? Devo me lembrar de pedir mais? Quando vai acabar? Nesse caso, estou usando minha memória para pensar no futuro. Estou usando a memória para planejar e guiar o comportamento futuro. Essa forma de memória orientada para o futuro é outra forma de memória episódica conhecida como memória prospectiva. Esse tipo de memória envolve coisas do passado, usadas no presente, para fazer planos e previsões para o futuro.

Tudo isso depende de nossos sistemas mentais e neurais serem capazes de codificar, armazenar, recuperar e usar informações. Na próxima seção, quero entrar em mais detalhes sobre como isso funciona. Vamos começar com uma estrutura encontrada no lobo temporal: o hipocampo.

O HIPOCAMPO

Sabemos que as memórias são armazenadas em seu cérebro. Sabemos que uma memória não é armazenada como um arquivo em uma pasta e que o termo "armazenamento" é uma metáfora. Nesse caso, o armazenamento é distribuído por todo o cérebro. Esse armazenamento distribuído assume a forma de conexões entre a rede de neurônios que estavam ativos durante a percepção. Essas conexões são fortalecidas à medida que o traço de memória é fortalecido, o que permite que sejam reativadas com mais facilidade. Conexões fortes correspondem a memórias que podem ser recuperadas rapidamente e com frequência. Essa recuperação rápida o ajuda a lembrar de coisas do passado quando você deseja revivê-las. Essa rápida recuperação também é responsável pela memória quando ela preenche detalhes e ajuda você a completar uma experiência perceptiva. Os eventos frequentes são codificados fortemente, reforçando as conexões entre os neurônios. Essas conexões fortes também resultam em memórias que podem estar disponíveis para influenciar o comportamento e são a base da heurística de disponibilidade sobre a qual escrevi anteriormente no *Capítulo 6*.

Esse processo básico de ativação de conexões neurais, o fortalecimento das conexões que ocorrem com frequência e a capacidade de recuperar informações para uso posterior, depende de uma estrutura que discuti no *Capítulo 3*: o hipocampo. O hipocampo está localizado nas regiões subcorticais dos lobos temporais. Faz parte de um sistema que conecta o *input* perceptivo dos órgãos sensoriais à atenção e à memória. O hipocampo ajuda você a armazenar novas memórias e a usar suas memórias para interagir com o mundo. Ele faz isso reunindo informações sobre o que está acontecendo no cérebro e onde isso está acontecendo. O hipocampo é, então, capaz de recodificar essas informações de forma que possam ser reativadas posteriormente.

O modo exato como o hipocampo faz isso ainda é uma questão de debate científico, mas uma teoria que está sendo investigada por Joel Voss e Neal Cohen

CAPÍTULO 7 | MEMÓRIA DE TRABALHO: UM SISTEMA PARA PENSAR

desde 2017 é que o hipocampo se conecta e recebe conexões da amígdala, bem como de áreas do cérebro que codificam a *localização*. Eles observaram que vários estudos encontraram conexões muito fortes entre os movimentos oculares guiados e a atividade no hipocampo. O hipocampo não está diretamente envolvido na coordenação dos movimentos dos olhos no nível do controle motor, mas, ao invés disso, parece estar envolvido no modo como usamos a memória para saber o que estamos olhando e para onde olhar. O hipocampo parece ser capaz de ativar e reativar conexões no cérebro que conectam o conhecimento com a percepção (e vice-versa). Parece estar especialmente sintonizado com onde você está olhando. Esta pesquisa apoiaria para a ideia de que estamos constantemente usando a memória, por meio do hipocampo, quando percebemos o mundo.

Voss e Cohen também discutem pesquisas que corroboram esse papel visual de "exploração e atenção" do hipocampo. Eles observam que a pesquisa baseada em técnicas de imagens cerebrais, como fMRI, encontra correlações entre a atividade no hipocampo e tarefas experimentais envolvendo o olhar orientado pela memória (por exemplo, tarefas que exigem que o participante olhe para algum lugar que já tenha visto antes). Parece que o hipocampo é fundamental para nos ajudar a orientar nossa percepção. De acordo com Voss e Cohen, ele faz isso criando sinais de memória de curto intervalo, os quais usamos para guiar nossas visões. O hipocampo cria "representações *online* de memória" que são amplamente consistentes com as ideias que venho discutindo neste capítulo, e anteriormente no *Capítulo 6*, sobre o papel da memória no preenchimento dos detalhes da percepção.

Esta pesquisa da neurociência mostra que o hipocampo é fundamental para tal combinação de percepção, atenção e memória. Sem um hipocampo em pleno funcionamento, teríamos dificuldade em saber para onde olhar, saber o que estamos olhando, e não seríamos capazes de usar a memória com facilidade para preencher esses detalhes. Isso não é tudo que o hipocampo faz, mas é uma peça crítica do quebra-cabeça de como passamos de um *input* perceptivo em constante mudança para uma compreensão estável do mundo e uma representação estável da memória.

Esta pesquisa fornece um vislumbre de uma das funções do hipocampo. Mas esse vislumbre levanta mais questões. Por exemplo, qual é a forma ou natureza dessa representação da memória que o hipocampo cria? Existem diferentes tipos de representações de memória? Voss e Cohen estão sugerindo que o hipocampo cria e manipula representações de memória curtas, ativas e *online*[35].

---

[35] Você deve ter notado que estou usando o termo *"online"* aqui. O termo "*online*" é frequentemente usado para se referir a representações que estão mudando, são dinâmicas e estão intimamente ligadas à percepção.

Mas eles também presumem que essas representações curtas da memória ativa compartilham alguma correspondência com outras representações na percepção e na memória de longo prazo. O hipocampo está criando essas representações para criar a ponte entre as memórias de longo prazo e a percepção.

O papel do hipocampo ainda está sendo estudado, mas agora temos um quadro mais completo de como a memória funciona para ajudar a percepção e como ela orienta a ação. Eu estabeleci uma estrutura geral de organização do papel da memória na percepção, memória ativa e memória de longo prazo. Esses três tipos de memória há muito ancoram nossa compreensão coloquial da memória e do pensamento: nós percebemos, pensamos e lembramos. Entendemos a memória como um fenômeno sensorial, um fenômeno de curto prazo e um fenômeno de longo prazo. Porém, ao mesmo tempo, também precisamos considerar a memória como uma função de seu conteúdo. A memória de eventos específicos em nosso passado parece ter um caráter diferente do que a memória de fatos bem ensaiados, como a memória que usamos para lembrar e aplicar os movimentos corretos para desbloquear nossos iPhones.

Eu gostaria de passar a maior parte do resto deste capítulo em algumas dessas divisões e ver como funcionam as representações da memória. Podemos fazer isso de várias maneiras, mas acho que é melhor começar com divisões de memória por duração (curta, média e longa) e conteúdo (eventos, fatos e ações).

DURAÇÃO DA MEMÓRIA

Em um nível básico, temos memórias que duram apenas um curto período – alguns segundos – e outras memórias que duram uma vida inteira. Você consegue se lembrar do número do telefone de sua casa de quando você era criança? Pode chegar um momento em que essa pergunta não faça mais sentido para as pessoas, mas muitos de nós crescemos com um telefone "fixo" que poderíamos considerar nosso telefone residencial. Ainda me lembro do número de telefone

---

Como tantos aspectos da ciência cognitiva, esse termo vem da metáfora do computador usada para a mente. Uma representação *online* é dinâmica, criada conforme necessário e mantida ativa. A metáfora se refere a uma representação que é como estar *online* e conectado à *Internet*, em vez de acessar arquivos estáveis e estáticos que estão em um disco rígido. Quando você está *online*, você está ao vivo. Quando você está *online*, fica atento a todas as informações dinâmicas e variáveis na *Internet*. Este termo também é frequentemente usado para se referir a técnicas metodológicas como fMRI, rastreamento ocular e EEG, porque a medição é ativa e dinâmica, além de não ser filtrada pelas lentes do autorrelato. Medidas de autorrelato e outros tipos de respostas comportamentais são *offline* porque a resposta é feita depois que o estímulo é apresentado, enquanto a imagem do cérebro pode capturar a ativação enquanto ela está acontecendo *online*. A metáfora do computador permeia as ciências cognitivas porque é parte da criação da psicologia cognitiva e das ciências cognitivas.

CAPÍTULO 7 | MEMÓRIA DE TRABALHO: UM SISTEMA PARA PENSAR

dos meus pais. Parece fazer parte de quem eu sou. É quase como meu nome – quase, mas não exatamente. Ao contrário do meu nome, do qual preciso, ainda consigo me lembrar do número de telefone dos meus pais, embora não precise mais me lembrar dele. Não ligo para esse número há anos. Eu nem tenho certeza se ainda é um número ativo para ser honesto, porque quando ligo para meu pai para conversar, ligo para o celular dele procurando as informações de contato no meu telefone. Ele tem esse número há anos, mas preciso pesquisar todas as vezes. Em outras palavras, lembro-me do antigo número de telefone fixo das décadas de 1970 e 1980, embora não precise mais dele. E não me lembro do número de telefone celular mais recente, embora eu o use.

Porém, deve ter havido um tempo em que eu não sabia aquele número antigo e tive que tentar decorá-lo. Provavelmente fiz o que a maioria de nós faz, repeti para mim mesmo usando minha voz interior até que pudesse me lembrar. Se eu lhe pedir para lembrar um número de telefone, digamos "9958-8171"[36], como você faria isso? Você provavelmente o repetiria para si mesmo. Você pode tentar por si mesmo agora, tente se lembrar daquela sequência de números sem fazer mais nada. Leia para você mesmo, feche os olhos e veja se consegue se lembrar por um minuto com precisão.

Se você for como a maioria das pessoas, você fechou os olhos e repetiu os números para si mesmo e, desde que os diga para si, será capaz de se lembrar da sequência de números. Se alguém aparecesse e o interrompesse, provavelmente esqueceria quase todos eles. Essa é a experiência que a maioria de nós tem com o que chamamos de memória de curto prazo. Ela é curta, tem capacidade limitada e estamos mais frequentemente cientes disso quando ensaiamos coisas com uma voz interior.

O que você faz quando alguém pede que você se lembre de uma lista de informações? Listas de informações são uma estrutura de dados interessante. Uma lista é algo que geralmente está em uma ordem, é curta e tem uma intenção muito específica. Por exemplo, uma lista de compras. Todo mundo sabe o que é uma lista de compras. Você anota as coisas que precisa comprar, leva a lista com você para a loja e risca as coisas à medida que avança. Pode fazer isso sem uma lista escrita, é claro, alguém poderia pedir-lhe leite, ovos, pão, espinafre e queijo parmesão. Não deve ser difícil lembrar dessa lista. Como você faria? Tal como acontece com o número de telefone, provavelmente repetiria a lista para si mesmo algumas vezes e, em seguida, iria até a loja e tentaria recuperar a lista

---

[36] Este não é o antigo número de telefone residencial dos meus pais. A propósito, escolhi esses números aleatoriamente usando o útil e fascinante *site* http://www.random.org, que usa ruído atmosférico para gerar números verdadeiramente aleatórios. Se este for o seu número de telefone, isso é puramente uma coincidência.

da memória. A recuperação é uma metáfora. A lista não está realmente sendo armazenada em um lugar em seu cérebro que você vai e de onde puxa a memória. Em vez disso, você está recriando aquele evento ou experiência particular. Você provavelmente vai se lembrar dos itens da lista na mesma ordem. Na verdade, sem olhar para trás agora, veja se você consegue se lembrar da lista nessa ordem. Certamente vai lembrar.

Nossa memória gosta de listas e de ordem. Esta é uma das razões pelas quais fazemos listas. Usamos a própria estrutura da lista como uma sugestão de memória. Cada item está intimamente associado aos que o precederam e aos que vêm depois dele. A lista é sua própria forma de reforço. Se você quiser se lembrar de uma pequena lista de coisas, tente manter os itens em uma ordem específica.

Portanto, memórias diferentes têm durações diferentes, dependendo do motivo que você as usa. O número de telefone de seus pais pode ficar com você por anos. As listas são armazenadas pelo tempo que você precisa (e podem ser mantidas ativas). Outras memórias são ainda mais curtas, mas essenciais para ajudá-lo a manter uma experiência perceptiva estável em sua mente. Chamamos isso de memórias sensoriais, e é aqui que sua memória encontra o mundo e onde o mundo encontra sua memória.

MEMÓRIA SENSORIAL

A memória de curto prazo parece assumir diversas variedades diferentes. No nível mais baixo, mais perceptivo, está o que os psicólogos chamam de "memória sensorial". Isso reflete a ativação de áreas do cérebro mais intimamente relacionadas àquelas que estão ativas durante o ato da percepção. Isso foi descoberto pelo psicólogo de meados do século XX, George Sperling, naquele que foi um dos experimentos mais criativos e inteligentes de sua época. Isso precedeu em décadas a pesquisa em neurociência cognitiva moderna e ajudou a fornecer uma demonstração empírica de como usamos nossa memória para preencher os detalhes do mundo e orientar a percepção. O experimento inteligente de Sperling funcionou da seguinte maneira.

Os participantes da pesquisa veriam uma série de letras em uma tela por um breve período, menos de um segundo. Por exemplo, suponha que peçam a você para ver as letras abaixo por cerca de 50 milissegundos, apenas uma pequena fração de segundo. As letras piscariam e então desapareceriam e seriam substituídas por um bloco de ruído visual, de forma a garantir que a imagem não perdurasse. Isso pode ser controlado com precisão com um dispositivo chamado taquistoscópio. O taquistoscópio usa projeção de *slides* e um cronômetro

CAPÍTULO 7 | MEMÓRIA DE TRABALHO: UM SISTEMA PARA PENSAR

mecânico para apresentar imagens por um tempo exato. A mesma coisa pode ser feita hoje em monitores de computador, mas não no tempo de Sperling.

G	K	Y
W	P	B
R	T	H

Quando a exposição às letras era muito breve (os 50 milissegundos normalmente usados), os participantes nunca conseguiam se lembrar de todas as letras. Eles podiam pegar três ou quatro letras e então a imagem desvanecia. Porém, os participantes indicaram que tiveram o sentido e a sensação, por um breve período, de que todas as letras eram visíveis, mas que desapareceram da memória antes de serem reconhecidas. Costumo fazer uma demonstração dessa experiência quando abordo a memória em meu curso universitário. Apresento a matriz na tela por uma fração de segundo e, em seguida, avanço o *slide*. Ninguém consegue se lembrar de mais de três letras. Muitos alunos relatam ter tido a mesma experiência que os participantes de Sperling tiveram. Dizem que podem ver as letras todas de uma vez, ocupando espaço em uma imagem mental visual, e então precisam lê-las para se lembrar delas. Mas, à medida que tentam ler as letras de sua imagem mental visual, a imagem se desvanece e eles só conseguem chegar a três letras.

Em outras palavras, as pessoas podem ver todas as letras e têm a sensação de que todas elas foram representadas de alguma forma no primeiro nível perceptivo, mas não conseguem estabilizar a experiência perceptiva antes que desapareça. Há uma imagem completa disponível por uma fração de segundo, mas não há tempo suficiente para preencher os detalhes. Isso é o que parecia estar acontecendo com os participantes do experimento, mas como você pode ter certeza disso? A solução de Sperling para essa questão foi muito inteligente e, de muitas maneiras, mudou nossa compreensão de como estudar a percepção e a memória. Em vez de confiar na introspecção dos participantes sobre seu estado mental (a sensação de que podiam ver todas as letras antes que elas desaparecessem), ele desenvolveu uma maneira de medir esse fenômeno. Na condição padrão, que Sperling chamou de *relatório completo*, os participantes tentariam (e não conseguiriam) lembrar todas as letras. Mas na condição experimental, que Sperling chamou de *relatório parcial*, eles não precisaram lembrar todas as letras.

No relatório parcial, os participantes viram a matriz como antes e imediatamente depois de desaparecer, eles ouviam um som cujo tom podia ser agudo, médio ou grave. Quando ouvissem o tom agudo, deveriam relatar apenas a primeira linha de letras. Quando ouvissem o tom médio, eles deveriam relatar a linha do meio. Quando ouvissem o tom grave, deveriam relatar a última linha. Observe que o tom é uma modalidade diferente e, portanto, não compete pelos mesmos recursos neurais da imagem visual. Observe também que a única maneira de reportar uma linha é depois que ela desaparecesse e após ouvir o tom. Você não sabe qual linha relatar até que ela desapareça da tela. A única maneira de uma pessoa fazer essa tarefa é se ela realmente tivesse a imagem completa representada na memória sensorial e pudesse inspecionar a imagem da memória conforme a orientação dada pelo tom.

Os participantes da pesquisa de Sperling foram capazes de relatar todas as letras da linha indicada pelo tom. E como conseguiram fazer isso em várias tentativas diferentes, para todos os tons e para todas as linhas, isso sugeriu que os participantes realmente tinham todas as informações visuais necessárias para perceber todas as letras por um tempo muito breve, mas que não bastava para ver todas elas. Quando realizo essa experiência como um exemplo em meu curso, vejo exatamente a mesma coisa. As pessoas podem relatar qualquer linha, mesmo que a imagem desapareça de vista antes que o tom seja reproduzido.

Há tantos pontos positivos neste experimento que acho que poderia dar uma aula inteira apenas sobre isso. Primeiro, esse experimento é outro exemplo do que discuti no *Capítulo 5* sobre atenção. No nível mais baixo, parece haver uma capacidade ilimitada em nosso sistema perceptivo. Este experimento também mostra que a atenção visual e auditiva não tendem a competir pelos mesmos recursos. Para todos os efeitos, trata-se de duas correntes diferentes. Você pode ver a imagem e ouvir o tom e essas duas fontes de informação não se interferem. Este experimento também ilustra o quanto nossa percepção depende de nossa memória para preencher os detalhes. Nesse caso, os sujeitos literalmente não conseguem perceber uma grade de letras até que ativem uma representação de memória para cada letra e, de fato, leiam a letra para si mesmos. Há uma capacidade ilimitada no sistema em níveis baixos, mas essa capacidade ilimitada não significa muito se não houver conceitos ou memória para ativar.

Este é um dos paradoxos mais desafiadores da psicologia: só podemos perceber o que conhecemos e só podemos conhecer o que percebemos se já o conhecermos.

A memória sensorial do tipo descoberto por George Sperling é apenas um tipo de memória de curto prazo. Ela dura apenas uma fração de segundo. Ou seja, a menos que decidamos fazer algo com ela, a informação desaparece muito rapidamente, em algumas centenas de milissegundos. Os experimentos de Sperling também confirmaram isso. Mas, uma vez que lemos as letras, palavras, números ou imagens, podemos nos lembrar das informações por mais tempo e

CAPÍTULO 7 | MEMÓRIA DE TRABALHO: UM SISTEMA PARA PENSAR

podemos manter as letras em nossa percepção consciente. Esse é o tipo de memória de curto prazo com o qual a maioria das pessoas está familiarizada. É o tipo de memória com que estamos acostumados a trabalhar quando pensamos, resolvemos problemas e temos que manter várias coisas em ordem. A memória que faz o trabalho pesado para nós é chamada de memória de trabalho.

MEMÓRIA DE TRABALHO

Embora a memória sensorial de Sperling seja um breve lampejo, o tipo de memória de curto prazo que chamamos "memória de trabalho" parece envolver trabalho. A memória de trabalho é uma forma de memória ativa de curta duração e/ou capacidade, e reflete as informações nas quais estamos processando ou pensando ativamente. A memória de trabalho é a memória e o pensamento dos quais temos consciência, embora nem sempre estejamos conscientes de tudo o que está em nossa memória de trabalho.

Vejamos alguns exemplos antes de examinar os detalhes. Suponha que você esteja ouvindo um *podcast* ou uma palestra. Está prestando atenção e acompanhando a história, mas ainda assim é uma informação nova. Você pode fazer suposições e previsões sobre a essência do tema, mas não sabe exatamente quais palavras ou frases virão a seguir. No entanto, precisa ouvir e entender cada palavra para poder compreender a frase e a ideia antes que a representação perceptiva inicial desapareça. E vai desaparecer rapidamente. O som permanece audível por um instante. Assim que você ouvir, ele sumirá. Assim que o percebe, ele já não está disponível. É um problema difícil de resolver. Você ouve palavras que desaparecem assim que as escuta, mas também precisa de algum tempo para encaixar essas palavras em uma frase e na essência da narrativa. Também precisa resolver esse problema muito rapidamente, porque ouve palavras novas o tempo todo. Tem que dar duro para acompanhar! A propósito, este é o mesmo problema que Sperling estava estudando, a não ser pelo fato de que observava a existência de uma breve memória sensorial visual.

Se ao menos você tivesse uma "área de espera" de curto prazo que permitisse manter a forma perceptiva dos sons da palavra ativa por apenas alguns segundos de forma a poder encaixá-los na frase, sentença ou conceito que está ouvindo, isso resolveria o problema do sinal de desaparecimento rápido que está perpetuamente em risco de ser substituído por novas palavras que você ouve antes de poder compreender as que acabou de ouvir.

Bem, você tem esse sistema. Isto é, essencialmente, seu sistema de memória de trabalho e aquilo que ele evoluiu para fazer. É uma área de retenção de informações de curto prazo que está intimamente ligada à percepção, mas também consciente e ativa e capaz de agir como intermediária entre a percepção e o conhecimento. Contamos com esse sistema para apoiar grande parte de nossa cognição e pensamento ativos.

Nossa memória de trabalho lida com memória ativa de todos os tipos. Vejamos mais alguns exemplos: considere a atividade mental necessária para ler esta passagem deste livro. Ao ler cada palavra e frase, você ativa representações mentais que o ajudam a extrair significado e construir algum tipo de modelo mental para o que está lendo. Usa sua memória de trabalho para fazer isso. Sua memória de trabalho armazena as informações iniciais, antes que saiba totalmente o que significam, para que possa ativar e acessar rapidamente os conceitos de que precisa para ajudá-lo a construir um modelo mental. Agora percebo que ler, sendo um processo visual, não tem o mesmo problema que ouvir. As palavras escritas ficam bem ali na página, ao contrário das palavras faladas que desaparecem assim que são ouvidas. Embora a leitura seja um processo visual para a maioria de nós, ela ainda ativa as partes do cérebro relacionadas à linguagem falada. Quando você lê, as palavras ainda passam pelo sistema de memória de trabalho. Você lê com uma voz interior que o ajuda a manter apenas o suficiente do sinal (o *input* visual ou o som) para que você possa começar a ativar conceitos e ideias.

A memória de trabalho não se baseia apenas na linguagem. Se estiver assistindo a um vídeo, olhando uma imagem ou assistindo a uma cena à sua frente, as imagens que você percebe podem ser ativamente mantidas em sua memória de trabalho antes de conectá-las a outros conceitos e formar uma ideia. Ao resolver um problema, por exemplo, matemático ou físico, pode perceber que precisa manter várias ideias ativas simultaneamente até que possa reuni-las para resolver o problema. Você pode falar consigo mesmo, com uma voz interior, mas também pode imaginar um objeto tridimensional e então imaginar como ele se move, ou como parece visto de um ângulo diferente. Você consegue resolver um cubo de Rubik em sua imaginação? Isto é a memória de trabalho. Consegue acompanhar a localização de vários jogadores de futebol em campo sem ter que listar todos o tempo todo? Esta também é a memória de trabalho. Percebe e identifica objetos visuais em locais diferentes? Acertou: é a memória de trabalho.

Deve estar claro que a memória de trabalho desempenha um grande papel em nossa compreensão do mundo e em como reconstruímos experiências para perceber e compreender o que está acontecendo ao nosso redor. Vamos discutir como esse modelo funciona em mais detalhes, a teoria por trás do modelo e algumas das evidências que o sustentam.

CAPÍTULO 7 | MEMÓRIA DE TRABALHO: UM SISTEMA PARA PENSAR

Já discutimos alguns aspectos dessa teoria em um capítulo anterior, sem usar o termo "memória de trabalho". Por exemplo, a memorização mecânica que você pode usar para aprender um número de telefone ou uma lista de palavras lança mão de uma voz interior que é parte integrante do sistema de memória de trabalho. Em um exemplo do *Capítulo 5*, descrevi um experimento que foi projetado por Lee Brooks e mencionei que fazer essa tarefa exigia o uso de dois "reservatórios de atenção". Os participantes foram solicitados a manter uma imagem visual ou repetir uma frase e a responder às perguntas falando a resposta ou apontando. Brooks observou interferência quando a memória usou o mesmo "reservatório de atenção" que a resposta. O seu trabalho mostrou que existe uma "voz interior" e um "olho interior" que a maioria das pessoas pode usar ativamente para manter representações. Não se refere a isso como memória de trabalho, mas sua pesquisa pavimentou o caminho para o desenvolvimento e refinamento posterior da teoria.

O modelo de memória de trabalho que discutiremos é uma teoria muito específica da memória de curto prazo, que foi originalmente desenvolvida por Alan Baddeley e Graham Hitch no Reino Unido no início dos anos 1970. Embora existam várias teorias da memória de curto prazo semelhantes, o modelo da memória de trabalho é provavelmente o mais desenvolvido. Há alguns aspectos importantes nesse sistema. O modelo de memória de trabalho de Baddeley assume que existe um sistema, ou rede de estruturas neurológicas, que processam informações sensoriais imediatas. O sistema de memória de trabalho atua como uma memória intermediária, de forma que as informações possam ser mantidas, processadas posteriormente ou descartadas. O modelo de Baddeley tem várias características e suposições que são exclusivas desta teoria. Essas suposições explicam nosso comportamento em vários cenários diferentes.

Em primeiro lugar, e em linha com o que temos discutido sobre a estreita conexão entre percepção, atenção e memória, o modelo de memória de trabalho de Baddeley é específica às modalidades. Neste caso, "modalidade" se refere à modalidade perceptiva. Esta é apenas uma maneira de dizer que existem diferentes sistemas de memória para diferentes sistemas sensoriais. O sistema de memória de trabalho assume que existem circuitos neurais separados para o processamento ativo da informação auditiva e circuitos neurais separados para o processamento ativo da informação visuoespacial. A informação auditiva e verbal é tratada por um sistema que Baddeley e Hitch chamam de "*loop* fonológico". As informações visuais e espaciais são tratadas por um sistema que eles chamaram de "esboço visuoespacial". A coordenação é feita por um "executivo central". O executivo central aloca recursos, faz alternações entre sistemas e coordena a alternância entre as representações dentro de um sistema.

O modelo de Baddeley não é o único modelo de memória de trabalho, mas é um dos mais conhecidos, e as outras teorias da memória de trabalho fazem algumas das mesmas suposições.

De acordo com Baddeley, o *loop* fonológico é um estoque fonológico ou acústico que está conectado à entrada do córtex auditivo. Como vimos anteriormente com a descrição da memória sensorial, um traço de memória inicial desaparecerá após cerca de dois segundos. Mas normalmente não vivenciamos o mundo assim. Somos capazes de nos concentrar em algo que ouvimos e continuar pensando sobre isso. As coisas que ouvimos não parecem desaparecer, porque somos capazes de mantê-las ou reforçá-las por meio de um processo de controle articulatório conhecido como ensaio subvocal, ou seja, a voz interior.

A voz interior é familiar para a maioria de nós. Pense em como você pode se lembrar de uma pequena informação (um número ou uma frase curta) enquanto a repete para si mesmo. Por exemplo, se você usar a autenticação de dois fatores para um *site* ou conta de mídia social e fizer *login* em uma nova máquina, o *site* enviará uma mensagem de texto com um número de cinco a oito dígitos que você deve inserir. Você pode tentar se lembrar da sequência de números, repetindo-os silenciosamente para si mesmo até digitá-los e, então, esquecê-los imediatamente. O ensaio subvocal mantém os números em sua memória enquanto você os repete. Eles são esquecidos assim que esse ensaio cessa e a memória se apaga.

A voz interior também faz parte do modo como ouvimos e compreendemos a linguagem falada. De acordo com o modelo de Baddeley, tudo o que ouvimos passa pela memória de trabalho para ser compreendido posteriormente. Normalmente não estamos cientes da memória de trabalho neste contexto, mas às vezes notamos sua influência. Isso já aconteceu com você: alguém lhe faz uma pergunta ou lhe diz algo, mas você não ouve bem o que foi dito? Quando isso acontece, pode pedir que repitam a pergunta. Você pergunta: "Desculpe, o que disse?". Mas às vezes, antes mesmo de a pessoa responder, você acaba "ouvindo" a pergunta de qualquer maneira, repetindo o que foi dito em sua mente. Você é capaz de ouvir o que a pessoa disse, alguns segundos depois que foi dito, usando o processo de controle acústico do sistema de memória de trabalho. Neste exemplo, você está reproduzindo a mensagem que ouviu antes de saber o que foi realmente dito. Isso implica que o sistema de memória de trabalho verbal é baseado tanto na linguagem (fonologia) quanto na acústica. Somos capazes de reproduzir sons em nossas mentes, não apenas palavras. A memória de trabalho permite reativar o córtex auditivo de forma a repetir o que foi dito.

Essa voz interior (memória de trabalho verbal) é um componente crucialmente importante do pensamento. Precisamos de uma voz interior e de uma memória de trabalho verbal para formular hipóteses, ler a descrição de

CAPÍTULO 7 | MEMÓRIA DE TRABALHO: UM SISTEMA PARA PENSAR

um problema, formular uma decisão, testar alternativas e considerar o resultado de nossos comportamentos e ações. Em outras palavras, o pensamento ativo precisa de uma memória de trabalho ativa. O pensamento ativo requer compreensão da linguagem e memória de trabalho para o raciocínio, planejamento e resolução de problemas. Na verdade, o sucesso em todas essas atividades tem se mostrado altamente correlacionado com as medidas de capacidade de memória de trabalho. Para muitos psicólogos, a "capacidade de memória de trabalho" tornou-se uma espécie de característica abrangente da capacidade intelectual e, mais tarde, quando eu discutir algumas das chamadas "funções executivas", veremos o porquê.

A evidência da existência de um sistema de memória de trabalho verbal de base fonológica é extensa e diversa, mas uma das demonstrações mais marcantes de como todo o sistema funciona em conjunto com a memória de longo prazo é o efeito de posição serial. Este efeito, que você provavelmente já conhece, é um dos fundamentais da psicologia cognitiva. Foi descoberto no início do século XX por Hermann Ebbinghaus (1850–1909). O laboratório de Ebbinghaus deveria ser simples. Ele testou sobretudo a si mesmo e passou muito tempo memorizando listas de palavras, letras e sequências de letras sob diferentes condições e gravou cuidadosamente seu desempenho no reconhecimento e na memorização. O efeito de posição serial que ele descobriu é enganosamente simples. Posso fazer isso como uma demonstração de classe e será repetido toda vez. Funciona assim: os participantes do experimento recebem uma lista de palavras (ou sílabas, números ou letras, etc.); essa lista é longa o suficiente para que eles não consigam se lembrar de tudo, mas não tão longa que demore mais de um ou dois minutos para ler ou ouvir seus itens. Isso seria cerca de vinte palavras, apresentadas a uma taxa constante, cerca de uma por segundo. Se você participasse de um experimento como este, seria solicitado que se lembrasse do maior número de palavras. E você tentaria se lembrar da lista da mesma maneira que tenta se lembrar de números de telefone, uma lista de compras ou qualquer lista curta: você usaria sua voz interior (seu sistema de memória de trabalho fonológica) para repetir as palavras para si mesmo de forma a tentar retê-las.

Porém, há um problema. A lista é muito longa para caber em um *loop* do *loop* fonológico. Existem palavras demais para dizer e, em algum ponto, se você tentar encaixar muitas palavras no *loop*, irá esquecer algumas delas. E há outro problema. À medida que tenta dizer as palavras para si mesmo, também são apresentadas palavras adicionais da lista. Essas palavras continuarão vindo até você enquanto tenta repetir as que já viu ou ouviu. Terá que decidir entre continuar repetindo o conjunto de palavras que já possui ou parar de tentar lembrá-la e tentar recordar-se das novas que estão sendo apresentadas. De uma forma ou de outra, seu sistema cognitivo não consegue lidar com todo esse processamento de informações ao mesmo tempo, nem com todas as palavras, em um ritmo constante, enquanto tenta repeti-las todas. Algumas das palavras não serão aprendidas. Mas o interessante é que há algumas maneiras previsíveis pelas quais você não conseguiria aprender todas as palavras. O padrão de erros está relacionado à forma como o sistema de memória de trabalho opera.

Se essa lista de palavras for apresentada a você (auditiva ou visualmente, funciona de qualquer maneira), você não será capaz de se lembrar de toda a lista. Porém, será muito mais capaz de lembrar as palavras do início e/ou do final da lista. Ou seja, sua memória será sensível à posição serial da palavra na lista. A ordem e o contexto são importantes. Quando Ebbinghaus fez essa pesquisa pela primeira vez, descobriu que era capaz de se lembrar das palavras no início e no final muito melhor do que as que estavam no meio da lista. Daí o nome "efeito de posição serial". Há um efeito da posição serial das palavras na lista; Ebbinghaus não descreveu isso como produto de um sistema de memória de trabalho, mas suas explicações e a elucidação mais refinada fornecida pelo modelo de memória de trabalho de Baddeley são praticamente as mesmas.

À medida que você repete as palavras do início da lista para si mesmo em sua memória de trabalho, elas formam traços mais fortes. Parecerão estar mais fortemente comprometidas com a sua memória de longo prazo porque as repete mesmo enquanto ouve e tenta repetir as palavras subsequentes. A repetição ajuda a desenvolver traços mais fortes. Contanto que você consiga continuar a repetir essas palavras, pode mantê-las na memória de trabalho por tempo suficiente para relembrá-las durante a fase de teste posterior. A melhor memória nos itens no início da lista, geralmente chamado de "efeito de primazia", é um efeito do ensaio da memória de trabalho e os traços mais fortes que resultam da repetição. No entanto, você não consegue ensaiar os itens do meio também, em parte porque sua memória de trabalho já está cheia, por ter memorizado os primeiros itens. Sua capacidade de lembrar essas palavras está prejudicada. O efeito de primazia é limitado pela extensão de sua memória de trabalho.

Ebbinghaus descobriu que também era capaz de se lembrar das últimas palavras da lista. Isso é chamado de "efeito de recência" porque o aprimoramento da memória é para as palavras mais recentes. Ao contrário do efeito de primazia, que é um resultado do ensaio de memória extra, o efeito de recência pode ocorrer porque essas palavras ainda estão ativas no armazenamento de memória de trabalho acústica. O modelo de memória de trabalho é capaz de explicar os efeitos de primazia e recência assumindo que o primeiro é o resultado do ensaio/repetição e o último é o resultado das formas de palavras ainda estarem ativas a partir do *input* sensorial. As palavras do meio não foram memorizadas porque não havia capacidade adicional no *loop* fonológico para memorizá-las. E eles não estão mais ativos no armazenamento sensorial porque continuam sendo postos para fora a cada nova palavra.

Esta explicação funciona bem o suficiente para os efeitos de primazia e recência em um efeito de posição serial padrão. Porém, existem duas variações desse experimento que fornecem ainda mais suporte. Variação 1: se as palavras forem apresentadas em uma taxa mais rápida, duas palavras por segundo, por exemplo, o efeito de primazia será reduzido ou eliminado, o desempenho nas palavras do meio da série também será diminuído, mas o efeito de recência não será. Por quê? A taxa mais rápida sobrecarregará o *loop* fonológico desde o início. Você teria menos tempo para ensaiar as palavras. Leva tempo para ensaiar as palavras em seu *loop* fonológico, que tende a operar na velocidade normal de fala. Variação 2: se a apresentação da lista for seguida por um atraso de 20 segundos que é preenchido com palavras adicionais, não há impacto no efeito de primazia, mas o efeito de recência é eliminado. Isso ocorre porque as palavras no final da lista são tiradas da memória ativa pelas palavras adicionais colocadas com atraso. Um atraso de 20 segundos sem as palavras extras não terá um efeito tão forte, porque algumas das palavras finais poderão ser ensaiadas.

Esses efeitos de posição serial podem parecer artificiais e circunscritos. Podem parecer efeitos que podem ser gerados em um laboratório, mas podem não ser generalizados fora do laboratório. Mas se você parar e refletir sobre alguns exemplos da experiência cotidiana, são efeitos confiáveis fora do laboratório também. Por exemplo, já ouviu anúncios no rádio que terminam com um trecho de fala muito rápido sobre os Termos e Condições? O trecho passa tão rápido que é impossível processar através da sua memória de trabalho, e então você raramente entende tudo o que foi dito. Isso é como a apresentação da lista de forma rápida. Não há tempo suficiente para codificar e processar todas as palavras, então algumas delas nunca passam pela ativação sensorial inicial. Os anunciantes fazem isso de forma a cumprir um requisito regulamentador sobre a menção dos termos e condições. Mas alguns dos termos e condições podem prejudicar as vendas, portanto, acelerar sua apresentação ainda satisfará a exigência, mas também reduzirá a probabilidade de que o ouvinte se lembre do que foi dito. Isso é bom para o anunciante, talvez não tão bom para o consumidor. Por outro exemplo, algo que lembro fazer quando era criança e que também vi meus próprios filhos fazendo, é que quando eu estava tentando contar algo (dinheiro, peças de jogo, cartões de negociação, etc), eu teria que usar minha voz interior ou até mesmo contar em voz alta. Meu irmão mais novo tentava atrapalhar minha contagem gritando outros números. Enquanto eu contava "14, 15, 16, 17,…", ele gritava "22, 7, 34!" ou "2, 4, 6!". Eu perdia a conta porque a informação que eu estava tentando processar com o meu *loop* fonológico (a contagem) seria apagada pela informação no meu estoque acústico (os números que eu estava ouvindo).

A maioria dos exemplos que tenho discutido são sobre processamento verbal e memória verbal, mas a memória de trabalho não é apenas um fenômeno verbal. Nós experimentamos o mundo principalmente através da visão. Vemos o que está na nossa frente e podemos usar um "olho interior" para imaginar coisas e manter a representação visual ativa enquanto estamos processando outras coisas no campo visual. Essa é a memória de trabalho visuoespacial, que Baddeley chama de "esboço visuoespacial". A memória de trabalho visuoespacial opera de uma forma análoga à memória de trabalho verbal, exceto pela suposição de que o sistema de memória de trabalho visuoespacial engaja áreas visuais e motoras do córtex, a fim de manter representações com características principalmente espaciais. Assim como a memória de trabalho verbal, essa memória de trabalho visuoespacial também parece estar altamente correlacionada com a capacidade de pensamento.

Um dos problemas que o modelo de memória de trabalho precisa resolver é que esses dois sistemas, memória verbal e de trabalho visual, estão intimamente ligados à percepção e, portanto, as informações processadas precisam ser gerenciadas e mescladas. Às vezes você precisa prestar mais atenção ao que vê, outras, precisa prestar mais atenção ao que ouve, e às vezes você precisa fazer as duas coisas. Em outras palavras, os sistemas precisam de algum tipo de controle. Os psicólogos chamam isso de "função executiva". E esta parte do sistema funciona como uma função executiva deve funcionar.

Na versão padrão do Baddeley da memória de trabalho, o executivo central (que é o termo de Baddeley) coordena recursos entre os outros dois subsistemas. Mas outras teorias de memória de trabalho colocam mais ênfase na operação independente das funções executivas. Quais seriam essas funções executivas? A teoria de Baddeley, e outras teorias, destacam um conjunto de funções cognitivas gerais, como a alternância entre tarefas, recursos inibitórios e atenção seletiva. O executivo central da memória de trabalho está relacionado à atenção e parece refletir nossa capacidade de prestar atenção à atividade nesses subsistemas de memória de trabalho.

Se você quiser se destacar em tarefas intelectuais ou em tarefas cognitivamente exigentes, como estudar química, aprender a programar ou entender os mercados financeiros, pode realmente valer a pena entender como essas funções executivas funcionam. Elas são aquilo que realmente faz sua memória de trabalho funcionar. As funções executivas são o que a maioria de nós pensa quando pensamos em fazer trabalho mental. São o meio como controlamos nossos

CAPÍTULO 7 | MEMÓRIA DE TRABALHO: UM SISTEMA PARA PENSAR

pensamentos e comportamentos, e como fazemos nosso trabalho de memorização. São funções importantes. Vamos olhar mais de perto.

Uma dessas funções executivas é comumente chamada de "alternância de tarefas". A alternância de tarefas é o ato de mudar a atenção de um comportamento para outro. Ela funciona em muitos níveis diferentes de cognição e em muitos domínios, e é por isso que parece se correlacionar com outras medidas de cognição e desempenho. Nós cobrimos muitos exemplos de alternância de tarefas quando discutimos como nós funcionamos em modo multitarefa e com atenção seletiva. Como acontece com qualquer aspecto da multitarefa, há sempre algum custo, e enquanto você muda de uma tarefa para outra, pode experimentar uma perda momentânea de atenção ou perder um pouco daquilo em que está prestando atenção. Esse é o custo da alternância de tarefas. Assim como quando você troca os canais da televisão ou muda para um aplicativo diferente no seu telefone, pode perder uma pequena informação do final do canal ou do aplicativo que mudou e também uma pequena informação do início daquele para o qual migrou.

A inibição é outra das funções executivas e está relacionada à alternância de tarefas. A inibição é um processo que nos permite ignorar alguma coisa, inibir a atenção dirigida a alguma coisa, uma resposta ou uma ação. É uma função geral na qual confiamos para não fazer algo. Isso é importante. Precisamos ser capazes de ignorar características perceptivas irrelevantes ou pensamentos ou emoções desimportantes ou desnecessários para que dediquemos mais atenção aos relevantes. Também usamos a inibição no pensamento de ordem superior, como raciocínio, tomada de decisões, testes de previsões e hipóteses. Por exemplo, suponha que você esteja tentando resolver um problema, talvez um quebra-cabeça, um jogo ou uma questão matemática. A menos que você tenha a sorte de resolvê-lo na primeira tentativa, acabará testando várias maneiras possíveis para encontrar a resposta certa. Cada vez que você testar um conjunto possível de etapas para resolver o problema, verifica se isso está funcionando. Se achar que sua estratégia atual não funciona, precisará recomeçar do início. Isso requer inibição. Como? Bem, você precisa inibir sua atenção com relação às etapas que tentou na primeira vez. Precisa ter certeza de que não vai percorrer o mesmo conjunto de etapas novamente. Tem que migrar para uma nova solução e inibir a antiga.

A inibição é fundamental para essas tarefas cognitivas complexas. Também é importante para a interação social, porque você pode precisar inibir sua primeira reação a um estímulo e responder de maneira mais educada. A inibição é fundamental para fazer coisas. Você precisa inibir seu desejo de verificar seu celular a cada 2-3 minutos, a fim de trabalhar em algo. A inibição é importante para aprender a evitar alguns dos erros que vêm da heurística e preconceitos/vieses que descrevi no *Capítulo 6*. Embora seja natural confiar na disponibilidade de memórias para tomar decisões e fazer previsões, também sabemos que isso pode levar a vieses e erros. A fim de, por vezes, substituir sua primeira intuição da memória, talvez seja necessário inibir a primeira coisa que vem à mente e permitir-se considerar outras opções que podem demorar mais para serem recuperadas da memória.

Por conta de as funções executivas, como a troca e a inibição, parecem desempenhar um papel tão importante no pensamento de ordem superior, muitos pesquisadores propuseram que as funções executivas são o principal componente intelectual da memória de trabalho. As funções executivas servem como um sistema geral de memória de trabalho e parecem até ser o principal determinante da inteligência geral. Em outras palavras, os componentes de nível inferior, como o *loop* fonológico e o esboço visuoespacial, podem não estar contribuindo para o pensamento de ordem superior, tanto quanto a função executiva. A disponibilidade e a capacidade da função executiva podem ser os principais determinantes da capacidade de pensamento e raciocínio. De uma perspectiva de diferenças individuais, as pessoas com habilidades de função executivas mais altas podem acabar sendo capazes de se sair melhor nas habilidades e testes associados à capacidade intelectual, como a escola e o trabalho intelectual. Em geral, maiores habilidades de funcionamento executivo estão associadas ao desempenho.

CONCLUSÃO

No início deste capítulo, mencionei que havia pelo menos duas boas maneiras de dividir nossa compreensão da memória. Duração (curta, média e longa) e conteúdo (eventos, fatos, ação motora, palavras e imagens). O lado mais breve da memória, o sistema sensorial e o sistema de memória de trabalho, refletem o conteúdo de nossos pensamentos e estão intimamente ligados à percepção. Esses sistemas armazenam informações sobre o que estamos pensando, e nós mantemos essa informação com repetição ativa e a reativação da percepção. Porém, essas representações não significam nada para nós, a menos que possamos fazer conexões com as coisas que já conhecemos. Nosso sistema de memória de trabalho é um intermediário entre o mundo que está lá fora; o mundo da sensação e da percepção, e o que está aqui dentro; o mundo das memórias de longo prazo, dos conceitos e do conhecimento.

CAPÍTULO 8

CONHECIMENTO: O DESEJO DE CONHECER E DE EXPLICAR

A memória é usada mais do que apenas para lembrar onde você colocou as chaves, um número de telefone ou uma lista de palavras. A memória de curto prazo é o tipo de memória de trabalho que nos permite pensar sobre as coisas, considerar ideias e entender a linguagem. A memória de trabalho nos ajuda a criar uma representação estável do mundo. Mas, é claro, só podemos criar uma representação estável se tivermos alguma ideia daquilo que estamos vendo. Só podemos saber o que estamos vendo e ouvindo se tivermos alguma representação na memória ou algum conceito. A memória de trabalho pode ser um sistema de pensamento ativo, mas depende de ser capaz de mesclar o que sabemos com o que estamos sentindo e percebendo. Mas como de fato sabemos alguma coisa? Como criamos uma representação em nossa mente e em nosso cérebro que é um registro de algo que já aconteceu? Como armazenamos uma experiência perceptiva de forma que possamos repeti-la?

O *Capítulo 6* tratou de como usamos a memória para pensar, como os erros e heurísticas têm a mesma origem. O *Capítulo 7* foi sobre a memória de curta duração e de trabalho. Este capítulo é sobre o que restou. Todo o resto. É sobre como e por que você pode lembrar de qualquer coisa e como consegue se lembrar de praticamente tudo. É sobre sua memória e conhecimento de longo prazo.

No *Capítulo 6*, sugeri que há pelo menos duas maneiras de pensar sobre sua memória e conhecimentos de longo prazo. Temos memória para coisas que nos aconteceram. Qualquer tipo de coisa, importante ou mundana, como um casamento, o jantar da semana passada ou o primeiro dia em um novo emprego.

São episódios, eventos pessoais que aconteceram com você no passado. Esses eventos constituem um tipo de memória chamada memória episódica. Mas também temos memórias de conhecimentos gerais ou de fatos sobre o mundo. Isso é chamado de memória semântica. Vou explicar os dois tipos de memória e ir além. Cobrirei os princípios básicos da memória episódica, como sua dependência de um senso de tempo e sua maleabilidade. Também falarei de teorias de memória semântica, como o aumento da ativação da memória e as diferentes ideias de organização de conhecimento. E incluirei informações práticas neste capítulo sobre como lembrar as coisas de forma mais eficaz. Uma das chaves para uma memória mais eficaz e mais eficiente é aprender a dirigir novas ideias a uma estrutura já existente. Ao aproveitar a maneira como o conhecimento é organizado, você, em geral, consegue melhorar sua capacidade de recordar informações. Se você quiser pensar melhor, pode ser importante saber como sua memória funciona, de forma que você melhore suas habilidades de lembrar as coisas que deseja, bem como aprender a reconhecer como e quando erros podem aparecer.

OS DIFERENTES TIPOS DE MEMÓRIA DE LONGO PRAZO

Quando discuti a memória de curto prazo, sugeri que a dividíssemos em vários tipos diferentes e distintos de memória. As divisões são feitas principalmente em função de tempo ou da modalidade. O sistema de memória sensorial é muito curto, quase instantâneo e intimamente ligado à percepção. O sistema de memória de trabalho pode ser retido um pouco mais e seu conteúdo pode ser mantido por meio de um processo de ensaio (repetição). Neste sistema de memória de trabalho, distinguimos entre memória baseada na visão e memória verbal. O que não falamos foi o *conteúdo* real dessas memórias. Isso porque fizemos a suposição de que o conteúdo específico não importava. A reserva de memória de trabalho parece armazenar memória sobre livros, *bagels* e beisebol da mesma maneira. E com memória sensorial, embora preserve uma representação verídica do que está à sua frente, computacionalmente, o processo parece ser o mesmo. Você não tem um sistema sensorial separado para carros e outro para cardeais.

Com a memória de longo prazo, no entanto, o conteúdo da memória é mais importante e interessante. Parece que organizamos as coisas de acordo com o conhecimento geral e experiências específicas. E dentro disso, muitas vezes organizamos e acessamos informações de modo conceitual. Ou seja, temos muitas memórias para a mesma coisa, as quais podem ser armazenadas da mesma maneira. Ideias semelhantes parecem ser armazenadas perto umas das outras em um espaço psicológico conceitualmente organizado. Muitas vezes temos uma

CAPÍTULO 8 | CONHECIMENTO: O DESEJO DE CONHECER E DE EXPLICAR

rede rica e complexa de fatos e memórias relacionados às coisas com as quais estamos muito familiarizados. Se você é alguém que gosta de cozinhar, por exemplo, provavelmente tem muito conhecimento de técnicas de culinária, panelas, ingredientes e receitas. E pode ter uma memória extensa para coisas específicas que você já fez, como daquela vez que assou seu melhor pão. Ou daquela outra vez que seu molho não saiu do jeito que você esperava. É bastante razoável esperar que seu conhecimento sobre alimentos, sua memória de técnicas de culinária, e suas memórias de experiências específicas de preparar a comida serão muito mais desenvolvidas do que memórias em algum outro domínio. Se você tem muito pouco interesse e experiência em automobilismo, por exemplo, esse conceito não será tão bem desenvolvido. Não vai ocupar tanto espaço psicológico. E você pode ter poucas (ou nenhuma) experiências. Se você nunca esteve em um Grand Prix, você não teria nada para fazer parte de sua memória.

No início do *Capítulo 7*, quando discutia o papel da memória na identificação de aves no alimentador de pássaros, esbocei a distinção entre memórias de fatos e memórias organizadas em torno de eventos. Essas memórias que têm fatos como base são referidas como memórias semânticas, porque o conteúdo semântico e conceitual parece ser a coisa mais importante. As memórias baseadas em eventos são geralmente referidas como memórias episódicas e se relacionam a episódios específicos, eventos específicos que já aconteceram com você ou que vão acontecer. Esses sistemas parecem operar de maneiras diferentes. Parece haver uma diferença funcional para a capacidade de lembrar e conhecer coisas em geral e a capacidade de recordar e lembrar coisas em particular. As necessidades funcionais são diferentes, e esses sistemas parecem ajudar você a alcançar objetivos diferentes. Mas eles não são separados. Eles interagem; sobrepõem-se; influenciam-se um ao outro. É fácil ver isso com um exemplo – neste caso, um exemplo em que eventos específicos podem eventualmente resultar em um novo conceito.

As Histórias Moldam Nossas Memórias

Muitos anos atrás, quando minha filha mais nova estava aprendendo a falar, tivemos uma experiência que ilustra a interação entre a memória semântica e a episódica. Você provavelmente já viveu muitas experiências semelhantes. Para mim, essa se destaca. Há algo sobre testemunhar uma criança aprender a falar, aprender a observar e a formar conceitos – isso é profundamente satisfatório.

Um dia, pegamos meu carro para fazer uma troca de óleo na concessionária. Era um carro novo e deve ter sido uma das suas primeiras revisões programadas. Nessa concessionária, você pode se sentar na área de espera e acompanhar o progresso do serviço em seu veículo através de uma janela. Nós estávamos fazendo uma troca de óleo básica e talvez um rodízio de pneus, o que implicava em colocar o carro em um elevador, drenar o óleo, retirar os pneus e recolocá-los em outra roda. Minha filha tinha apenas um ano e meio, e então aquela era uma experiência nova para ela. Praticamente tudo era uma experiência nova para ela. Como a maioria das crianças, ficava fascinada com tudo. Coisas grandes, coisas pequenas, coisas que eram interessantes para qualquer pessoa, e coisas que provavelmente eram corriqueiras para qualquer um que não fosse uma criança pequena. Então, havia muitas novidades acontecendo. Era um novo lugar, uma nova experiência, e ela era uma esponja de um ano e meio de idade com muita energia e desejo de descobrir as coisas e formar novas memórias.

Ela fez o habitual, folheou algumas das revistas que lá estavam e comeu um lanche, mas quando foi até a janela de onde você podia ver o trabalho dos mecânicos, parou e olhou com a boca aberta. Ver o carro em um elevador foi algo realmente novo. Acho que ela ficou impressionada. Estava completamente deslumbrada com o que viu. Ainda me lembro de como os olhos dela se arregalaram quando observamos nosso carro ser colocado no elevador. Era o nosso carro, enorme e pesado com o qual vamos a todos os lugares. E estava no ar. Ela só o tinha visto de um ângulo. E não era aquele. Este foi (tanto quanto eu posso dizer da minha própria intuição do que ela estava pensando) uma experiência verdadeiramente arrebatadora.

Agora, essa não foi uma experiência que me impressionou. Era comum. Era uma tarefa a ser realizada. Mas a reação dela tornou a experiência especial para mim também, e é provavelmente por isso que me lembro dela até hoje. Porém, eu não estava realmente prestando atenção ao comprometer tudo isso à memória (vou explicar mais tarde como e por que pareço ter uma forte memória para este evento).

Na maior parte, fiz o que a maioria dos pais faz. Falei sobre o que estava acontecendo. Disse algo como "o carro está subindo". Ela repetiu a palavra "subindo". E eu provavelmente disse: "Sim, é isso, está subindo". Depois de repetir a palavra mais uma vez, e mais um reforço de minha parte, ela se acomodou. Mas ainda estava transfixada pela visão do nosso carro no elevador. Então, o carro foi abaixado. Uau! Isso realmente chamou sua atenção. O carro desceu. Será que ela estava esperando que o carro ficasse no elevador, no alto, para sempre? Quem sabe, mas por qualquer motivo ela ficou ainda mais animada ao ver o carro descer. Acho que eu disse algo como "agora o carro está descendo" e, claro, ela repetiu "descendo". Disse isso mais algumas vezes.

Então o carro subiu novamente. Acho que aí foi demais. Pensei que ela ia atravessar a janela para ir até o *box* de serviço. Acho que pode ter sido o dia mais

CAPÍTULO 8 | CONHECIMENTO: O DESEJO DE CONHECER E DE EXPLICAR

emocionante de sua vida até aquele momento. Não que tivesse muito com o que comparar, tendo apenas 18 meses de idade. Mas no período de 30 minutos, ela viu o carro subir, descer, subir de novo. Tenho certeza de que naquele momento ela estava à beira de seu pequeno banquinho, apenas imaginando o que aconteceria a seguir. Você pode adivinhar… o carro desceu.

Foi isso. Para ela, parecia ser o melhor dia de todos os tempos. Gritou "desceu" novamente. Rindo. E as outras pessoas também riram. Divertiu-se muito. Também aprendeu algumas coisas novas como as palavras subir e descer. Aprendeu que há uma relação entre a palavra e um evento no mundo, que um evento de "subir" pode prenunciar um evento de "descer" e que "descer" pode prenunciar um "subir". Mesmo nessa experiência simples e comum, ela aprendeu uma nova ideia e as palavras e conceitos para "subir" e "descer".

Antes de prosseguir com a minha história, quero conectar esses eventos a alguns conceitos psicológicos cognitivos sobre a memória. E antes de avançar, também devo apontar que os eventos de conexão a conceitos também é o ponto inteiro dessa história.

Minha filha certamente tinha visto coisas subirem e descerem antes. Esta não foi a primeira vez que ouviu os termos, porque já tínhamos perguntado a ela, "Você quer descer?", quando estava em seu berço ou cadeira. Tinha ouvido as palavras. O que ela estava fazendo era mapear o termo para o que tinha acabado de acontecer com o carro e conectar essa associação com outras vezes que viu e ouviu "subir" e "descer". Estava formando uma nova associação (o carro e a palavra) e conectando-a com exemplos anteriores. Este é um exemplo de como se formam novas memórias semânticas, porque a associação entre a palavra e a ação é semântica por definição. "Subir" significa que uma coisa sobe. "Descer" significa que a coisa desce. Para cima e para baixo são frequentemente conectados. Estão relacionados e são preditivos. Tais conceitos são relacionados ao significado das palavras e dos eventos que são unidos, conectados, por essas palavras.

Elas são chamadas de memórias semânticas porque a memória é para o conteúdo semântico, – porque o que importa é o significado em geral, e não o evento específico. De fato, para a maioria das memórias semânticas, ser muito específico é prejudicial. Não seria útil para seu conhecimento sobre subir e descer se ela pensasse que isso só se aplica na oficina e apenas aos carros. Ela precisa aprender que subir e descer são conceitos gerais que se aplicam a todos os tipos de objetos e eventos. A memória semântica cria e armazena essas associações gerais e não dá muita atenção ao evento específico. A memória semântica parece tentar criar generalizações à custa de esquecer os detalhes. Mas, às vezes, nos lembramos de especificidades. Como isso funciona?

A primeira parte desta história sobre a memória tem a ver com a codificação e armazenamento de fatos semânticos. Tem a ver com aprender a ideia de subir e descer. A segunda parte da história está relacionada com lembrar do evento. Na época, minha filha frequentava uma creche de meio período, anexa à universidade. Depois de irmos à oficina, fomos de carro à creche, e eu fui ao *campus*. Algumas horas depois, busquei ela na creche e nos encaminhamos para casa. Passamos pela oficina onde tínhamos feito a troca de óleo no início do dia, e eu apontei para ela. Seus olhos se iluminaram e ela começou a falar sobre "subir" e "descer" de novo. Repetia "subir" e "descer", como se estivesse lembrando do evento. Até onde sei, estava revivendo parte daquele episódio. Ela reconheceu a experiência como algo familiar, como algo que aconteceu. Havia formado uma nova memória episódica. Ela também se lembrou do evento quando passamos pela oficina. Houve um evento real que estava ligado às palavras, e reconheceu que ela mesma fazia parte desse evento. Ao contrário da memória semântica, que é uma memória da ideia geral de "subir" e "descer", essa memória episódica está preocupada em registrar os episódios específicos. Memórias episódicas são memórias para eventos pessoais. Tentamos armazenar informações específicas e conectarmos as informações específicas à nossa participação no evento. Neste caso, ela reconheceu que estivera lá antes, e me disse isso ao se lembrar dos conceitos que aprendera nesse episódio.

Nessa história, vemos o fortalecimento de uma memória semântica (o conceito geral de subir e descer) e a criação de uma nova memória episódica (o reconhecimento de que ela tinha visto o carro subir e descer naquela oficina no início do dia). Estes são dois tipos diferentes de memórias porque estão armazenando dois tipos diferentes de coisas, mesmo que possam estar relacionadas ao mesmo evento original. São dois tipos diferentes de memórias porque cada uma mantém o controle de um aspecto diferente do evento. A memória semântica é geral, cria novas relações com conceitos existentes. Mas a memória episódica é específica, e permite que a mente armazene informações diferentes.

Imprecisão e Flexibilidade

Quando voltamos para a oficina, e ela reconheceu onde estava, será que disse "subir", "carro", "carro subir"? Eu não faço ideia. Apesar de lembrar muito dessa história, e de ter uma memória para o evento geral, não me lembro de muitos detalhes específicos. Pensando sobre isso, não me lembro muito de detalhes que podem ter sido importantes sobre esse episódio. Não me lembro exatamente quantos anos ela tinha, que dia foi, que época do ano. Por quê? Isso não era importante naquele tempo, então, não fiz nenhuma tentativa de guardá-las

CAPÍTULO 8 | CONHECIMENTO: O DESEJO DE CONHECER E DE EXPLICAR

na memória. Se não me lembro desses detalhes, como é que me lembro deste evento, e quão precisa é minha própria memória episódica?

Bem, eu contei a história em uma aula pouco depois. Estava dando uma aula de "Psicologia Cognitiva" e usei essa história para ilustrar a diferença entre a memória semântica e episódica. Contei a história para a turma, como estou contando aqui. É uma boa história para isso. Peguei um evento, um episódio que aconteceu comigo (observando minha filha) e que me permitiu falar sobre suas memórias episódica e semântica. Consigo lembrar agora, porque me lembrei disso na ocasião. Lembro-me disso agora porque eu elaborei e falei sobre isso naquela aula e nas subsequentes. O que significa que fortaleci essa memória. Também significa que ao elaborar e contar, posso ter acrescentado ou elaborado um ou outro detalhe. Contudo, eles agora se tornam parte da minha memória, que não é exatamente um reflexo perfeito do evento que ocorreu. Em vez disso, é um reflexo desse evento *e* da recordação. É impossível saber quais dos pequenos detalhes foram vividos diretamente por mim quando vivi o evento e quantos detalhes foram acrescentados por mim mais tarde.

Uma das coisas curiosas sobre a memória episódica é a maneira pela qual a experienciamos. Trata-se de uma experiência diferente da memória semântica baseada em fatos. Quando me lembro de um fato, generalizo e recordo ou reconheço a informação em um nível muito abstrato. Você até espera que os detalhes sejam confusos. Realmente, serem imprecisos pode ajudar. É a imprecisão que ajuda a "preencher o fundo", o processo sobre o qual falei no *Capítulo 6*. É a imprecisão que permite preencher os detalhes de qualquer situação da sua memória e do seu conhecimento, de forma que você não tenha que ficar tentando perceber e reconhecer cada detalhe de uma cena. Por exemplo, se eu tiver algum conhecimento geral sobre troca de óleo e manutenção de carros, provavelmente confio nessas informações para preencher detalhes da história. É conhecimento geral. O conhecimento geral precisa ter alguma flexibilidade. Nem percebemos a imprecisão, em parte porque é muito útil.

Quando me lembro de um episódio, no entanto, a flexibilidade é o oposto do que quero. Não quero ter alguma memória difusa e flexível do que aconteceu. Se a imprecisão e a flexibilidade ajudam a memória semântica, parecem prejudicar a memória episódica. Então, por que a flexibilidade? Bem, não creio que realmente temos escolha. O problema é que cada lembrança se torna um novo episódio. Cada rememorar e recontar do evento é um novo evento. Então, agora tenho uma memória do evento original e uma lembrança desse evento original. Se assumirmos que essas memórias episódicas passam pelo sistema de memória de trabalho e ficam ativas nele, esperamos que a memória do evento original ative a memória de trabalho e essa ativação seja armazenada.

Em outras palavras, o ato de lembrar cria seu próprio novo evento, ligado ao evento original e à lembrança anterior. Se eu me lembro de algo ligeiramente errado ou ligeiramente diferente, isso se torna parte da memória. Se eu enfeitar a história, então isso passa pelos sistemas de memória de trabalho da mesma forma que a informação recuperada, e, sendo assim, há uma boa chance de se tornar parte dessa memória. É inevitável. Na próxima vez que me lembrar desse evento, posso me lembrar dele com os novos detalhes que acrescentei. E se torna algo do qual eu sempre lembro. Torna-se algo que é reforçado e fortalecido.

É fácil ver como sua memória pode se distorcer ao longo do tempo. Esta distorção vem do mesmo lugar que a imprecisão útil do conhecimento mais geral. Memórias são difusas, queiramos ou não. Quando essa imprecisão ajuda, como ocorre ao preencher os detalhes do fundo, nunca percebemos. Quando essa imprecisão prejudica, como adicionar ou excluir detalhes de uma memória episódica que você espera e acredita ser um reflexo preciso de algo que aconteceu, talvez não percebamos até que alguém mostre a imprecisão dessa memória.

Como você pode aprender a tirar vantagem da imprecisão e aprender a evitar os erros? Uma solução é tentar evitar engrandecer uma história se você quiser preservar os principais fundamentos. Esta solução não é muito prática. A maioria de nós gosta de elaborar quando contamos histórias. Isso é o que as torna divertidas e interessantes. Também é a finalidade de muitas histórias, entreter, ao invés de ajudar a formar memórias precisas e verídicas. É muito mais fácil dizer "tente evitar engrandecer" do que realmente fazê-lo. Não é fácil, porque a imprecisão e a elaboração são uma parte inerente do modo como a memória funciona. É impossível evitar. É possível estar ciente e usar essa consciência para diminuir a probabilidade de se cometer erros. Você pode aprender a estar ciente da natureza da sua memória. Lembra-se de uma história ou de um fato? Quais são os objetivos da memória em questão? Está acrescentando novos detalhes? Os psicólogos chamam isso de metamemória. Metamemória é o conhecimento sobre a própria memória. Se você quiser melhorar sua metamemória, pode ser útil saber mais sobre como sua memória funciona em um nível fundamental.

Com esse objetivo em mente, vamos passar algum tempo aprendendo sobre sistemas de memória, como eles funcionam e por que eles funcionam do jeito que o fazem. A próxima seção trata menos de histórias e mais da mente e do cérebro. Irei fundamentar esta discussão em três tipos de informações que armazenamos em nossas memórias de longo prazo e usamos para orientar nosso comportamento: memória de fatos gerais (por exemplo, o que são sapatos), memória do passado pessoal (por exemplo, você pode se lembrar de quando comprou um par de sapatos pela última vez) e memória para procedimentos motorizados (por exemplo, como amarrar seus sapatos). Os psicólogos referem-se a elas como

CAPÍTULO 8 | CONHECIMENTO: O DESEJO DE CONHECER E DE EXPLICAR

memória semântica, memória episódica e memória processual. Esta não é a única maneira de dividir e descrever a memória, mas essa distinção é uma das mais úteis e amplamente usadas.

MEMÓRIA DECLARATIVA E NÃO-DECLARATIVA

Em nossa discussão sobre memória de curto prazo e de trabalho, dividimos as coisas por modalidade, isto é, sensação e percepção. O sistema de memória de trabalho é um intermediário representacional entre o mundo perceptivo externo e o mundo mental interno. A memória de trabalho não tem como não ser organizada dessa maneira devido ao quanto o sistema está conectado à percepção.

É tentador imaginar que nossa memória de longo prazo é organizada da mesma maneira, de acordo com a percepção. E, de fato, temos experiências perceptivas que fazem parte da nossa memória de longo prazo. Mas como vimos na história sobre o carro subindo e descendo no elevador, muitas de nossas memórias de longo prazo são organizadas principalmente pelo conteúdo. Parece que temos algumas memórias que são principalmente de natureza factual e outras que são mais organizadas em torno de eventos pessoais que ocorreram no passado. Às vezes, estas se sobrepõem, como vimos na seção anterior. Mas esses tipos de memórias não são exatamente iguais e nem sempre se sobrepõem.

Nossos cérebros armazenam e consolidam estados de ativação, transformando-os em memórias que podem ser recuperadas de forma a orientar o comportamento. Alguns desses estados de ativação armazenados são relacionados a fatos e eventos dos quais somos claramente e explicitamente conscientes. São memórias das coisas as quais sabemos que sabemos. Memória do nosso nome, dos nomes dos pássaros que pousam no comedouro. Os psicólogos geralmente se referem a isso como "memória declarativa". A memória declarativa compreende seu sistema de "saber o que" algo é, em vez de "saber como" usá-lo. Estas são memórias que permitem você declarar a existência de alguma coisa, seja esse o nome da sua mãe, o nome da sua rua, sua comida favorita, sua primeira namorada ou a última vez que saiu de férias. Pode inspecionar sua memória e recordar ou reconhecer que determinada informação é parte de sua memória, ou parte do seu conhecimento. Agora, claro, nem sempre você tem que estar completamente ciente do que está em seu sistema de memória declarativa, mas seria capaz de recuperar a informação, caso necessário. E, ainda mais importante, estas são memórias sobre as quais podemos falar usando nossa linguagem.

No entanto, sua memória é muito mais do que o armazenamento de coisas que você pode discutir, descrever e declarar. Você também tem memórias não-declarativas. A memória não-declarativa compreende seu sistema de "saber como" e inclui coisas como segurar uma caneca de café, como escrever seu nome, como amarrar seus sapatos e as regras de gramática da sua língua nativa. Para a maioria dessas coisas, você sabe que os conhece. Mas você não pode inspecioná-los. Não consegue descrever seu conteúdo ou significado usando a linguagem. Pode tentar, porém, até isso não é uma boa representação de como essas memórias funcionam. Exatamente como você armazena e ativa as informações para segurar uma caneca de café? Não pensa sobre isso quando usa a memória. Apenas a usa.

Esses dois sistemas, a memória declarativa e não-declarativa, são as duas maiores distinções da memória de longo prazo. Como ocorre com muitas coisas na psicologia, existem outras maneiras de falar sobre essa distinção. Esses sistemas às vezes são conhecidos como os sistemas "o que" e "como", porque parece que temos um tipo de memória para lembrar o que as coisas são e outro tipo de memória para lembrar como fazer coisas. Esses sistemas também são conhecidos como os sistemas explícito e implícito, porque podemos lembrar algumas coisas de forma aberta e explicitamente, mas outras coisas nem percebemos que lembramos. Esses sistemas também são conhecidos como sistemas verbais e não verbais, porque armazenamos e acionamos algumas informações por meio de nossa própria linguagem — uma voz interior — e outras coisas por meio de ações e comportamentos não verbais.

E pode haver ainda mais divisões em cada um desses sistemas. A proliferação e a subdivisão da memória em sistemas de memória têm sido uma preocupação de longa data para alguns psicólogos. Por um lado, temos claramente uma implementação: um sistema neural. As memórias são armazenadas no cérebro como estados de ativação e como conexões entre os aglomerados de neurônios. Este é um sistema biológico único. Por outro lado, esses diferentes tipos de memórias operam de maneiras diferentes em um nível cognitivo. Também parecem operar em um nível neural diferente, porque algumas memórias dependerão das áreas verbais do cérebro (no lobo temporal) e outras, das áreas motoras no lobo parietal. Temos um sistema de memória ou muitos sistemas de memória? E se houver vários sistemas, quantos? Fazer delimitações é um dos tópicos centrais da pesquisa de memória há décadas. Gosto de pensar em termos de memória declarativa e não-declarativa porque é intuitiva e apoiada por décadas de pesquisa.

Então, vamos olhar para esses sistemas de memória em mais detalhes. Quero começar com a memória declarativa, porque minha história anterior sobre o carro e aprender sobre "subir" e "descer" ilustra os dois tipos de memória desse sistema declarativo. Em seguida, vou cobrir o sistema não-declarativo.

CAPÍTULO 8 | CONHECIMENTO: O DESEJO DE CONHECER E DE EXPLICAR

Memória Declarativa de Fatos e Eventos

Sua memória declarativa é explícita, verbal e inclui todas as coisas que você pode descrever e declarar. Pode ser dividida ainda mais em memória de fatos gerais e memória de eventos pessoais passados. A distinção entre a memória de fatos e conhecimentos gerais e a memória de eventos pessoais foi explorada em detalhes por um psicólogo canadense da Universidade de Toronto chamado Endel Tulving. Tulving é um dos pioneiros fundadores da psicologia cognitiva e da neurociência cognitiva. Ele começou a lecionar em Toronto na década de 1950 e lá permaneceu até a aposentadoria em 2019. Passou grande parte de sua carreira profissional desenvolvendo e explorando modelos teóricos de memória[37].

Em seu tratado original sobre sistemas de memória, de 1972, Tulving distingue diferentes "categorias" de memória que haviam sido estudadas até o final dos anos 1960: memória ativa, memória auditiva, memória de curto prazo, memória de trabalho e memória de longo prazo. Tais são, mais ou menos, as mesmas divisões descritas por Ebbinghaus no início do século XX e, mais ou menos, as mesmas divisões que tenho discutido aqui, cem anos depois. Ele também cita o que era, então, um sistema recém-descrito de organização de conhecimento chamado memória semântica. Antes da Tulving, a maioria das teorias simplesmente fazia uma distinção entre a memória de curto prazo (a memória de trabalho que discutimos) e a memória de longo prazo, que era tudo o que restava. A suposição era que qualquer coisa que você queria lembrar, por mais de alguns segundos, poderia ser memorizada através de repetição na memória de curto prazo até que pudesse ser armazenada na memória de longo prazo. Porém, no final dos anos 1960, alguns pesquisadores, muitas vezes trabalhando com modelos computacionais de armazenamento de conhecimento, perceberam que grande parte da nossa memória de longo prazo era organizada por conteúdo semântico. Em outras palavras, nem toda a memória de longo prazo é igual. A memória de fatos, memória com conteúdo semântico, com base no sentido, era organizada de uma forma que refletia o conteúdo real. Este sistema de memória semântica, que está incluído no conceito de memória declarativa de Tulving, é um sistema de memória de fatos. São fatos que conhecemos, como lugares, nomes, conceitos, cores, cidades, animais, plantas e alimentos. Memórias semânticas têm significado, têm rótulos e nomes, formam uma rede densamente conectada em sua mente, e, em muitos casos, o significado é compartilhado com outras pessoas por meio de linguagem

---

37 Além de suas contribuições teóricas, Tulving também foi um orientador de pós-graduação e muitos de seus alunos têm sido influentes também, incluindo Daniel Schacter, cujo trabalho discuti no *Capítulo 6*, e Henry Roediger, cujo trabalho discutirei mais adiante neste capítulo.

e conhecimento comum. Como veremos em breve, é um sistema baseado na linguagem, ao contrário do sistema de memória processual que discuti acima.

Memória Semântica

Normalmente a memória semântica é pensada como sendo organizada conceitualmente. O conceito que minha filha aprendeu de subir e descer reflete o começo de sua memória semântica desses conceitos. Mais tarde, ela seria capaz de relacionar esse exemplo de subir e descer a outras coisas: brinquedos, alimentos, o gato, até mesmo ela. Bem geral. E essa é a coisa mais importante sobre a memória semântica. A organização é fundamental. É a organização que afeta o pensamento.

A maioria das teorias da organização de memória semântica assume que a organização de pensamentos e ideias na memória reflete a organização das coisas nos mundos. Se duas coisas são semelhantes entre si no mundo exterior (o mundo que você está percebendo), então devem ser semelhantes entre si no mundo percebido e lembrado. Neste caso, semelhante significa que serão armazenadas de uma forma que as faz parecerem semelhantes. Quando você pensa em uma coisa, como "pão", deve ser fácil e natural pensar em algo relacionado, como "manteiga". Isso é chamado de distância semântica. Coisas semelhantes estão próximas umas das outras no espaço psicológico e, portanto, têm baixa distância semântica. Coisas dissimilares, ou coisas que não estão ligadas, tendem a estar longe no espaço psicológico. Portanto, têm uma alta distância semântica.

Isso é mais do que uma simples metáfora. É uma metáfora com algum poder preditivo, e a ideia de espaço semântico é uma importante suposição em termos de teorias e modelos psicológicos. Vamos usar um exemplo simples. No supermercado, diferentes tipos de maçãs são vendidos na mesma área da loja. Se eu parar porque vi maçãs verdes e daí decidir comprar maçãs vermelhas, isso vai demorar só alguns segundos porque elas estão próximas uma da outra. O detergente de louça, por outro lado, está em um lugar diferente. Leva mais tempo ir das maçãs verdes ao detergente do que ir das maçãs verdes às vermelhas. A distância considera o tempo para acessar algo. Nossas memórias são frequentemente recuperadas da mesma maneira. E estudiosos e psicólogos tentaram entender como e por que elas são assim.

A avó da organização de memória semântica é uma teoria hierárquica primeiro descrita por Collins e Quillian em 1969. Essa teoria foi desenvolvida na década de 1960, durante um tempo em que a ciência da computação estava apenas começando. A memória e a capacidade de armazenamento do computador eram muito limitadas, segundo nossos padrões atuais. Um dos desafios enfrentados por cientistas da computação foi como estruturar as informações de

CAPÍTULO 8 | CONHECIMENTO: O DESEJO DE CONHECER E DE EXPLICAR

forma a maximizar a quantidade de dados armazenados, minimizando o espaço físico necessário para armazená-los. Ross Quillian desenvolveu uma estrutura de dados hierárquicos capaz de armazenar proposições sem tomar muito espaço. A estrutura hierárquica imposta à representação do conhecimento resulta em eficiência. O conhecimento é organizado neste sistema como uma hierarquia dentro de um sistema de propagação da ativação, que é uma ideia inspirada na arquitetura neural real. Quando uma área de uma rede semântica é ativada (por percepção, ou pensando nela), a ativação se espalha para outras áreas e as ativa também. Quanto mais duas ideias ou conceitos estiverem intimamente relacionados, mais rapidamente a ativação se propaga.

No modelo de memória de Collins e Quillian, nódulos individuais representam conceitos e fatos. Estes corresponderiam a *bits* de informações armazenadas em sua memória semântica. Esses nódulos estão conectados a outros da maneira em que as ideias e fatos estão conectados em sua memória. As conexões entre esses em sua memória representam diferentes relações entre conceitos. A Figura 8.1 mostra um exemplo de como conceitos e fatos são conectados uns aos outros em uma maneira hierárquica estruturada. Uma das coisas mais importantes aqui – e o *insight*-chave da abordagem de Collins e Quillian – é que nessa hierarquia quaisquer atributos do nódulo de ordem superior (por exemplo, ANIMAL) também são verdadeiros nos nódulos de ordem inferior (PÁSSAROS, PEIXES, etc.). Os fatos e conceitos subordinados herdam propriedades dos nódulos superordenados.

Uma Hierarquia da Memória Semântica

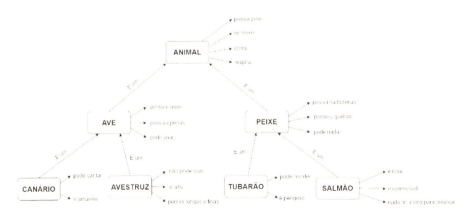

FIGURA 8.1: Exemplo de uma hierarquia semântica. Cada nódulo herda propriedades dos nódulos acima dele. Canários são pássaros e, portanto, também têm características do pássaro (bem como características de animais).

Se este sistema precisar armazenar alguns fatos sobre os canários (por exemplo, "o canário é um pássaro amarelo que canta"), ele armazena apenas os fatos exclusivamente relacionados a canários com o nódulo CANÁRIO (amarelo, canta) e tem um indicador para outros níveis. Com esse indicador ("o canário é uma ave"), tem acesso às características do pássaro ("penas") e também outros indicadores ("pássaro é um animal"). Outros fatos ("o avestruz é um pássaro que não pode voar") podem usar o indicador do nódulo pássaro para acessar algumas das mesmas informações. Dessa forma, os fatos sobre as aves só precisam ser armazenados uma vez, e podem ser reutilizados e reciclados várias vezes. O sistema armazena implicitamente esses fatos complexos sobre canários e avestruzes como uma rede hierarquicamente distribuída. A ativação se espalha nesta rede, indo de um nódulo para os conceitos semanticamente mais próximos e com mais rapidez do que para os conceitos semanticamente mais distantes. Essas duas premissas, a organização hierárquica e a propagação da ativação, permitem que o modelo faça algumas previsões específicas e testáveis sobre padrões de comportamento e de pensamento. De acordo com este modelo da mente, quando você pensa sobre um canário, "amarelo" deve vir à mente com rapidez e facilidade. Mas as características conectadas com outros níveis (como "têm pele") não virão à mente tão rapidamente porque levará mais tempo para a ativação se propagar para aquela região do espaço psicológico. É um modelo projetado para o armazenamento de memória computacional, mas também faz previsões sobre o comportamento humano.

Collins e Quillian perceberam que seu modelo era eficiente, e suspeitaram que poderia ser um modo plausível da maneira como a mente humana é organizada e um bom modelo da forma como armazenamos informações. Eles elaboraram um experimento para testar essa ideia. Pediram aos participantes da pesquisa para realizar uma tarefa de verificação de frases, em que os participantes recebem uma declaração e são solicitados a verificar se a declaração é verdadeira ou falsa, e devem confirmar tal declaração o mais rápido possível. Nestas tarefas, a variável dependente importante é o tempo de reação para responder "sim" ou "não". Isto é, o quão rápido você consegue responder. As declarações são simples o bastante para que o participante possa responder corretamente. Por exemplo, se a informação for "canários são amarelos", os participantes podem responder "sim" muito rapidamente. No entanto, se a afirmação for "canários têm pele", os participantes ainda devem responder "sim", mas de acordo com o modelo, deve demorar mais, pois a ativação precisa se propagar primeiro para AVE e depois para ANIMAL antes que essa propriedade possa ser verificada. A distância semântica entre "canários" e "cantam" e "canários" e "pele" deve ser refletida na diferença do tempo da reação para responder. A pesquisa teve

CAPÍTULO 8 | CONHECIMENTO: O DESEJO DE CONHECER E DE EXPLICAR

essa previsão confirmada. O tempo para confirmar declarações verdadeiras foi prevista pela distância entre os nódulos de uma rede semântica hipotética. Acionamos as propriedades semanticamente mais próximas mais rapidamente do que as propriedades semanticamente mais distantes. A estrutura de nossas representações de memória semântica reflete a organização de muitos conceitos naturais vistos no mundo. E como resultado, essa estrutura hierárquica afeta o comportamento, a maneira como pensamos sobre conceitos, o modo como pensamos sobre as propriedades dos conceitos e a maneira como respondemos às perguntas.

A rede semântica é uma abordagem poderosa. Vemos evidências da organização semântica e da estrutura hierárquica em experimentos controlados, como os realizados por Collins e Quillian. Mas também há evidências da organização semântica e na estrutura hierárquica na maneira como nós humanos organizamos as coisas em nosso ambiente construído. Você pode encontrar ambas no modo como lojas são organizadas. Produtos semelhantes são organizados em grupos, e estes, por sua vez, o são em grupos superordenados. E lojas semelhantes podem até mesmo ser perto umas das outras. Há organização semântica e estrutura hierárquica na forma como a *Internet* é organizada. Um dos mais antigos *sites* de busca, Yahoo, foi originalmente projetado para ser um guia hierárquico para a rede em seu início, e seu nome era um acrônimo de *Yet Another Hierarchically Officious Oracle,* algo como "ainda outro oráculo hierarquicamente oficioso". Nós até organizamos nossas bibliotecas dessa maneira, colocando livros conceitualmente semelhantes em estantes próximas. Essas coisas e lugares são organizados semanticamente, conceitualmente, e muitas vezes há uma estrutura hierárquica. É uma maneira natural de organizar informações. Esperamos e nos comportamos como se as coisas fossem organizadas dessa maneira.

O modelo hierárquico básico não é perfeito, apesar disso. Uma hierarquia estrita não lida bem com a tipicidade. Quando as pessoas são convidadas a verificar as propriedades de "pardais enquanto pássaros", podem responder mais rapidamente do que quando solicitadas a verificar as propriedades de "pinguins enquanto pássaros". Isso ocorre porque os pardais são pássaros mais comuns. Eles têm mais conexões com outras aves e compartilham mais características comuns às aves do que os pinguins. Os pinguins parecem ter sua própria categoria, apesar de sabermos que também são pássaros e que pertencem a essa mesma hierarquia. Para que um relato hierárquico acomode este efeito de tipicidade, ele precisa incluir algumas suposições adicionais para fortalecer as conexões entre os nódulos. As conexões mais fortes são mais rápidas.

Esses conceitos – propagação da ativação e redes semânticas – permeiam a maior parte do nosso conhecimento. Entender como eles funcionam pode ser uma vantagem, pode ajudá-lo a melhorar sua memória e a entender por que às vezes você comete erros de memória como os descritos no *Capítulo 6*. O aperfeiçoamento da memória e muitos erros comuns são geralmente o resultado dos mesmos processos: rede semântica e propagação da ativação. Vamos ver um exemplo de cada.

Em torno da mesma época que Tulving desenvolvia suas ideias sobre a natureza da memória declarativa, e não muito tempo depois de Collins e Quillian publicarem seu trabalho sobre memória semântica, Fergus Craik, junto com o Endel Tulving, começaram a olhar para o papel da codificação na memória. Embora o foco de seu trabalho fosse a propósito da forma como a informação é codificada durante a aprendizagem, os resultados de suas pesquisas são bem explicados pelos conceitos de propagação da ativação e de organização da memória – embora não seja como Craik e Tulving descreveram seu trabalho. Craik e Tulving sugerem que existem diferentes níveis de processamento que são empregados ao perceber informações e tentar armazená-las na memória. De acordo com essa teoria, estímulos recebidos (por exemplo, coisas que estão sendo processadas e aprendidas) são submetidas a diferentes tipos de codificação. O processamento raso refere-se a informações de processamento no nível sensorial e de superfície – recursos visuais, sons e quaisquer outras características mais próximas à percepção. Processamento profundo refere-se a processamento de informações em termos de semântica e significado. Em geral, os autores da pesquisa argumentaram que o processamento mais profundo produz melhor recordação da informação em testes subsequentes.

Em uma série de estudos criativos, os participantes da pesquisa foram convidados a aprender listas de palavras em uma das diversas condições de codificação sobre o aumento da profundidade de processamento: uma condição estrutural, uma condição fonêmica, uma condição de categoria e uma condição de sentença. Na condição estrutural, os participantes viram uma palavra e, em seguida, deviam responder "sim" ou "não" para a pergunta "a palavra está em letras maiúsculas?". Metade das palavras foram apresentadas em letras maiúsculas (MESA) e a outra metade foram apresentados em letras minúsculas (cadeira), de modo que a resposta era sempre "sim" ou "não". Observe que esta questão não requer que o participante gaste qualquer esforço pensando sobre a palavra ou sobre seu significado. De fato, você pode facilmente fazer essa tarefa com palavras que nem sequer conhece, com as não-palavras, com os olhos fora de foco, etc. Tampouco precisa ser capaz de ler a palavra para responder a essa pergunta corretamente, deve apenas notar a presença de letras em caixa alta e em caixa baixa. Em outra condição, a condição fonêmica, os participantes foram requisitados a responder se a palavra a ser aprendida rimava com outra. Por exemplo, eles veriam uma palavra (caixa) e eram perguntadas "a palavra rima com

CAPÍTULO 8 | CONHECIMENTO: O DESEJO DE CONHECER E DE EXPLICAR

PESO?". Neste caso, os participantes precisavam ler a palavra e pensar em como soava de forma a responder à pergunta corretamente. Isso é um processamento mais profundo. Para a questão da categoria, a pergunta era se a palavra pertencia a alguma categoria. Por exemplo, para a pergunta "a 'palavra' é um tipo de peixe?", se você viu a palavra "mesa", a resposta seria "não"; caso tenha visto a palavra "tubarão", a resposta seria "sim". Ao contrário da condição estrutural e fonêmica, você precisa conhecer a palavra para responder à pergunta. Precisa ativar sua rede semântica. A ativação se propagará à medida que você pondera sobre como responder à pergunta. Este é um processamento ainda mais profundo. Finalmente, na condição de sentença, os participantes foram convidados a responder a uma pergunta sobre se a palavra encaixava em uma frase. Para uma frase como "ele encontrou uma _____ na rua" a resposta é sim para "amiga" e não para "nuvem". Assim como a pergunta da categoria, esta questão requer que o participante pense no significado. Pode até exigir que ele imagine a palavra para ver se ela se encaixa. Isso também é um processamento mais profundo. Ao contrário da condição estrutural, o participante não seria capaz de responder a essa pergunta se não conhecesse a palavra.

Quando os participantes foram posteriormente submetidos a um teste de memória, as palavras que foram associadas a uma pergunta de categoria ou de sentença foram lembradas melhor do que palavras que foram associadas a uma questão estrutural ou sobre rima. Assim como Craik e Tulving haviam previsto, o processamento mais profundo produziu uma memória melhor. Parece que prestar atenção ao significado da palavra estimulou o processamento mais profundo, uma representação mais forte e resultou em um melhor desempenho no teste de memória. Ativou uma rede semântica e a ativação se propagou a outras áreas e níveis, a fim de permitir que as pessoas respondessem às perguntas. É um resultado robusto. Foi replicado e estendido em vários estudos e laboratórios diferentes. Mesmo quando os participantes não eram informados de que se tratava de um teste de memória, envolvendo o processamento mais profundo exigido pela condição semântica, isso ainda resultou em um bom desempenho na tarefa de relembrar. Outros experimentos controlaram a quantidade de tempo que os participantes gastaram processando a palavra inicial, e mesmo quando foram obrigados a processar as palavras por períodos mais longos nas condições rasas, o desempenho era ainda melhor nas condições semânticas mais profundas. A questão principal é: a memória para informações pode ser fortalecida quando se é dada uma reflexão considerável, com esforço, sobre a informação.

Exceto quando isso não ajuda. Sempre há um porém.

O que isso significa para sua memória? Quando você realmente quiser se lembrar bem de algo, tente relacionar isso a algo que você já conhece. Tente elaborar.

Tente conectar o que você está aprendendo a uma rede semântica existente e robusta. A elaboração fará com que as novas informações tenham muitas conexões em comum com o que você já conhece, e isso fará com que a informação seja mais fácil de se aprender e lembrar. As memórias são aprimoradas quando se conectam a outras coisas. A elaboração ajuda.

A pegadinha vem na forma de um paradigma muito inteligente, projetado para criar falsas memórias. Não esquecimento, mas memórias falsas do tipo em que você acha que experimentou algo, mas não experimentou. Buscando demonstrar a facilidade com que falsas memórias podem ser criadas, o psicólogo Henry Roediger explorou um paradigma interessante, que agora é conhecido como paradigma Deese, Roediger, McDermott ou tarefa DRM. Na versão original da tarefa, os participantes recebem várias listas de palavras que devem lembrar. Por exemplo, os indivíduos podem ver as palavras: *cama, descanso, acordado, cansado, sonho, acordar, cochilar, cobertor, dormitar, roncar, paz, bocejo, sonolento*. Notou alguma coisa? A palavra "dormir" não está nesta lista e, no entanto, todas essas palavras estão relacionadas ao conceito de dormir. Na tarefa de DRM, os participantes receberam várias listas de palavras como essa e foram solicitados, após ler cada lista, a lembrar o máximo de palavras possível. Depois de seis listas, eles receberam uma tarefa de reconhecimento que incluía palavras das listas de estudo, palavras novas e as palavras-alvo que não estavam na lista, mas estavam altamente associadas (*dormir*). O que descobriram foi que as pessoas reconheciam falsamente as palavras-alvo como dormir. Os participantes estavam convencidos de que a palavra-alvo havia sido apresentada. Nas versões da tarefa em que os indivíduos eram solicitados a indicar uma distinção entre se eles se lembraram da palavra ou se apenas conheciam a palavra, a maioria indicou que se lembrava explicitamente de ter visto aquela palavra.

Quando eu leciono memória em minhas aulas de psicologia cognitiva na universidade, fazemos uma demonstração da tarefa DRM em sala de aula todos os anos. Às vezes, faço isso mostrando as palavras em uma tela e peço aos alunos que tentem se lembrar delas. Em seguida, mostro as palavras do teste, uma de cada vez, e peço às pessoas que levantem suas mãos se lembrarem de ter visto a palavra. Muitas mãos se levantam quando chegamos em "dormir". Agora que quase todos os alunos têm um *laptop* ou um celular, crio um formulário do *Google* que apresenta as palavras uma de cada vez. Após uma pequena pausa, os alunos veem uma lista com todas as palavras do teste (palavras já vistas, novas palavras e novas palavras-alvo) e clicam em "sim" se se lembrarem explicitamente de ter visto cada uma das palavras. Novamente, muitas pessoas reconhecem falsamente as palavras-alvo. Às vezes, os alunos não acreditam que a palavra *dormir* não estava na lista, e então voltamos a ler a lista para provar que não estava lá.

CAPÍTULO 8 | CONHECIMENTO: O DESEJO DE CONHECER E DE EXPLICAR

Não é incomum que os alunos fiquem surpresos com o fato de a palavra não fazer parte da lista. É uma sensação muito forte.

Isto é claramente um erro de memória. A palavra, embora altamente associada, não estava presente. As pessoas que mostraram se lembrar dela demonstram um erro de atribuição incorreta da fonte. A propagação da ativação entre todas as palavras relacionadas resulta em alta ativação das palavras-alvo, e isso é forte o suficiente para produzir uma memória falsa. Em outras palavras, as pessoas pensam que se lembram de ver a palavra *dormir* em parte porque realmente experienciaram a palavra. Não a experenciaram no mundo, ao lê-la, mas na mente como resultado da propagação de ativação. Os participantes viram com os olhos da mente e, claro, viram todas as outras palavras dessa forma também. Cama, repouso e vigília são percebidos e então ativados na memória de longo prazo. Eles se conectam com outras palavras relacionadas a dormir. Você pode até perceber conscientemente que são "palavras sobre dormir". Você pode até dizer para si mesmo, usando uma voz interior, "hum, são todas palavras sobre dormir". É quase impossível não ter ativado fortemente a palavra *dormir* e ter a experiência subjetiva de ter visto a palavra.

A propagação da ativação e a rede semântica são características do modelo que determinam como o cérebro e a mente organizam as informações. Eles são inevitáveis e geralmente positivos. Mas os mesmos recursos que podem ser usados para aprimorar a memória (como nos níveis de trabalho de processamento descritos por Craik e Tulving) também podem resultar em memórias falsas, conforme descrito por Roediger. A memória semântica é ótima para armazenar o que sabemos, para elaborar ideias e para fazer conexões com conceitos. Não é tão bom reter uma cópia exata do passado. A memória semântica não foi projetada para isso.

No entanto, às vezes voltamos a experienciar o passado. Às vezes, até gostamos de reviver o passado como forma de entretenimento. Revivemos eventos. Nós nos lembramos de pessoas, lugares e coisas. Enquanto trabalhava neste livro, lembrei-me de muitas coisas e eventos diferentes sobre os quais acabei escrevendo: um quase acidente de carro, um acidente de carro real de uma amiga, uma experiência na sala de aula, uma lembrança de um momento de aprendizagem com uma de minhas meninas. Às vezes, a experiência parece com assistir a um filme. Posso ver o evento se desenrolar como aconteceu (ou mais precisamente, como *penso* que aconteceu). Mas outras vezes, essa lembrança é apenas um simples ato de verificação. Comprei café no mercado ou esqueci? O que comi no café da manhã? Qual era o nome da pessoa que anotou meu pedido no restaurante? Esses eventos pessoais passados são diferentes dos sistemas de conhecimento geral que compõem a memória semântica? Ou são semelhantes na função de estrutura, com o conteúdo como única diferença: eventos pessoais *versus* fatos gerais?

Memória Episódica

Voltemos a 1972 e ao trabalho fundamental de Endel Tulving. A descrição original de Tulving da memória declarativa também inclui outra forma de memória mais pessoal que ele chamou de memória episódica. A memória episódica é a memória de eventos pessoais ocorridos no passado, ou mesmo no futuro. A memória episódica permite que você se lembre de algo que aconteceu com você no passado e defina um alarme mental para algo que você espera que aconteça no futuro. É, como sugere Tulving, uma forma de viagem mental no tempo. Embora a memória episódica ainda dependa dos mesmos mecanismos neurais básicos que a memória semântica, ela é distinta em seu conteúdo e uso. Ao contrário do conhecimento geral, no qual armazenamos e recuperamos informações sobre o mundo conforme o experimentamos, a memória episódica é deliberada e muitas vezes usada para armazenar nossa experiência consciente de onde estamos, o que estamos fazendo, o que fizemos e o que faremos.

Exemplos de memória episódica estão em toda parte. E uma vez que você começa a procurá-los, pode ver como diferem do conhecimento geral (embora ainda se sobreponham à memória semântica, pois tudo o faz). Qual foi a primeira coisa que você fez esta manhã? Você consegue responder a essa pergunta sem fazer uma pausa para se envolver em uma viagem mental no tempo? Pode ser. Mas, muito provavelmente, leva algum tempo até você pensar no que fez esta manhã. Nem todo exemplo exige que você imagine o passado. Você também depende da memória episódica para acompanhar o que está acontecendo agora. Qual era a cor do carro que te fechou há alguns minutos? O que foi discutido no encontro da semana passada? E você também conta com a memória episódica para planejar e imaginar coisas que ainda não aconteceram. Quando é que você vai cortar seu cabelo de novo? Onde será a sua próxima aula? Lembre-se que precisa sair de casa às 7h30 da manhã para ir até Toronto. Como será o próximo ano, depois de todos nos ajustarmos à pandemia de COVID-19[38]?

Tulving sugere que a memória episódica, essa capacidade de se envolver em uma viagem mental no tempo, é exclusivamente humana. Descrever as coisas depende de nossa voz interior, de um senso de identidade desenvolvido

---

[38] Eu diria que uma das coisas mais difíceis sobre como lidar com a COVID-19 e o novo coronavírus é que não somos capazes de usar nossa memória episódica para planejar com antecedência. Quando a pandemia atingiu o Canadá pela primeira vez, em março de 2020, planejei trabalhar em casa por duas semanas. Isso se transformou em dois meses, e em quatro meses e, depois, em *mais* meses. Na maioria dos anos, fico ansioso para o semestre de Outono e para estar no *campus*. Mas não posso fazer isso agora. Meu mecanismo usual de viajar no tempo e imaginar o Outono não está funcionando porque também sei que não vai se parecer com o passado. Essa ideia, de que o futuro se parecerá com o passado, aparecerá novamente neste livro quando eu falar sobre indução.

CAPÍTULO 8 | CONHECIMENTO: O DESEJO DE CONHECER E DE EXPLICAR

de forma a se colocar no fluxo interminável de informações. E Tulving sugere que essa memória depende da memória semântica, mas é distinta dela. Ele escreve, em 2002:

> A memória episódica é um sistema de memória orientado para o passado recentemente evoluído, de desenvolvimento tardio e de deterioração precoce, mais vulnerável do que outros sistemas de memória à disfunção neuronal, e provavelmente exclusivo dos humanos. Torna possível a viagem mental no tempo através do tempo subjetivo, do presente para o passado, permitindo assim que alguém reviva, através da consciência autonoética, suas próprias experiências anteriores. Suas operações requerem, mas vão além, do sistema de memória semântica.

Comecei o capítulo com uma história sobre minha filha aprendendo sobre os conceitos de "subir" e "descer" e sugeri que, para ela, essa era a informação importante para se aprender a respeito do evento. Mas ela parecia ter algo como uma memória episódica do evento quando passamos pela oficina. Ela a reconheceu. Porém, eu fiz questão de me lembrar disso. Pensei sobre isso, elaborei e envolvi minha memória episódica para fazer planos para falar sobre isso na aula. No entanto, como também observei em minha história, a memória episódica é suscetível aos efeitos da elaboração. Estão conectadas à mesma rede semântica. A propagação da ativação também funciona aqui. E por causa disso, ainda cometemos erros.

Lembra-se do paradigma DRM, algumas páginas atrás? Sugeri que a propagação da ativação fazia com que a palavra *dormir* ficasse ativa e fosse falsamente lembrada, pois estava sendo ativada por outras palavras e conceitos que estavam apresentados. A ativação é resultado de sua memória semântica. Mas a pergunta na tarefa real é sobre sua memória episódica: "*Você se lembra de ver a palavra 'dormir' na lista?*". Quando as pessoas cometem esse erro, é porque estão contando com a ativação semântica para responder a uma pergunta sobre um determinado episódio, o qual provavelmente está codificado fracamente e que é difícil de distinguir dos outros episódios (ou seja, de todas as outras palavras que a pessoa viu).

Portanto, a memória episódica não é perfeita. Longe disso. No entanto, é útil para nós e é impossível imaginar não a ter. A memória episódica faz parte do ser humano. Tulving sugere que é exclusivamente humana, mas pode não ser o caso. Alguns aspectos da memória episódica são observados em outros animais. Por exemplo, os gaios-do-mato, que são uma espécie de pássaro, são famosos por lembrar há quanto tempo armazenaram sua comida. Eles evitam procurar os alimentos armazenados (vermes, neste caso) depois de ter passado muito tempo e os vermes não estarem mais frescos. Isso pode não ser a mesma coisa que lembrar de uma festa de aniversário ou lembrar de programar o despertador, mas é uma forma de memória dependente do tempo.

Memórias Não-Declarativa e Processual

Porém, temos muito mais em nossas memórias do que apenas fatos, eventos e todas as outras coisas. Tulving também sugeriu que temos um sistema de memória "não-declarativo" que inclui coisas que não podemos explicar, ou declarar facilmente. Por exemplo, você sabe digitar: sabe onde estão as teclas, como pressioná-las e como fazê-las funcionar para criar palavras. Quando você está digitando, as palavras podem refletir o que está em seu sistema de memória declarativa, mas os movimentos que você selecionou para digitar fazem parte do sistema não-declarativo. Os psicólogos também se referem a isso como memória processual. Essas memórias ainda fazem parte da sua memória de longo prazo, mas não são fáceis de declarar explicitamente. Não são fáceis de descrever. Sua recuperação e uso são frequentemente automáticos e inconsciente. E essas memórias são abundantes e importantes para a sobrevivência. Estamos constantemente usando-as e atualizando-as sem perceber.

Por exemplo, o ato básico de dirigir um carro envolve a memória não declarativa de várias maneiras. Por um lado, você tem uma memória relacionada aos comportamentos e ações necessárias para dirigir, navegar, acelerar e frear. Se você não dirige ou nunca dirigiu, os mesmos princípios se aplicam a andar de bicicleta (ou esquiar, andar de *skate*, usar uma cadeira de rodas ou nadar). Esse uso da memória às vezes é chamado de memória motora, pois a memória é para as ações motoras necessárias para dirigir e para a coordenação sensório-motora. Essas memórias motoras demoraram para serem adquiridas e envolvem muita prática, mas depois que você as aprendeu, tornaram-se fáceis de recuperar e de usar. Agora, tornaram-se quase automáticas. Para todos os efeitos e propósitos, exigem pouca ou nenhuma consciência.

As memórias não-declarativas nem sempre são estritamente motoras, embora a maioria tenha alguma relação com o movimento e atividades motoras. Vamos continuar com o ato de dirigir. Além de saber dirigir o veículo, você também precisa aprender as regras de trânsito: o limite de velocidade, os sinais dos semáforos, quem tem a preferência e o que fazer quando um veículo de emergência está atrás de você. Provavelmente adquiriu essas memórias através de uma combinação de estudo e prática e, como as ações motoras necessárias para operar o carro, você as usa sem estar realmente consciente, e teria dificuldade em descrevê-las em voz alta para si mesmo ou para os outros.

CAPÍTULO 8 | CONHECIMENTO: O DESEJO DE CONHECER E DE EXPLICAR

Dirigir um carro é uma operação complexa e perigosa. É tão complexa e perigosa que são exigidos licença e testes estritos para que alguém possa dirigir. Mas, como descrevi, muitas das memórias e habilidades necessárias para operar o carro são quase inacessíveis à inspeção consciente e verbal. Isso pode lhe parecer um problema, pois você não tem acesso fácil e explícito às memórias necessárias para uma atividade complexa e perigosa como dirigir um carro. Porém, não é realmente um problema. Na verdade, é uma vantagem. Sem a necessidade de filtrar essas memórias processuais por meio da consciência, sem a necessidade de atenção e sem a necessidade de evocação explícita, essas memórias processuais são rápidas, eficientes e automáticas. Isso é uma vantagem. O custo é que não é fácil descrever para outra pessoa o que você está fazendo. Se você dirige, tente se lembrar como foi a primeira vez que tentou aprender. Ou tente se lembrar de como foi aprender um comportamento semelhante e complexo. Ou tente lembrar como foi ensinar alguém a dirigir (tentar lembrar essas coisas, aliás, envolve o sistema de memória episódica declarativa e mostra, novamente, como as coisas estão interligadas).

Dirigir um carro parece fácil quando você é experiente. Aprendi a dirigir em 1985-1986 e, desde o início, eram carros e caminhonetes de "transmissão manual". Significa que você tem que mudar as marchas manualmente. O motorista seleciona a marcha, e é ela que transfere a potência do motor para as rodas. As primeiras marchas maximizam a potência em velocidades mais baixas; as últimas marchas maximizam a velocidade, e você precisa estar a uma certa velocidade para usar as últimas marchas. Uma bicicleta funciona da mesma maneira. Quando você muda de marcha, precisa pisar em um pedal chamado embreagem. Pressionar a embreagem libera as marchas, de forma que nenhuma força seja transferida, e isso permite que você mude a marcha com segurança. Quando você libera a embreagem, as engrenagens engatam. Se o motor estiver funcionando muito rápido quando você engatar as marchas, ele pode balançar ou ranger. Se o motor estiver funcionando muito devagar, vai engasgar e morrer.

Quando aprendi a dirigir, tive o mesmo problema que todo mundo tem com a embreagem de câmbio manual. Eu dava solavancos ao arrancar. O carro morria. Eu errava a marcha. Mas, à medida que aprendi a fazer isso corretamente, essas memórias processuais se fortaleceram. Com mais prática e um maior fortalecimento das memórias, até que finalmente consegui dirigir um carro com câmbio manual. Não dirijo um carro assim desde 2003, uma velha picape Ford F-150 que dirigi por Illinois ao fazer meu pós-doutorado. Mas sei que se tivesse que dirigir um veículo com transmissão manual novamente, mesmo dezoito anos depois, eu quase não teria problemas. Essas memórias processuais ainda estão lá. Ainda posso quase *sentir* os movimentos necessários para pisar na embreagem, aliviar o pé do acelerador, trocar a marcha e depois soltar a embreagem enquanto pressiono o acelerador novamente. E embora eu possa relacionar essas etapas em termos gerais, não posso explicar os movimentos muito bem. Essas memórias não são verbais. Sei que fazem parte da minha memória, mas eu simplesmente não consigo descrevê-las muito bem.

O sistema de memória não-declarativa é bem adequado para esses tipos de memórias porque a linguagem não é necessária e realmente não atrapalha. Esse sistema de memória envolve áreas do cérebro que estão diretamente ligadas às ações que estão sendo realizadas. Em muitos casos, a linguagem não faz parte da codificação inicial da memória. E tentar usar a linguagem para lembrar ou descrever as coisas pode até prejudicar a memória. Tente realizar uma ação simples e bem treinada enquanto tenta explicá-la. Não é fácil.

PENSAMENTOS FINAIS

A memória humana é notável. O poder computacional de milhões e milhões de conexões densas entre neurônios no cérebro nos permite reconhecer nossos amigos, escolher palavras para construir uma frase, dirigir um carro, relembrar o Ensino Médio e planejar o futuro. A organização estruturada e a propagação da ativação nos permitem elaborar e fazer conexões, mas também podem produzir memórias falsas. Estar ciente de como sua memória funciona pode ajudar a melhorá-la. Saiba elaborar para fortalecer uma memória, e fique atento a elaborações que podem produzir equívocos e erros.

Sua memória e conhecimento são a base de tudo em que você pensa. Pensar é usar a memória, usar o passado para afetar o presente e planejar o futuro. Os próximos dois capítulos são sobre como estruturamos as informações para usar o pensamento e como usamos a linguagem para manipular essas representações estruturadas. Os próximos dois capítulos irão essencialmente completar a metáfora do "fluxo de informação" que discuti no *Capítulo 3*. Com essa metáfora, descrevi como a informação flui do mundo exterior para o cérebro e para a mente por meio de receptores sensoriais, como a informação se mistura com a memória e conhecimento, e como a informação ativa e atualiza conceitos. Para pensar com eficácia, às vezes condensamos e compactamos as informações em representações estruturadas conhecidas como conceitos. Nós nos comunicamos com os outros (e com nós mesmos) por meio da linguagem, a qual condensa as informações em pacotes organizados e ordenados: conceitos e palavras.

CAPÍTULO 9

Conceitos e Categorias

Organizamos tudo o que experimentamos em categorias e conceitos. Tudo pode ser categorizado. Representamos essas categorias com conceitos. Não seríamos capazes de funcionar sem conceitos. Sem um conceito, cada experiência seria única. Sem um conceito, não seríamos capazes de reconhecer as coisas. Os conceitos são a forma como organizamos o registro da experiência. Sem eles, estaríamos perdidos. Considere este exemplo: você entra em um grande hipermercado. Mesmo antes de entrar, espera encontrar um nível previsível de organização. Espera ver uma seção de roupas infantis, uma seção de ferragens, uma seção de brinquedos e uma seção de alimentos e mercearia. Dentro de cada uma dessas seções, geralmente há outro nível previsível de organização subordinada. Por exemplo, na seção de alimentos e mercearia, os produtos são organizados por itens de padaria, produtos frescos, carne, produtos secos. E às vezes, as coisas são ainda mais suborganizadas por marca, função e ingrediente dentro dessas divisões. Você espera encontrar pizzas congeladas juntas (um agrupamento taxonômico) e também pode encontrar molho para massa e macarrão próximos um do outro (um agrupamento funcional). Descrevi um exemplo semelhante no *Capítulo 8* – como a distância física entre a maçã verde e a maçã vermelha era menor do que a distância entre as maçãs verdes e o detergente. Sugeri que organizássemos nossa experiência mental da mesma maneira, com o exemplo da distância semântica como semelhante à distância física. Com um conceito estável, podemos prever onde as coisas estarão. Podemos esperar que todas as lojas tenham o mesmo *layout*. Essa expectativa reflete a estrutura conceitual.

Essas divisões são previsíveis porque a maioria das lojas usa agrupamentos semelhantes. Essas divisões ajudam os compradores a saber o que esperar e onde encontrar as coisas. Se você estivesse procurando cenouras congeladas, esperaria encontrá-las perto das ervilhas congeladas. Se você estiver procurando alcachofras em conserva, que pode ser um ingrediente que você nunca comprou antes, pode tentar a seção onde estão os alimentos em conserva. E se não estiver lá, você pode fazer inferências sobre outros lugares onde poderia as encontrar ou não. As lojas são organizadas conceitualmente. Os agrupamentos conceituais são elaborados em torno dos tipos de produtos vendidos e do modo como são usados. Os agrupamentos fazem sentido para nós e nos auxiliam a encontrar o que precisamos.

Sua mente funciona da mesma maneira. Seus pensamentos e memórias, embora representados no nível neural por conexões distribuídas de neurônios, são organizados conceitualmente. Esses conceitos refletem a organização no mundo (cães e gatos são agrupamentos naturais), bem como as relações funcionais (pão e manteiga se mantêm juntos). Já cobrimos parte disso no *Capítulo 8*, na seção sobre memória semântica. Mas o estudo de conceitos e categorias concentra-se em como a memória é organizada pelo e para o pensamento e a ação.

Armazenamos e recuperamos memórias; mas pensamos através de conceitos.

O QUE SÃO CONCEITOS E CATEGORIAS?

Conceitos são uma forma de organizar nossas memórias e nosso pensamento. Eles dão estrutura para o mundo mental. Contamos com conceitos para fazer previsões, inferir características e atributos e entender o mundo dos objetos, coisas e eventos. O estudo de conceitos, categorias e pensamento enfoca como as categorias são criadas e aprendidas, como os conceitos são representados na mente e como esses conceitos são usados para tomar decisões, resolver problemas e conduzir o processo de raciocínio. Os conceitos estão no centro da vida mental humana porque nos permitem consolidar muitas experiências em uma única representação.

Acho que um diagrama pode ajudar aqui, para mostrar como os conceitos consolidam a experiência. A Figura 9.1 mostra um arranjo hipotético entre as respostas perceptivas de nível inferior (percepção, atenção, memória de trabalho), representações estruturadas (conceitos na memória semântica e conexões com a memória episódica) e processos de pensamento de ordem superior (ações, comportamentos, decisões e planos). É uma abstração do "fluxo de informação"

CAPÍTULO 9 | CONCEITOS E CATEGORIAS

mais detalhada que venho discutindo desde o *Capítulo 3*. Nos níveis inferiores, a informação não foi processada e está essencialmente em uma forma bruta e primitiva. As representações primitivas são as características que percebemos. Essas características – linhas, cores, fonemas – recebem informações do sistema sensorial (a retina, a cóclea, etc.) e são armazenadas nos sistemas de memória sensorial que discuti no *Capítulo 7*. Porém, para que possamos fazer planos e tomar decisões, essas representações primitivas precisam ser processadas e estruturadas de alguma forma. Nos dois capítulos anteriores, discuti a memória de trabalho e a memória declarativa de longo prazo. Mas os conceitos fornecem mais abstração. Os conceitos são representações mentais que possuem um grau significativo de estrutura. Eles incluem pensamentos e ideias semelhantes entre si, que compartilham ativações e se sobrepõem em nível neural, e têm estrutura e coerência suficientes para afetar a previsão, inferência e utilidade.

Conceitos e categorias

FIGURA 9.1 Um arranjo hipotético que mostra o papel dos conceitos em outros comportamentos de pensamento. O mundo sensorial exterior é estruturado de acordo com características, semelhanças e regras. Nós usamos essas informações conceituais para tomar decisões, raciocinar e resolver problemas.

Estou usando os termos "conceitos" e "categorias" de forma intercambiável. Esses dois termos aparecem juntos com frequência e às vezes são usados como sinônimos. Eles são semelhantes, mas não são a mesma coisa. Não são sinônimos. Eu uso a palavra *categoria* para me referir a objetos, coisas ou eventos no mundo externo que são estruturados em grupos. Uso a palavra *conceito* para me referir à representação mental que se refere a uma categoria. Categorias são agrupamentos de coisas, naturais ou não, que existem fora da mente.

São grupos de coisas relacionadas umas às outras. Conceitos, por outro lado, são representações. São abstrações. Existem na mente e são o modo como representamos agrupamentos categóricos. Às vezes, o conceito reflete a categoria muito bem, mas nem sempre é o caso.

Se você estiver perto de um computador ou estiver com o seu *smartphone* por perto, faça uma pesquisa de imagens no *Google* com as palavras "caneca de café". O que surgirá é imagem após imagem de canecas de café de diferentes cores, *designs* e formas. Haverá da caneca padrão ao copo de viagem, mais alto. Todas elas, porém, são fácil e imediatamente identificáveis como canecas de café. Algumas podem ser mais óbvias do que outras. Algumas possuem mais características padrão do que outras, enquanto outras têm novas características, como *slogans*, logotipos ou alças incomuns. Mas, ainda assim, você consegue reconhecer que essas imagens formam uma categoria coerente (e a pesquisa de imagens do *Google* está fazendo a mesma suposição).

Quando aprendemos a classificar esses objetos e a reconhecê-los como integrantes da categoria caneca de café, aprendemos a ignorar alguns dos recursos idiossincráticos e únicos e a confiar apenas nos recursos mais típicos e preditivos. Parece muito simples, mas esse processo não é tão simples quanto parece. Muitas das características mais comuns, como ter um formato cilíndrico, também serão encontradas em integrantes de outras categorias (por exemplo, copos, latas, jarros, etc.). Também podemos notar que mesmo as características que estão fortemente associadas, como possuir alça, não são necessárias para integrar essa categoria. Copos de café descartáveis para viagem não possuem alça. E mesmo algumas canecas também não possuem alças. "Canecas de café" deveria ser uma categoria simples e direta, mas ainda assim há uma quantidade razoável de complexidade e variabilidade. Apesar disso, a maioria de nós formou um conceito confiável do que são canecas de café, e é provável que tenhamos pouquíssima dificuldade em tomar uma decisão de classificação com rapidez e facilidade.

Com algo simples e direto como canecas de café, a ambiguidade ocasional não parece importar muito. Desde que você possa colocar seu café nesse objeto, ele deve se qualificar como integrante da categoria[39]. Mas a ambiguidade das categorias pode ter consequências reais e sérias. Se você escolher a categoria errada, ou o conceito errado, corre o risco de selecionar o comportamento errado ou tomar a decisão errada.

---

[39] Mesmo a função de conter o café não é um indicador perfeito da categoria caneca de café. Muitas pessoas usam uma caneca de café para guardar canetas e lápis na mesa. É uma caneca de café que não contém café. E muitas pessoas, minhas duas filhas, por exemplo, bebem rotineiramente seu café gelado em um copo de vidro. Ele não integra a categoria caneca de café, mas está fazendo a função de conter o café.

Como exemplo, considere o paracetamol, o analgésico comumente encontrado no Tylenol e em outros remédios para dor de cabeça e resfriado de venda sem restrição. Se você ainda estiver em seu computador ou estiver com o seu *smartphone* por perto, faça outra pesquisa de imagens no *Google* sobre paracetamol. O que você vê? Deve ser imagem após imagem de comprimidos de paracetamol, Tylenol ou medicamentos semelhantes. Se lhe pedissem para dizer a qual categoria você pensava que o paracetamol pertencia, poderia dizer "remédio" ou algo parecido. E a partir disso, você pode ativar um conceito geral de medicação e inferir que esse remédio é útil e benéfico. Ele reduz as enxaquecas e proporciona alívio da dor. Muitos conceitos relacionados provavelmente vêm à mente.

Você provavelmente não diria "veneno" e não ativaria um conceito relacionado a coisas tóxicas. Mas a toxicidade do paracetamol é algo muito sério. Todos os anos, muitas pessoas morrem por tomar paracetamol em excesso. Na verdade, o envenenamento por paracetamol (ou acetaminofeno) costuma ser uma das causas mais comuns de insuficiência hepática aguda nos Estados Unidos. É responsável por várias centenas de mortes por ano e ocasiona milhares de chamadas para o serviço de ambulâncias. O remédio é comercializado há muito como um medicamento seguro. E se presumirmos que é seguro, podemos presumir que podemos tomá-lo sem nos preocupar muito. Afinal, supostamente está na categoria de coisas benéficas. Mas acontece que o paracetamol tem uma janela terapêutica muito estreita. É seguro e benéfico na dose recomendada, mas se você exceder essa dose, mesmo em uma quantidade modesta, pode resultar em toxicidade, hospitalização e até morte. As pessoas frequentemente fazem a suposição incorreta de que não há problema em ingerir um pouco mais do que o necessário. Ou, se a febre não baixar, podem dar ao filho uma segunda ou terceira dose para reforçar. E isso é exacerbado pelo fato de que o paracetamol é encontrado em muitos medicamentos de venda sem necessidade de receita médica (como medicamentos para resfriado e gripe), então pode ser difícil dizer se você excedeu a dosagem recomendada.

O paracetamol é classificado corretamente como medicamento, mas essa classificação pode encorajar a suposição incorreta de que o remédio é mais seguro do que de fato é. Categorizar algo permite que você faça previsões e suposições. Mas, neste caso, categorizar o paracetamol como um medicamento seguro, benigno e de venda livre pode levar a erros graves. Não quero dizer que o paracetamol não seja seguro em geral. E não quero sugerir que você não deva tomar Tylenol. Tomado de acordo com as instruções, é um medicamento muito seguro e eficaz. É por isso que é tão comum. Porém, a consequência de categorizá-lo como "*sempre seguro*" seria incorreta.

Conceitos são abstrações da experiência mental e perceptiva, portanto, há custos e benefícios em representar informações dessa maneira. Um conceito é uma maneira eficiente de representar a maior parte do que é importante sobre um conjunto de coisas em uma categoria. Mas, por ser uma abstração, também significa que algumas das nuances e individualidade dos membros da categoria foram perdidas. Abstrações, como conceitos, permitem que as pessoas façam julgamentos rápidos e geralmente precisos (por exemplo, caneca de café ou não), mas eles vêm ocasionalmente com um custo de classificação incorreta (por exemplo, medicamento seguro ou veneno).

POR QUE CATEGORIZAMOS E CLASSIFICAMOS?

As pessoas categorizam as coisas em parte porque todos os animais e organismos têm uma tendência natural para generalizar a partir de experiências anteriores. Essa ideia, conhecida como generalização de estímulos, está presente em todas as espécies. A generalização de estímulos permite que um organismo estenda uma resposta comportamental aprendida a uma classe inteira de coisas semelhantes. Você faz isso quando trata várias canecas de café diferentes da mesma maneira. Faço isso ao comprar um sanduíche em um *food truck*, esperando que tenha o gosto daquele que comprei na semana passada. Seu gato ou cachorro faz isso quando reage ao som de uma lata de comida sendo aberta. Esse tipo de comportamento é visto mesmo nos organismos mais biologicamente primitivos. No século XIX, William James (1842–1910), um dos teóricos fundadores da psicologia, observou que:

> [...]criaturas em uma posição extremamente baixa na escala intelectual talvez possuam concepção. Tudo o que é necessário é que elas reconheçam a mesma experiência novamente. Um pólipo seria um pensador conceitual se um sentimento de "Olá, Coisiquinha!" passasse por sua mente.

Deixando de lado alguns dos "termos extravagantes" de James, é uma descrição clara do que significa se comportar conceitualmente. Quando James diz "pólipo", ele está se referindo aos minúsculos organismos aquáticos com tentáculos que formam os corais. Qualquer exemplo serve (verme, formiga, caracol). E quando James diz "concepção", ele se refere à capacidade de formar um conceito, e não à capacidade de conceber outro pólipo. E, claro, o pólipo, neste caso, não possui uma mente que concebe pensamentos, mas os pólipos se comportam da mesma maneira em relação a algumas coisas. Eles generalizam a partir de

CAPÍTULO 9 | CONCEITOS E CATEGORIAS

associações anteriores de forma a produzir uma resposta. Isso sugere que a generalização, e com ela a tendência de agrupar memórias e experiências em grupos, é um aspecto inerente de uma arquitetura cognitiva funcional. Essas generalizações são guiadas pela semelhança. A taxa de resposta de um comportamento a um novo estímulo será uma função de quão semelhante um novo estímulo é com relação a um estímulo visto anteriormente. Por meio de associações repetidas, o pólipo (ou verme, formiga ou caracol) eventualmente aprende a se comportar da mesma maneira em relação aos mesmos tipos de coisas.

Pessoas e outros organismos categorizam as coisas de maneira a obter uma eficiência cognitiva para orientar o comportamento. Formar um conceito para um grupo de coisas significa uma redução na quantidade de informações a serem retidas sobre todos os membros do grupo. Um conceito condensa muitas experiências em uma representação abstrata. Essa abstração pode ser considerada uma classe de equivalência comportamental. Isso significa que embora um grupo ou classe de coisas possam ser diferentes e numerosos (diferentes exemplos de canecas de café), comportamo-nos com todos eles da mesma maneira (beber café nelas).

Por exemplo, minha gata Peppermint é como muitos gatos: uma oportunista. Ela é adoravelmente preguiçosa, mas também é hiperconsciente sobre sua comida. Conhece o som de uma lata de comida sendo aberta. Se ela estiver dormindo no andar de cima, na cama ou na cadeira da minha escrivaninha, o que geralmente acontece, e alguém abrir uma lata de comida na cozinha, ouço-a pular da cama, descer as escadas e trotar para a cozinha. Embora existam muitas latas diferentes, e provavelmente algumas dessas latas soem de maneiras distintas ao serem abertas, Peppermint se comporta da mesma forma em relação a cada um dos sons. As características individuais e únicas dos sons de cada lata podem não importar. Peppermint representou com eficiência todo um *universo* de sons de latas de ração com uma única resposta comportamental. Fazemos a mesma coisa com nossos conceitos. Somos capazes de representar muitas coisas semelhantes com uma representação central. Isso é eficiência cognitiva. As teorias da representação conceitual, que discutirei um pouco mais adiante neste capítulo, diferem em termos de quanta informação elas presumem que armazenamos na representação conceitual e quanta informação é perdida. A maioria das teorias de representação conceitual assume que o conceito armazena informações gerais, com maior eficiência cognitiva do que muitas representações individuais únicas.

A eficiência cognitiva obtida pela formação de conceitos é influenciada pela estrutura natural do mundo. As pessoas categorizam as coisas da maneira que o fazem porque o mundo dos objetos e coisas pode ser um tanto autocategorizado. Existem regularidades no mundo, tanto físicas quanto funcionais, e nosso trabalho como habitantes do planeta é aprender sobre essas regularidades. Os conceitos rastreiam e representam essas regularidades. A ideia de que existe uma estrutura natural para as coisas remonta pelo menos aos tempos do antigo filósofo grego Platão (c.428–348 a.C.)[40]. Platão sugeriu que *"trinchamos a natureza em suas juntas"* quando representamos o mundo natural. Platão estava falando sobre como um caçador ou açougueiro pode preparar um animal para comer. É mais fácil cortar o animal onde estão as articulações, ou juntas, em vez de apenas despedaçá-lo. É por isso que temos peito, asa e coxa de frango, em vez de asas cortadas ao meio. Existem maneiras naturais de cortar um animal. E se você não come carne ou nunca pensou em cortar um animal em partes comestíveis, a analogia continua válida. Existem maneiras naturais de descascar e dividir uma laranja. Existem maneiras naturais e óbvias de comer ervilhas ou descascar nozes. Essas formas naturais existem independentemente de os humanos decidirem sobre isso ou não. As juntas estão lá. Podemos teorizar que os humanos formam as categorias que formam com base em limites naturais já existentes. Temos conceitos para frutas, para galinhas e para canecas de café, porque essas coisas são parecidas. Neste caso, semelhantes significa serem compostos de material semelhantes, formas e tamanhos semelhantes. Esses atributos e características se sobrepõem e se agrupam independentemente de os humanos reconhecerem ou não essa semelhança. Eles também segmentam e discriminam quer decidamos ou não reconhecer os grupos discriminados. À medida que nos envolvemos com o mundo natural, não temos escolha a não ser categorizá-lo e conceituá-lo ao longo dessas linhas.

Se considerarmos todas essas coisas – a tendência a generalizações, a possibilidade de uma representação central eficiente e os agrupamentos naturais presentes no mundo – parece que a categorização é praticamente inevitável. Se as categorias são uma parte inevitável de nossa arquitetura cognitiva, como elas afetam nosso comportamento e pensamento?

AS FUNÇÕES DOS CONCEITOS

Fundamentalmente, um conceito é uma representação cognitiva que influencia a forma como uma pessoa reage, por isso podem ser descritos como

---

[40] Essa ideia provavelmente remonta a muito mais tempo e provavelmente não é exclusiva de Platão. Essa tradição filosófica é uma das muitas que tentam explicar o mundo e porque nos comportamos dessa maneira. Estou usando-a aqui porque estou familiarizado com ela e, mais importante, porque está ligada aos precursores da psicologia moderna.

classes de equivalência comportamental. Assim como minha gata Peppermint, que formou a classe de equivalência comportamental para comida enlatada (consulte a seção anterior), o conceito pode encapsular a experiência e impulsionar o comportamento. Uma vez que um objeto é classificado como membro de uma categoria, podemos nos comportar em relação a ele como membro dessa categoria. Vemos isso em muitas novas categorias de produtos. *Smartphones*, por exemplo, não são realmente telefones como os telefones com os quais muitos de nós crescemos. São computadores portáteis. Não há fio, nem tom de discagem, tampouco "telefonista". Quando você queria fazer uma chamada de voz (o único tipo) na década de 1990, pegava o receptor (a parte em que você fala) e ouvia um tom de discagem. Isso permitia que você soubesse que o telefone estava conectado. À medida que os telefones se transformaram em sem fio, celulares e *smartphones*, conservaram a palavra "telefone" em vez de serem chamados de computador portátil. Isso cria uma continuidade com o que conhecemos, de forma que possamos classificar o objeto, associá-lo a um conceito conhecido e prever como interagir com ele. E mesmo os conceitos mais novos, como *smartphone*, ativam seus próprios conceitos. Pegue um novo iPhone ou um novo celular da Samsung e você já saberá como operar a maioria dos recursos, pois possui um conceito existente. Pegue um celular de *flip* antigo e você ativará um conceito diferente e se comportará de maneira diferente em relação a ele. Depois de saber em que categoria algo está, você pode confiar em seu conhecimento do conceito para ajudá-lo a inferir coisas. Existem muitos outros exemplos: um concerto classificado como música clássica encoraja uma atitude ou estilo de vestir diferente daquele classificado como música folclórica. Um vinho classificado como vinho de sobremesa incentiva-o a ser consumido de forma específica e provavelmente não acompanhando um bife. Os calçados classificados como botas de caminhada ativam conceitos diferentes dos calçados classificados como tênis de academia.

Essa ideia – de que as categorias o ajudam a saber como se comportar ou reagir – também pode ter consequências preocupantes no processo de pensamento. Essa tendência está na raiz de muitos estereótipos raciais, étnicos e ocupacionais negativos. Como nossas mentes tendem a generalizar a partir de quaisquer conceitos que tenhamos e formamos, podemos fazer generalizações úteis ou não tão úteis assim. Podemos (mesmo inconscientemente) ajustar nosso comportamento ao falar com uma pessoa de nosso grupo étnico, em oposição a uma pessoa de um grupo étnico diferente. Adotamos maneiras diferentes ao visitar o médico e ao falar com a recepcionista no mesmo consultório. Temos diferentes atitudes perante alguns grupos raciais em relação a outros. Grande parte da pesquisa e da literatura sobre estereótipos e preconceito racial se enquadra no contexto de tópicos clássicos da psicologia social e sugere que essas categorias podem enviesar atitudes e percepções de maneiras sutis e implícitas.

Por décadas, os Estados Unidos em particular tiveram um problema contínuo com a violência entre grupos policiais, comunidades negras e, às vezes, manifestantes. Este conflito chegou ao pico algumas vezes – na era dos Direitos Civis dos anos 1960, durante a "guerra contra as drogas" nos anos 1970, depois que oficiais da LAPD foram vistos espancando Rodney King e, mais recentemente, após os tumultos em Ferguson, Missouri e o assassinato de George Floyd em 2020. Quando esses conflitos ocorrem, há notícias, análises, fotos e vídeos. Também há desacordo sobre o papel da polícia, dos suspeitos, das vítimas e dos manifestantes. Todos são conceitos que terão algum significado e coerência para as pessoas, mas os limites e características desses conceitos mudarão entre pessoas diferentes. O conceito de "policial" significa coisas diferentes para pessoas diferentes. E o conceito de qualquer pessoa vai depender da experiência dela. Afinal, um conceito é uma representação sumária de memórias, percepções e experiências individuais. Como seriam essas experiências?

Uma maneira de imaginar é recorrer novamente à pesquisa de imagens do *Google*, como fizemos várias vezes neste capítulo. Você pode fazer uma pesquisa por "policial" e isso deve trazer uma grande variedade de imagens, muitas retratando a polícia em ação e outras fazendo pose. Qual é a sua primeira impressão? Isso se encaixa no seu conceito de policial? Experimente algumas variações. Por alguma razão, se eu pesquisar por "polícia da Nova Zelândia", aparecem, em sua maioria, imagens amigáveis. Se eu pesquisar por "polícia dos EUA", as imagens serão menos amigáveis e mostrarão um grupo muito mais fortemente armado. E se eu procurar por "polícia de choque", não há rostos amigáveis a serem vistos. Na verdade, não há muitos rostos, pois estão obscurecidos por capacetes e viseiras. O mundo dos policiais ainda está sendo trinchado nas juntas, mas existem diferentes juntas e diferentes pontos de foco.

Imagine formar seu conceito de polícia com base em algumas interações e principalmente em imagens das pessoas mais amigáveis e menos armadas, cujos rostos são semelhantes aos de sua família e amigos. Seu conceito, uma abstração, incluirá as coisas que são importantes para a categoria em geral (faz prisões, porta algemas) e talvez algumas que sejam específicas da sua experiência (prestativo, protege a vizinhança, parece com pessoas que conheço). Agora imagine que sua experiência é moldada principalmente por ver policiais com veículos de estilo militar, armas mais pesadas, capacetes, protetores faciais e eles aparecem em momentos de violência, como tiroteios, tumultos e conflitos. Não é difícil ver como você formaria um conceito muito diferente neste caso. Este conceito pode incluir as mesmas características gerais (faz prisões, porta algemas), mas uma lista

CAPÍTULO 9 | CONCEITOS E CATEGORIAS

diferente de coisas específicas com base na experiência (intimidante, agressivo, usa a força). Apesar de ter o mesmo rótulo de "polícia", seu conceito pode não ser o mesmo. Pessoas com os primeiros conceitos mais amigáveis irão prever e inferir características consistentes com essa ideia mais amigável. Pessoas com o conceito mais agressivo inferirão características consistentes com o conceito mais agressivo. Ambas as inferências seriam resultado dos conceitos na mente do indivíduo; conceitos projetados para abstrair e condensar muitas experiências em uma estrutura mental estruturada e utilizável.

Usamos conceitos e categorias para fazer previsões o tempo todo. Essas previsões nos permitem inferir características e orientar o comportamento. Quando um objeto ou item é classificado como pertencente a determinada categoria, podemos usar o que sabemos sobre a categoria para fazer previsões sobre outros atributos que podem não estar imediatamente presentes, mas que sabemos estar associados à categoria. Lembra-se do exemplo de diferentes tipos e formatos de *smartphones* de algumas páginas atrás? Existem diferentes marcas, diferentes fabricantes e diferentes modelos. Se você comprar um telefone novo e desconhecido (ou um dos modelos mais antigos), ele pode parecer um pouco diferente do que você está acostumado, mas contanto que você saiba que é um *smartphone* ou um telefone celular, pode fazer diversas previsões razoáveis. Você sabe que existe uma maneira de alterar o volume, fazer uma chamada de voz ou tirar fotos. Faz algumas suposições sobre como ele funciona com base em seu conhecimento geral a nível de categoria. Se você possuir informações suficientes sobre sua categoria (*smartphone*), pode fazer previsões com certo grau de confiança. E porque damos nomes e rótulos a muitos de nossos conceitos, podemos comunicar a experiência central a outra pessoa. Um rótulo de uma categoria faz parte do conceito e é uma forma eficaz de transferir informações abstratas para outra pessoa. Em vez de relatar o processo pelo qual você descobriu como ligar o novo telefone, fazer uma ligação e tirar uma foto, você pode apenas dizer "Este é um iPhone mais antigo". Conceder à outra pessoa algum conhecimento da associação da categoria do dispositivo dá a essa outra pessoa acesso a todas as informações a nível de categoria. Muito efetivo. Muito eficiente.

Conceitos e categorias também desempenham um papel na resolução de problemas. As pessoas costumam se envolver em estratégias de resolução de problemas e heurísticas que envolvem encontrar a solução correta de memória. Em vez de resolver um problema focando na solução, com experiência, pode-se buscar o conceito da solução correta na memória. A resolução de problemas baseada em conceitos é vista em muitos domínios. Por exemplo, jogadores de xadrez experientes acessam as representações das categorias de movimentos.

Médicos especialistas se baseiam na semelhança entre pacientes atuais com os previamente examinados, e parece haver grande concordância entre os médicos especialistas sobre como eles formam conceitos ao examinar um paciente. Na verdade, há alguns anos, meus colegas (dois médicos) e eu perguntamos a médicos especialistas diretamente sobre os tipos de conceitos que ativam e consideram quando atendem um paciente pela primeira vez[41]. Os médicos nos disseram que estruturam a consulta ativando conceitos sobre a necessidade imediata do paciente, agenda ou encaminhamento. Eles ativaram conceitos sobre doenças prévias, conceitos sobre como cuidar do paciente. Também indicaram que esses conceitos foram construídos a partir de sua experiência anterior. Quando os médicos examinam um paciente pela primeira vez, a consulta ativa memórias e conceitos de pacientes semelhantes vistos anteriormente, e essas representações orientam a interação.

Tenho discutido essas várias funções – previsão, inferência, comunicação e solução de problemas – e como elas são orientadas e dirigidas por nossos conceitos. Os conceitos resumem nossas experiências e nos ajudam a nos comportar, agir e pensar como humanos. E embora essas funções mentais complexas façam parte do pensamento humano, não são exclusivas dos humanos. James, discutido anteriormente, sugeriu que mesmo os organismos mais "primitivos" têm conceitos. Conceitos, ou pelo menos classes de equivalência comportamental, são importantes para humanos e não humanos. Mas os conceitos e a categorização também são importantes para as máquinas. Por exemplo, a maioria de nós está ciente de que as empresas de *Internet* estão trabalhando incansavelmente para coletar dados sobre os usuários, gerar tendências e classificar as coisas a fim de fazer previsões com base no que pensam que as pessoas desejam. É por isso que posso sugerir uma pesquisa de imagens do *Google* para você e posso saber o que provavelmente aparecerá. A Amazon recomenda novos produtos para comprar, novos livros para ler e novos filmes para assistir com base em seu histórico de compras anterior e em seu histórico de navegação. Outras empresas, como Netflix, Spotify e Apple Music empregam algoritmos sofisticados para recomendar coisas novas para assistir e ouvir.

Embora os algoritmos que essas empresas usam sejam privados e não abertos ao público, eles usam as mesmas informações que você usa para formar conceitos: experiência e semelhança. Formamos conceitos observando a semelhança entre os grupos de forma que possamos fazer previsões sobre as coisas. Os algoritmos de compras e *streaming* fazem a mesma coisa e são capazes de

---

[41] Goldszmidt, Minda & Bordage, 2013.

recomendar coisas novas semelhantes às suas experiências e interações anteriores com o *site*. Os conceitos ajudam as empresas a fazer previsões.

Esses padrões podem fornecer percepções sobre nosso próprio comportamento e até mesmo mostrar como nosso comportamento influencia o modo como empresas operam. Há um ótimo exemplo de um psicólogo da University College London chamado Adam Horsnby. Reconhecendo que os compradores e as lojas dependem de categorias, Hornsby e seus colegas mostraram que os comportamentos de compra das pessoas são moldados por (e também ajudam a moldar) a maneira como os supermercados são organizados. A maneira como eles fizeram isso foi muito criativa. Eles coletaram as listas de compras de compras de milhões e milhões de compradores em um supermercado. Então, aplicaram um modelo computacional para procurar padrões nos itens das listas. Ou seja, analisaram as co-ocorrências de itens nas listas. Leite e cereais. Feijão e arroz. Bacon e ovos. Macarrão, molho de tomate e queijo. Eles foram então capazes de extrair conceitos de ordem superior a partir disso. Esses conceitos tendiam a ser organizados em torno dos objetivos e padrões dos clientes, variando de refeições específicas (por exemplo, "refogado" e "salada de verão") a temas gerais (por exemplo, "cozinhar do zero" ou "comida para comer agora"). Os autores mostraram que as pessoas compram por temas e que as lojas trabalham para se organizar em torno desses temas, o que, por sua vez, reforça o mesmo comportamento de compra baseado em temas.

Quando fazemos compras, fornecemos informações às empresas de forma a ajudá-las a organizar suas lojas e torná-las mais fáceis para nós. Lembre-se disso quando estiver fazendo suas compras. Se você compra alimentos veganos, por exemplo, junto com uma marca específica de sabonete, isso diz à loja algo sobre você e se torna parte de como eles planejam, o que então se torna parte de como você planeja. Estamos cada um observando o outro, formando e modificando conceitos e ajustando nossos comportamentos de modo a fazer previsões.

Acho que cobria uma boa parte sobre por que formamos conceitos, como eles funcionam, por que funcionam e como os usamos para pensar. Vamos entrar em uma discussão mais aprofundada de algumas das teorias fundamentais sobre como esses conceitos são representados na mente. Um conceito é uma abstração. Ele não representa todas as características e detalhes possíveis de cada um dos membros da categoria e, portanto, diferentes teorias fazem diferentes suposições sobre quantas informações são abstraídas e armazenadas e quantas são descartadas.

TEORIAS DA REPRESENTAÇÃO CONCEITUAL

Por que as pessoas parecem confiar em categorias mentais para pensar? E por que nós, como humanos, temos os conceitos e categorias que temos? Uma possibilidade é que os humanos respondem de forma adaptativa para categorizar, classificar e formar conceitos que refletem a estrutura natural do mundo. Ou, como Platão sugeriu, "trinchar a natureza nas juntas". Por esse relato, poderíamos argumentar que a razão de haver estrutura na mente é porque há estrutura no mundo. Tenho um conceito bem formado sobre cães e gatos porque existe uma distinção natural entre os dois grupos. Gatos e cães são ambos membros da categoria maior de "animais de estimação" e podem até viver juntos, mas não são a mesma coisa. Gatos e cachorros provavelmente se enquadram em categorias diferentes, quer tenhamos conceitos nominais para eles (por exemplo, as palavras "gatos" e "cachorros") ou não. Animais, montanhas, rios, plantas, rochas e chuva são todos estruturados pelo ambiente natural. As fronteiras estão aí no mundo para que as adquiramos e, por isso, vamos adquirindo-as, aprendendo-as e dando-lhes nomes.

No entanto, esse não é o único tipo de conceito. E não é a única maneira de aprender sobre categorias e classes. Outra possibilidade é que os humanos formam conceitos para ajudar a atingir objetivos, como sugere a pesquisa sobre comportamento de compra. Ou agrupamos as coisas e formamos um conceito para ajudar a resolver um problema. Esses tipos de categorias podem não refletir nenhuma estrutura natural particular. As coisas podem ser categorias porque nos comportamos da mesma maneira em relação a elas, mesmo que não tenham a mesma aparência. Como parecemos ter diferentes tipos de conceitos e porque existem diferentes tipos de categorias no mundo, os psicólogos exploraram a representação conceitual de diferentes maneiras.

Como nosso estudo sobre a memória, que inclui memória de curto prazo, memória semântica, memória episódica e memória processual, existem muitas maneiras possíveis de dividir o espaço conceitual. Vou me concentrar em quatro teorias diferentes, mas que não se excluem mutuamente, que influenciaram as ciências cognitivas. Nenhuma dessas teorias é a "correta" e elas também se sobrepõem de algumas maneiras. Cada teoria descreve parte de nossa experiência conceitual muito bem, mas todas têm suas limitações. Essa é a natureza de qualquer teoria científica da mente. Vamos estar certos sobre algumas coisas, mas também deixaremos de lado outras.

A primeira das quatro teorias às vezes é chamada de "visão clássica" dos conceitos. É uma abordagem intimamente ligada à filosofia. Essa visão enfatiza as regras a respeito das características que delineiam a categoria e, portanto, definem o conceito como uma associação de classe que é delimitada por regras. A segunda dessas teorias enfatiza as relações de similaridade nas e entre as categorias e também a organização de conceitos na memória semântica. Vou me referir a ela como a "visão hierárquica", porque essa teoria inclui as teorias que discutimos anteriormente no capítulo de memória, como o modelo hierárquico de Collins e Quillian. A terceira das quatro teorias de conceitos foi desenvolvida na década de 1970 como uma alternativa à abordagem clássica e às vezes é chamada de "visão probabilística". Como a visão hierárquica, essa teoria também enfatiza a importância da similaridade dentro e entre as categorias, mas não depende de uma abordagem estritamente baseada em definições, como a visão clássica faz. Nessa abordagem, a representação mental é uma abstração que resume as características típicas de todos os membros da categoria. Finalmente, alguns psicólogos argumentaram a favor do papel do conhecimento e das teorias ingênuas sobre o mundo que não podem ser explicadas por nenhuma das três teorias acima. Esta teoria é às vezes conhecida como a "visão teórica" dos conceitos.

Essas abordagens foram instanciadas de várias maneiras diferentes e cada uma faz uma série de afirmações básicas sobre quanta informação exclusiva sobre um objeto individual é retida na representação conceitual e quanta informação exclusiva é perdida em favor de informações abstratas a nível de categoria.

A Visão Clássica

A visão clássica é frequentemente descrita como "clássica" porque é a maneira como os teóricos entendiam a representação conceitual da tradição filosófica ocidental clássica. Além disso, podemos pensar nessa visão como a ênfase nas categorias como classes estritas. Existem dois pressupostos básicos na versão mais rigidamente definida desta teoria. Em primeiro lugar, o ponto central dessa teoria é a ideia de condições necessárias e suficientes como qualificadoras para a associação à categoria. Em segundo lugar, está a afirmação de que a categorização é absoluta e que todos os membros de uma classe estejam em posições equivalentes. Essa visão provavelmente parece muito rígida para ser realista, mas parecia ser a estrutura teórica subjacente que orientou o trabalho sobre conceitos e categorias durante a maior parte da era inicial da psicologia e, de muitas maneiras, ainda está presente no modo como procuramos definir coisas, ideias e até pessoas.

Considere um quadrado. Um quadrado é definido como uma forma com quatro lados iguais e quatro ângulos retos. Essa é a melhor definição que posso dar. Contanto que a forma tenha essas características, nós a classificamos como um quadrado e, de fato, os atributos são geralmente suficientes para permitir que a forma seja chamada de quadrado. Qualquer objeto com essas características é membro do grupo. E isso é tudo o que preciso. Cor, tamanho, textura e substância realmente não importam para a classificação, tudo o que importa são os atributos-chave definidos pela geometria. Ou seja, cada um desses atributos é necessário e, juntos, são suficientes para a associação à categoria. Pode-se dizer que a definição do quadrado consiste nessas condições conjuntamente necessárias e suficientes. Além disso, uma vez que se pode dizer que uma forma possui essas características e pode ser considerada um membro da categoria quadrado, é difícil imaginar como qualquer outra coisa aumentaria ou reduziria a validade dessa classificação. Ou seja, dado que quatro lados iguais e quatro ângulos retos são suficientes para ser um quadrado, ele garante a igualdade de ser um quadrado. Todos os quadrados são igualmente bons integrantes da categoria quadrado. Não existem quadrados bons ou quadrados ruins. Apenas quadrados.

Tente imaginar outros exemplos de categorias com esta estrutura de definição: a categoria de números pares inclui todos os números que são divisíveis por dois, a categoria de moedas de vinte e cinco centavos de dólar dos EUA inclui todas as moedas de 25¢ de determinado tamanho e formato, produzidas pelo governo. Infelizmente, o relato de definição começa a falhar além dos exemplos básicos. Por exemplo, se você fosse fazer um desenho rápido de um quadrado em uma folha de papel, agora mesmo, você desenharia algo que se parece com um quadrado. Você ficará satisfeito em poder chamá-lo de quadrado. Se você mostrasse seu desenho para outra pessoa e perguntasse: "O que é isso?", ela provavelmente diria que é um quadrado. Mas será que é mesmo? Se você pegar uma régua e medir cada lado, poderá descobrir que ela não tem *exatamente* quatro lados iguais. Estariam perto, mas não exatamente iguais. Portanto, por definição, seu desenho não deve ser incluído na categoria quadrado. E, no entanto, você provavelmente ainda diria que é um quadrado. E embora ainda concordemos que há uma definição clara para o conceito de quadrado, se você estiver disposto a chamar um quadrado mal desenhado de quadrado, isso significa que você não está realmente usando tal definição para fazer a classificação. A definição está correta, mas é muito abstrata para ser usada.

Outro problema é que, mesmo que todos concordemos com uma definição, alguns exemplos que seguem a definição podem parecer melhores membros da categoria do que outros exemplos. Um efeito de tipicidade ocorre quando as pessoas classificam alguns exemplares de categoria como sendo melhores ou mais pertencentes à categoria do que outros. Um exemplo simples seria considerar a categoria "cachorro". Cães comuns de tamanho médio, como um labrador,

CAPÍTULO 9 | CONCEITOS E CATEGORIAS

um *golden retriever* ou um pastor alemão podem ser vistos como mais típicos e como melhores exemplos da categoria. Cães menores e sem pelos, ou cães muito grandes, embora ainda sejam tão cães quanto o labrador, podem ser vistos como menos típicos. É fácil imaginar os exemplos típicos de categorias comuns: maçãs vermelhas, um salão com quatro portas, uma caneca de café com alça, um iPhone. Os itens típicos parecem vir à mente quase automaticamente quando solicitados a descrever membros de um conceito. Os efeitos de tipicidade são ainda observados para categorias com uma definição estrita. Sabemos que os números pares têm uma definição (números divisíveis por 2), portanto, todos os números pares devem ser iguais. Mas quando solicitados a classificar números sobre se eles são ou não bons exemplos das categorias pares/ímpares, as pessoas classificarão "2" e "4" como melhores exemplos de números pares em comparação com números como "34" e "106". Isso é preocupante para uma descrição de definição de conceitos porque sugere que, mesmo quando todos os membros de uma categoria deveriam ser igualmente bons membros, as pessoas ainda exibem um efeito de tipicidade.

O efeito de tipicidade foi investigado sistematicamente por Eleanor Rosch na década de 1970, e seu trabalho mudou a maneira como os psicólogos pensavam sobre categorias e conceitos. Até a pesquisa de Rosch, o relato definicional/clássico – mesmo com todos os seus problemas potenciais – ainda era a melhor teoria disponível. Por que seu trabalho foi tão influente? Bem, por um lado, ela perguntou às pessoas sobre seus conceitos. Mas, em vez de pedir que definissem um conceito, ela pediu a estas pessoas que descrevessem exemplos do que pertence a uma categoria. Por exemplo, em um estudo, ela pediu aos participantes da pesquisa que listassem todas as características de categorias comuns (como ferramentas, móveis, veículos, etc.). Ela descobriu que alguns itens tinham muitas características em comum com outros membros da categoria (itens típicos), enquanto outros itens tinham menos características comuns e mais características distintas (itens atípicos). Os exemplos altamente típicos também foram os primeiros a vir à mente quando os participantes foram solicitados a listar os itens pertencentes à categoria. Esses exemplos altamente típicos foram melhor avaliados em sua tipicidade. Em outras palavras, esses exemplos altamente típicos pareciam ter um *status* privilegiado. Este é um problema para uma visão clássica/definicional de conceitos posto que um relato estritamente definicional prediz que esses exemplares típicos não deveriam receber nenhum privilégio comportamental. Ainda assim, Rosch mostrou que exemplares altamente típicos eram classificados e nomeados mais rapidamente. Se as pessoas mostram preferência por exemplares típicos, elas podem não estar confiando em uma definição ou em um conjunto de condições necessárias e suficientes.

Rosch sugeriu, em vez disso, que confiemos na semelhança familiar ao aprender sobre as categorias. Com a semelhança familiar, os membros de uma categoria se parecem, mas não compartilham nenhuma característica definidora única. Imagine uma grande família que se reúne em ocasiões especiais. Pode ser óbvio que muitos dos membros da família são parecidos. Talvez muitos tenham uma certa cor de cabelo ou o mesmo tipo de olhos. Mas é muito improvável que haja uma característica que possa identificar perfeitamente todos os membros da família. Podemos imaginar muitas categorias como esta: gatos, cenouras, doces e Cadillacs. Cada membro será semelhante a muitos outros membros, mas talvez não seja semelhante a todos os outros membros. Em vez de uma definição, o trabalho de Rosch sugere que representemos o conjunto de características como o conceito central. Quanto mais características um exemplo tiver em comum com o conjunto de características, mais forte será a semelhança familiar.

Conceitos de Nível Básico

Rosch sugeriu que tendemos a formar conceitos hierárquicos sobre a estrutura da semelhança familiar que, em alguns níveis, parecem maximizar a semelhança familiar e a tipicidade. Observe o exemplo na Figura 9.2, e qual é o primeiro pensamento ou palavra que vem à mente? Você provavelmente pensou em "cachorro". Mas provavelmente não pensou inicialmente em "mamífero" ou "animal" ou "pastor alemão". Em níveis mais abstratos, o que chamaremos de nível superior, os conceitos e os membros da categoria não se sobrepõem muito em termos de características e atributos. A similaridade entre categorias é relativamente baixa: os animais geralmente não se parecem ou agem muito como outros conceitos de alto nível (por exemplo, plantas). Porém, ao mesmo tempo, a similaridade dentro das categorias também é bastante baixa: há uma grande variedade de animais e nem todos se parecem ou agem da mesma forma. Cães, centopeias e águias americanas são bem diferentes, mas são todos membros da categoria animal. Como a similaridade e a sobreposição de características são baixas, a similaridade em si não é uma sugestão particularmente útil em termos de previsão de associação de categoria. No nível inferior, mais específico, conhecido como nível subordinado, há uma alta similaridade dentro das categorias (os pastores alemães se parecem com outros pastores alemães) e também uma similaridade bastante alta entre as categorias (os pastores alemães são razoavelmente parecidos com labradores). Novamente, como a semelhança de características é relativamente alta, não é um indicador muito confiável de associação de categoria. Como a similaridade é muito alta para ser útil nos níveis mais específicos, mas não alta o suficiente para ser útil nos níveis mais genéricos, tendemos a classificar e pensar sobre as coisas em algum ponto intermediário. Rosch se referiu a esse nível médio, o nível que usamos com mais frequência quando identificamos e pensamos, como nível básico.

FIGURA 9.2: Qual é o primeiro pensamento ou palavra que vem à mente quando você vê esta imagem?

O nível básico é um caso especial. A similaridade dentro das categorias é alta, mas a similaridade entre as categorias é baixa. Embora os membros da categoria cão tendam a se parecer muito com outros cães, não há tanta sobreposição entre os membros da categoria cão e outras categorias de animais, como gatos e lagartos. A categoria de nível básico é o nível de abstração de uma categoria que maximiza a similaridade dentro da categoria, ao mesmo tempo que minimiza a similaridade entre as categorias. Por causa disso, a semelhança e/ou características são uma indicação confiável para a associação à categoria. Os cães têm a forma de um cachorro e geralmente são semelhantes a outros cães e não têm muita semelhança com outras categorias. O mesmo se aplica a árvores, carros, mesas, martelos, canecas, etc. As categorias de nível básico também são especiais de outras maneiras. Eleanor Rosch e colegas observaram que as categorias de nível básico são o nível mais abstrato no qual os objetos de uma categoria tendem a ter a mesma forma, os mesmos movimentos motores e tendem a compartilhar partes. Como as categorias contrastantes podem ser facilmente comparadas, e a similaridade é uma sugestão preditiva, as categorias básicas também apresentam uma vantagem de nomenclatura, como vimos acima, com a foto do cachorro.

As categorias de nível básico são aprendidas mais cedo pelas crianças e são listadas primeiro quando os participantes de pesquisas são solicitados a listar membros de uma categoria superior. Em geral, o trabalho de Rosch e de muitos outros mostrou que embora os objetos sejam classificáveis em muitos níveis diferentes, as pessoas parecem operar e pensar sobre os objetos no nível básico.

Claro, nem todas as coisas são classificadas no nível básico o tempo todo. Pessoas com muita experiência às vezes classificam as coisas instintivamente em um nível subordinado. Por exemplo, imagine que você fosse um criador de cães ou adestrador de cães de exposição. Como no exemplo anterior, foi mostrada a você a foto de um cão pastor alemão. Ao contrário de um novato, de quem se espera que responda com "cachorro", o especialista pode responder instintivamente com "pastor alemão". Se você passa muito tempo trabalhando e pensando sobre distinções refinadas e classificações muito específicas, você simplesmente traz esse conhecimento consigo. A classificação de nível subordinado simplesmente se torna um hábito.

Visões Probabilísticas

Sugeri que a visão clássica, apesar de sua longa história e do apelo intuitivo das definições, falha em vários aspectos. Então, como representamos uma semelhança familiar como um conceito na mente? Uma possibilidade que vem diretamente do trabalho de Rosch é a ideia de que a associação à categoria é probabilística e que a classificação é feita comparando as coisas com uma coleção de características típicas. Em vez de se basear em um conjunto de condições necessárias e suficientes e residir em uma hierarquia estrita, um conceito é pensado para representar uma categoria de coisas que são agrupadas de acordo com características compartilhadas e semelhanças sobrepostas. Nesse relato, conhecido como visão probabilística, a associação à categoria não é definitiva. Não há definição.

Por exemplo, considere categorias comuns como as que discutimos: cães, gatos, canecas de café, frutas, etc. Em vez de uma definição para cada uma, pense nas características mais comuns. Pense sobre as características que os membros dessas categorias geralmente possuem. Os cães *costumam* ter cauda, latir, têm quatro patas, têm pelo etc. Alguns cães têm muitas das características comuns: são de tamanho médio, têm quatro patas, têm cauda e latem. Se uma dessas características não estiver presente, isso pode reduzir a tipicidade visual desse cão, mas não o desqualifica de ser membro da categoria de cães. Você pode ter visto um cachorro sem uma perna. Mas mesmo que esse cão não tenha a característica de "quatro patas", não o deixamos de considerar um cão.

CAPÍTULO 9 | CONCEITOS E CATEGORIAS

Na visão probabilística, os exemplos típicos são reconhecidos mais rapidamente porque compartilham mais características com outros membros da categoria. Em certo sentido, o membro típico da categoria está mais próximo do centro da mesma. E um efeito análogo pode ser observado com os membros excepcionais da categoria. Um membro muito atípico (como morcegos enquanto mamíferos atípicos, ou até mesmo como pássaros atípicos caso sua categoria para "pássaro" seja baseada em características observáveis) é um ponto fora da curva. Na verdade, o morcego é um péssimo membro da categoria dos mamíferos. Parece um pássaro, age como um pássaro e não enxerga muito bem. Um sistema de categorização probabilística presumiria que os morcegos às vezes poderiam ser classificados incorretamente e ofereceriam alguma dificuldade à compreensão das pessoas. É plausível que nossa própria incapacidade de os classificar imediatamente corresponda ao fato de que os morcegos são frequentemente temidos. Talvez uma das razões pelas quais muitas pessoas temam os morcegos seja porque eles não se enquadram em uma categoria simples e básica com muita facilidade.

No entanto, como essa estrutura de tipicidade gradativa, inerente às categorias, é representada na mente como um conceito? Há duas visões opostas: a teoria do protótipo e a teoria do exemplar. A teoria do protótipo assume que uma categoria de coisas é representada na mente como um protótipo. Este protótipo é considerado uma representação resumida da categoria. Isso pode ser uma média de todos os membros da categoria obtida por meio da experiência, uma lista de características que ocorrem com frequência ou até mesmo um ideal. De acordo com essa visão, os objetos são classificados comparando-os com o protótipo. Há uma vantagem nesse tipo de representação. É abstrato. É uma coleção de características que é otimizada para se pensar e se comportar conceitualmente. Pode não haver um exemplo particular de um policial protótipico, mas essa abstração teria todas as características mais comumente vistas em policiais. Os que têm muitas das características estariam próximos deste protótipo e, portanto, são classificados de forma rápida e fácil. O protótipo é rápido e confiável, mas não perfeito. Assim como nossa memória em geral, é uma abstração útil, mas não uma representação perfeita.

Uma alternativa à ideia do protótipo é a teoria do exemplar. A teoria do exemplar assume que uma categoria é representada por diversos traços de memória armazenados, referidos como exemplares. Não há abstração de alto nível como na teoria do protótipo. Em vez disso, a semelhança entre os traços de memória das coisas individuais nos permite vê-las como membros da mesma categoria. Em vez de classificar um animal como "cachorro" por causa de sua semelhança com uma abstração, nós o classificamos como tal porque é semelhante a muitas outras coisas que já havíamos classificado como cachorro. Esta é uma abordagem de forte apelo porque elimina a necessidade de um processo de abstração durante sua aquisição. Como as decisões são baseadas na semelhança com itens individuais armazenados na memória, a teoria do exemplar faz muitas das mesmas previsões que a teoria do protótipo realiza. Tentar separar as duas teorias é possível (e importante), mas não para os fracos de coração. É, mais ou menos, o que tenho feito em meu laboratório de pesquisa nos últimos vinte anos, e ainda não tenho certeza de qual modelo ou teoria é a melhor descrição do pensamento humano.

A Visão Teórica

As visões clássica e probabilística estão muito preocupadas com a forma como os novos conceitos são aprendidos e representados, mas uma crítica comum é que grande parte da pesquisa que corrobora essa teoria se baseou em conceitos e categorias artificiais, definidos em ambientes de laboratório. Isso é verdade. Eu mesmo realizei esses estudos. Pedir às pessoas que aprendam a classificar formas por meio de regras e/ou relações complexas chega ao lado perceptivo dos conceitos, mas esse tipo de pesquisa psicológica cognitiva perde muito da complexidade do mundo e de como o entendemos. Os cães são mais do que uma coleção de características caninas; eles ocupam um papel nas casas das pessoas, agem e se comportam de certas maneiras, têm um contexto cultural. Nenhuma das teorias que descrevi até agora teve muito a dizer sobre isso. Portanto, uma alternativa às teorias das regras e características é frequentemente chamada de "visão teórica". Também é chamada de "teoria da teoria", mas isso é um pouco demais.

De acordo com essa visão, conceitos e categorias são aprendidos no contexto do conhecimento pré-existente e de nossas próprias teorias sobre o mundo. Quando você aprende coisas novas, como um novo jogo, prova um novo alimento ou manipula um novo dispositivo, não está apenas classificando esses novos objetos. Está ativando um conhecimento prévio, e este o ajuda a entender coisas sobre o que está classificando. O conhecimento pré-existente ajuda a ativar e a priorizar recursos. Por exemplo, nos últimos anos, as *e-bikes* tornaram-se muito populares. Essas bicicletas não estão relacionadas a *scooters* ou motocicletas, mas são essencialmente bicicletas com motores elétricos para auxiliar, mas não substituir, a força da pedalada. Classificá-las dessa forma, como bicicletas, significa que você já tem alguma teoria sobre como serão usadas e como funcionarão. Onde estão os freios, como os pedais funcionam e onde você poderá andar com elas. Seu conhecimento ajuda a saber quais recursos são importantes para entendê-las

CAPÍTULO 9 | CONCEITOS E CATEGORIAS

e quais não. Isso coloca a visão teórica bem à frente de outras teorias que se baseiam, principalmente na similaridade como a forma de se entender o comportamento conceitual.

Essa visão também sugere que atributos e características podem ser correlacionados. Por exemplo, no que diz respeito à categoria de pássaros, muitas características comuns, como "têm asas" e "voam", ocorrem aos membros dessa categoria com muita frequência. Entendemos essas correlações como significativas. Entendemos o porquê de as características serem correlacionadas. Ter asas é mais do que apenas uma característica. É o que permite ao pássaro voar. Além disso, como a visão teórica se baseia em nosso conhecimento existente sobre objetos e conceitos, em vez de apenas similaridade, ela pode ser capaz de explicar algumas descobertas curiosas nas quais as pessoas frequentemente parecem ignorar seus próprios julgamentos de similaridade. Um dos meus exemplos favoritos vem de um estudo de Lance Rips, de 1989. Os participantes da pesquisa foram solicitados a considerar um objeto redondo de 7,5 centímetros e duas categorias de comparação possíveis, uma moeda de 25 centavos de dólar e uma pizza. Um grupo de participantes foi solicitado a avaliar a semelhança entre o pequeno objeto redondo e a moeda ou a pizza. Não foi surpreendente que os participantes avaliaram o objeto como sendo mais semelhante à moeda porque ela é mais próxima em termos de tamanho. No entanto, quando os participantes foram solicitados a indicar a qual categoria eles achavam que o objeto redondo pertencia, eles escolheram pizza em sua esmagadora maioria. Há duas razões para isso. A primeira é que a pizza tem uma variabilidade muito maior do que a moeda de 25 centavos. Embora 7,5 centímetros seja uma pizza muito pequena, é plausível que o objeto faça parte dessa categoria. A categoria moeda de 25 centavos de dólar tem pouquíssima variabilidade, bem como algumas características muito específicas. Tais moedas devem ser feitas de material específico e cunhadas pelas autoridades governamentais apropriadas. Elas têm cara e coroa. Em suma, embora possam ser mais semelhantes em tamanho ao objeto redondo de centímetros, as pessoas não conseguem classificar esse objeto como um membro da categoria de moedas de 25 centavos porque sabem o que significa ser uma moeda desse valor. Apenas moedas de 25 centavos podem ser moedas de 25 centavos e apenas os participantes que detinham esse conhecimento seriam capazes de fazer tal julgamento. Como no caso de características correlacionadas, o protótipo ou um modelo exemplar, ambos os quais enfatizam a similaridade, não lidariam bem com esse resultado. Uma máquina de classificação que não tivesse o conhecimento básico necessário também não seria capaz de lidar com esse resultado. Mas a visão teórica sim.

Teoria do Esquema

Em todas as nossas discussões sobre memória, estruturas cognitivas e conceitos, enfatizei como o conhecimento é armazenado e representado. Conceitos são representações resumidas. Mas usamos nossos conceitos para pensar e nos comportar. Portanto, também estamos preocupados com a forma como estão envolvidos no processo de pensamento. Como usamos conceitos para realizar comportamentos de pensamento, como resolução de problemas e teste de hipóteses? Uma tese que aborda essa interação é a teoria do esquema. Um esquema é uma estrutura ou conceito de conhecimento de propósito geral que codifica informações sobre eventos e situações comuns e as armazena. Esta representação é usada para entender eventos e situações. Um esquema é um conceito em ação.

Pense no que acontece quando você vai a um mercado (uma feira ou mercado municipal). Supondo que você, como comprador, já esteve em feiras ou em mercados municipais antes, você codificou informações sobre cada evento, armazenou memórias episódicas, memórias semânticas e recuperou e usou essas memórias durante o evento. O esquema é a estrutura conceitual que permite que essas representações de memória gerem expectativas. Quando você chega ao mercado, espera ver vários vendedores de produtos hortifrutigranjeiros, espera que alguém esteja vendendo flores recém-colhidas e espera que a maioria das transações seja realizada com dinheiro em vez de cartão de crédito. Nem precisa ver o vendedor de flores na feira; espera que ele esteja lá e, se for perguntado mais tarde, poderá responder afirmativamente, mesmo que não o tenha visto de fato. O esquema é um conceito que nos ajuda a preencher o pano de fundo.

Às vezes, no entanto, um esquema ativado fará com que uma pessoa perca características que são inconsistentes com aquele esquema. Mais ou menos como uma falsa memória do tipo sobre a qual escrevi nos *Capítulos 6* e *8*. Essa ideia geral foi demonstrada há muitos anos pelo trabalho pioneiro de Bransford e Johnson[42]. Em um estudo, eles mostraram que as pessoas geralmente perdem as principais características de um texto se elas não se encaixarem em um determinado esquema. Os participantes foram convidados a ler o seguinte parágrafo, que recebeu o título "Assistindo a uma marcha pela paz do 40° andar":

> A vista era de tirar o fôlego. Da janela, podia-se ver a multidão abaixo. Tudo parecia extremamente pequeno de tão longe, mas as roupas coloridas podiam ser vistas. Todos pareciam estar se movendo em uma direção de maneira ordeira e parecia haver crianças pequenas, além de adultos. A aterrissagem foi suave e, feliz-

[42] Bransford e Johnson, 1973.

mente, o clima era tal que nenhuma roupa especial precisou ser usada. No início, houve muita atividade. Mais tarde, quando os discursos começaram, a multidão se acalmou. Um homem com a câmera de televisão gravou muitas cenas da paisagem e da multidão. Todos estavam muito amigáveis e pareciam felizes quando a música começou.

É um parágrafo direto e provavelmente está de acordo com nosso esquema de estar em uma cidade, assistindo a algum tipo de demonstração, desfile ou ação cívica. Vemos isso nas notícias, nas redes sociais e na televisão. Como resultado, provavelmente podemos imaginar ou preencher detalhes que podem ou não estar realmente presentes no texto. Se usarmos um conceito de "marcha pela paz" para preencher os detalhes, podemos perder alguns dos detalhes reais que não são consistentes com o conceito desse esquema. Crucialmente, poderíamos perder a frase *"a aterrissagem foi suave e, felizmente, o clima era tal que nenhuma roupa especial precisou ser usada"*. Esta frase não tem nada a ver com assistir a uma marcha pela paz. Não está de acordo com o esquema ativado para um ambiente urbano ou uma demonstração. Como resultado, quando os participantes foram solicitados a responder a perguntas sobre o parágrafo que leram, muitas vezes eles não se lembraram dessa frase. Ignoramos detalhes e recursos que não se encaixam em nosso esquema.

Porém, outra pesquisa sugere que os detalhes que podem não ser consistentes com o esquema ainda são codificados, mas podem não se tornar parte da representação primária, a menos que um novo esquema seja introduzido. Os detalhes precisam encontrar um conceito ao qual se ligar. Considere um estudo clássico de Anderson e Pichert. Os participantes do experimento foram solicitados a ler uma passagem sobre dois meninos andando por uma casa. Além disso, receberam um contexto relativo ao parágrafo antes de lê-lo. Um grupo de participantes foi instruído a imaginar que se tratava de um arrombador de casas (esquema do ladrão). Outro grupo foi solicitado a considerar a passagem sob a perspectiva de um potencial comprador de casa (esquema imobiliário). Esses esquemas dirigem a atenção de maneiras diferentes, e caso os participantes estejam usando um esquema para preencher o plano de fundo, podem perder detalhes que não se encaixam nesse esquema.

Eles foram então solicitados a lembrar os detalhes da seguinte passagem:

Os dois meninos correram até a garagem. "Veja, eu falei que hoje era bom para faltar à escola", disse Mark. "Mamãe nunca está em casa na quinta-feira", acrescentou. Cercas altas escondiam a casa da estrada, logo a dupla caminhou pelo jardim. "Eu não sabia que sua casa era tão grande", disse Pete. "Sim, mas está melhor agora do que costumava ser, desde que papai colocou o novo revestimento de pedra e a lareira".

Havia portas na frente e atrás e uma porta lateral que dava para a garagem, que estava vazia exceto por três bicicletas de 10 marchas estacionadas. Eles foram até a porta lateral, Mark explicando que ela sempre ficava aberta para o caso de suas irmãs mais novas chegarem em casa mais cedo do que a mãe.

Pete queria ver a casa, então Mark começou pela sala de estar. Como o resto do andar térreo, fora pintada recentemente. Mark ligou o aparelho de som, e o barulho preocupou Pete. "Não se preocupe, a casa mais próxima fica a quatrocentos metros de distância", gritou Mark. Pete se sentiu mais confortável observando que nenhuma casa podia ser vista em qualquer direção além do enorme quintal.

A sala de jantar, com toda a porcelana, prataria e aparelhos de vidro, não era lugar para brincar, logo os meninos foram para a cozinha, onde fizeram sanduíches. Mark disse que não desceriam ao porão porque estava úmido e mofado desde que o novo encanamento tinha sido instalado.

"É aqui que meu pai guarda suas pinturas famosas e sua coleção de moedas", disse Mark enquanto eles espiavam a sala. Mark se gabava de que poderia gastar dinheiro sempre que precisasse, pois descobrira que seu pai mantinha muito dinheiro na gaveta da escrivaninha.

Havia três quartos no andar de cima. Mark mostrou a Pete o armário de sua mãe, que estava cheio de peles e a caixa trancada que continha suas joias. O quarto de suas irmãs era desinteressante, exceto pela TV em cores, que Mark levou para seu quarto. Mark se gabou de que o banheiro no corredor era dele, já que um foi adicionado ao quarto de suas irmãs. O grande destaque em seu quarto, porém, era um vazamento no teto, onde o telhado antigo finalmente apodreceu.

Não foi surpresa quando as pessoas se lembraram de mais informações que eram consistentes com o contexto do esquema que receberam. Se tivessem sido instruídos a ler o parágrafo com o contexto de um ladrão em mente, eles se lembrariam de coisas sobre pinturas famosas e coleções de moedas, um armário cheio de peles e a porta lateral que estava sempre aberta. Se tivessem sido instruídos a ler isso a partir do contexto de um comprador em potencial, tendiam a pensar sobre a adição do banheiro, o vazamento no teto e um andar térreo recém-pintado. Esses são detalhes consistentes com o esquema. No entanto, os pesquisadores pediram aos participantes que considerassem o parágrafo que já haviam lido sob a perspectiva do outro contexto. As pessoas que o leram da perspectiva de um ladrão foram então solicitadas a reconsiderar (mas não reler) a partir da perspectiva de um comprador de casa e vice-versa. As pessoas relembraram detalhes adicionais quando solicitadas a inspecionar novamente sua memória a partir do contexto alternativo. A implicação parece ser que as informações foram codificadas e processadas, mas como inicialmente não se encaixavam em um esquema, também não foram recuperadas. Quando dado um contexto de reorganização ou estrutura de reorganização, novos detalhes eram relembrados. Nossas memórias e conceitos são bastante flexíveis.

RESUMO

Pensar – resolver problemas, chegar a conclusões e tomar decisões – depende de representações mentais bem estruturadas. Os conceitos nos permitem prever coisas, inferir características ausentes e tirar conclusões. Se percebermos algo que se encaixa em um conceito ou categoria existente, temos acesso à maioria das coisas importantes que sabemos sobre os objetos através da virtude dos conceitos. Depois que um objeto é classificado como membro de uma categoria, o objeto pode herdar ou assumir propriedades que estão associadas a muitos outros objetos na mesma categoria. Os conceitos são o resultado da memória organizada e, como tal, permitem que as memórias sejam usadas de forma eficaz para orientar o comportamento. O estudo de conceitos oferece uma maneira de entender como o conhecimento e a memória são otimizados para o pensamento adaptativo. Os conceitos permitem que memórias e conhecimentos sejam usados com eficiência e eficácia a serviço de outros tipos de pensamento.

CAPÍTULO 10

LINGUAGEM E PENSAMENTO

Pensar é o processo de usar representações mentais para interagir com o ambiente e agir sobre o mundo. Porém, pensar é mais do que apenas agir. É planejamento. É tomada de decisão. É se dar o tempo de considerar alternativas. É pegar o que sabemos, vimos e ouvimos e então agir. Desenvolvemos sistemas neurocognitivos para ajudar neste objetivo. Contamos com nossos sistemas de percepção e atenção para receber informações do mundo exterior, com memórias e conceitos para representar o que vemos e ouvimos e o que já vimos e ouvimos. Mas também precisamos avaliar o que está em nossa memória, inspecionar e manipular o conteúdo tanto dela quanto da percepção. Para isso, desenvolvemos um sistema de linguagem. A manipulação das representações é uma função da nossa linguagem. A linguagem natural nos dá o poder de rotular coisas, de se referir a pensamentos e à memória e de comunicar esses pensamentos a outras pessoas e outras mentes. A linguagem humana é o motor do pensamento.

Nós certamente podemos aprender coisas sem a linguagem. Podemos selecionar comportamentos e responder a estímulos sem usar a linguagem. Porém, é quase impossível pensar sem linguagem. Tente pensar em algo comum ou algo que aconteceu recentemente. Por exemplo, tente se lembrar do que você comeu no jantar na quinta-feira passada. Ao tentar se lembrar disso, esteja ciente exatamente de como você tenta se lembrar disso. Preste atenção ao que se passa em sua mente enquanto está se lembrando. Tente fazer isso agora, sem distração, e depois volte a ler este capítulo.

O que você notou? Primeiro, você realmente se lembrou do que comeu? Se sim, como fez isso? Ou como não conseguiu se lembrar? Qual era a forma real da memória? Como examinou sua memória em busca de informações? Você provavelmente pensou algo assim: "Ok, o que eu comi na quinta-feira? Isso foi há três dias. Acho que comi arroz e um pouco daquele ensopado de vegetais picante que sobrou de ontem". Ou talvez você tenha pensado: "Eu fiquei trabalhando até tarde naquela noite e não tenho certeza se jantei". Tanto faz o que tenha pensado ou lembrado, o processo provavelmente envolveu algum tipo de monólogo ou narração interna. Você provavelmente se fez a pergunta com sua voz interior (que faz parte do seu sistema de memória de trabalho). Você provavelmente também tentou responder à pergunta usando uma linguagem. Mesmo que você não tenha tido uma conversa extensa consigo mesmo, o pensamento e a lembrança que você fez ao considerar diferentes memórias envolveram a sua linguagem.

Em outras palavras, sua recuperação dessa memória foi guiada pela linguagem. E as próprias memórias também guiaram seu diálogo interno. Cada vez que você considerou uma possível memória, pode ter avaliado sua precisão por meio da linguagem. Se você tivesse que relatar os resultados dessa pesquisa de memória para outra pessoa, seria absolutamente necessário usar seu idioma. Apenas tente pensar em algo sem usar nenhuma linguagem. É possível, mas não é fácil. Linguagem e pensamento estão intimamente ligados. Eu nem tenho certeza se é possível separar os dois. Precisamos de linguagem para pensar.

LINGUAGEM E COMUNICAÇÃO

Se quisermos entender como a linguagem é usada no pensamento, devemos começar entendendo o que é a linguagem. O estudo da linguagem, ou o campo da linguística, é amplo e cobre desde como as pessoas usam a linguagem para se comunicar até a estrutura formal da própria linguagem. O campo mais restrito da psicolinguística está preocupado com o mecanismo psicológico cognitivo de aquisição e uso da linguagem. Vou explorar ambos aqui, bem como, de forma mais ampla, a ciência cognitiva. Vamos discutir o que é a linguagem, como ela é usada no pensamento e como o idioma que falamos afeta a forma como pensamos sobre as coisas.

A psicologia da linguagem enquanto comunicação é um ótimo lugar para começar, porque a linguagem parece ser um comportamento exclusivamente humano. Nosso uso da linguagem no pensamento surgiu a partir de nosso uso muito anterior e mais primitivo da linguagem como comunicação e como uma forma de planejar as interações com outros humanos e com o meio ambiente. Embora a linguagem possa ser exclusiva dos humanos, a maioria (ou todos) os outros animais se comunicam entre si. Até as plantas se comunicam umas com as outras. As abelhas, por exemplo, contam com um sistema de danças e rebolados para comunicar a localização do néctar a outras abelhas da colônia. Você pode ver exemplos no *YouTube*. As abelhas coletam o néctar das flores. Se você for uma abelha e se deparar com uma ótima e nova fonte de néctar, precisa contar às outras abelhas da sua colônia, porque todas vocês vão precisar desse néctar para produzir mel. Mas como pode contar às outras abelhas se não consegue falar? Quando uma abelha retorna de um local onde há néctar, ela executa uma dança que corresponde exatamente à direção em que voou e por quanto tempo esteve voando. A dança inclui um movimento de balanço que corresponde ao tempo de voo e um ângulo em que executa sua dança, que corresponde ao ângulo de voo. Essas duas coordenadas, ou pedaços de informação, são tudo o que as outras abelhas precisam. Voe nessa direção, com o sol em um ângulo específico, por cerca de 90 segundos e lá estará o néctar. A abelha está comunicando algo a outras abelhas que é necessário para sua sobrevivência coletiva. Mas a abelha não está pensando. Ela tem pouca escolha em termos de fazer ou não a dança. Não está decidindo nada. Está fazendo o que faz por natureza. A abelha executaria esta dança mesmo que nenhuma outra abelha estivesse olhando. Concordamos que as abelhas estão se comunicando e tendo um comportamento, mas não parecem estar pensando ou usando a linguagem.

Outros animais têm diferentes modos de comunicação. Os pássaros canoros obviamente têm um sistema bem desenvolvido e altamente evoluído de cantos de acasalamento e de advertência. Esses cantos de pássaros são únicos para cada espécie e requerem exposição ao canto de outros pássaros para serem adquiridos. Os cães se comunicam com latidos, rosnados, ganidos, posturas e com o abanar da cauda. E qualquer pessoa com um cachorro sabe que os cães respondem à linguagem humana e a sinais não-verbais. Até minha gata, Peppermint, *meio que* responde a alguns estímulos verbais e não verbais.

Todos esses exemplos são maneiras sofisticadas que os animais usam para se comunicar. No entanto, não consideramos que isso seja "linguagem" *per se*. Ao contrário da linguagem humana, a comunicação nas espécies não humanas é limitada e direta. As danças das abelhas têm apenas uma função: comunicar a localização dos alimentos. O canto dos pássaros tem uma função definida relacionada ao acasalamento. Um pássaro só pode aprender seu próprio canto. Pássaros altamente inteligentes, como o papagaio-cinzento africano, podem aprender a imitar a linguagem dos humanos, mas não estão usando a linguagem humana para manter uma conversa casual ou para promover uma ideia. Mesmo os cães, que têm comportamentos muito complexos, não são realmente capazes de usar as habilidades de comunicação para considerar novas ideias, resolver problemas complexos e contar histórias. Os cães resolvem problemas, mas não usando a linguagem.

Os grandes símios, especificamente bonobos e orangotangos, são conhecidos por conseguirem aprender sistemas de símbolos complexos. Os mais famosos são Kanzi, um bonobo macho, e Koko, uma gorila-ocidental-das-terras-baixas fêmea. Kanzi aprendeu a se comunicar observando sua mãe enquanto ela estava sendo treinada em um sistema de comunicação que usava teclado com símbolos. Koko, que morreu em 2018, também aprendeu a se comunicar com humanos. Ao contrário do teclado com símbolos que Kanzi usa, a gorila Koko se comunicava por meio de uma espécie de linguagem de sinais. Apesar da clara sofisticação cognitiva desses símios, a grande maioria de sua comunicação não é arbitrária e produtiva, mas consiste em solicitações e respostas diretas. Em outras palavras, ao contrário dos humanos, os grandes símios não parecem perder muito tempo em conversas triviais. Eles não usam a linguagem para direcionar seus comportamentos e os de outros macacos da maneira que os humanos o fazem. Não parecem ficar sentados conversando uns com os outros só por conversar. Em outras palavras, a comunicação não-humana e o "comportamento semelhante à linguagem" são usados principalmente como forma de se envolver em comunicação direta ou como uma resposta a estímulos externos. O comportamento, semelhante à linguagem, não-humana, não está vinculado ao pensamento da maneira como a linguagem humana está. Desta forma, a linguagem humana é notável e única.

Notável e única, sim. Mas o que é linguagem? O que a torna tão única? O que há neste mecanismo específico de processamento de informação e comunicação que deu aos humanos a capacidade de instruir seus filhos, transferir memória para a palavra escrita, contar histórias e mentir? É um sistema notável.

No início da história da psicologia cognitiva, o linguista Charles Hockett (1916–2000) descreveu treze (mais tarde, dezesseis) características da linguagem humana. Esta lista das características do *design* da linguagem é um ponto de partida razoável. A lista completa é vista na tabela a seguir.

Características de *Design* de Hockett para a Linguagem

Característica	Descrição
Canal vocal/auditivo	A comunicação envolve a transferência entre o aparelho vocal e o auditivo. Mais tarde atualizado para incluir o reconhecimento da linguagem de sinais como sendo linguística e psicologicamente equivalente.
Transmissão difundida/ recepção direcional	O sinal da linguagem é enviado em várias direções, mas percebido em uma direção.
Desvanecimento rápido	O sinal verbal (ou visual, no caso da linguagem de sinais) desaparece rapidamente.
Intercambialidade	Um falante de um idioma pode reproduzir qualquer mensagem que possa entender.
Feedback total	O orador ouve tudo o que dizem.
Especialização	O aparelho vocal usado na fala é especializado para a produção da fala.
Semanticidade	A linguagem tem significado e conteúdo semântico.
Arbitrariedade	O sinal linguístico não precisa se referir a uma característica física da coisa que está descrevendo.
Distinção	A linguagem é composta por um conjunto distinto e finito de unidades.
Deslocamento	A linguagem pode se referir a coisas que não estão imediatamente presentes.
Produtividade	O conjunto finito de unidades é capaz de produzir um conjunto infinito de ideias.
Transmissão tradicional	A linguagem é transmitida pelo ensino, aprendizagem e observação tradicionais.
Dualidade da padronização	Um pequeno número de unidades sem significado, combinadas de forma a produzir significado.
Prevaricação	A capacidade de usar a linguagem para mentir ou enganar.
Reflexividade	Uso da linguagem para falar sobre a linguagem. Uma forma de metacognição.
Aprendizagem	A linguagem é ensinável e aprendida. Podemos aprender outras línguas.

CAPÍTULO 10 | LINGUAGEM E PENSAMENTO

Todas são funções da linguagem humana que sugerem um sistema único e altamente evoluído projetado para comunicação com os outros e consigo mesmo (por exemplo, pensamento). Os sistemas de comunicação de outras espécies também incluem algumas dessas funções, mas não todas.

Vamos considerar algumas delas com mais detalhes. Por exemplo, a linguagem é um comportamento que tem *feedback* total. O que quer que você diga ou vocalize, também pode ouvir. Recebe *feedback* que está diretamente relacionado ao que você pretendia dizer. De acordo com Hockett, isso é necessário para o pensamento humano. Não é preciso muita imaginação para considerar como esse *feedback* direto pode ter evoluído para a internalização da fala, que é necessária para muitos comportamentos de pensamento complexos. A linguagem também é produtiva. Com a linguagem humana, podemos expressar um número infinito de coisas e ideias. Não há limite para o que podemos dizer, o que podemos expressar ou, por falar nisso, o que podemos pensar. Mas isso pode ser alcançado dentro de um sistema finito. Podemos dizer coisas que nunca foram ditas antes, embora a língua inglesa tenha apenas 26 letras. Existem cerca de 24 fonemas para consoantes no inglês e, dependendo do dialeto e do sotaque, há cerca de 20 fonemas para vogais. Mesmo permitindo todas as variações entre diferentes falantes e sotaques, é um conjunto limitado de unidades. No entanto, a combinação dessas unidades permite que quase qualquer coisa seja expressa. Os fonemas se combinam em palavras, frases e sentenças, de acordo com as regras de gramática da língua, para produzir um sistema extremamente produtivo. Compare isso com o tipo de comunicação em que as espécies não humanas se envolvem. Pássaros, abelhas e bonobos são comunicativos, mas a gama de conteúdo é severamente limitada pelo instinto e pelo *design* dessa linguagem.

Outra característica do *design* da linguagem humana é que ela é arbitrária. Não é necessário haver correspondência entre o som de uma palavra e a ideia que ela expressa. Em inglês (e outras línguas), geralmente há um pequeno conjunto de exceções, palavras como "*smack*" (beijoca) ou "*burp*" (arroto), que soam como aquilo que descrevem, mas se trata de um subconjunto limitado. A linguagem falada, ou de sinais, não precisa ter uma correspondência direta com o mundo. Isso não é verdade para todos os sistemas de comunicação. A dança da abelha que discuti anteriormente é um exemplo de comunicação não arbitrária. A direção da dança indica a da fonte de néctar em relação à colmeia e a duração do movimento indica a distância. Esses atributos estão diretamente relacionados ao ambiente, que também os limitada. É uma comunicação sofisticada, mas não uma linguagem como Hockett a descreveria. Na maioria das vezes, os sons que usamos para expressar uma ideia não têm relação com os seus aspectos concretos. São, de fato, símbolos mentais que podem ligar informações perceptivas e conceitos. A linguagem humana é um sistema distinto, arbitrário e produtivo de símbolos que são usados para expressar ideias, para se comunicar e para se envolver em pensamentos e ações complexos.

LINGUAGEM E PENSAMENTO

A linguagem é um conjunto complexo de comportamentos e nos ajuda a realizar comportamentos ainda mais complexos. A linguagem comunicativa é essencialmente um "sistema de transmissão de pensamento". Uma pessoa usa a linguagem para transmitir uma ideia a outra pessoa. A linguagem interna é uma forma de comunicação com nossos próprios pensamentos. A linguagem transmite o pensamento e o torna possível.

A dualidade linguística entre as ideias e como são expressas é frequentemente descrita como uma relação entre a estrutura superficial da comunicação e a estrutura profunda. Estrutura superficial refere-se às palavras que são usadas, som falado, frases, ordem das palavras, gramática, escrita, etc. A estrutura superficial é o que produzimos quando falamos e o que percebemos quando ouvimos. Estrutura profunda, por outro lado, refere-se ao significado e à semântica subjacentes de uma entidade linguística. São os pensamentos ou ideias que você deseja transmitir por meio de alguma estrutura superficial, ou que tenta perceber por meio dessa estrutura superficial.

Um dos desafios em termos de compreensão dessa relação entre as estruturas superficial e profunda é que muitas vezes uma correspondência direta parece ilusória. Por exemplo, às vezes diferentes tipos de estrutura superficial dão origem à mesma estrutura profunda. Você pode dizer "*estou gostando deste livro*" ou "*este livro é bom*" e a estrutura profunda subjacente será aproximadamente (embora não exatamente) a mesma, apesar das pequenas diferenças na estrutura superficial. A linguagem humana é flexível o suficiente para permitir muitas maneiras de se dizer a mesma coisa. O maior problema surge quando a mesma estrutura superficial pode referir-se a diferentes estruturas profundas. Por exemplo, você pode dizer: "*Professores visitantes podem ser interessantes*". Nesse caso, uma estrutura profunda que decorre dessa afirmação é que quando uma aula é ministrada por um visitante – um professor visitante – com certeza é interessante porque *professores visitantes podem ser interessantes*. Outra estrutura profunda que vem exatamente da mesma afirmação é que receber a visita de um professor em seu escritório ou em casa pode ser interessante. É um significado diferente. O contexto circundante provavelmente deixará isso claro em uma conversa, mas também sugere um

CAPÍTULO 10 | LINGUAGEM E PENSAMENTO

desafio ao tentar mapear a estrutura da superfície para a estrutura profunda. O desafio é como resolver a ambiguidade.

Ambiguidade

A linguagem é cheia de ambiguidade, e entender como nosso sistema cognitivo resolve essa ambiguidade é um desafio incrível. Certa vez, vi uma manchete da Associated Press a respeito de uma história sobre produtores de batata. Dizia "*McDonald's frita o Santo Graal para os produtores de batata*". Pareceu engraçado, mas a maioria de nós é capaz de entender rapidamente a estrutura profunda aqui. Eles não estão fritando "o Santo Graal". Em vez disso, o redator do título usa o termo "Santo Graal" como uma metáfora para algo que é um prêmio indescritível. Para entender esta frase, precisamos lê-la, construir uma interpretação, decidir se essa interpretação está correta, ativar conceitos sobre o Santo Graal, ativar o conhecimento do uso metafórico dessa declaração e, finalmente, construir uma nova interpretação desta sentença. Isso geralmente acontece em alguns segundos, e quase imediatamente ao lidar com a linguagem falada – um feito impressionante de cognição.

Muitas vezes, quando a estrutura da superfície leva à estrutura profunda errada, é referida como uma "sentença do caminho do jardim" [*Garden Path*, também conhecida como Teoria do Labirinto]. A própria metáfora do caminho do jardim vem da noção de caminhar em um jardim formal ao longo de um caminho que leva a um beco sem saída, ou a um final inesperado ou surpreendente. É mais ou menos assim que uma sentença do caminho do jardim funciona. Talvez o exemplo mais conhecido em inglês seja a frase: "*The horse raced past the barn fell*"[43] [algo como "O cavalo corrido para além do celeiro caiu"][44]. Quando a maioria das pessoas lê esta frase em inglês, ela simplesmente não faz sentido. Ou melhor, faz sentido até a palavra "*barn*" [celeiro]. Assim que lê a palavra "*fell*" [caiu], sua compreensão da frase despenca. A explicação é que, ao ouvir uma frase, construímos um modelo mental da ideia. Se o modelo da frase não se encaixa com o que ouvimos, precisamos fazer uma pausa e construir um novo modelo. Essas representações mentais de sentenças são construídas à medida que as ouvimos. Como um ouvinte, assim que escuta "*the horse raced*" [o cavalo corrido], constrói um modelo mental de um cavalo que corre. Também gera uma expectativa ou

---

[43] Bever, 1970.

[44] Em português não há como captar com a mesma ambiguidade os termos que em inglês, pois na língua estrangeira "*raced*" pode ser tanto o verbo "correr" no *simple past* [correu] quanto *passive participle* [corrido], ambos com a mesma grafia. A maneira de corrigir a ambiguidade seria escrevendo da seguinte maneira: "*The horse that was raced in the barn fell*" [O cavalo que tinha corrido no celeiro caiu]. (N. E.)

inferência de que algo pode vir depois. Quando ouve *"past"* [para além], gera uma previsão de que o cavalo passou correndo por uma coisa, que acabou sendo *"the barn"* [o celeiro]. É uma ideia completa e que faz sentido para qualquer pessoa. Quando escuta a palavra *"fell"* [caiu], ela não se ajusta à semântica inglesa ou à estrutura sintática que foi criada pelo ouvinte.

No entanto, esta frase em inglês está gramaticalmente correta e tem uma interpretação adequada. Funciona em um contexto específico. Suponha que você vá avaliar alguns cavalos. Você pede à pessoa no estábulo para correr com os cavalos para ver se eles correm bem. O cavalo que passou correndo pela casa se saiu bem, mas o cavalo que passou correndo pelo celeiro caiu. Nesse contexto, a frase do caminho do jardim faz sentido. Ainda é uma frase mal concebida, mas é compreensível neste caso.

Inferências Linguísticas

Muitas vezes, temos que confiar em inferências, contexto e nossos próprios conceitos para lidar com a ambiguidade e compreender a estrutura profunda da linguagem. O mesmo processo inferencial também entra em jogo ao interpretar o significado mais profundo por trás de frases aparentemente inequívocas. Geramos inferências para auxiliar nossa compreensão e essas também podem direcionar nosso pensamento. Por exemplo, nos Estados Unidos, um meio de comunicação muito popular é a Fox News Network. Quando a rede foi lançada no início de 2000, seu *slogan* original era *"Notícias Honestas e Equilibradas"*. Não há nada de errado em querer ser honesto e equilibrado; isso é o que esperamos da maioria dos veículos de notícias. Mas pense sobre esta afirmação. O que isso está fazendo você inferir? Uma possível inferência é que, se a Fox News for "honesta e equilibrada", seus concorrentes são desonestos e desequilibrados. A Fox não diz isso, mas você pode fazer essa inferência por conta própria. O *slogan*, como muitos *slogans*, é simples na superfície, mas é projetado para encorajar inferências.

Isso me lembra outra inferência e é uma pista para uma memória episódica. No início dos anos 2000, eu fazia pós-doutorado na Universidade de Illinois e estava sendo entrevistado para cargos docentes nos Estados Unidos e no Canadá. Lembra que eu cresci nos Estados Unidos e frequentei a escola nos Estados Unidos. E quase todas as minhas perspectivas eram baseadas nos Estados Unidos. Uma entrevista ocorreu em março de 2003 na Universidade de Western Ontario (onde trabalho agora). Março de 2003 foi o mês em que os Estados Unidos lançaram a campanha *"Choque e Temor"* no Iraque. Esta foi a salva de abertura para a ação militar liderada pelos EUA contra o governo de Saddam

CAPÍTULO 10 | LINGUAGEM E PENSAMENTO

Hussein (1937–2006) no Iraque. A campanha começou no mesmo dia em que deixei os Estados Unidos e voei para o Canadá para minha entrevista, ou seja, a guerra começou enquanto eu estava no voo. Eu me senti estranho por estar fora do país e ser entrevistado em uma instituição canadense enquanto o governo do meu próprio país havia acabado de lançar um ataque controverso. O governo do Canadá, liderado por Jean Chrétien, não apoiou os EUA. Mas esse incidente me deu a chance de ver a cobertura jornalística deste evento de uma perspectiva fora dos Estados Unidos. Havia pouquíssimas notícias na *Internet* em 2003 e nenhuma mídia social (o que parece difícil de acreditar). Então, assistia televisão no quarto do hotel. Fiquei impressionado com a linguagem usada pelos locutores no Canadá. Nos Estados Unidos, a mídia se referiu a isso como a "Guerra no Iraque". No Canadá, os apresentadores se referiam a isso como a "Guerra ao Iraque". A mudança de uma única letra de "no" para "ao" fez uma grande diferença. A palavra "no" sugere a inferência de que os EUA estão travando uma guerra contra um inimigo que está no Iraque. Ou seja, "terroristas". Isso foi promovido pelos EUA como parte da "Guerra ao Terror", de maior dimensão. A cobertura canadense às vezes dizia "Guerra ao Iraque", sugerindo que os Estados Unidos haviam declarado guerra a outro país soberano. Talvez nenhum dos termos fosse exatamente correto, mas a forma como a guerra estava sendo discutida pela mídia provavelmente mudou a forma como foi percebida. A maneira como descrevemos as coisas e como falamos sobre elas pode influenciar a maneira como os outros pensam sobre elas.

Metáfora e Linguagem Não Literal

Se a linguagem sugere inferências e se, como sugere Hockett, ela pode ser usada para enganar, isso significa que sempre há mais na linguagem do que está evidente na superfície. Também usamos a linguagem para fazer analogias e criar metáforas. Essas analogias e metáforas são exemplos de linguagem não literal e contamos com elas para ajudar na compreensão das coisas. As metáforas frequentemente envolvem a ativação de um conceito relacionado. Na forma mais simples, se você sabe que algo (A) tem uma certa qualidade e lhe dizem que algo mais (B) é análogo a A, você usaria essa analogia para inferir coisas sobre B.

Vemos exemplos disso o tempo todo. Eu faço analogias quando dou aulas em meu curso e explico coisas. Digo: "É como quando você…" e saio pela tangente. Também faço analogias e uso metáforas quando escrevo. Neste livro, discuti a "metáfora do computador" ou a "metáfora hidráulica" para a mente. Eu me referi ao "motor" do pensamento. Discuti o "fluxo de informação". É um hábito.

Você provavelmente faz analogias quando explica as coisas às pessoas também. E há muitos exemplos. A maioria das pessoas viu o filme *Shrek* do início dos anos 2000, seja o filme inteiro ou partes dele em clipes de vídeo ou memes[45]. Shrek é uma fonte disponível de metáforas porque é familiar e bem conhecido. Em uma cena, Shrek explica ao Burro por que os ogros são complexos e difíceis de entender. Ele diz: "ogros são como cebolas". O que é uma analogia em forma de símile (A é como B). Mais tarde, explica que "Nós dois temos camadas". Por mais que eu odeie explicar uma piada, vou fazê-lo de qualquer maneira (e se você ainda não viu essa cena, pode ver no *YouTube*). Quando Shrek diz, "ogros são como cebolas", o Burro entende mal e se concentra na semelhança de superfície e nas qualidades perceptivas das cebolas. Ele se pergunta em voz alta se os ogros são como cebolas porque cheiram mal. Ou talvez sejam como cebolas porque fazem as pessoas chorarem. Ele transfere as propriedades erradas para Shrek, mas é engraçado porque elas também são características dos ogros. Só mais tarde ele entende a analogia que Shrek está tentando fazer. Os ogros e as cebolas têm camadas e o exterior pode ser diferente do interior. A piada funciona porque permite que Shrek faça sua analogia mais profunda, ao mesmo tempo que o Burro faz analogias mais humorísticas no nível da superfície.

A linguagem não literal é importante para entender como pensar sobre as coisas individualmente e também como cultura. O linguista George Lakoff sugeriu que as metáforas conceituais desempenham um papel importante na forma como uma sociedade pensa a si mesma. Isso, por sua vez, pode afetar o que dizemos, o que vendemos, a maneira como apresentamos as notícias e a maneira como discutimos política. Dei o exemplo anterior de uma "Guerra no Iraque" versus a "Guerra ao Iraque". Cada expressão cria uma metáfora diferente. Uma é uma ação agressiva contra um país. O outro é um ato agressivo que ocorre dentro de um país. Lakoff argumenta que essas metáforas conceituais restringem e influenciam o processo de pensamento. Ele dá o exemplo de uma "*discussão*". Uma metáfora conceitual para a discussão é que ela é como uma guerra. Se você pensar em discussões desta forma, você pode dizer coisas como "*Eu derrubei seus argumentos*" ou "*ele destruiu totalmente o argumento de seu oponente*". Essas afirmações provavelmente surgem de uma metáfora conceitual sobre argumentos sendo algum tipo de analogia para a guerra. A metáfora "____é uma guerra" parece especialmente prevalente nos EUA. Na verdade, muitas políticas dos EUA tornaram isso explícito: "A Guerra contra as Drogas", "A Guerra contra a Pobreza"

---

[45] Os memes são fascinantes porque frequentemente exploram uma reação universal ou quase universal a alguma coisa. Reagir a *gifs* e a memes de *reality shows* fazem parte da tradição não literal, mas foram adaptados para a era *online*.

e "A Guerra contra o Terror" são todas posições formalmente definidas. Nós lutamos contra doenças. O novo coronavírus de 2019-2020 era um "inimigo invisível". As pessoas precisavam "estar vigilantes". Falamos sobre pessoas "ganhando a luta contra o câncer". Essa não é a única forma de pensar sobre a saúde pública, mas parece ser aquela que está "ganhando na arena das ideias". Existem outros exemplos também. Geralmente pensamos no dinheiro como um recurso limitado e uma mercadoria valiosa. Por analogia, muitas vezes pensamos no tempo da mesma maneira. Como tal, muitas das declarações que fazemos sobre o tempo refletem essa relação. Podemos dizer *"Estou perdendo meu tempo"* ou *"Preciso planejar meu tempo melhor"* ou *"Este aparelho economiza muito tempo"*. De acordo com Lakoff, dizemos as coisas que dizemos porque temos essas metáforas conceituais subjacentes, e essas metáforas fazem parte de nossa cultura. Lakoff chama isso de enquadramento. Essas metáforas enquadram nossa compreensão e encorajam a inferência. O termo "enquadramento" é, por si só, uma metáfora que traz à mente uma maneira de descrever o contexto circundante.

De onde vêm essas metáforas conceituais em primeiro lugar? Algumas são culturais. Outras refletem uma semelhança conceitual entre uma coisa física e um conceito psicológico. Por exemplo, existem muitas metáforas conceituais que se relacionam com a ideia de felicidade estar "para cima". Pode-se dizer que as pessoas estão "pra cima" se estão otimistas ou, se não estão felizes, desanimadas, estão "pra baixo", a música pode ser "pra cima", um sorriso é "pra cima", uma careta é "pra baixo". Todas essas expressões idiomáticas e declarações vêm dessa mesma metáfora. Outros exemplos refletem a ideia de que a consciência está "para cima"[46], como "acordar". Outra metáfora comum é que controlar algo é como estar por cima de alguma coisa. Pode estar "em cima da situação", você está no comando de pessoas que "trabalham *sob [under]* sua chefia". Os Rolling Stones gravaram uma música popular chamada *"Under My Thumb"*[47]. Essas metáforas cognitivas são comuns em inglês, mas também em muitas outras línguas. Isso sugere que há uma universalidade para essas metáforas e uma comunhão junto a outras culturas entre a linguagem e o pensamento.

A teoria de Lakoff tem sido influente desde que foi introduzida na década de 1980, mas assumiu alguma relevância renovada recentemente desde a eleição de Donald Trump em 2016 nos Estados Unidos e por causa do apoio geral ao populismo em muitos outros países. Lakoff tem pensado e escrito sobre a

---

[46] Esse comentário é valido para o inglês, uma língua que lança mão de verbos frasais, cujo sentido é modificado por uma preposição – muitas vezes "up" e "down". O exemplo usado pelo autor, "wake *up*", isto é, "despertar". (N.T.)

[47] Expressão idiomática, próxima do nosso "está na mão". (N.T.)

linguagem, e como ela afeta o comportamento, por décadas, e seu trabalho mais recente discute algumas das maneiras como a mídia popular, a mídia de notícias e as declarações de políticos podem moldar o modo como pensamos. Estar ciente dessas coisas é importante porque não queremos ser enganados ou ludibriados, mas nossas mentes, às vezes, facilitam que isso ocorra. Usando alguns exemplos do presidente Trump, Lakoff aponta como podemos ser enganados sem perceber. E embora ele esteja usando o presidente Trump como o principal exemplo, essas coisas podem ser observadas em muitos políticos. Trump, no entanto, fez disso uma parte central de seu estilo de governo e campanha.

Um exemplo claro é a repetição simples. O presidente Trump repete termos e *slogans* para que se tornem parte de nosso conceito. Ele ficou famoso por dizer/tuitar:

> Nós vamos ganhar. Vamos ganhar muito. Vamos ganhar no comércio, vamos ganhar na fronteira. Nós vamos ganhar tanto, você vai ficar tão cansado de ganhar, que vai chegar em mim e dizer, "Por favor, por favor, chega de ganhar".

Há sete repetições da palavra "ganhar" nesse discurso, e ele repetiu afirmações como essa muitas vezes desde então. Também ouvimos e vimos repetições de afirmações como "*FAKE NEWS*", "SEM CONLUIO" etc. Lakoff argumenta que a simples repetição é o objetivo completo. Mesmo que você não acredite no presidente, ainda assimila essas palavras e conceitos. Os quais muitas vezes são amplificados por pessoas comentando e retuitando. A ativação se espalha. As ideias são interligadas.

Donald Trump é adepto de controlar a conversa enquadrando pessoas e ideias. Ele faz isso de pelo menos duas maneiras. Uma é com o uso de apelidos. "Hillary torta[48]", por exemplo, para se referir à ex-candidata presidencial Hillary Clinton. "Torta", a propósito, usa uma metáfora cognitiva para a mentira na qual pensamos que a "VERDADE é RETA". Chamá-la de "torta" e repetir pode parecer bobagem, mas ainda tem o efeito desejado de reforçar o conceito de que ela não é verdadeira ou confiável. Até mesmo o *slogan* "Make America Great Again" [Faça os EUA Grandes de Novo] é muito carregado com referências linguísticas, o que implica que o país foi grande no passado, que se tornou não tão bom agora, e que as ações do presidente Trump o tornariam grande novamente da maneira que era antes.

Lakoff sugere que todos devemos estar cientes de como essas coisas influenciam nosso pensamento. Podemos não concordar com o presidente Trump,

---

[48] No original, *crooked*, "torto", mas também "desonesto". (N.T.)

mas, de acordo com Lakoff, essas repetições e o uso de enquadramentos e metáforas criarão as associações de qualquer maneira. Quanto mais vezes você os ouve, mais forte fica a memória. E este não é apenas o caso do presidente Trump. A mensagem de Lakoff se aplica a outros líderes, políticos e mídia. Se você estiver lendo isto no Reino Unido, Holanda, Índia, África do Sul ou Brasil, esses exemplos podem ser estendidos e provavelmente também se aplicarão. O presidente Trump pode ser um exemplo extremo, mas enquadramento e metáfora estão por toda parte na política, na publicidade e em nossas tentativas de influenciar o que outras pessoas pensam e fazem.

Para melhor ou pior, a linguagem influencia o modo como pensamos sobre as coisas. Faz com que fortaleçamos algumas representações e criemos novas memórias. Ela ativa esquemas e conceitos. Leva-nos a fazer inferências e tirar conclusões. E possibilita que sejamos coagidos e enganados. A melhor defesa contra ser enganado é saber por que isso acontece e como reconhecê-lo.

COMO A LINGUAGEM INFLUENCIA O PENSAMENTO?

As discussões acima ilustram como a linguagem influencia a maneira como você se lembra das coisas e como pensa sobre as coisas. A linguagem e o contexto linguístico afetam o pensamento. Ou, como sugeri no início, a linguagem é como pensamos e agimos. Os linguistas têm uma teoria para essa ideia, conhecida como relatividade linguística, que sugere que nossa língua nativa influencia o modo como pensamos e nos comportamos. Essa teoria pressupõe e prevê que haverá diferenças entre grupos de pessoas em função de sua língua nativa. Ou seja, o pensamento é *relativo* à linguagem. A forma mais forte desta afirmação é frequentemente referida como determinismo linguístico, bem como, por vezes, referida como a "hipótese Sapir-Whorf", em homenagem a Edward Sapir (1884–1939) e seu aluno Benjamin Whorf (1897–1941). Essa robusta versão da hipótese argumenta que a linguagem determina o pensamento e pode até colocar restrições sobre o que uma pessoa consegue perceber. Ou seja, se você não tem uma palavra para algo, isso implica que também não tem um conceito disso. E se você não tem um conceito de algo, não será capaz de pensar sobre isso, ou de perceber da mesma maneira que alguém que tem uma palavra para isso.

Em geral, tanto a versão forte quanto a versão fraca dessa teoria são atribuídas a Whorf (1956), embora ele se refira à sua teoria como relatividade linguística. Antes de iniciar o estudo da linguística, Whorf era engenheiro químico e trabalhou como engenheiro de prevenção de incêndios. Pode parecer uma maneira estranha de começar a estudar a linguagem, mas parece haver alguma conexão. Há uma história apócrifa que sugere que suas ideias e interesse em linguística surgiram durante a época em que Whorf era engenheiro e inspetor de prevenção de incêndios. De acordo com essa história, Whorf notou funcionários fumando perto de latas de gasolina, embora afirmassem que as latas estivessem vazias. Se estiver vazio, deve ser seguro fumar por lá, certo? Não. Uma lata de gasolina vazia pode ser muito perigosa por causa da fumaça. Os vapores são inflamáveis. Porém, os trabalhadores não perceberam que as latas vazias não estavam *realmente* vazias, porque as rotularam e conceituaram como vazias. Elas estavam linguisticamente vazias, mas não de fato vazias. Não estavam fisicamente vazias. Whorf começou a acreditar que a língua nativa de uma pessoa determina o que você pode pensar e até mesmo sua capacidade de perceber as coisas. Essa história pode ou não ser verdadeira, mas ainda assim mostra um ponto interessante sobre a diferença entre como alguém descreve algo linguisticamente e o que essa coisa realmente é. Em outras palavras, "vazio" pode não ser realmente vazio.

Relatividade Linguística

Em uma famosa citação de Whorf diz:

> Dissecamos a natureza de acordo com as linhas estabelecidas por nossa língua nativa. As categorias e tipos que isolamos do mundo dos fenômenos não encontramos lá, porque eles encaram o rosto de todos os observadores; pelo contrário, o mundo é apresentado em um fluxo caleidoscópico de impressões que deve ser organizado por nossas mentes – e isso significa em grande parte pelos sistemas linguísticos de nossas mentes. *Cortamos a natureza*, a organizamos em conceitos e atribuímos significados como fazemos, em grande parte porque somos partes de um acordo para organizá-la dessa forma – um acordo que se aplica a toda a nossa comunidade de fala e é codificado nos padrões de nossa linguagem [...] todos os observadores não são conduzidos pela mesma evidência física à mesma imagem do universo, a menos que suas origens linguísticas sejam semelhantes, ou possam ser calibradas de alguma forma[49].

Whorf está desafiando a noção de Platão de trinchar a natureza nas juntas (que foi discutida no *Capítulo 9*). Enquanto Platão sugeriu que existe uma maneira natural de dividir o mundo em conceitos, Whorf sugere que os conceitos e

---

[49] Whorf, 1956: 213-214; ênfase minha.

CAPÍTULO 10 | LINGUAGEM E PENSAMENTO

categorias são determinados pela língua nativa da pessoa. Frequentemente, isso é considerado a forma mais forte de relatividade linguística. Neste caso, a teoria implica que a língua nativa de uma pessoa determina necessariamente o pensamento, a cognição e a percepção.

Você já ouviu aquela afirmação de que "as línguas esquimós têm centenas de palavras para neve?". Uma afirmação que às vezes é seguida pela afirmação de que as pessoas que falam essas línguas podem, portanto, distinguir entre muitos mais tipos de neve em comparação com falantes de inglês. A ideia por trás dessa afirmação era que, se você tiver mais termos ou rótulos para algo, poderá perceber mais categorias. Whorf fez uma suposição sobre isso, que mais tarde foi aceita pelos meios de comunicação e jornais como uma afirmação concreta, e com cada versão subsequente o número de palavras inuítes hipotéticas para "neve" cresceu. É bastante simples que essa afirmação em particular não seja verdadeira nem relevante. O próprio Whorf nunca testou ou examinou a afirmação, e a maioria dos relatos dessa afirmação não fez distinção sobre os muitos dialetos diferentes falados pelos povos indígenas do Norte. Não existe "uma língua esquimó", existem várias línguas faladas pelos povos indígenas do Norte. Os inuítes no Canadá e na Groenlândia falam *inuktitut*; os nativos do Alasca falam *yupik*. O inglês, como *inuktitut* e *yupik*, tem modificadores que permitem muitas descrições de neve. No entanto, este é um daqueles mitos persistentes e bastante conhecido pela maioria das pessoas.

No entanto, essa afirmação de que a linguagem restringe ou determina a percepção e a cognição era ousada e, em meados do século XX, muito provocativa. Antropólogos, psicólogos e linguistas começaram a procurar e a examinar maneiras de testar essa ideia. Um dos desafios mais importantes veio da pesquisa de Eleanor Rosch. Você provavelmente se lembra dela do capítulo anterior sobre conceitos e por suas contribuições sobre a semelhança familiar. Rosch observou que o extenso trabalho da antropologia encontrara padrões regulares da linguagem usada para descrever as cores. Por exemplo, ao examinar termos básicos de cores, todos os idiomas parecem conter termos para claro e escuro. Os limites podem não ser sempre os mesmos, mas existem alguns idiomas com apenas um termo para tons mais quentes e mais claros e um termo para tons mais escuros. O vermelho também é bastante comum e os idiomas com apenas três termos sempre têm uma palavra para preto, branco e vermelho. O vermelho é uma cor muito saliente para os humanos, pois é a cor das coisas quentes e do sangue. À medida que as línguas mudaram e evoluíram, algumas delas introduziram mais termos.

Se a afirmação de Whorf estiver correta, especialmente a versão mais forte, conforme ilustrado por seu exemplo de "palavras para neve", então isso implica que uma linguagem com palavras para apenas duas cores tenderá a ver o mundo de acordo com essas duas cores. Eles podem ser capazes de ver outras cores, mas devem ter dificuldade em ver as distinções entre as cores que têm o mesmo nome. Esta não é uma afirmação irracional. Sabemos que a percepção depende em parte de ter algum conhecimento do que você está percebendo. Discutimos como a percepção ativa o conceito e como os conceitos podem afetar o que vemos e pensamos. E na percepção básica da fala, tendemos a perceber os sons da fala categoricamente. Você terá dificuldade em distinguir sons que não façam parte de sua língua nativa. Portanto, essa previsão não está errada.

Rosch fez um teste como este com um grupo indígena em Papua-Nova Guiné. O povo dani tem apenas duas palavras para denotar cores e, portanto, sua linguagem define as cores em duas categorias de cores. Uma categoria é chamada de *mili* e se refere a tons frios e escuros, como as cores azul, verde e preto. A segunda categoria é *mola*, que se refere a cores mais quentes ou mais claras, como as cores vermelho, amarelo e branco em nossa língua. Em vários experimentos, Rosch pediu a seus participantes que se engajassem no aprendizado de cores e tarefas de memória com cartões de cores. Esses cartões, conhecidos como "fichas de cor", foram retirados do sistema de cores Munsell, que é um sistema de descrição da cor em três dimensões de matiz, valor (luminosidade) e croma (pureza da cor). O sistema Munsell tem sido usado desde 1930 como uma linguagem de cores padronizada para cientistas, designers e artistas. As fichas coloridas são pequenos cartões com uma cor uniforme em um lado, geralmente com acabamento fosco. Eles se parecem muito com o que você encontra em uma loja de tintas.

Uma das tarefas que Rosch usou foi uma de aprendizagem associada em pares. É quando os participantes são solicitados a aprender uma lista de coisas e cada uma é emparelhada com algo que eles já conhecem; uma palavra que serve como uma sugestão de memória. Na tarefa de Rosch, as coisas a serem aprendidas eram as fichas de cor de Munsell, e cada uma era emparelhada com uma palavra. Algumas dessas fichas de cores eram conhecidas como cores focais. Em outras palavras, essas fichas estavam no centro perceptivo de sua categoria. Elas foram selecionadas como o melhor exemplo de uma categoria de cor no estudo anterior, com falantes de inglês. Quando solicitado a escolher o "melhor exemplo", Rosch encontrou uma concordância generalizada para cores com a maior saturação, e falantes de inglês poderiam se lembrar melhor desses exemplos centrais. A cor focal do vermelho era a única ficha que seria identificada pela maioria dos falantes de inglês como sendo o melhor exemplo de vermelho. Outras fichas também podem ser chamadas de vermelhas, mas não foram identificadas como o centro da categoria ou o melhor exemplo. E ainda, outras fichas podem ser mais ambíguas. Elas podem ser chamadas de vermelhas algumas vezes e, em outras ocasiões, podem parecer ter outra cor. Você mesmo pode escolher as cores focais. Se você for selecionar uma nova cor para o texto em seu programa de processamento de texto, poderá ver um amplo arranjo de cores, mas uma provavelmente parece se destacar como sendo o melhor exemplo de vermelho, o melhor de azul, o melhor exemplo de verde etc. Em outras palavras, todos provavelmente concordaríamos qual tonalidade exata é o melhor exemplo da cor verde. Essa seria a cor focal do verde.

No experimento de Rosch, os participantes receberam uma ficha e receberam um novo nome. Isso foi feito para dezesseis pares de palavras e cores. Rosch raciocinou que os falantes de inglês não teriam dificuldade em aprender um par associado a uma cor focal porque isso já ativaria o protótipo para uma categoria de cor existente. Eles deveriam ter um desempenho pior na aprendizagem associada em pares para cores não focais, porque não teriam um rótulo linguístico para atribuir a essa cor. Ou seja, é fácil lembrar a cor focal "vermelha" porque ela se parece com a sua imagem interna de como o vermelho deveria ser. É mais difícil lembrar de uma cor que parece estar entre o vermelho e o roxo porque pode não ter um nome. Os falantes da língua *dani*, por outro lado, não devem apresentar nenhuma vantagem para a maioria das cores focais. Isso porque, se o determinismo linguístico estiver operando, as chamadas cores focais não seriam especiais de forma alguma, pois os falantes da língua *dani* não têm as mesmas categorias. No que diz respeito ao determinismo linguístico, eles não devem ter as mesmas cores focais que os falantes de inglês, porque têm diferentes categorias de cores como resultado de sua língua nativa. Se a eles for mostrado um vermelho focal, isso não deveria ativar uma categoria linguística existente para falantes da língua *dani* e, portanto, eles deveriam mostrar pouca diferença entre aprender os pares associados a cores focais e aprender os pares associados a cores não focais.

Não foi isso que Rosch descobriu, no entanto. Falantes da língua *dani* mostraram a mesma vantagem para aprender cores focais em relação às cores não focais que os falantes de inglês mostraram. Isso sugere que, embora seu idioma tenha apenas duas palavras para denotar categorias de cores, eles podem perceber as mesmas diferenças de cores que os falantes de inglês. Assim, isso parece ser uma evidência contra a interpretação forte da relatividade linguística. A linguagem *dani* não restringia a percepção de seus falantes. De muitas maneiras, isso não deveria ser surpreendente, pois a visão de cores é realizada computacionalmente no nível biológico. Independentemente das categorias definidas linguisticamente, todos nós ainda temos o mesmo sistema visual com uma retina cheia de fotorreceptores que são sensíveis a diferentes comprimentos de onda.

Trabalhos mais recentes continuaram a lançar dúvidas sobre a teoria do determinismo linguístico. A pesquisa de Barbara Malt examinou artefatos e objetos manufaturados e as diferenças linguísticas entre inglês e espanhol. Os participantes do experimento viram muitos objetos comuns diferentes, como garrafas, recipientes, jarros e potes. Para falantes de inglês da América do Norte, um "jarro" é normalmente usado para conter líquido, tem cerca de quatro litros de volume e uma alça. Uma "garrafa" é normalmente menor, tem um gargalo mais longo e não tem alça. Um "jarro" é normalmente feito de vidro e tem uma boca larga. Um "recipiente" geralmente não é feito de vidro, mas de plástico. Os recipientes vêm em formas redondas e quadradas e geralmente são usados para conter produtos não líquidos. Falantes de inglês podem variar em termos dos limites exatos das categorias, mas a maioria vai concordar sobre o que chamar de garrafa, o que chamar de jarro, etc.

Enquanto os falantes do inglês da América do Norte se referem a jarros separadamente dos potes, os falantes do espanhol normalmente rotulam essas coisas com um único termo. Em outras palavras, uma garrafa de vidro, uma jarra e um pote podem ser rotulados com o termo *frasco*. Se o determinismo linguístico fosse verdadeiro para objetos manufaturados, os falantes de espanhol deveriam mostrar menos habilidade para classificá-los em diferentes categorias com base na semelhança superficial. Em outras palavras, se você fala uma língua que tem apenas um termo para todos esses objetos, você deve minimizar a atenção às características que individualizam e, em vez disso, tender a classificá-los como membros do mesmo grupo. No entanto, os resultados de Malt não corroboraram esta previsão. Os participantes que falavam inglês e espanhol não diferiram muito entre si ao classificar esses contêineres por meio de sua semelhança geral. Ou seja, eles podem ter o mesmo rótulo para todos os objetos diferentes, mas quando solicitados a classificá-los em grupos com base em sua similaridade, todos os classificam aproximadamente da mesma maneira que os participantes falantes de inglês. O rótulo linguístico não interferiu em sua capacidade de perceber e processar características superficiais. Em suma, esses resultados não corroboram a versão forte da teoria do determinismo linguístico.

Um exemplo final de como a linguagem afeta o processo de pensamento é demonstrado em um estudo de Lera Boroditsky. Ela observou que, em diferentes idiomas e culturas, existem diferenças nas metáforas que as pessoas usam para falar sobre o tempo. Isso está relacionado às ideias de Lakoff sobre metáforas conceituais (discutidas anteriormente). Os falantes de inglês costumam se referir ao tempo como se ele fosse horizontal. Ou seja, uma metáfora horizontal resultaria em declarações como "*pushing* back *the deadline*" [adiando o prazo] ou "*moving a meeting* forward" [adiantando uma reunião]. Os falantes de mandarim, por outro lado, costumam falar sobre o tempo como se ele estivesse em um eixo vertical.

CAPÍTULO 10 | LINGUAGEM E PENSAMENTO

Ou seja, podem usar os equivalentes em mandarim de "em cima" e "embaixo" para se referir à ordem dos eventos, semanas e meses.

Deve-se observar que isso não é totalmente incomum no inglês, especialmente quando se considera o tempo em um calendário orientado verticalmente. Na verdade, quando eu olho para o calendário do *Google* no meu *smartphone*, ele está organizado em um eixo vertical, com o início do dia na parte superior e o final do dia na parte inferior. Embora ainda use termos como "*I've been falling* behind *on this project*" [estou ficando para trás neste projeto], também estou bastante acostumado a pensar sobre o tempo na dimensão vertical. Também temos metáforas inglesas de tempo vertical, como fazer algo "*at the* top *of day*" [no início do dia]. Exceções à parte, essas metáforas parecem estar linguística e culturalmente arraigadas nas expressões idiomáticas e nas afirmações nas quais são utilizadas. É importante ressaltar que essas diferenças parecem intimamente ligadas à maneira como a linguagem escrita é produzida e lida. O inglês é lido da esquerda para a direita – ao longo de uma linha horizontal – e o chinês escrito é lido de cima para baixo – ao longo de um eixo vertical.

A fim de testar se a metáfora conceitual e a linguagem afetam a capacidade dos participantes da pesquisa de compreender a cena, primeiro foi mostrado a eles um visual primordial para orientá-los quanto a dimensão horizontal ou vertical. Eles foram então solicitados a confirmar ou não as declarações baseadas no tempo (por exemplo, "*março vem antes de abril*"). Os exemplos, neste caso, eram diagramas simples que destacavam as dimensões horizontais ou verticais. Por exemplo, a imagem de uma bola preta ao lado de uma bola branca com a afirmação "*A bola preta está à frente da bola branca*" é uma impressão horizontal. A imagem de uma bola preta acima de uma bola branca com a declaração "*A bola preta está em cima da bola branca*" é um exemplo vertical. Boroditsky raciocinou que se uma impressão ativasse uma metáfora vertical e você falasse uma linguagem que encorajasse o pensamento sobre o tempo em uma dimensão vertical, observaria uma facilitação de processamento. Ou seja, seria mais rápido em julgar a proposição temporal. Se você visse um exemplo que ativasse a metáfora vertical, mas falasse uma linguagem que encorajava o pensamento sobre o tempo em uma dimensão horizontal, então você deveria observar alguma dificuldade e uma maior lentidão para julgar a proposição temporal.

Isso é o que ela encontrou em vários estudos. Depois de ver um exemplo orientado verticalmente, os falantes de mandarim foram mais rápidos em confirmar ou desconfirmar proposições temporais em comparação com quando viram o exemplo horizontal. Ela encontrou o efeito inverso para falantes de inglês. Isso sugere que as diferenças linguísticas podem prever aspectos do raciocínio temporal dos falantes. Essa descoberta apoia o determinismo linguístico.

No entanto, estudos subsequentes mostraram que essa orientação padrão pode ser substituída. Por exemplo, Boroditsky treinou indivíduos falantes de inglês a pensar sobre o tempo verticalmente, dando-lhes exemplos de metáforas verticais. Nesse caso, após o treinamento, os falantes de inglês exibiram o efeito de pensamento vertical, em vez do anterior, horizontal. Embora este estudo mostre um claro impacto da linguagem no pensamento, não é uma forte evidência para o determinismo linguístico porque a língua nativa parece não determinar como o tempo é percebido. Em vez disso, os efeitos locais do contexto linguístico parecem estar fazendo a maior parte do trabalho.

A LINGUAGEM É O MODO COMO PENSAMOS

Embora muitas espécies diferentes se comuniquem entre si, apenas os humanos desenvolveram uma linguagem natural expansiva, produtiva e flexível. E como a linguagem fornece o ponto principal de acesso aos nossos próprios pensamentos, a linguagem e o pensamento parecem completamente interligados. Usamos nossa linguagem para investigar e descrever nossas memórias. A memória é flexível e maleável. Essa flexibilidade pode ocasionalmente ser uma desvantagem, pois as memórias nem sempre são precisas. Elas são um reflexo direto dos processos linguísticos usados durante o processo de codificação e de recuperação. Também usamos nossa linguagem para rotular coisas no mundo e vincular percepções a conceitos. Rótulos verbais fornecem um ponto de acesso às nossas ideias.

Animais sem linguagem usam memórias e têm conceitos. Animais sem linguagem se comportam de maneira inteligente. Mas a linguagem humana nos dá uma maneira de pensar além do presente. Ela nos dá uma maneira de pensar sobre o mundo, sobre nós mesmos e nossas ações. Quando paramos para pensar e raciocinar com cuidado, geralmente é por meio da linguagem, e não por instinto ou intuição. Dizemos a nós mesmo para evitarmos más decisões. Nós pensamos nos prós e nos contras de algo falando com nós mesmos. No raciocínio dedutivo, o uso da linguagem deve ser preciso, de forma a determinar um argumento válido de um argumento inválido. A utilização do idioma pode influenciar a forma como as decisões são tomadas, fornecendo um contexto ou moldura. A mesma decisão pode ser considerada benéfica ou uma perda potencial. O conteúdo linguístico e a semântica podem ter um impacto considerável no resultado comportamental das decisões.

Este capítulo e o capítulo anterior sobre conceitos são os que mais se aproximam de abordar o tema central. Como pensamos? Pensamos com nossos conceitos. E usamos nossa linguagem natural para tirar o máximo de nosso pensamento.

CAPÍTULO 11

PENSANDO SOBRE O VIÉS COGNITIVO

Seu humor afeta o modo como você pensa? As situações e o contexto afetam sua capacidade de raciocinar e decidir? No meu caso, a resposta é sim. E você provavelmente acha que também o afetam. Provavelmente, há momentos em que sente que está tudo bem, que está feliz, indo com o fluxo da vida. Talvez se sinta assim de manhã cedo, quando você se sente mentalmente renovado. Talvez se sinta assim quando trabalha em algo que adora fazer. Talvez se sinta assim agora, enquanto lê este livro. Em todos esses casos, você acha que trabalhar é menos cansativo e que os problemas parecem mais fáceis de resolver. Mas há outros momentos em que você sente que simplesmente não consegue se concentrar. Ou em que sua mente parece simplesmente não estar funcionando. Talvez isso aconteça quando você está cansado, quando está pensando nas notícias ou quando se distrai com seu *smartphone*. Os pesquisadores especulam que o pensamento é afetado por crises como a pandemia de COVID-19. Por quê? Tem sido muito desgastante e estressante para muitas pessoas. Mesmo aqueles que não são diretamente afetados pelo vírus podem experimentar efeitos psicológicos negativos e ter sua capacidade de pensar e de se concentrar afetada como resultado de se preocupar com o vírus, pensar no trabalho e refletir sobre um futuro incerto.

A maioria das pesquisas psicológicas sugere que todas essas coisas afetam nossa capacidade de pensar. Uma das áreas mais interessantes no campo da psicologia do pensamento é o estudo de como os contextos situacionais, os fatores motivacionais e o estado de humor influenciam o pensamento das pessoas.

Vemos exemplos disso na publicidade, *marketing*, política e opinião pública. Vemos exemplos em nossa capacidade de fazer julgamentos e de tomar decisões quando estamos estressados, cansados, de bom ou mau humor. Às vezes, são várias coisas ao mesmo tempo.

Eu moro no Sul de Ontário. É uma área entre dois dos Grandes Lagos (Lago Erie ao Sul e Lago Huron a Oeste). E eu morava em Buffalo, NY, que ficava na Costa Leste do Lago Erie. Ambas as regiões podem ser atingidas por um clima de inverno muito ruim, e às vezes temos um tipo de neve chamada neve de "efeito lago"[50], na qual o ar muito frio varre os Grandes Lagos, acumula umidade ao longo do caminho e cai em massa, em pesadas tempestades de neve, as "nevascas brancas". Elas tendem a ser repentinas, muito intensas e localizadas em uma microrregião. Isso torna difícil ou impossível dirigir. Quando eu sou pego em uma nevasca branca, é difícil enxergar e dirigir, e depois que chego ao trabalho ou chego em casa, fico mentalmente e fisicamente exausto. Não é um bom momento para tentar fazer uma tarefa que exige pensamento complexo. Minha mente está cansada com o estresse e o esforço de conduzir em uma nevasca branca. Certamente não me sinto confiante chegando de um percurso longo e estressante e ir direto para uma reunião ou palestra importante.

Independentemente de onde você mora e como vai para o trabalho ou para a escola, a maioria de nós já passou por alguma experiência frustrante ou exigente ao ir trabalhar pela manhã, ou ao enfrentar uma rotina matinal muito intensa. Pense em como esses eventos podem afetar sua capacidade de resolver um problema ou tomar uma decisão importante posteriormente. Se você teve um deslocamento estressante para o trabalho e se depara imediatamente com a necessidade de tomar uma decisão importante, não é irracional pensar que sua capacidade de tomar essa decisão pode estar comprometida. Na verdade, algumas pesquisas sugerem que, quando você experimenta alguma fadiga cognitiva, é mais provável que use heurísticas rápidas para a tomada de decisão. Além disso, é mais provável que você use essas mesmas heurísticas de maneira imprudente e seja vítima de vieses de tomada de decisão.

A fadiga cognitiva é um efeito do contexto. O contexto de ter sofrido estresse e ter que se concentrar deixa você com relativamente menos recursos cognitivos para pensar. Esse tipo de efeito de contexto também surge de outras maneiras. Suponha que você tenha recebido uma mensagem muito boa de um bom amigo bem quando se senta para trabalhar em seu computador. Isso o deixa de muito bom humor. Seu bom humor o energizou e você é capaz de resolver

---

[50] Whorf poderia afirmar que as pessoas que vivem na região dos Grandes Lagos devem ter muitas palavras especializadas para neve e mau tempo.

CAPÍTULO 11 | PENSANDO SOBRE O VIÉS COGNITIVO

um problema relacionado ao trabalho que o está incomodando há algum tempo. O bom humor dá a você resistência para resolver o problema. No entanto, nem toda interação como essa indica um bom humor. Se estou esperando uma resposta sobre uma proposta de bolsa de pesquisa e estou aguardando um contato em algum momento durante uma semana específica, simplesmente não consigo me concentrar em mais nada. Eu espero. Verifico o *e-mail*. Atualizo meu navegador. É irritante, mas parece que não há muito que posso fazer até receber a notícia. Não é hora de trabalhar em problemas complexos porque me vejo muito distraído.

Há alguns anos, eu estava lecionando na universidade enquanto esperava notícias sobre meu irmão mais novo, que foi internado no hospital com uma infecção crítica. Sabia que ele havia sido internado de emergência naquele mesmo dia e estava preocupado com ele. Certos tipos de infecções podem ser fatais, e aquela era um desses tipos. Estava dando uma palestra, e a preocupação continuava no fundo da minha mente. E porque eu estava preocupado, deixei meu telefone no bolso no modo vibração. Então, o aparelho começou a vibrar, e temi que fosse uma chamada do hospital. Enquanto vibrava, eu não conseguia pensar, falar ou me concentrar no que estava dizendo. Embora normalmente não tivesse nenhuma dificuldade especial em ignorar a ligação, esse não era um desses momentos. Não consegui ignorar e interrompi a palestra para atender a ligação.

Era um operador de *marketing*, não o hospital.

Ainda não tinha notícias do meu irmão (que estava bem, soube bem mais tarde). Dei uma palestra muito irregular naquele dia, porque não conseguia manter minha mente focada. Mas usei esse evento na aula para dar um exemplo sobre distração, atenção e fadiga cognitiva, assim como estou fazendo agora.

Nos exemplos anteriores, o contexto em torno da solução de problemas, da tomada de decisões ou do pensamento pode estar afetando nossa capacidade de nos comportarmos de maneira ideal. Isso é algo que devemos considerar. Se quisermos melhorar nossa capacidade de pensar, temos que entender como e por que o contexto afeta a cognição. Já tocamos neste tópico. Discutimos o papel do contexto na ativação de esquemas cerebrais. Discutimos a capacidade da linguagem de fazer enquadramentos. Mas, neste capítulo, discutirei como fatores fisiológicos, contextuais e sociais afetam muitos dos principais processos de pensamento que já foram abordados. Vou começar com uma teoria às vezes controversa que sugere que temos dois modos de pensar. Se você leu *Rápido e Devagar* de Daniel Kahneman, o livro trata sobre esses dois modos. Existe um modo rápido e um modo lento. Um modo intuitivo e um modo deliberativo. Um deles, o modo lento, usa mais esforço cognitivo e, se o contexto comprometer a quantidade de recursos, você recorre ao modo mais rápido.

A TEORIA DO PROCESSO DUAL

A psicologia tem uma longa história de propor dois processos ou mecanismos complementares para o comportamento. Vimos isso anteriormente neste livro com a memória de curto e longo prazo e com a memória implícita e explícita. Existem teorias que enfatizam os processos conscientes *versus* inconscientes, respostas controladas *versus* automáticas e respostas cognitivas *versus* emocionais. A Teoria do Processo Dual é uma abordagem metateórica que une muitas dessas ideias. Uma das razões pelas quais tem sido tão influente é que oferece um princípio organizador para a habilidade de pensamento humano, o qual diferencia alguns pensamentos complexos, direcionados à linguagem, de outros, como a intuição mais rápida que também pode ser vista em animais não humanos. É uma teoria que cobre a maioria dos aspectos do pensamento humano. É uma ótima teoria. É familiar. É também por isso que tem sido um pouco controversa. Essa teoria também pode parecer abrangente demais. Por parecer explicar tanto, pode ser difícil de ser falsificada. É útil, no entanto, apesar desta advertência.

Primeiro, vamos esclarecer um pouco. A teoria do processo dual é às vezes chamada de "sistemas duplos". O processo dual é mais comum. Mas os dois componentes do processo dual são geralmente referidos como "sistemas", o que pode aumentar a confusão. Assim, a teoria do processo dual é composta por dois sistemas. Geralmente, são chamados de Sistema 1 (o sistema mais rápido) e Sistema 2 (o sistema mais lento). Pense em "sistemas" como um agrupamento de operações cognitivas, estruturas neurais e *outputs*. Claro, algumas coisas se sobrepõem. Ambos os sistemas dependem de memória. Ambos os sistemas estão sujeitos a cometer erros. Mas eles diferem na maneira como processam as informações.

Gosto de pensar nisso, lembrando a mim mesmo que "1" é o mais rápido – como em uma corrida, o primeiro a largar, e o mais rápido. A explicação do processo dual tem sido uma das teorias mais influentes sobre o processo de pensamento dos últimos vinte anos. Grande parte da pesquisa sobre como o humor ou a fadiga cognitiva afetam o pensamento pode ser compreendida dentro da estrutura desse relato de processo dual. Vamos dar uma olhada em cada sistema, como funcionam e que tipo de pensamento cada um deles influencia.

Sistema 1

O Sistema 1 foi descrito como uma forma evolutiva primitiva de cognição. Isso significa que as estruturas cerebrais e os processos cognitivos associados ao Sistema 1 são provavelmente compartilhados por muitas espécies animais. No nível mais baixo, todas as espécies animais são capazes de responder rapidamente

CAPÍTULO 11 | PENSANDO SOBRE O VIÉS COGNITIVO

a estímulos de ameaças. Todos os animais são capazes de generalizar respostas a estímulos semelhantes a ameaças. O mesmo pode se dizer dos estímulos responsáveis por impulsos básicos. Um animal pode responder rapidamente a uma fonte potencial de alimento, um parceiro potencial, etc. Para espécies cognitivamente primitivas, não consideramos esse tipo de comportamento como pensamento. Um rato que se move em direção a uma fonte de alimento e para longe de um espaço aberto que poderia expô-lo a predadores não está refletindo sobre seus comportamentos. Em vez disso, está assumindo um comportamento. Esta é uma combinação de resposta inata, instinto e associações aprendidas. O gato, maior, que está observando o rato e aparentemente esperando o momento ideal para atacar, também não está refletindo seus comportamentos. O gato também se comporta de acordo com o instinto e as associações aprendidas. Nem o gato nem o rato têm linguagem. Nem o gato nem o rato têm os tipos de conceitos que temos. Nem o gato nem o rato têm massa cerebral suficiente para realizar o que consideramos como pensar. Eles não conseguem contemplar vários resultados. Eles não conseguem considerar os prós e os contras de quando correr e quando atacar. O gato e o rato não pensam. Eles apenas se comportam.

Os mesmos mecanismos que permitem que o rato e o gato tomem decisões rápidas influenciam a tomada de decisão rápida em animais cognitivamente mais sofisticados, como primatas não humanos e humanos. Os humanos têm muitos dos mesmos tipos de instintos que outros animais têm. Tiramos nossa mão do contato de um estímulo doloroso sem pensar a respeito. As estruturas neurais que impulsionam esse instinto não precisam envolver processos cognitivos de nível superior. Estruturas subcorticais, como a amígdala e o sistema límbico, regulam as respostas emocionais aos estímulos. É assim que somos capazes de reagir à fome e agir com cautela quando detectamos o estado de ameaça potencial. É também assim que podemos sentir ansiedade em uma situação de incerteza. Este é o nosso Sistema 1.

O Sistema 1 não é um sistema único, mas sim um conjunto de subsistemas e processos cognitivos e comportamentais que operam de forma independente e com alguma autonomia. Por exemplo, os comportamentos instintivos que existem em todos os animais fazem parte desse sistema. O sistema geral de aprendizagem associativa, que é responsável pelo condicionamento operante e clássico, também faz parte desse sistema. Isso inclui um sistema de recompensa dopaminérgico, em que um resultado positivo fortalece as conexões entre as respostas neurais, e um resultado não positivo não fortalece as associações. A maioria dos teóricos que estudam o processo dual presume que o processamento de informações realizado pela coleção de processos cognitivos que compõem o Sistema 1 é amplamente automático, ocorre fora do acesso consciente e não é passível de avaliação cognitiva. Apenas o resultado final desses processos fica disponível para a consciência. A cognição do Sistema 1 também é geralmente conduzida em paralelo. Ou seja, muitos dos subprocessos podem operar simultaneamente sem dispêndio.

O Sistema 1 fornece soluções e decisões rápidas com base no que sabemos. Ao fazer isso, ele tende a se basear em informações relativamente rápidas, fáceis e com menos uso de recursos para acessar. Como resultado da tendência de nos basearmos em informações de recuperação rápida e fácil, mostramos padrões sistemáticos em nosso pensamento. Quase sempre, são chamados de heurísticas ou vieses cognitivos. Já discutimos vários deles (disponibilidade, representatividade), mas vamos discutir mais alguns. Não é uma lista completa, mas quero destacar o papel do Sistema 1 na compreensão. Coloquei os termos em **negrito** para que fiquem mais fáceis de ver. Normalmente, o Sistema 1 fornece uma resposta rápida, com base no que está na memória, no que é familiar e no que você acredita. Muitas vezes, são a resposta certa ou um bom julgamento. Mas nem sempre.

Começando em ordem alfabética segundo a língua inglesa (organizar as coisas em ordem alfabética é heurístico por si só), existe um efeito chamado de **ancoragem**. É uma heurística geral ou viés em que uma pessoa baseia seu julgamento em um ponto de referência comum ou um exemplo altamente proeminente. Por exemplo, quando tiver a opção de doar dinheiro, você pode considerar doar mais quando as opções começam em £ 20 libras do que quando começam em £ 1 libra. O Sistema 1 fornece uma resposta rápida considerando as opções perto da âncora. Isso é mais fácil de entender e requer menos esforço. Em seguida na lista está a **disponibilidade**, que envolve basear um julgamento nas informações que estão mais disponíveis na memória ou que são mais facilmente acessadas. O Sistema 1 baseia os julgamentos nas informações mais fáceis de recuperar e reduz as demandas cognitivas de um julgamento. Com respeito à lógica, o **viés de crença** é a tendência de aceitar um argumento como válido apenas porque parece verdadeiro ou parece crível. Isso acontece quando raciocinamos com base na memória e na familiaridade, e não por meio da lógica dedutiva, com mais recursos eficientes e orientada pela linguagem.

Outro viés comum, talvez o mais conhecido, é o **viés de confirmação**. É a tendência de buscar informações que confirmem o que acreditamos ou que confirmem uma decisão ou julgamento existente. É um viés que afeta quase tudo. Lemos *sites* de notícias com os quais tendemos a concordar. Vemos o que queremos ver nos eventos atuais e descontamos o que não concordamos. Isso pode reduzir o processamento cognitivo necessário para a tarefa, ao reduzir o número de opções a serem consideradas, mas pode ser um viés prejudicial ao nos levar a nem mesmo considerarmos evidências que desmentem aquilo que acreditamos. Terei muito mais o que escrever sobre esse viés quando falar sobre o raciocínio.

Vamos listar mais alguns. Os efeitos de **enquadramento** ocorrem quando o contexto em torno de um julgamento ou decisão afeta o modo como essa decisão é tomada. O Sistema 1 pode fornecer um julgamento rápido com base em informações que podem ser mais fáceis de recuperar porque elas estão relacionadas ao quadro. A estrutura, como vimos no *Capítulo 10*, costuma ser baseada na linguagem e direciona a mente em uma direção ou outra. **Recência** é a tendência de basear julgamentos e decisões em exemplos mais recentes da memória. Isso está relacionado à disponibilidade e pressupõe que nos lembramos e atribuímos mais peso aos casos recentes. O Sistema 1 fornecerá uma decisão com base em informações recentes de forma a reduzir as demandas de relembrar exemplos e memórias mais antigos. Por fim, nossa velha **representatividade**, sempre de prontidão, que é a tendência de tratar um exemplo como representativo de sua categoria. Isso reduz as demandas cognitivas ao se tomar uma decisão porque faz uso de conceitos familiares e de nossa tendência natural de generalizar.

Esta é apenas uma lista parcial de vieses, mas o que todos têm em comum é mostrar que, quando temos informações parciais e precisamos tomar uma decisão ou fazer um julgamento, tendemos a confiar nesses vieses como um atalho cognitivo. O Sistema 1 é responsável pelas decisões rápidas. Na maioria das vezes, essas heurísticas e vieses fornecem a resposta certa (ou uma resposta boa o suficiente) e, portanto, não percebemos que são vieses. Mas quando fornecem a resposta errada, podemos cometer erros. Uma forma de superar esses preconceitos e reduzir a tendência de cometer erros é desacelerar e deliberar as decisões e julgamentos. O pensamento lento e deliberativo é o domínio do Sistema 2.

Sistema 2

De acordo com pesquisadores como Steven Sloman, Jonathan St. B.T. Evans e Keith Stanovich, o Sistema 2 é geralmente entendido como tendo evoluído em humanos muito mais tarde do que o Sistema 1. A maioria dos teóricos assume que o Sistema 2 é exclusivamente humano. O pensamento do Sistema 2 é mais lento e deliberado do que o Sistema 1. Ele também é considerado como sendo mediado por processos linguísticos. Em outras palavras, o conteúdo de nossos pensamentos pode ser descrito por meio da linguagem. Usamos a linguagem de forma produtiva e eficaz para chegar a uma decisão usando o Sistema 2. O pensamento do Sistema 2 é realizado de forma serial ou sequencial, em vez de paralela, como no Sistema 1. Isso significa que as operações demoram mais e que o pensamento do Sistema 2 depende da memória de trabalho e dos sistemas de atenção. Em outras palavras, em relação ao Sistema 1, a cognição e o processamento de informações realizados pelo Sistema 2 são mais lentos, mais deliberativos e limitados em termos de capacidade. No entanto, apesar dessas limitações, o Sistema 2 é capaz de realizar pensamentos abstratos que simplesmente não são possíveis no Sistema 1. Como exemplo, considere as duas maneiras mais comuns de se chegar a uma decisão simples. Quando aparece uma oportunidade de fazer uma compra, você pode tomar uma decisão impulsiva, com base no que "parece certo", ou pode deliberar e considerar os custos e benefícios de comprar *versus* não comprar o produto. A decisão impulsiva é provavelmente disparada pelos processos do Sistema 1, enquanto a deliberação é possibilitada pela capacidade de manter duas alternativas na memória de trabalho ao mesmo tempo, de forma a avaliar atributos e pensar de modo proativo e retroativo para considerar os custos e benefícios. Isso leva tempo e exige esforço cognitivo. E isso não pode ser realizado no Sistema 1, rápido, intuitivo e associativo. Tal tipo de pensamento só pode ser realizado no Sistema 2, mais lento e deliberativo.

Usamos os dois sistemas, mas muitas vezes acabamos contando com a resposta do Sistema 1 porque é rápida e geralmente adaptável. Nem sempre é o caso, e pesquisas sagazes podem expor vieses. Um dos paradigmas mais fortes a mostrar o papel dos dois sistemas diferentes na habilidade de raciocínio é conhecido como tarefa do viés de crença. O viés de crença, que descrevi anteriormente, é um viés cognitivo relacionado ao viés de confirmação no qual tendemos a aceitar premissas lógicas com conclusões críveis, mesmo que não sejam deduções válidas. Jonathan Evans realizou vários desses experimentos nos quais as pessoas veem afirmações lógicas projetadas para criar um conflito entre a resposta do Sistema 1 e a do Sistema 2. Neste caso, a resposta do Sistema 1 é o resultado da recuperação da memória e das crenças, enquanto a do Sistema 2 é resultado de uma dedução lógica. A recuperação da memória é rápida e automática e representa uma maneira veloz de dar uma resposta com base heurística. O Sistema 2 normalmente trata do raciocínio lógico.

Na tarefa de viés de crença, são apresentados aos participantes diferentes tipos de silogismos (um tipo de argumento lógico) que exibem diferentes graus de conflito entre a resposta dos dois sistemas. O primeiro tipo de silogismo é um silogismo sem conflito no qual o argumento é válido e verossímil. Por exemplo:

> Premissa: Nenhum cão policial é bravo.
> Premissa: Alguns cães altamente treinados são bravos.
> Conclusão: Portanto, alguns cães altamente treinados não são cães policiais.

CAPÍTULO 11 | PENSANDO SOBRE O VIÉS COGNITIVO

A conclusão é a única que pode ser tirada das premissas. Além disso, é possível que existam alguns cães altamente treinados que não são cães policiais. E assim, não há conflito entre a memória e as crenças das pessoas e sua capacidade de compreender a tarefa lógica.

Outras declarações apresentadas são válidas, mas a conclusão não é tão verossímil.

Premissa: Nenhum produto nutricional é barato.
Premissa: Algumas vitaminas em comprimido são baratas.
Conclusão: Portanto, algumas vitaminas em comprimido não são nutricionais.

Nesse caso, a estrutura é logicamente válida, de forma que a conclusão pode ser tirada sem ambiguidade das premissas declaradas. No entanto, a maioria das pessoas considera as vitaminas benéficas do ponto de vista nutricional. Nesse caso, a conclusão de que algumas vitaminas não são nutritivas é menos crível. Existe um conflito. Outro argumento de conflito é aquele em que o argumento é inválido e, mesmo assim, a conclusão ainda é verossímil. Por exemplo:

Premissa: Nenhuma coisa que vicia é barata.
Premissa: Alguns cigarros são baratos.
Conclusão: Portanto, algumas coisas que causam dependência não são cigarros.

Isso pode ser um silogismo desafiador. Não é logicamente válido porque a conclusão não é a única possível, mas a conclusão parece razoável porque é verossímil: algumas coisas que causam dependência não são cigarros. Esse silogismo apresenta um conflito entre a credibilidade e a validade. Por fim, também foram apresentados aos participantes silogismos nos quais não havia conflito porque não eram válidos nem verossímeis. Por exemplo:

Premissa: Nenhum milionário trabalha duro.
Premissa: Algumas pessoas ricas trabalham duro.
Conclusão: Portanto, alguns milionários não são pessoas ricas.

Não há conflito aqui porque, quer você tente resolver isso a partir da credibilidade e da memória ou do raciocínio lógico, o silogismo ainda é falso.

Nos experimentos realizados, os participantes foram explicitamente instruídos a se engajar em uma tarefa de raciocínio lógico e indicar como aceitáveis apenas os silogismos que fossem logicamente válidos. Ou seja, eles deviam endossar os dois primeiros exemplos mostrados aqui porque ambos são válidos. Não deveria importar se são verossímeis ou não. Mas os participantes dos experimentos de Evans foram influenciados pela credibilidade. Ou seja, quando não havia conflito, o argumento válido era aceito com mais frequência e, quando havia conflito, o argumento inválido era aceito com menos frequência. Para casos de conflito, havia muito menos clareza. De acordo com a teoria do processo dual, esses participantes foram incapazes de mediar o conflito entre a solução baseada na memória fornecida pelo Sistema 1 e a solução lógica fornecida pelo Sistema 2. Quando não havia conflito e os sistemas geravam a mesma resposta, os participantes acertavam. Quando havia conflito, as respostas dos participantes eram incorretas. E o conflito, ao que parece, está em toda parte.

Veja o exemplo da impulsividade na busca por recompensas. Um sistema rápido (1) buscará uma recompensa rápida e certa. Um sistema mais lento (2) pode esperar e levar em consideração os prós e contras, os custos e os benefícios. Às vezes, agir rápido é bom. Outras vezes, não é a abordagem ideal. Às vezes é melhor esperar e adiar a recompensa. Normalmente chamamos isso de "teste do *marshmallow*".

O teste do *marshmallow* é o nome comum para um efeito descoberto por Walter Mischel (1930–2018) e colegas na década de 1970, mas o termo entrou no léxico popular e todos nós o usamos como uma abreviação para a gratificação adiada. Se você quiser ver um exemplo um pouco exagerado, pesquise no *YouTube* "teste do *marshmallow*" e verá várias versões. Nenhum dos testes é padronizado, é claro; são estilizados para mostrar o efeito. O estudo original foi pensado de forma a investigar o fenômeno da gratificação adiada em crianças. Crianças de quatro a seis anos sentaram-se à mesa e uma guloseima tentadora foi colocada diante delas (geralmente um *marshmallow*, mas também pode ser um biscoito ou algo semelhante). As crianças foram informadas que poderiam comer a guloseima de imediato ou, se conseguissem esperar 15 minutos sem a comer, receberiam duas guloseimas. Os pesquisadores então deixaram a sala. Normalmente, as crianças mais novas não conseguiam esperar os 15 minutos; elas comiam a guloseima. Outras crianças, de maneira a tentarem aguentar os 15 minutos, taparam os olhos ou se afastaram. Em alguns casos, as crianças ficavam agitadas e não conseguiam ficar paradas enquanto esperavam. Em geral, os resultados mostraram que muitas crianças conseguiam esperar, mas outras não. A idade foi um dos principais determinantes. Porém, os pesquisadores especularam que características de personalidade ou temperamento também podem ter influenciado. Pesquisas posteriores descobriram que as crianças que eram mais capazes de resistir à tentação da gratificação adiada provavelmente teriam pontuações mais altas em testes padronizados quando fossem mais velhas.

CAPÍTULO 11 | PENSANDO SOBRE O VIÉS COGNITIVO

As crianças que participaram do estudo original foram acompanhadas dez anos depois. Muitas das crianças que conseguiram adiar a gratificação foram mais propensas a serem descritas por seus colegas como competentes. Pesquisas posteriores descobriram que os indivíduos capazes de adiar a gratificação eram mais propensos a ter maior densidade no córtex pré-frontal, enquanto os indivíduos que eram menos propensos a adiar a gratificação, ou que não adiavam o suficiente, tinham maior ativação no estriado ventral. Esta área está ligada a comportamentos de dependência. A sugestão é que o "teste do *marshmallow*" lança mão de um traço ou recurso autorregulador que prevê de forma confiável outras medidas de sucesso a ocorrer mais tarde na vida.

Uma possibilidade é que a luta entre comer o *marshmallow* imediatamente ou antes do tempo *versus* esperar por uma recompensa maior representa o conflito entre o pensamento do Sistema 1 e o do Sistema 2. O pensamento do Sistema 2 está altamente associado às áreas do córtex pré-frontal que mostraram maior ativação nos participantes que foram capazes de adiar a gratificação por mais tempo. A implicação é que elas podem ter acesso mais cedo às subestruturas que compõem o Sistema 2. Essas crianças foram capazes de considerar os custos e benefícios; conseguiram adiar a gratificação porque puderam raciocinar, enquanto outros participantes não conseguiram adiar a recompensa. Processos relativamente menos desenvolvidos de controle inibitório implicam que o Sistema 1, mais rápido, iniciaria e executaria o comportamento, e o Sistema 2 seria incapaz de substituí-lo.

O teste do *marshmallow* não é normalmente interpretado dentro do contexto da teoria dos sistemas duais, no entanto, a noção de conflito entre uma resposta instintiva e uma resposta calculada é.

VIÉS NO DEBATE POLÍTICO

Quando dou meu curso sobre pensamento na minha universidade, frequentemente discutimos eventos atuais no seu contexto. Todos nós lemos as notícias, acompanhamos as redes sociais e muitas vezes pensamos sobre as mesmas coisas. Muitos dos tópicos se prestam naturalmente à discussão de eventos atuais e em uma aula, após um tiroteio em massa nos Estados Unidos, fiz a seguinte pergunta:

Quantos entre vocês acham que os EUA são um lugar perigoso para se visitar?

Cerca de 80% dos alunos levantaram a mão. Surpreendente? Achei que sim. A maioria dos alunos justificou sua resposta referindo-se a tiroteios em escolas, violência armada e problemas com a polícia americana[51]. O mais importante é que nenhum desses alunos jamais havia realmente enfrentado violência armada nos Estados Unidos. Pensavam assim porque estava no noticiário. Eles estavam fazendo um julgamento com base nas evidências disponíveis sobre a probabilidade de violência. Este é, obviamente, um exemplo de heurística de disponibilidade. Conforme descrito anteriormente no capítulo sobre memória, as pessoas fazem julgamentos e tomam decisões com base nas memórias mais relevantes que recuperam e que estão disponíveis quando a avaliação ou o julgamento é feito. Na maioria das vezes, essa heurística produz evidências úteis e corretas. Mas, em outros casos, as evidências disponíveis podem não corresponder exatamente às evidências do mundo. Por exemplo, normalmente superestimamos a probabilidade de ataques de tubarões, acidentes aéreos, ganhos na loteria e violência armada.

Outro viés cognitivo que parece estar influenciando a resposta das pessoas é a heurística da representatividade, a tendência geral de tratar os indivíduos como representantes de toda a sua categoria ou conceito, que também discuti anteriormente. Suponha que alguém formou um conceito estereotipado de proprietários de armas americanos como sendo indivíduos violentos, com base no que leram ou viram nas notícias. Essa pessoa pode inferir que cada indivíduo americano é um proprietário de arma violento. Seria um estereótipo que poderia levar a um preconceito na forma como tratam as pessoas. Assim como acontece com a disponibilidade, a heurística de representatividade surge da tendência natural dos humanos de generalizar as informações. Na maioria das vezes, essa heurística produz evidências úteis e corretas. Mas em outros casos, a evidência representativa pode não corresponder exatamente com a evidência individual.

O que isso tem a ver com armas? Acho que esses vieses são alguns dos motivos pelos quais as pessoas parecem não conseguir encontrar um terreno comum sobre problemas polêmicos. Foi amplamente divulgado que os EUA têm uma das taxas mais altas de posse privada de armas do mundo e também tem alta taxa de violência armada em relação a outros países. Todos sabemos que "*correlação não é igual a causalidade*", mas diversas correlações fortes muitas vezes derivam ou sugerem uma ligação causal. E muitas pessoas pensam que a coisa mais razoável a fazer seria começar a implementar uma legislação que restrinja o acesso a armas de fogo. Mas isso não aconteceu e as pessoas ficaram muito passionais quanto a necessidade de restringir as armas. Por que os americanos continuam a discutir isso? Muitas pessoas têm experiência limitada com armas e/ou violência

---

[51] Eu levantei essa questão com minha classe *antes* da pandemia da COVID-19 de 2020. Esse fato provavelmente mudaria a resposta consideravelmente.

e precisam confiar no que sabemos de memória e de fontes externas e, como resultado, somos suscetíveis a vieses cognitivos.

Vejamos as coisas da perspectiva do proprietário de uma arma. A maioria dos proprietários de armas é responsável, bem-informada e cuidadosa. Eles possuem armas de fogo para esporte e proteção pessoal. Do ponto de vista deles, pode parecer que o maior problema não são as armas em si, mas os possíveis criminosos que as usam para prejudicar outras pessoas. Afinal, se você, como proprietário de uma arma, estivesse seguro com suas armas e a maioria de seus amigos e familiares também, assim como os proprietários de armas cumpridores da lei, esses exemplos serão as evidências mais disponíveis para você usar em uma decisão. Você basearia seus julgamentos sobre proprietários de armas e violência armada nessas evidências disponíveis e decidiria que os proprietários de armas também são responsáveis. Como consequência, conclui que a violência armada não é um problema das armas e de seus proprietários, mas deve ser um problema de criminosos mal-intencionados. Formar essa generalização é um exemplo da heurística de disponibilidade. Pode não estar totalmente errada, mas é resultado de um viés cognitivo.

No entanto, muitas pessoas não são proprietárias de armas. Ainda assim, essas pessoas provavelmente se sentem seguras em casa, e a probabilidade de serem vítimas de um crime pessoal que uma arma poderia inibir é muito pequena. Se você não possui uma arma, não sentiria que suas liberdades pessoais seriam infringidas pela restrição às armas. Quando uma pessoa que não é proprietária de arma generaliza a partir de sua experiência, ela pode ter dificuldade em entender por que as pessoas precisariam de uma arma. Do ponto de vista dessas pessoas, pode ser mais sensato se concentrar na redução do número de armas. Além disso, se você não tem uma arma e não acredita que precisa de uma, você pode até mesmo generalizar e supor que qualquer pessoa que possua armas de fogo pode ser suspeita ou irracionalmente temerosa. Formar essa generalização é um exemplo da heurística de representatividade. Pode não estar totalmente errada, mas é o resultado de um viés cognitivo.

Em cada caso, as pessoas tendem a confiar em vieses cognitivos para inferir coisas sobre os outros e sobre armas. Essas inferências podem estar sufocando o debate.

Não é fácil superar um viés, porque essas heurísticas cognitivas estão profundamente enraizadas e, de fato, surgem como uma função necessária ao modo como a mente opera. Elas são adaptáveis e úteis. Mas, ocasionalmente, precisamos substituir um viés e confiar no Sistema 2.

Sempre fico relutante em recorrer a um argumento de "ambos os lados". Isso é um viés cognitivo por si só. Mas para a grande maioria dos proprietários e não proprietários de armas de fogo, a principal fonte de informação vem de suas próprias experiências. Nossos julgamentos são suscetíveis a vieses cognitivos *por design*. Aqueles que estão do lado do controle de armas no debate também deveriam tentar ver que quase todos os entusiastas de armas são seguros, são pessoas que cumprem a lei e são responsáveis com suas armas. Visto através de seus olhos, o problema reside nos proprietários irresponsáveis de armas. Além do mais, o desejo de colocar restrições em armas adquiridas legalmente ativa outro viés cognitivo conhecido como o efeito de dotação, no qual as pessoas valorizam algo que já possuem, e a perspectiva de perder isso é vista como aversiva porque aumenta o sentimento de incerteza quanto ao futuro.

Aqueles que estão do lado da posse de armas devem considerar o debate da perspectiva dos não proprietários de armas e considerar que as propostas para regulamentar as armas de fogo não são tentativas de apreender ou proibir as armas, mas sim tentativas de abordar um aspecto do problema: o grande número de armas de fogo nos EUA, qualquer uma das quais pode potencialmente ser usado para fins ilegais. As propostas mais sérias não procuram proibir as armas de fogo, mas sim regulamentá-las e encorajar uma maior responsabilidade em seu uso.

Os EUA realmente têm problemas com a violência causada pelas armas de fogo. É desproporcionalmente alto. As soluções para este problema devem reconhecer a realidade do grande número de armas, as perspectivas dos não proprietários de armas e as perspectivas dos proprietários de armas. Só faremos isso reconhecendo primeiro esses vieses cognitivos e, em seguida, tentando superá-los de maneiras que busquem um terreno comum. Ao reconhecer isso, e talvez recuar um pouco, podemos começar a ter uma conversa mais produtiva.

COM HUMOR PARA PENSAR

A seção anterior sobre armas mudou seu humor? A ideia de ser suscetível a vieses deixa você de mau humor? As notícias também afetam seu humor? Você já se sentiu melhor depois de uma determinada música e achou que era mais fácil pensar? Se você já fez isso, então não está sozinho. O estado do humor também afeta o pensamento e a cognição. As emoções e o humor têm ligação essencial com os estados fisiológicos. E o humor é complexo. Existem humores positivos e negativos, leve agitação, raiva, alegria, presunção, satisfação e decepção. Há expressões faciais que os acompanham. Para os objetivos presentes, vou distinguir entre o humor positivo e o humor negativo em geral. Uma distinção mais refinada seria com o tipo de humor positivo (por exemplo, feliz, animado, etc.) e o tipo de modo negativo (por exemplo, zangado, desanimado, etc.). É uma distinção de intensidade *versus* valência.

Os Efeitos do Humor Negativo

Já se sabe há algum tempo que o humor negativo estreita o foco da atenção e reduz a flexibilidade cognitiva. Quero deixar claro aqui que estou me referindo ao estado de humor atual; não a um transtorno de humor como a depressão, que também afeta o pensamento. O que estou me referindo aqui é simplesmente estar com um humor negativo e depressivo. Um estado temporário. Estar em um estado de humor negativo tende a se correlacionar com o foco nos detalhes (possivelmente os detalhes que o deixam de mau humor). Isso significa que você tem menos probabilidade de se distrair com estímulos irrelevantes. Podemos ver isso na percepção. Um estudo realizado por Gasper e Clore instruía os participantes a fazer julgamentos sobre conjuntos de imagens criadas a partir de três conjuntos de formas simples. Uma dessas três formas era um alvo, e os participantes da pesquisa eram solicitados a escolher qual das outras duas formas era a mais semelhante. Isto é chamado de tarefa da "tríade de escolha forçada". Nela, você é forçado a escolher dois entre três itens que pertencem juntos[52]. Por exemplo, se a forma do alvo for um triângulo feito de triângulos menores, um dos estímulos corresponderia às características *locais* (uma configuração em forma de quadrado formada por pequenos triângulos) e o outro estímulo corresponderia às características globais (seria uma configuração triangular formada por pequenos quadrados). A Figura 11.1 mostra um exemplo. Se o humor negativo restringir o foco da atenção, então os participantes com humor negativo terão maior probabilidade de fazer correspondências de características locais e escolher o quadrado formado por triângulos. É como ver as árvores em vez da floresta.

---

[52] Vimos um exemplo anteriormente no capítulo de conceitos, quando discuti o estudo de Rips com o objeto redondo de 7,5 centímetros correspondendo a uma moeda de 25 centavos de dólar ou a uma pizza.

Características Locais e Globais

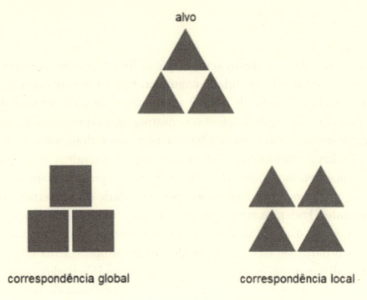

FIGURA 11.1: Um exemplo das correspondências de características locais e globais do estudo de Gasper e Clore.

Isso é essencialmente o que Gasper e Clore descobriram. Os participantes eram colocados em um humor positivo ou negativo ao serem pedidos para escrever uma história sobre um evento correspondentemente feliz ou triste. Os participantes com humor negativo eram mais propensos a escolher combinações com base nas características locais. Outra pesquisa descobriu padrões semelhantes. Mas nem todas as pesquisas com humor negativo descobriram que ele estreita a atenção. Os efeitos específicos podem depender da intensidade real do humor negativo. Em outras palavras, estar do lado raivoso das coisas pode estreitar o foco de sua atenção, mas ficar triste ou deprimido pode na verdade ampliá-lo. Isso parece intuitivo. Quando as pessoas se sentem particularmente tristes, podem ter dificuldade em se concentrar em qualquer coisa e, em geral, sentir-se desfocadas. Certamente é assim que me sinto.

A pesquisa psicológica tende a corroborar essa intuição. Um experimento cognitivo realizado por Gable e Harmon-Jones manipulou especificamente a sensação de tristeza nos participantes e descobriu que isso levou a uma atenção ampliada, em relação a uma condição de humor neutra, em uma tarefa de reação global-local (semelhante, mas não exatamente como a

CAPÍTULO 11 | PENSANDO SOBRE O VIÉS COGNITIVO

descrita acima). Isso implica que um humor negativo e depressivo terá um efeito moderado em qualquer coisa que dependa da flexibilidade cognitiva. Na verdade, esse parece ser o caso com testes cognitivos semelhantes ao Teste Wisconsin de Classificação de Cartas. Esta é uma avaliação padronizada que exige que as pessoas aprendam uma regra e depois a descartem, inibam a atenção aos recursos que se correlacionam com ela e passem para outra regra. Pacientes com lesões no córtex pré-frontal terão dificuldades ao executar esse teste. Crianças às vezes têm dificuldade para realizar o teste. E indivíduos com sintomas depressivos também, pois ela requer algum grau de flexibilidade e inibição cognitiva.

Estar de mau humor pode afetar o pensamento de mais de uma maneira e, como muitas coisas, mais pesquisas são necessárias para esclarecer exatamente o que está acontecendo. O humor negativo geral e/ou um humor negativo raivoso podem estreitar o foco da atenção. É tentador imaginar uma razão evolutiva para isso. Talvez, se uma pessoa estiver com um humor raivoso, ela queira se concentrar no que está causando aquele estado desagradável. Mas, quando uma pessoa está com humor negativo e depressivo, as pesquisas tendem a encontrar o oposto. Um humor depressivo parece ampliar o foco da atenção, interferir na capacidade de focar seletivamente em um único estímulo e inibir a atenção a estímulos concorrentes. Isso também tem uma ligação intuitiva com pensamentos depressivos gerais. Uma possibilidade é que as pessoas que sofrem de depressão têm dificuldade em inibir a cognição negativa. Isso pode ser um estilo cognitivo geral.

Humor Positivo

No entanto, e quanto a um humor positivo? E quanto ao poder da positividade? Eu penso no sentimento positivo que tenho quando ouço uma música animada. "Here Comes the Sun", dos Beatles, é um ótimo exemplo. Quando ouço essa música, penso na sensação trazida pelo fim do inverno, pelo sol quando está alto, você está de bom humor e quer espalhar esse clima. Quando as pessoas estão com um humor positivo ou feliz, as coisas parecem diferentes. Uma tarefa desafiadora em circunstâncias normais pode parecer muito fácil quando você está de bom humor. É um clichê comum dizer que "o tempo voa quando você está se divertindo". Metaforicamente, isso se relaciona com a noção de que, quando estamos de bom humor, somos capazes de nos envolver no que estamos fazendo. Não tendemos a olhar o relógio distraidamente. Dados esses benefícios coloquiais e populares para o humor positivo, vale a pena examinar as pesquisas sobre humor e pensamento positivos.

O humor positivo tem sido associado ao aprimoramento de uma série de habilidades cognitivas, incluindo resolução criativa de problemas, lembrança de informações, fluência verbal e na alternância entre tarefas. O humor positivo também foi associado à flexibilidade cognitiva. Há alguns anos, alguns de meus alunos de pós-graduação e eu investigamos os efeitos do humor em um teste de aprendizagem de categorias. Em nosso experimento, as pessoas foram solicitadas a aprender um de dois problemas diferentes de classificação. Um desses problemas tirou vantagem de um certo grau de flexibilidade (testando uma hipótese para encontrar uma regra) e o outro não tirou vantagem porque não havia nenhuma regra a ser encontrada. As pessoas tiveram que aprender associações de estímulo-resposta. Outra maneira de descrever isso é que alguns participantes aprenderam um problema que dependia um pouco do Sistema 2 (uma tarefa de flexibilidade) e outras aprenderam uma tarefa que dependia do Sistema 1 (uma tarefa de associação).

Antes que os participantes aprendessem a resolver os problemas, porém, manipulávamos seu humor. Nós induzimos um humor positivo, neutro ou negativo nas pessoas e então pedimos que aprendessem o conjunto de categorias definidas ou não por regras. Para colocar os participantes em um estado de espírito positivo, pedimos a eles que escutassem alguma música alegre (Mozart neste caso) e assistissem a um vídeo com um bebê muito feliz e sorridente (você ainda pode encontrar este vídeo no *YouTube*, provavelmente). Usamos uma técnica semelhante para o humor negativo e o humor neutro, exceto pelo uso de músicas e vídeos correspondentes. Descobrimos que os indivíduos na condição de humor positivo tiveram um desempenho muito melhor na tarefa que precisava de flexibilidade. Porém, o humor positivo não pareceu afetar o desempenho na tarefa associativa. Em um problema que não tirava vantagem da flexibilidade, não havia benefício em estar de bom humor. Em outras palavras, estar de bom humor parecia aumentar a flexibilidade cognitiva de nossos participantes, aprimorar seu pensamento do Sistema 2 e melhorar seu desempenho, mas apenas quando a tarefa exigia essa flexibilidade.

RECURSOS COGNITIVOS

No início deste capítulo, dei o exemplo de dirigir em condições difíceis e depois tentar realizar um pensamento sofisticado. Sugeri que pode ser difícil porque os recursos cognitivos ficavam sobrecarregados ou esgotados após um deslocamento difícil. Em outras palavras, quando sua mente está cansada e seus recursos cognitivos se esgotam, o desempenho em outras tarefas pode ser prejudicado.

CAPÍTULO 11 | PENSANDO SOBRE O VIÉS COGNITIVO

Esta ideia, a de que os recursos cognitivos são limitados, deu origem a um pensamento, hoje tido como controverso, chamado "esgotamento do ego". A ideia de esgotamento do ego vem do trabalho de Roy Baumeister e colegas. Essa teoria argumenta que a autorregulação é um recurso finito. Você pode usar tudo até o fim, assim como usa os recursos físicos. Baumeister argumenta que os recursos cognitivos e a autorregulação são análogos à resistência física. Depois de um treino intenso ou de uma longa caminhada, seus músculos ficam cansados. De acordo com a teoria do esgotamento do ego, seus recursos autorreguladores funcionam da mesma maneira. Ou seja, eles se cansam. E se esses recursos se cansarem, seu desempenho será afetado.

Manter o desempenho em uma tarefa cognitiva exigente pode esgotar recursos, e sabe-se que esses recursos esgotados têm um efeito prejudicial na realização das tarefas subsequentes que dependem deles. Baumeister e colegas usaram originalmente o termo "esgotamento do ego" como uma homenagem a Freud porque a teoria freudiana enfatizou a ideia de recursos autorreguladores. No entanto, eles enfatizam que sua teoria não tem semelhança teórica com as teorias de Freud.

Em um estudo anterior sobre o esgotamento do ego, Baumeister descobriu que ser solicitado a realizar um ato desafiador de autorregulação pode afetar o desempenho em uma tarefa de função executiva subsequente, sugerindo que os dois tipos de tarefa compartilham recursos. Por exemplo, eles descobriram que quando os participantes se forçaram a comer rabanetes em vez de chocolates, demonstraram persistência reduzida em uma tarefa de resolução de quebra-cabeças subsequente em comparação com os participantes que não exerceram autocontrole sobre a alimentação. Em outros testes, os participantes foram convidados a assistir a filmes que normalmente provocariam forte reação emocional. Na manipulação do esgotamento do ego, esses participantes tinham de suprimir qualquer reação emocional ou angústia. Subsequentemente, esses sujeitos apresentaram desempenho afetado na resolução de anagramas.

Um estudo mais recente mostrou que os participantes que deviam se envolver em uma tarefa que esgotava seus recursos de regulação cognitiva, como regular suas emoções, controlar sua atenção ou fazer um teste de memória de trabalho, tiveram um desempenho pior em testes subsequentes de amplitude de memória de trabalho e controle inibitório. Isso sugere uma correspondência entre o esgotamento do ego e o pensamento do Sistema 2, porque ambas as funções executivas se enquadram na categoria do Sistema 2. Na verdade, o esgotamento do ego também influencia a tomada de decisão. Participantes esgotados tendem a tomar decisões piores e a deixar de levar em consideração decisões alternativas, bem como controlar os indivíduos. Indivíduos exauridos também tendem a depender mais fortemente de heurísticas e frequentemente deixam de pesar todas as opções cuidadosamente.

Deve-se notar que o fenômeno de esgotamento do ego não é o mesmo que fadiga geral. Em outras palavras, o esgotamento do ego corresponde à condição de se estar com os recursos autorreguladores em um estado de esgotamento. Esta fadiga se limita ao controle cognitivo. Isso não é o mesmo que cansaço geral ou fadiga geral. Essa distinção foi feita em um teste engenhoso baseado na privação de sono como uma comparação com o esgotamento do ego. Se o esgotamento do ego é o mesmo que fadiga geral, então os participantes com esgotamento do ego devem ter o mesmo desempenho que os participantes privados de sono. No entanto, a pesquisa não corrobora essa conclusão. Os participantes privados de sono sofreram de fadiga e não exibiram os efeitos de esgotamento do ego. Esses autores argumentam que, ao contrário da fadiga geral, o esgotamento do ego é o "esgotamento da energia interna que modula as respostas indesejadas".

Cuidado e Preocupações

A ideia original de esgotamento do ego foi uma teoria muito influente. Também é intuitiva. Sentimo-nos mentalmente exaustos depois de fazer algo que exige concentração, como fazer um exame ou o imposto de renda. Mas algumas das pesquisas sobre o esgotamento do ego foram questionadas. Muitos psicólogos argumentaram que o que ocorre pode ser um efeito instável com uso limitado. Na verdade, pode não ser exatamente um efeito. O motivo é que muitos dos efeitos principais desse estado não foram replicados. Ou seja, alguns laboratórios foram capazes de encontrar evidências de esgotamento do ego, enquanto outros não conseguiram reproduzir os efeitos usando as mesmas técnicas e os mesmos métodos. Essa ideia, replicabilidade ou reprodutibilidade, é crucial para a ciência. Uma das maneiras pelas quais podemos confiar nas conclusões e interpretações é ter certeza de que um efeito não apareceu por um golpe de sorte. Assim, a replicação de um estudo pode verificar se o experimento funciona da maneira que seus autores afirmam. Como uma receita, se você seguir os métodos publicados, deverá ser capaz de obter resultados semelhantes na maioria das vezes[53].

Foi isso o que alguns pesquisadores tentaram, mas os resultados obtidos foram tudo, menos claros. Por exemplo: um grande estudo em vários laboratórios tentou replicar um efeito específico de esgotamento do ego, o de que concentrar-se em marcar letras em um texto interfere em uma tarefa subsequente que requer controle inibitório. Vários laboratórios de psicologia em todo o

---

[53] Mas não sempre. Assim como existem falsos positivos, deve haver um falso negativo ocasional.

mundo realizaram a mesma tarefa, os mesmos materiais e tentaram obter os mesmos resultados. Embora o artigo original tenha encontrado o efeito esperado de esgotamento do ego, uma análise das tentativas de replicação não encontrou. Não houve efeito geral de esgotamento do ego. Isso significa que o efeito não é real? Não está claro, porque trabalhos ainda mais recentes, com controle mais rigoroso e amostragem maior, demonstraram que o esgotamento do ego ainda é um efeito robusto e criticaram as replicações anteriores por não serem metodologicamente corretas.

Eu gostaria de poder escrever sobre o esgotamento do ego de forma mais decisiva, mas, em minha opinião, essa questão não está resolvida. Este é um bom exemplo da psicologia enquanto ciência. À medida que mais dados são adquiridos, precisamos atualizar nossas teorias e modelos. O esgotamento do ego pode se provar estável com algumas restrições adicionais ou podemos chegar a uma explicação melhor desse fenômeno.

Os tópicos neste capítulo cobriram o pensamento em diferentes contextos, mas, nos bastidores, tais contextos revelam a possibilidade de dois sistemas diferentes serem responsáveis pelo pensamento humano. O Sistema 1 está envolvido na tomada de decisões rápidas, instintivas e intuitivas. Ao mesmo tempo, o Sistema 2 se envolve na tomada de decisões mais lentas e deliberativas. Às vezes, um fator contextual ou cognitivo pode interferir em um ou outro sistema e isso pode ter efeitos benéficos ou deletérios na cognição.

Uma advertência importante é que agora existem questões significativas no campo em torno da estabilidade de algumas dessas descobertas. Muitas das demonstrações mais significativas de esgotamento do ego e a literatura mais ampla sobre *priming*[54] social não puderam ser reproduzidas de forma satisfatória. Isso significa que a teoria do esgotamento do ego não é mais viável? Pode ser. No entanto, também pode significar que nossa compreensão dos efeitos do contexto, motivação e humor sobre o pensamento ainda está evoluindo. As teorias que tentam explicar um efeito sem uma base sólida em construções estáveis podem ser questionadas quando são atualizadas e modificadas para explicar novos efeitos. Mas novos dados e uma metodologia mais rigorosa irão melhorar nossa compreensão do comportamento humano.

---

[54] Termo usado em certas áreas da psicologia cognitiva. John A. Bargh, um dos pesquisadores mais influentes no estudo de *priming*, define o termo como "o processo pelo qual experiências recentes criam, de forma automática, prontidões de conduta" (Bargh e Chartrand, 2000). Disponível em: https://www.blogs.unicamp.br/socialmente/2010/08/22/priming/. Acesso em: 13 de julho de 2021. (N.T.)

CAPÍTULO 12

Prevendo o Futuro

Até agora, cobri a psicologia cognitiva, a ciência cognitiva e a neurociência neste livro. Espero ter dado a você uma boa compreensão de como esses campos se desenvolveram e por que eles são importantes. Você deve saber algo sobre como seu sistema visual recebe informações do mundo, como o cérebro processa essas informações, como pode mudar sua atenção de uma coisa para outra, como usa sua memória para dar estrutura ao mundo e como coordena isso com linguagem e conceitos. É um sistema elegante. A informação flui do mundo exterior para os seus sistemas sensoriais e motores, mas só faz sentido para você quando é combinada com o conteúdo da sua memória. Você só percebe aquilo para o que possui conceitos.

É um sistema elegante porque, na maior parte, pode ser passivamente computacional. Muito do que discuti é realizado por redes de neurônios conectadas. É um sistema elegante porque podemos imaginar construir um computador para fazer muitas das mesmas coisas e da mesma maneira. Também é elegante porque parece ter evoluído para nos permitir atingir nossos objetivos. E muitos dos seus princípios básicos são vistos em outras espécies. Os ratos aprendem associações da mesma maneira fundamental que nós. Os pássaros se lembram de onde armazenaram os alimentos da mesma maneira fundamental que nós. É elegante. Mas se trata principalmente de *processamento de informações*.

Eu descrevi um sistema e uma arquitetura que podem fundamentar o pensamento, mas ainda não descrevi o pensamento. Você pode achar isso lamentável, porque este é um livro sobre "Como Pensar" e eu realmente apenas arranhei a superfície do que é pensar e como fazê-lo. Porém, não tive escolha. Para pensar melhor, você precisa saber como as pessoas pensam. Para saber como as pessoas pensam, você precisa saber como a mente processa as informações. Para saber como a mente processa as informações, precisa saber sobre arquitetura cognitiva, psicologia cognitiva e neurociência. Nós cobrimos essas bases. Agora vamos falar sobre o pensar.

Vou começar esta seção como sempre faço. Com uma história. Tais histórias às vezes são episódios reais, mas outras vezes são amálgamas ou abstrações que combinam muitas experiências em uma única ideia de um evento. Esta é a última. Os detalhes são verdadeiros, mas os fatos podem ter ocorrido em mais de um evento. Mas, como discuti nos *Capítulos 6* e *8*, isso é uma característica inevitável da maneira como a memória é organizada e como a acessamos.

Você já fez compras em uma feira de produtores? Ou se não for uma feira de produtores, imagine fazer compras em uma loja de alimentos, uma mercearia, uma barraca de vegetais ou um vendedor de produtos agrícolas. No Canadá e nos Estados Unidos, compramos a maior parte de nossa comida em supermercados e muitos dos alimentos que consumimos vêm de outras partes do mundo. Limões e limas do México, pepinos dos Estados Unidos, tomates das estufas de Ontário. Mas em muitos lugares, temos muitos alimentos cultivados localmente no final do Verão e início do Outono.

Lembre-se, eu moro no Sul de Ontário, no Hemisfério Norte, e temos uma longa temporada de cultivo para os padrões canadenses, mas curta para os padrões mundiais. A temperatura no Verão pode chegar a $+30°$ celsius e no Inverno pode chegar a $-20°$ celsius. Mas no final do Verão e no Outono, ou nos meses de agosto a outubro, geralmente há uma grande ênfase nos produtos locais tradicionais. Coisas como milho verde, frutas vermelhas e pêssegos são populares em julho e, em seguida, maçãs, abóboras e tomates do final do Verão são vistos em quantidade no início e no final do Outono. Nosso feriado de ação de graças é na primeira segunda-feira de outubro, quando a colheita está no auge, e todos nós saímos e compramos abóboras de diversas variedades.

Há alguns anos estive em um dos mercados locais e fiquei realmente fascinado com o visual e a variedade de todas as abóboras de inverno. Há abóboras manteiga, abóboras de bolota, morangas, para citar algumas. E são vendidas ao lado de cabaças decorativas não comestíveis que as pessoas compram pela aparência. Eu tinha comprado algumas abóboras manteiga para fazer uma torta, quando meus olhos encontraram a maior e mais feia espécie de abóbora que eu já tinha visto. Era maior do que uma bola de futebol, mais parecido com uma grande bola de rúgbi[55]. Também tinha uma cor feia. Era mais feio do que qualquer outra coisa comestível. Um verde-acinzentado doentio, não exatamente escuro e quase pálido. Era coberta de verrugas. Eu não conseguia descobrir o que aquilo estava fazendo ali. Não parecia apetitosa e era grande demais para ser assada no forno, mas também muito feia para ser usada de forma decorativa. Parecia meio patético se sentar perto das abóboras e cabaças coloridas. Quem compraria isso?

"Que tipo de abóbora é esta?" perguntei, já fazendo algumas inferências sobre o que poderia ser com base nas características que eu pude ver e o contexto circundante. Estava à venda perto das abóboras de inverno, então é claro que também era desse tipo, o que mais seria?

"É uma abóbora Hubbard" respondeu o vendedor.

"O que é uma abóbora Hubbard?" indaguei. "Para que servem, você as come, ou são apenas decoração?"

"Bem, para ser honesto, muitas pessoas não as compram, e não cultivamos muitas delas" admitiu. "Mas são muito boas, e você pode fazer uma torta com elas como faria com a abóbora normal".

Por um lado, fiquei pensando: por que devo comprar isso, se é quase igual a uma abóbora normal, por que me preocupar? Tipo, basta comprar uma abóbora. Mas, por outro lado, é uma abóbora com uma aparência interessante.

Então, eu a comprei. Eu não tinha um plano específico, mas estava munido de algum conhecimento geral sobre o que era (uma abóbora de inverno) e como deveria ser (era como uma abóbora normal). Com esse conhecimento geral, armazenado em meus conceitos conforme descrito no *Capítulo 9*, decidi fazer algumas previsões. Eu ia prever o futuro. Não é uma previsão do futuro empolgante, não como prever o resultado de uma eleição, ou o curso de uma propagação de uma pandemia, ou o resultado de um evento esportivo em que apostei. Era uma previsão simples, mas como veremos, é de fato o mesmo processo.

Minha previsão era simples. Quando cortei a abóbora que nunca tinha visto antes, tinha previsto que encontraria polpa amarela/laranja, fibras e sementes. Além disso, previ que se tirasse as sementes, eu poderia assar os pedaços dessa horrível abóbora Hubbard e que ela teria gosto de uma abóbora normal. E se eu fizesse uma torta no futuro com aquela abóbora, ela deveria ter o sabor semelhante ao de uma torta de abóbora. Sem surpresa; as previsões

---

[55] Estou pedindo que você pense em um conceito relacionado (bola de futebol americano ou bola de rúgbi), para usar sua memória de forma a preencher os detalhes. Esta deve ser uma técnica familiar a essa altura, e é uma analogia, como discutimos no *Capítulo 10*. Você pode nunca ter visto uma abóbora como a que estou descrevendo, mas provavelmente conhece bolas de futebol americano, então pode usar o que sabe para tentar imaginar uma coisa que nunca viu antes.

CAPÍTULO 12 | PREVENDO O FUTURO

revelaram-se verdadeiras. Consistente com sua categoria, a abóbora Hubbard tem polpa amarela e fibrosa. Consistente com sua categoria, a abóbora Hubbard também tem um gosto muito parecido com as outras abóboras de inverno. E, de acordo com sua categoria, com a abóbora Hubbard se faz uma torta muito boa. Foi ótimo poder testar minhas previsões, mas o importante é que eu consegui fazer essas previsões.

Agora você pode estar revirando os olhos por eu chamar isso de "prever o futuro", mas é exatamente o que eu fiz. Posso confiar em todos os processos cognitivos que discutimos até agora – percepção, memória, propagação da ativação, conceitos e linguagem – para fazer previsões claras e diretas sobre os resultados de minha ação. Eu uso isso para planejar decisões e resolver quais ações tomar antes de realizá-las. Acontece rapidamente. Acontece automaticamente. Depende da resposta do Sistema 1 e/ou do Sistema 2, e é assim que somos capazes de sobreviver no mundo. Ser capaz de prever o futuro significa que você pode descobrir coisas e ideias novas só de pensar sobre elas. Isso é uma coisa muito poderosa.

Como psicólogos, geralmente nos referimos a isso como uma inferência. Conceitos e memória são ativados, e propriedades, estejam elas ativamente presentes ou não, também o são. As propriedades que estão presentes são confirmadas e as que não estão são inferidas. Este processo pode ser bastante passivo e associativo. Animais não humanos e máquinas fazem previsões e inferências o tempo todo, e discutimos isso no *Capítulo 2*, quando abordamos o *behaviorismo*, e, depois, no *Capítulo 8* sobre memória e no *Capítulo 9* sobre conceitos. A generalização de estímulos é uma das coisas que nosso cérebro evoluiu para fazer. Os humanos, com capacidade de criar conceitos e habilidades de linguagem, podem fazer e avaliar inferências para planejar ações. Chamamos isso de raciocínio indutivo, e é um tipo fundamental de pensamento. É a base da nossa sobrevivência.

Quero cobrir algumas ideias básicas sobre indução, seu lugar na ciência cognitiva e, em seguida, discutir algumas teorias específicas que se concentram em como as induções são orientadas por nossos conceitos e categorias.

CONCLUSÕES BASEADAS EM OBSERVAÇÕES

A indução, ou raciocínio indutivo, é um dos processos cognitivos fundamentais, do qual os humanos e muitos animais não humanos dependem para sobreviver. É fundamental saber o que vai acontecer a seguir. Mais importante ainda, usamos o processo de indução para fazer inferências. Inferências são previsões e conclusões baseadas nas evidências disponíveis ou observáveis (que, como sabemos, são suscetíveis a vieses). Essas conclusões podem ser usadas para fazer uma previsão sobre um evento específico ou sobre uma ampla categoria de coisas. Por exemplo, por muitos anos, recebi telefonemas de profissionais de *marketing* entre 16h e 19h. Não recebo mais essas ligações, principalmente porque não tenho mais o antigo telefone "fixo". Ainda as recebo, mas os números são mais fáceis de ignorar e mais fáceis de bloquear. Algumas vezes eram ligações de pessoas ao vivo, enquanto outras eram gravações, que podiam ser tentativas de vender algo ou de me convencer a comprar serviços adicionais.

Então, por que os operadores de *telemarketing* ligavam naquele horário? É simples: o horário entre 16h e 19h é um período em que muitas pessoas (embora não todas) estão chegando em casa do trabalho ou da escola, estão preparando o jantar, ou jantando. Quando o telefone tocava naquela hora, eu geralmente fazia uma inferência ou predição de que a pessoa que ligava estava apenas tentando vender alguma coisa, então raramente atendia. Baseei essa previsão em minha memória para coisas que aconteceram no passado. Como esse mesmo evento havia acontecido muitas vezes no passado, fiz observações suficientes para tirar uma conclusão razoável sobre quem estará ao telefone. Usando o passado para prever o futuro, eu poderia tomar a decisão de não pegar o telefone e atender a ligação. E não fui o único a fazer a inferência. Por outro lado, a empresa de *telemarketing* confia em suas evidências para fazer uma inferência indutiva de que as pessoas estavam em casa entre 16h e 19h. Ambos estamos fazendo inferências indutivas. Ou seja, contamos com observações feitas no passado para fazer previsões específicas.

Porém, fazemos mais do que previsões específicas. Também contamos com a indução para fazer generalizações. Uma generalização também é uma conclusão indutiva, mas em vez de fazer uma previsão específica, como no exemplo anterior, a generalização é uma conclusão ampla sobre toda uma classe ou grupo de coisas. Essas generalizações informam as conclusões que tiramos, e essas conclusões afetam nosso comportamento. Se você saborear um expresso realmente bom em uma determinada cafeteria várias vezes seguidas, provavelmente começará a formar uma generalização sobre aquela cafeteria e isso afetará suas expectativas. Não é apenas que você prevê que o próximo expresso será bom (uma inferência específica), mas você tira uma conclusão geral sobre aquela cafeteria: eles servem um bom expresso. Por outro lado, se você teve um jantar ruim em um restaurante, pode ter uma impressão geral de sua má qualidade, o que afetaria suas previsões sobre refeições futuras e reduziria a probabilidade de querer voltar a comer lá. Você está usando sua experiência anterior para gerar uma representação mental, a generalização, que usará para orientar seu comportamento.

Também formamos generalizações sobre pessoas com base em nossa experiência com um ou mais indivíduos. No *Capítulo 9*, na discussão sobre memória e conceitos, considerei a possibilidade de as pessoas formarem uma impressão, um conceito, de policiais com base em sua própria experiência direta e indireta. Interações, imagens, notícias e histórias contribuem para formar esse conceito. Se você vê e sente que a polícia é amigável e prestativa, tenderá a enriquecer seu conceito de acordo com essa visão. Tal conceito é o que permite fazer previsões e generalizações. Se você notar que os recursos e atributos se correlacionam e co-ocorrem, você não precisa vê-los o tempo todo para saber que estão presentes. Em outras palavras, não precisa ver evidências de que a polícia está se comportando de maneira útil se o seu conceito já formou essa generalização. Os conceitos ativam essas propriedades automaticamente, e você as espera. E, claro, o mesmo acontece se o seu conceito for construído com base em imagens negativas, violentas e/ou agressivas da polícia. Os conceitos são abstrações projetadas para corroborar essas inferências.

Tratamos as pessoas e as *prejulgamos* a partir das maneiras que são descritas e ditadas por conceitos abstraídos da experiência. Isso nem sempre é bom. Muitas vezes é prejudicial para nós, prejudicial para os outros e prejudicial para o público em geral. É a base dos estereótipos, preconceitos, intolerâncias e racismo. E não é fácil evitar. Nossos cérebros são projetados para observar, perceber, abstrair, combinar e prever. Essas inferências e generalizações são uma consequência natural da maneira como a mente é organizada. É claro que pode ser frustrante saber que temos essas tendências. Mas, assim como nossa discussão anterior sobre memória e como os erros provêm dos mesmos mecanismos que os acertos, essa tendência de fazer inferências é quase sempre útil para nós. É como a mente (ou as mentes em geral) evoluíram. Isto é necessário para a sobrevivência. Muitas de nossas inferências são benignas e se desenvolvem sem que percebamos.

Não notamos essas inferências, porque as fazemos o tempo todo. Se você ligar para um restaurante para fazer um pedido de coleta/entrega, fará uma inferência básica de que a comida que você pedir estará pronta para você pegar. Quando o motorista à sua frente aciona a seta, você faz uma inferência de que ele virará à esquerda ou à direita. Contamos com a indução para fazer inferências sobre como as pessoas vão se comportar e reagir ao que dizemos, ou para fazer inferências sobre como usar novos ingredientes ao preparar o jantar. Crianças pequenas usam a indução quando pegam um objeto e aprendem como seu tamanho se relaciona ao seu peso. Os pais fazem induções ao prever como seus filhos pequenos se comportarão depois de uma soneca curta ou longa.

A lista é extensa porque a indução é um aspecto crítico para a psicologia do pensamento. Em resumo, ao pensar contamos com o raciocínio indutivo para prever, generalizar, reduzir a incerteza e descobrir algo novo.

COMO FUNCIONA A INDUÇÃO

A indução é central para o nosso pensamento. E, como resultado, filósofos e psicólogos pensam e estudam sobre ela há séculos. Vejamos uma breve história da indução como uma área de estudo. Esta história é fascinante porque está cheia de paradoxos e dilemas e muitas dessas ideias ainda são relevantes hoje.

Na era do Iluminismo escocês, um período de grande atividade intelectual na Escócia nos séculos XVII e XVIII, o filósofo David Hume (1711–1776) considerou a indução um dos maiores problemas para os filósofos resolverem. Ao contrário da lógica dedutiva (que discuto no próximo capítulo, a qual muitos filósofos acreditavam poder ser explicada por operações matemáticas formais), a indução parecia a Hume desafiar a descrição lógica. A indução, como já descrevemos, é essencialmente o ato de usar experiências passadas para fazer inferências, previsões e tirar conclusões sobre o futuro. Parece muito básico e elementar. É assim que aprendemos. Todos sabem que fazemos inferências. Todo mundo sabe que os animais também fazem isso. Hume também sabia. Então qual é o problema? Hume temia que a tentativa de explicar a indução acabasse em um argumento circular. Um argumento circular é aquele em que você tenta explicar um conceito baseando-se no mesmo conceito que está tentando explicar. O problema de Hume é o seguinte: a indução funciona porque assumimos que, de alguma forma, o futuro se parecerá com o passado. O Sol nasceu no Leste ontem, como no dia anterior, e suponho que o fará de novo amanhã. Para que as induções sejam úteis para nós, devemos ter confiança em nossos julgamentos sobre o futuro. Hume afirmou que isso só funciona porque o futuro sempre se assemelhou ao passado, *no passado*. Dizer que o futuro sempre se assemelhou ao passado, no passado, pode parecer óbvio e talvez confuso. Mas o que isso quer dizer é que suas induções e conclusões provavelmente estavam corretas no passado. Você pode ser capaz de se lembrar de induções e conclusões que fez ontem, duas semanas atrás ou dois meses atrás que se revelaram verdadeiras. Como um exemplo concreto, se estivesse em uma feira de produtores ontem e fizesse uma inferência sobre como seria o interior de uma abóbora Hubbard e se sua previsão fosse confirmada posteriormente, poderia dizer que *ontem, o futuro se parecia com o passado*. Portanto, é nossa experiência, baseada na observação do passado, que o futuro tende a se assemelhar ao passado.

O problema disso, de acordo com Hume, é que não podemos usar esses acertos indutivos passados para prever acertos indutivos futuros. Simplesmente não podemos saber se o futuro se parecerá com o passado. É impossível saber se suas induções funcionarão no futuro tão bem como funcionaram no passado sem recorrer ao argumento circular do uso da indução. Só porque suas inferências indutivas funcionaram ontem, duas semanas atrás, ou dois meses atrás, não quer dizer que funcionarão agora, amanhã ou daqui a duas semanas. A indução é baseada no entendimento de que o futuro se parecerá com o passado, mas só temos informações sobre como isso funcionou bem no passado. Fazer tal suposição requer a aceitação de uma premissa circular. Em essência, estamos contando com a indução para explicar a indução. De acordo com Hume, isso não é bom. Nada bom.

A esta altura, sua cabeça pode doer ao considerar futuros passados, passados passados, presentes atuais que já foram futuros passados e passados futuros. E você estaria certo. Isto é confuso. Hume concluiu que, de um ponto de vista estritamente formal, a indução não pode funcionar. Ou melhor, não pode ser descrita logicamente. Mas funciona. Os humanos dependem da indução. É por isso que Hume considerava a indução um problema. Não há como funcionar logicamente, mas fazemos isso o tempo todo. Contamos com a indução porque precisamos dela. Hume sugeriu que a razão pela qual nos baseamos na indução é que temos o "hábito" de presumir que o futuro se parecerá com o passado. Em um contexto moderno, podemos não usar o termo "hábito", mas, em vez disso, argumentaríamos que nosso sistema cognitivo é projetado para rastrear regularidades no mundo e, então, fazemos conclusões e previsões com base nessas regularidades. Vamos considerar alguns dos mecanismos fundamentais que permitem que a indução funcione. Isso não resolve exatamente o problema de Hume. Porém, resolve nosso problema de precisarmos compreender as bases neurocognitivas da indução.

Mecanismos Básicos de Aprendizagem

Todos os sistemas cognitivos, sistemas inteligentes e animais não humanos contam com os processos fundamentais de aprendizagem associativa. Não há nada de controverso nessa afirmação. O processo básico de condicionamento clássico (apresentado no *Capítulo 2* ao discutir a psicologia *behaviorista*) fornece um mecanismo simples do modo como as induções podem funcionar. No condicionamento clássico, o organismo aprende uma associação entre dois estímulos que frequentemente ocorrem simultaneamente. Mais tarde, no *Capítulo 9*, ao discutir conceitos, escrevi sobre minha gata, Peppermint (Pep) e como ela aprende a associação entre o som da lata de ração sendo aberta e a apresentação subsequente de sua comida favorita. Pep aprendeu que o som da lata sendo aberta sempre ocorre logo antes da ração ser servida. Ela também aprendeu a formar um conceito que representa o universo dos sons de latas de ração. Embora os *behavioristas* tendam a falar sobre isso como uma resposta condicionada, também é justo descrever esse processo como uma inferência indutiva simples. Pep não precisa considerar se é ou não razoável que o futuro se pareça com o passado; ela simplesmente faz a inferência e age de acordo com a resposta condicionada. Ou seja, Pep faz uma previsão e gera uma expectativa. Esta é a base do "hábito" de que Hume está falando.

Além de entender a indução como um hábito, outra vantagem de relacionar a indução à teoria básica da aprendizagem é que também podemos falar sobre o papel da similaridade e da generalização do estímulo. Considere um exemplo simples de condicionamento operante (novamente do *Capítulo 2*). O condicionamento operante, um tanto diferente do condicionamento clássico, é caracterizado pelo organismo aprender a conexão entre um estímulo e uma resposta. Imagine um rato[56] em uma caixa de Skinner ou câmara operante aprendendo a pressionar uma alavanca em resposta à apresentação de uma luz colorida. Suponha que haja luzes vermelhas e azuis e que, se uma luz vermelha se acender e o rato pressionar a alavanca, ele receberá reforço na forma de ração. Mas se a luz azul acender e o rato apertar a alavanca, ele não receberá reforço. Não é de surpreender que o rato aprenda rapidamente que precisa pressionar a alavanca somente quando a luz vermelha acende. Podemos argumentar que o rato aprendeu a fazer inferências indutivas sobre a ração ser servida de acordo as diferentes luzes.

No entanto, o rato pode realizar mais do que apenas fazer uma simples inferência. Ele também pode generalizar. Se você apresentasse a este rato uma luz vermelha ligeiramente diferente da luz vermelha original para a qual ele foi treinado, ele provavelmente ainda pressionaria a alavanca. Porém, a taxa de pressionamento aplicada à alavanca pode diminuir. Você também descobriria que essa taxa diminuiria em função da semelhança da luz atual com a luz original. Quanto mais semelhante a nova luz for à luz de treinamento, maior será a taxa de pressionamentos aplicada à alavanca. Há uma função conhecida como gradiente de resposta em que a resposta (pressionar a alavanca) está relacionada à semelhança ao longo de uma função exponencial, uma curva. Luzes muito semelhantes são mais pressionadas, mas a taxa de pressionamentos cai drasticamente à medida que a semelhança diminui. Essa diminuição é conhecida como gradiente de generalização. O gradiente de generalização no comportamento é tão difundido que o psicólogo pioneiro Roger Shepard se referiu a ele como "a lei universal da generalização de estímulos". Shepard observou esse efeito em humanos e animais para quase todos os estímulos. Ele escreve:

---

[56] Estou usando o exemplo do rato aqui, porque esse é o exemplo comum do behaviorismo e também porque odeio a ideia de imaginar minha gata em uma câmara de condicionamento operante.

Sugiro provisoriamente que, como essas regularidades refletem princípios universais de tipos naturais e de geometria probabilística, a seleção natural pode favorecer sua aproximação cada vez mais estreita em organismos sencientes onde quer que eles evoluam.

O que vemos é que há algo fundamental e universal em generalizar os novos estímulos em função de quão semelhantes eles são a estímulos experimentados anteriormente. Isso tem implicações para a compreensão da indução. Em primeiro lugar, sugere fortemente que Hume estava certo: temos o hábito de nos comportar como se o futuro sempre fosse semelhante ao passado, e essa tendência é observada em muitos organismos. Em segundo lugar, nossa tendência de basear as previsões sobre o futuro na semelhança com eventos passados também deve obedecer a essa lei universal da generalização de estímulos. Shepard resolveu efetivamente o problema de indução de Hume, fornecendo uma descrição do hábito de generalizar. Se as experiências anteriores de alguém forem muito semelhantes à situação presente, então as inferências têm alta probabilidade de serem precisas. À medida que a semelhança entre a situação presente e as experiências passadas diminui, podemos esperar que essas previsões tenham uma probabilidade menor de serem precisas.

O "Novo Enigma da Indução" de Goodman

Embora a associação de estímulos e a generalização pareçam explicar como a indução pode funcionar no nível mais básico, ainda existem alguns problemas conceituais com a indução. De acordo com Hume (e, indiretamente, Shepard), a indução pode ser um hábito, mas ainda é difícil de explicar em termos lógicos sem recorrer a algum tipo de argumento circular. A preocupação de Hume não era tanto com a forma como a indução funcionava, mas sim com como parecia ser difícil de a descrever filosoficamente. Nelson Goodman (1906–1998), o filósofo do século XX, levantou uma preocupação muito semelhante, mas o exemplo é um pouco mais convincente e possivelmente mais difícil de resolver.

O exemplo de Goodman, o que ele chamou de "Novo Enigma da Indução", é o seguinte. Imagine que você é um examinador de esmeraldas. Você examina esmeraldas o dia todo. Cada esmeralda que você viu até agora é verde. Então, usando seu conhecimento do passado e tentando prever o futuro, você pode dizer que "todas as esmeraldas são verdes". Ao atribuir às esmeraldas a propriedade do *verde*, o que estamos realmente dizendo é que todas as esmeraldas que foram vistas no passado são verdes e todas as esmeraldas que ainda não foram vistas também são verdes. Estamos fazendo uma generalização.

COMO PENSAR [JOHN PAUL MINDA]

Assim, "as esmeraldas são verdes" prevê que a próxima esmeralda que você apanhar será verde. Essa inferência indutiva é feita com confiança porque vimos evidências consistentes de que ela é verdadeira. Isso é tão óbvio que é difícil ver qual é o enigma.

Mas há um problema nisso. Considere uma propriedade alternativa, que Goodman chamou de *grue*[57]. E se você disser que "todas as esmeraldas são *grue*", significa que todas as esmeraldas que você viu até agora são verdes e todas as esmeraldas que ainda não foram vistas são azuis: esmeraldas verdes no passado, mas esmeraldas azuis deste momento em diante. Sim, isso parece ridículo, mas o ponto de Goodman é que em qualquer momento essa propriedade *grue* é verdadeira. Na verdade, ambas as propriedades são verdadeiras, dadas as evidências de esmeraldas verdes. Sua experiência anterior (esmeraldas verdes) é idêntica para ambas as propriedades. O enigma de Goodman é que ambas as propriedades, verde e *grue*, podem ser simultaneamente verdadeiras, dadas as evidências disponíveis. É possível que todas as esmeraldas sejam *verdes*, e também é possível que todas as esmeraldas sejam *grue* e que você já tenha visto as verdes, mas ainda não as azuis. Mas essas propriedades também trazem previsões opostas sobre qual será a cor da próxima esmeralda que você pegar. Se o verde for verdadeiro, a próxima esmeralda será verde. Se *grue* for verdadeiro, a próxima esmeralda será azul. E uma vez que ambas as possibilidades são verdadeiras, uma previsão clara não pode realmente ser feita. E, no entanto, é claro que todos prevemos que a próxima esmeralda será verde. Por quê? Este é o problema da indução. Vista desta forma, a indução é um problema porque as evidências disponíveis podem apoiar muitas conclusões diferentes e contraditórias.

Com o problema anterior de indução definido por Hume, a solução era direta. Hume afirmou que temos o hábito de fazer induções. E nossa compreensão atual da teoria da aprendizagem sugere que generalizamos naturalmente. O problema de indução de Goodman é mais sutil porque assume que temos esse hábito. Se temos o hábito de fazer induções, como podemos escolher entre as duas induções possíveis de se fazer no exemplo das esmeraldas? Uma possível solução é que algumas ideias, descritores e conceitos estão enraizados em nossa linguagem e conceitos e, portanto, são mais propensos a serem a fonte de nossas induções. Enraizamento significa que um termo ou propriedade tem um histórico de uso em uma cultura ou idioma. E, como discutimos anteriormente no *Capítulo 10*, há evidências consideráveis de que a linguagem pode influenciar e direcionar os pensamentos. No exemplo da esmeralda, verde é um termo arraigado. Verde é

---

[57] Palavra inventada por Goodman juntando das palavras "green" [verde] e "blue" [azul], algo como "verzul". (N. R.)

uma palavra que podemos usar para descrever muitas coisas. É um termo básico de uma cor em português, com um histórico de uso em nossa linguagem, sendo usado para descrever muitas categorias diferentes de coisas. Verde é, portanto, uma propriedade útil para fazer previsões a partir das coisas e dos arredores. Dizendo que uma coleção de coisas (esmeraldas) é verde, podemos descrever todas as coisas. *Grue*, por outro lado, não é um termo arraigado. Não há nenhum histórico de uso e nenhuma propriedade geral de *grue* a não ser as esmeraldas que eram verdes ontem e azuis amanhã. Ao contrário do verde, *grue* não é um termo básico de cor e não se aplica a categorias inteiras. Goodman argumentou que só podemos fazer induções confiáveis a partir de termos arraigados, de categorias coerentes, e de tipos naturais.

O termo "tipos naturais" também vem da filosofia, especificamente do trabalho de Willard Van Orman Quine (1908–2000). Quine argumentou que os tipos naturais são agrupamentos naturais de entidades que possuem propriedades semelhantes, muito parecidas com o que chamamos anteriormente de conceito de semelhança familiar. Quine argumenta que as coisas formam um "tipo" apenas se tiverem propriedades que podem ser projetadas para outros membros. Por exemplo, uma maçã é um tipo natural. É um agrupamento natural, e o que sabemos sobre maçãs pode ser projetado para outras maçãs. "Não é maçã" não é um tipo natural porque a categoria é simplesmente ampla demais para ser projetada. Este agrupamento consiste em tudo no universo que não é uma maçã. Quine argumentou que todos os humanos fazem uso de tipos naturais. Nossos conceitos são formados em torno de tipos naturais. Nossas ideias refletem tipos naturais. E induções confiáveis derivam de tipos naturais.

As maçãs Granny Smith e Gala são bastante semelhantes e pertencem ao mesmo conceito de tipo natural. Muito do que você sabe sobre as maçãs Granny Smith pode ser projetado nas maçãs Gala com alguma confiança e vice-versa. O mesmo não aconteceria com as maçãs Gala e uma bola vermelha. É verdade que elas podem ser semelhantes na superfície, mas não formam um tipo natural. O que quer que você aprenda sobre a maçã Gala, não pode ser projetado de forma confiável na bola vermelha. Observe que isso também se aplica ao exemplo do início do capítulo, no qual comparei uma abóbora Hubbard a uma bola de rúgbi. Elas podem ter o mesmo tamanho e formato, mas termina aí. Hubbard e abóboras são um tipo natural. Sabemos desse fato e, por isso, o usamos para gerar boas inferências, confiáveis e fidedignas. Mas a abóbora Hubbard e a bola de rúgbi não são um tipo natural. Podemos notar a semelhança no nível superficial, mas não podemos projetar nenhuma outra propriedade.

A ideia de Quine de um tipo natural sugere a solução do problema de indução de Nelson Goodman. Na verdade, esse era o objetivo de seu ensaio.

Quine destacou que o *verde* é uma propriedade natural e que as esmeraldas verdes são um tipo natural. Por isso, a propriedade do verde pode ser projetada para todas as esmeraldas possíveis. *Grue*, sendo arbitrário e instável, não é um tipo natural e não pode ser estendido a todos os membros possíveis do conjunto. Em outras palavras, as esmeraldas verdes formam um tipo por semelhança; as esmeraldas *grue*, não. Esmeraldas verdes são uma categoria coerente, enquanto as esmeraldas *grue* não o são. Verde e *grue* podem ser tecnicamente verdadeiros, mas apenas um deles é uma categoria coerente, um tipo natural, e um grupo com uma característica perceptiva consistente. Como resultado, podemos fazer induções sobre esmeraldas verdes e não consideramos fazer induções sobre esmeraldas *grue*.

INDUÇÃO CATEGÓRICA

Tomando a pesquisa e a filosofia acima, podemos concluir o seguinte. Primeiro, a maioria (talvez todos) os organismos têm uma tendência a exibir generalização de estímulos. Isso pode ser tão simples quanto um condicionamento básico ou generalização sobre um grupo de pessoas. Em segundo lugar, a generalização do estímulo básico é universal e sensível à semelhança entre o estímulo atual e as representações mentais de estímulos experimentados anteriormente. Terceiro, como sabemos pela pesquisa discutida nos *Capítulos 8* e *9*, conceitos e categorias são frequentemente associados por semelhança. Como resultado, uma maneira produtiva de investigar o raciocínio indutivo é considerar que as induções costumam ser baseadas em conceitos e categorias. Isso é conhecido na literatura como indução categórica. Ao assumir que a indução é categórica, pressupomos que existe uma maneira sistemática pela qual o passado influencia o comportamento futuro. O passado influencia o presente, assim como os julgamentos sobre o futuro, como funções de nossa estrutura conceitual. Esse é o poder preditivo extraordinário dos conceitos!

Vamos definir a indução categórica como o processo pelo qual as pessoas chegam a uma conclusão, ou à confiança, sobre se uma categoria de conclusão possui alguma característica ou predicado após ouvir que uma ou mais categorias de premissas possuem essa mesma característica ou predicado. É exatamente como o nosso exemplo das abóboras de inverno. Se você descobrir que uma abóbora de inverno contém fibras e sementes grandes e, em seguida, aprender que a abóbora Hubbard também é uma abóbora de inverno, você usará seu conhecimento sobre a categoria de abóbora de inverno e as características típicas dessa categoria para fazer a inferência indutiva. Desta forma, a estrutura conceitual do conhecimento passado influencia sua previsão de que a abóbora Hubbard também terá sementes.

Em muitos dos exemplos que discuto a seguir, a indução é feita na forma de um argumento. Não é um argumento como pessoas discutindo entre si, ou uma discussão de ideias. Mas um argumento como uma afirmação com uma ou mais premissas que corroboram uma conclusão (ou seja, a inferência indutiva). Uma premissa é uma declaração real sobre algo, alguém ou uma classe inteira. A premissa contém predicados, que podem ser coisas e propriedades. Na maioria dos exemplos, os predicados são propriedades ou característica comuns aos membros da categoria. O argumento indutivo contém uma conclusão. A conclusão é a inferência indutiva real e geralmente diz respeito à projeção possível de um predicado para algum objeto ou categoria de conclusão. Em um argumento indutivo, os participantes seriam solicitados a decidir se concordavam ou não com a conclusão. Eles podem ser solicitados a considerar dois argumentos e decidir qual dos dois é mais forte. Por exemplo, considere o argumento indutivo abaixo, que apareceu pela primeira vez em Sloman e Lagnado.

Premissa: Meninos usam GABA como neurotransmissor.
Conclusão: Portanto, as meninas usam GABA como neurotransmissor.

A primeira afirmação sobre meninos usando GABA como neurotransmissor é uma premissa. Os meninos são uma categoria e a frase "usar GABA como um neurotransmissor" é um predicado ou fato sobre os meninos. O quanto esta conclusão é forte para você? Parte de como você avalia a força dessa premissa tem a ver com o fato de você achar ou não que as meninas são bastante semelhantes aos meninos. Nesse caso, você provavelmente concorda que eles são bastante semelhantes no que diz respeito à neurobiologia e, portanto, endossaria a conclusão.

Quando você estava respondendo a esta pergunta, pode se perguntar o que é o GABA além de ser um neurotransmissor. Você pode não saber realmente o que é, e pode não saber se está ou não presente em meninos e meninas. A resposta a esta conclusão é inicialmente desconhecida. A declaração foi elaborada dessa forma por um motivo. A declaração de indução categórica funciona porque pede que você deduza uma propriedade com base na similaridade de categoria, em vez de recuperar a propriedade da memória semântica. Assim, no exemplo acima, GABA é um predicado em branco. É um predicado porque é a propriedade que desejamos projetar. Mas está em branco porque não presumimos saber a resposta. É plausível, mas não conhecido imediatamente. E porque você não pode confiar em seu conhecimento factual sobre GABA como um neurotransmissor, você tem que fazer uma inferência indutiva com base em seu conhecimento sobre as categorias (meninos e meninas neste caso). Esse arranjo força o participante a confiar apenas no conhecimento categórico e na indução, ao invés da recuperação de um fato da memória semântica[58].

Usando este paradigma básico como exemplo, podemos explorar alguns fenômenos gerais sobre indução categórica. Vejamos alguns deles. Lembre-se de que esses fenômenos nos falam sobre como a indução funciona e, por extensão, como conceitos, categorias e semelhanças influenciam o pensamento e o comportamento.

Efeitos de Similaridade

Por exemplo, se os fatos e características na premissa e na conclusão são semelhantes entre si, são de categorias semelhantes, ou são da mesma categoria, então inferências indutivas podem ser feitas com segurança. Isso é conhecido como similaridade premissa-conclusão. De acordo com Daniel Osherson e colegas, que definiram uma teoria de indução conhecida como "teoria da cobertura de similaridade", os argumentos são fortes na medida em que as categorias das premissas são semelhantes às categorias da conclusão. É mais provável que façamos inferências indutivas entre premissas e categorias de conclusão semelhantes. Isso é fundamental e está de acordo com Shepard, Hume, Goodman e todos os outros. Por exemplo, considere os dois argumentos a seguir:

Argumento 1
Premissa: Os tordos têm uma alta concentração de potássio em seus ossos.
Conclusão: Os pardais possuem alta concentração de potássio nos ossos.

Argumento 2
Premissa: Avestruzes possuem alta concentração de potássio nos ossos.
Conclusão: Os pardais possuem alta concentração de potássio nos ossos.

Neste exemplo, a *alta concentração de potássio em seus ossos* é um predicado em branco. Qual parece ser o melhor argumento? Qual destas parece ser a conclusão mais forte? Não há uma resposta "certa", mas o Argumento 1 deve parecer mais forte, e nos estudos empíricos de Osherson, os participantes da pesquisa consideraram que este é o argumento mais forte. Isso ocorre porque

---

[58] Ácido gama-aminobutírico, ou GABA, conforme a sigla inglesa, é um ácido aminobutírico em que o grupo amina está na extremidade da cadeia carbônica. É o principal neurotransmissor inibidor no sistema nervoso central dos mamíferos. (N.T.)

tordos e pardais são semelhantes entre si; avestruzes e pardais não são semelhantes. A baixa semelhança entre o avestruz e o pardal é evidente na superfície, assim como a alta semelhança entre o tordo e o pardal. Supomos que, se o tordo e o pardal compartilham características observáveis, eles também podem compartilhar características não observáveis, como a concentração de potássio nos ossos. É mais provável que percebamos que tordos e pardais são parte do mesmo tipo natural, embora saibamos que avestruzes e pardais estão na mesma categoria[59].

Tipicidade

O exemplo acima enfatizou o papel da similaridade entre a premissa e a conclusão, mas no caso da similaridade forte você também deve ter notado que o tordo é um membro de categoria muito típico. O tordo é um dos pássaros mais típicos. E lembre-se de que exemplares típicos compartilham muitas características com outros membros da categoria. Membros da categoria típica têm uma forte semelhança familiar com outros membros da categoria. E também pode-se dizer que cobrem uma ampla área do espaço da categoria. O que é verdade sobre tordos é verdade para muitos exemplares na categoria dos pássaros.

A tipicidade da premissa pode afetar induções sobre toda a categoria. Por exemplo, considere o seguinte conjunto de argumentos:

Argumento 1
Premissa: Tordos têm uma alta concentração de potássio em seus ossos.
Conclusão: Todas as aves apresentam alta concentração de potássio nos ossos.

Argumento 2
Premissa: Pinguins têm uma alta concentração de potássio nos ossos.
Conclusão: Todas as aves apresentam alta concentração de potássio nos ossos.

Nesse caso, você pode concordar que o primeiro argumento parece mais forte. É mais fácil tirar uma conclusão sobre *todos os pássaros* quando você está raciocinando com um pássaro típico como o *tordo*, que cobre grande parte da

---

[59] Isso deve parecer um repúdio à visão clássica dos conceitos descritos no *Capítulo 9*. Tordos, pardais e avestruzes são todos parte da mesma categoria, mas a sobreposição de características e forte semelhança familiar do argumento tordo-pardal fará com que as pessoas pensem que esse é o melhor argumento.

categoria de pássaros, do que com um pássaro muito atípico como o *pinguim*, que não abrange muito dessa categoria. Se soubermos que um pinguim não é muito típico – ele possui muitas características exclusivas e que não cobrem muito da categoria de pássaros – provavelmente não projetaremos características adicionais de pinguim ao resto da categoria. Sabemos que muitas características do pinguim não são congruentes com o resto da categoria.

Diversidade

O exemplo anterior sugere o papel importante da tipicidade, porque os exemplos típicos cobrem uma ampla gama de exemplos de categorias. Mas há outras coisas que também podem afetar a cobertura das categorias. Por exemplo, o efeito de diversidade ocorre quando várias premissas são diferentes entre si. Não completamente independentes, é claro, mas diferentes e ainda na mesma categoria. Quando são apresentadas duas premissas diferentes da mesma categoria, isso pode aumentar a cobertura dentro dessa categoria. Por exemplo, considere os dois argumentos abaixo (novamente de Osherson):

Argumento 1
Premissa: Leões e *hamsters* possuem altas concentrações de potássio em seus ossos.
Conclusão: Portanto, todos os mamíferos apresentam alta concentração de potássio nos ossos.

Argumento 2
Premissa: Leões e tigres possuem altas concentrações de potássio em seus ossos.
Conclusão: Portanto, todos os mamíferos apresentam alta concentração de potássio nos ossos.

Olhando esses dois argumentos, parece que o Argumento 1 é o mais forte. De fato, os participantes da pesquisa tenderam a escolher argumentos como este como sendo os mais fortes. A razão é que leões e *hamsters* são muito diferentes uns dos outros, mas ainda são membros da mesma categoria superordenada de mamíferos. Se algo tão diferente e distinto como o leão e um *hamster* possuem algo em comum, então podemos inferir que todos os membros da categoria superordenada de mamífero têm a mesma propriedade. Por outro lado, leões e tigres são bastante semelhantes no sentido de que ambos são grandes felinos, ambos ficam em ambientes semelhantes no zoológico, bem como aparecem juntos na fala e no texto impresso com bastante frequência. Em suma, não são muito diferentes um do outro. E, por causa disso, é menos provável que projetemos a propriedade do potássio nos ossos para todos os mamíferos e mais provável que pensemos que essa propriedade é dos grandes felinos, ou dos felinos em geral, mas não de todos os mamíferos. O efeito da diversidade ocorre porque as premissas diversas cobrem uma porção significativa da categoria superior.

Falácia da Inclusão

Às vezes, a tendência de confiar na semelhança ao fazer induções chega a produzir conclusões falaciosas. Um exemplo é conhecido como falácia da inclusão. Em geral, tendemos a preferir conclusões em que haja uma forte relação de similaridade entre a premissa e a categoria de conclusão. Temos a tendência de desconsiderar conclusões para as quais não haja uma forte relação de similaridade entre a premissa e a conclusão. Normalmente, essa tendência leva a induções corretas, mas ocasionalmente pode levar a falsas induções. Dê uma olhada nas declarações abaixo e pense em qual delas parece ser um argumento mais forte.

Argumento 1
Premissa: Os tordos têm ossos sesamóides.
Conclusão: Portanto, todas as aves têm ossos sesamóides.

Argumento 2
Premissa: Os tordos têm ossos sesamóides.
Conclusão: Portanto, avestruzes possuem ossos sesamóides.

Qual argumento parece mais forte? Provavelmente está claro o suficiente que o primeiro argumento parece mais forte. Os tordos são membros muito típicos da categoria de pássaros, e sabemos que eles compartilham muitas propriedades com outros membros dessa categoria. Parece razoável inferir que, se os tordos possuem ossos sesamóides, o mesmo ocorre com todas as outras aves. A maioria das pessoas considera a segunda afirmação menos convincente. Os tordos são típicos, mas avestruzes não. Sabemos que tordos e avestruzes diferem em muitos aspectos, portanto, estamos menos dispostos a projetar a propriedade dos ossos sesamóides dos tordos nos avestruzes. Portanto, isso provavelmente nos parece razoável e justo. E não parece uma falácia. Mas é uma falácia e outro exemplo de como nossas intuições nos orientam a fazer inferências que parecem óbvias, mas que podem não estar corretas.

A razão pela qual isso é uma falácia é que todos os avestruzes estão incluídos na declaração "todos os pássaros". Em outras palavras, se estamos dispostos a aceitar o Argumento 1 de que uma propriedade presente nos tordos também está presente em todos os pássaros, então essa inferência já inclui avestruzes. Não pode ser o caso de que um único membro da categoria "todos os pássaros" seja um argumento menos convincente do que todos os pássaros. Se estivermos dispostos a projetar a propriedade em uma categoria inteira, não é correto supor que membros específicos dessa categoria inteira não possuam essa propriedade. Caso contrário, não devemos estar dispostos a aceitar o primeiro argumento.

No entanto, a maioria das pessoas acha o primeiro argumento mais convincente por causa da forte semelhança dos tordos com outras aves. Os tordos possuem características que são comuns a muitos outros pássaros. Reconhecemos essa semelhança e julgamos a inferência para todos os pássaros de acordo. A falta de tipicidade do avestruz abala o argumento. As pessoas tendem a usar relações de similaridade em vez de inclusão de categoria ao fazer esse tipo de argumento. A similaridade parece ser o preditor mais forte de inferências. A associação à categoria é importante, mas a sobreposição de características pode ser ainda mais importante. Como nos exemplos anteriores, isso também enfraquece a visão clássica de conceitos e, em vez disso, apoia uma visão probabilística de semelhança familiar.

Coerência de Categoria

As induções podem ser feitas a partir de conceitos e categorias com base na semelhança entre as premissas e a conclusão, mas o caráter do conceito também tem peso. Uma das maneiras de ver isso é considerar o papel da coerência da categoria. A coerência de uma categoria está relacionada a quão bem as entidades dessa categoria parecem combinar. Por exemplo, *bombeiro* parece ser uma categoria coerente. Esperamos que haja um alto grau de semelhança entre as pessoas que ingressam no corpo de bombeiros, e podemos esperar que compartilhem características, traços e comportamentos. Ao ouvir que alguém é bombeiro, tendemos a nos sentir confiantes em nossas previsões sobre como essa pessoa pode agir e se comportar.

Mas nem todas as categorias são tão coerentes. Por exemplo, garçom pode parecer muito menos coerente. Comparado ao bombeiro, provavelmente há mais diversidade nesta categoria e mais razões possíveis pelas quais as pessoas teriam esse emprego. Talvez haja mais variabilidade na aparência, no comportamento e seja menos provável que possamos prever como as pessoas podem agir ou se comportar em função de serem garçons. Em outras palavras, pode haver

CAPÍTULO 12 | PREVENDO O FUTURO

um efeito de coerência na indução categórica, no qual preferimos raciocinar a partir da categoria mais coerente disponível.

Isso foi estudado diretamente por Andrea Patalano e seus colegas. Em sua pesquisa, eles consideraram categorias sociais/ocupacionais de maior ou menor coerência. Para fazer essa determinação, eles primeiro pediram a um grupo de participantes do estudo para classificar categorias em um construto chamado de entitatividade, uma medida que leva em conta como os membros de uma categoria devem ser semelhantes, o quão informativo é saber que algo pertence a uma categoria e se os membros de uma categoria podem possuir uma essência inerente ou não. As categorias com alto índice de entitatividade são consideradas altamente coerentes.

Eles descobriram que categorias como *soldado, partidária feminista* e *ministro* eram todas altamente coerentes, ao passo que *colecionador de caixas de fósforos, escrivão rural e motorista de limusine* tinham pouca coerência. Em seguida, os pesquisadores realizaram uma tarefa de indução em que as pessoas foram solicitadas a fazer previsões sobre sujeitos que eram membros de mais de uma categoria. Por exemplo, imagine que as seguintes informações são verdadeiras:

> Premissa: 80% das simpatizantes do feminismo preferem a Coca-Cola à Pepsi.
> Premissa: 80% dos garçons preferem Pepsi à Coca-Cola.
> Premissa: Chris é uma simpatizante do feminismo e garçonete.
> Conclusões: Qual bebida Chris prefere, Coca-Cola ou Pepsi?

As pessoas foram solicitadas a tomar uma decisão indutiva e avaliar sua confiança. Os pesquisadores descobriram em seus experimentos que as pessoas preferiam fazer induções sobre as categorias mais coerentes. Ou seja, no exemplo acima, as pessoas dizem que provavelmente Chris preferia a Coca-Cola. Como as pessoas veem o simpatizante do feminismo como a categoria mais coerente, elas preferiram basear suas induções nessa categoria.

A indução é uma ação cognitiva crucial e crítica. Sem ela, estaríamos perdidos entre um mar de novos objetos e novas propriedades, incapazes de usar o passado, incapazes de confiar na memória. Argumentei no início que, embora essas induções possam ser o *output* tanto do Sistema 1 quanto do Sistema 2, elas costumam ser automáticas e inevitáveis. São, em geral, orientadas por associações do Sistema 1 e pela propagação da ativação. É impossível *não* usar o que você sabe para prever propriedades não vistas, características desconhecidas. Eliminar a incerteza é importante para nossa sobrevivência. Qualquer espécie que consiga obter a menor vantagem por ser capaz de prever, com mais certeza do que por acaso, o que virá a seguir dependerá dessa habilidade e prosperará como resultado. Certamente é por isso que nós (como em todos os seres sencientes e semissencientes) continuamos assim, induzindo e prevendo. A indução é necessária para nossa sobrevivência.

Existem algumas ressalvas ao nosso instinto indutivo. Essas ressalvas são relacionadas. Primeiro, às vezes cometemos erros. Às vezes, inferimos algo que não é verdadeiro ou uma propriedade que não existe de fato. A indução é probabilística por natureza. A maioria das maçãs é doce, mas às vezes é azeda. Por natureza, nossas induções não são sempre certas. E ainda assim as vemos como se fossem. É nosso risco, nossa aposta. Nós nos beneficiamos desse arranjo, embora ocasionalmente erremos, porque isso nos permite ser mais rápidos. Há uma segunda advertência. Como as induções às vezes estão erradas, precisamos ter certeza de não permitir que interfiram em nossas interações, planos e comportamentos. Podemos muito bem ser predispostos por natureza à generalização, indução, estereótipos e preconceitos. Mas não precisamos estar predispostos à intolerância, racismo e ódio. Dependendo de nossa circunstância, podemos precisar anular esses impulsos, reconhecer e corrigir um preconceito e nos apoiar mais fortemente no Sistema 2 para anular o Sistema 1. Pois isso também é necessário para nossa sobrevivência.

Uma das muitas maneiras de ter mais certeza é confiar em argumentos construídos com maior elaboração quando necessário. Temos um sistema para isso. É chamado de dedução. A dedução, bem realizada, permite-nos pensar de forma a chegar a conclusões verdadeiras e válidas. A indução nos permite prever o futuro de forma rápida e probabilística. A dedução nos permite descobrir o que é verdade.

E você pode prever, com base na maneira como este parágrafo está terminando, que irei falar sobre dedução a seguir.

CAPÍTULO 13

Deduzindo a Verdade

Quando minhas filhas eram pequenas, elas às vezes perdiam algo importante, como um casaco, um livro ou um celular. Elas chegavam da escola e diziam: "Não consigo encontrar meu casaco". Eu resmungava. Então, dizia, "onde foi o último lugar em que você viu ele?". E daí refazíamos os passos e tentávamos nos lembrar onde o objeto perdido tinha sido visto pela última vez. Poderia sugerir: "Bem, se não está na sua mochila, então deve estar na escola". Esta é uma conversa padrão dos pais, mas ao dizer isso, estou essencialmente sugerindo que enquadremos isso como lógica dedutiva. Começo com a premissa de que deve estar em um local ou outro e procuro verificar as conclusões. Só pode estar em um lugar, e podemos descartar opções e restringir a busca. Se procurarmos por toda a casa e não encontrarmos o item que está faltando, concluímos que deve estar na escola. Podemos chegar a essa conclusão mesmo que não vejamos o objeto perdido. Podemos verificar a conclusão no dia seguinte. Minhas filhas podem não perceber, mas estão resolvendo um problema básico de dedução. Às vezes, esse processo dedutivo resulta na localização do item perdido.

DEDUÇÃO *VERSUS* INDUÇÃO

O raciocínio indutivo envolve fazer uma inferência preditiva a partir de observações. Podemos chamar isso de raciocínio estilo "de baixo para cima" porque a indução passa do específico (observações) para o geral (conclusões baseadas em evidências). Quando confiamos na indução, tiramos conclusões que possivelmente são verdadeiras, que provavelmente são verdadeiras ou nas quais temos alguma confiança. Em outras palavras, os resultados são probabilísticos. Tanto a indução quanto a dedução envolvem ir além da evidência fornecida de forma a descobrir algo novo por meio do pensamento. Com a dedução, porém, muitas vezes estamos tirando uma conclusão específica e tentando determinar se essa conclusão é válida. A dedução geralmente começa com uma declaração geral ("meu casaco pode estar na minha mochila ou na escola") e, em seguida, prossegue para declarações mais específicas ("não está na minha mochila") que podem adicionar novas informações, corroborar ou não a declaração inicial e, eventualmente, levar a uma conclusão ("meu casaco deve estar na escola").

Os dois tipos de raciocínio estão relacionados. Contamos com a indução e a dedução em nosso pensamento cotidiano. Nós as usamos juntas com tanta frequência que pode ser difícil dizer se você está usando o raciocínio indutivo ou o dedutivo. Por exemplo, suponha que eu compre um café em uma cafeteria Starbucks, tomo um gole e descubro que está muito quente. Concluo que *o café da Starbucks é muito quente*. Essa é uma observação e uma generalização. Usando a indução, posso inferir que outras lojas Starbucks servirão café muito quente. A indução categórica pode até me permitir projetar e estender a propriedade de "quente" para o café comprado em outros restaurantes e cafés semelhantes. Em ambos os casos, confio em minhas observações, experiências e raciocínio indutivo para fazer previsões sobre o futuro.

Então, como a lógica dedutiva difere desse processo? Tem a ver com a natureza das conclusões e a natureza das relações entre as premissas e a conclusão. Vamos ver isso como declarações formais. Suponha que eu forme uma crença geral sobre o café Starbucks com base em todas as minhas experiências. Vamos chamar essa crença geral de uma premissa que pode ser declarada formalmente como:

Premissa: Todo café da Starbucks é muito quente.

Essa premissa é uma declaração factual sobre algo que sei, que aprendi ou que posso verificar. Isso não é uma conclusão, embora a premissa possa ter derivado de uma inferência indutiva em algum ponto. A premissa não tem o mesmo tipo de nuance que uma inferência indutiva tem. É apenas uma declaração. Neste caso, é um fato sobre o café da Starbucks. Uma premissa como essa pode ser combinada com outras premissas e pode tirar conclusões precisas. A combinação de premissas e uma conclusão é chamada de *silogismo*. Por exemplo:

CAPÍTULO 13 | DEDUZINDO A VERDADE

Premissa: Todo café da Starbucks é muito quente.
Premissa: Este café é da Starbucks.
Conclusão: Portanto, este café está muito quente.

Em um silogismo como este, assumimos que as premissas são verdadeiras ou que acreditamos que sejam verdadeiras. No exemplo acima, a conclusão é válida porque é a única possível que decorre das premissas. Essa é a definição de uma dedução válida. Uma *conclusão válida* é aquela para a qual a conclusão necessariamente segue das premissas e para a qual não há outras conclusões possíveis. Se essas premissas verdadeiras permitissem uma conclusão alternativa, então a dedução não seria válida. Quando as premissas levam a uma única conclusão como essa, é como um xeque-mate no xadrez, ou como colocar a peça final em um quebra-cabeça. Tudo se encaixa. Tudo funciona e você se sente confiante com a conclusão. Graças à dedução, você acabou de descobrir algo novo pensando sobre isso!

No entanto, e se uma ou mais premissas não forem verdadeiras? Isso é como construir uma casa sobre fundações instáveis. A lógica pode levar a uma conclusão válida, mas pode acabar em conflito com outros fatos do mundo. Além da validade, também nos preocupamos com a solidez de um silogismo. Nós precisamos considerar a solidez de um argumento dedutivo. Um *argumento sólido* é aquele que é válido (porque apenas uma conclusão pode ser tirada das premissas) e aquele para o qual as premissas também são conhecidas como sendo verdadeiras. Essas duas ideias, validade e solidez, são importantes para tirar conclusões dedutivas. É possível ter uma dedução válida que não seja sólida. No caso acima, o argumento só é válido se soubermos que "Todo café da Starbucks é quente" é verdade. Se houver evidência em contrário, o argumento ainda pode ser válido em sua construção, mas não é uma dedução sólida e, portanto, podemos não confiar nas conclusões.

Então, agora que você sabe o que é a lógica dedutiva, como ela é diferente do raciocínio indutivo e o que conta como válido e correto, vamos olhar mais de perto a estrutura lógica. A estrutura lógica é importante no raciocínio dedutivo, uma vez que é a estrutura de uma tarefa que determina sua validade. Em seguida, discutirei alguns exemplos de como a dedução é usada em alguns contextos comuns e, em seguida, cobrirei alguns exemplos mais complexos. Vou precisar discutir como e por que as pessoas muitas vezes não conseguem raciocinar logicamente. A lógica é importante, poderosa e possível. Mas muitas vezes deixamos de levar a cabo o trabalho de verificar a solidez e a validade do argumento e confiamos em nosso conhecimento geral e familiaridade em torno da situação. Em outras palavras, recaímos em nossas heurísticas, nossos vieses e no pensamento mais rápido do "Sistema 1" que caracteriza grande parte da maneira como pensamos.

A ESTRUTURA DE UMA TAREFA LÓGICA

Como vimos, você pode usar a lógica dedutiva para chegar a uma conclusão sobre um membro de uma categoria (o café quente da Starbucks). Se for um argumento sólido, você chegará a uma conclusão na qual confia. Também podemos confiar no raciocínio dedutivo para fazer previsões sobre todos os tipos de opções e resultados. Por exemplo, imagine que você está planejando ir a um shopping com seu amigo. Ele manda uma mensagem dizendo que o encontrará no Starbucks ou na sorveteria. Um ou outro. Você tem duas opções e ambas não podem ser verdadeiras ao mesmo tempo. Por falar nisso, também não podem ser falsas. Segundo seu amigo, ele o encontrará em um lugar ou no outro. Um será verdadeiro e o outro será falso. Ou melhor, seu amigo estará em um lugar e não no outro. Como podemos usar a lógica para prever onde ele estará? Primeiro, vamos estabelecer um silogismo:

> Premissa: Seu amigo está esperando no Starbucks ou na sorveteria.
> Premissa: Seu amigo não está no Starbucks.
> Conclusão: Portanto, seu amigo está na sorveteria.

Este argumento dedutivo tem vários componentes. Como nos exemplos anteriores, a declaração tem algumas premissas e uma conclusão. As premissas fornecem fatos básicos que podem ser confirmados (ou não) por outras premissas. A menos que ouçamos o contrário, presumimos que as premissas são verdadeiras. Esse é um aspecto crucial da lógica dedutiva, porque, de muitas maneiras, o desafio da lógica dedutiva é avaliar a estrutura de validade da tarefa.

Então, como você forma uma premissa? Uma premissa é feita de fatos e operadores. Fatos são declarações sobre coisas que podem ser verdadeiras ou falsas, bem como descrições ou declarações sobre as propriedades de um objeto. Os operadores falam sobre a relação dos fatos com outros fatos. Esses operadores são cruciais para a tarefa de dedução, e é isso que torna o raciocínio dedutivo distinto do raciocínio indutivo. No exemplo acima, o operador "OU" adiciona uma camada de significado à declaração. Isso é o que nos permite pensar *condicionalmente* sobre as duas alternativas. Seu amigo está aqui OU ali. Os operadores nos permitem trabalhar com as informações de que dispomos. Eles nos permitem pensar formalmente. Na premissa acima, um deve ser verdadeiro, mas ambos não podem ser simultaneamente verdadeiros. Se você receber a informação de que um deles é falso (não está no Starbucks), conclui que o outro deve ser verdadeiro (está na sorveteria). Na segunda premissa, "NÃO" também é um operador que nos diz que metade da primeira premissa não é verdadeira.

E, claro, problemas dedutivos também têm conclusões. Essa é a principal razão pela qual fazemos deduções. Essas conclusões podem ser delineadas com expressões como "portanto" ou "então". Assumindo que as premissas são verdadeiras, a conclusão é válida ou inválida. Uma conclusão é válida se for a única possível dada a verdade das premissas. Uma conclusão não é válida nos casos em que o mesmo conjunto de premissas pode dar origem a mais de uma conclusão. Um argumento dedutivo válido é algo realmente forte. Essa forma de pensar nos permite tirar conclusões com certeza e confiança.

O raciocínio dedutivo e a lógica dedutiva são poderosos. E podemos pensar logicamente, dadas as circunstâncias corretas. Mas muitas vezes deixamos de raciocinar logicamente. Em vez disso, tendemos a usar nossas memórias e heurísticas. Defendi esse ponto ao longo deste livro. Usamos heurísticas porque são mais rápidas e geralmente corretas. Contamos com o pensamento do Sistema 1 porque é mais fácil. É eficaz. É adaptativo. Mas, como muitos vieses, se entendermos um pouco mais sobre como e por que funcionam, podemos aprender a reconhecê-los e evitá-los quando podem nos levar a fazer inferências, tomar decisões ou tirar conclusões erradas.

Somos capazes de usar lógica e raciocinar. Somos capazes de deduzir a verdade. Nem sempre fazemos isso de modo correto, porque pode consumir muito tempo e muitos recursos. Então, vamos dar uma olhada mais a fundo em como funciona a dedução e como raciocinamos corretamente. Em seguida, daremos uma olhada em alguns desses vieses de raciocínio e como evitá-los.

RACIOCÍNIO CATEGÓRICO

Comecei o capítulo com um exemplo sobre como podemos notar que o café da Starbucks é muito quente. Podemos usar essas informações para deduzir algo sobre uma dose específica de café da Starbucks. Embora a conclusão nesse exemplo seja sobre uma única dose de café, o argumento funciona porque estamos fazendo suposições sobre todo o café da Starbucks. Começamos com a premissa de que "todo café da Starbucks é muito quente". Isso é importante porque, quando fazemos uma declaração como essa, estamos presumindo que cada membro da categoria possui essa propriedade. Este é o raciocínio categórico e é construído sobre os fundamentos da categorização e do conhecimento que discuti anteriormente.

O raciocínio categórico é uma forma de dedução lógica que ocorre quando tiramos conclusões que dependem da associação com a categoria. O raciocínio categórico às vezes também é referido como "raciocínio clássico", porque estamos raciocinando sobre uma classe de coisas. Os termos são intercambiáveis. Na verdade, podemos até expressar isso como uma premissa: "todo o raciocínio clássico é categórico". Se algo pertence a uma classe ou categoria, então provavelmente podemos fazer uma afirmação categórica sobre isso. E, a propósito, a declaração que acabei de fazer é uma declaração "se/então" e esse é outro tipo de declaração lógica que irei discutir em algumas páginas. É possível fazer todos os tipos de declarações de premissas sobre as coisas. Todo café é quente. Todo café é líquido. Este café está quente. Alguns cafés são ruins. As premissas são bastante simples de se declarar. A parte mais desafiadora do raciocínio categórico é descobrir como combinar diferentes premissas para chegar a uma conclusão válida.

No capítulo anterior sobre raciocínio indutivo, também enfatizei a importância das categorias. Nesse caso, a ênfase estava na semelhança entre a premissa e a conclusão. Uma similaridade mais forte entre as premissas geralmente resulta em induções mais fortes. Com dedução, a ênfase está na associação real da categoria, e não na semelhança. Vejamos outro exemplo, da mesma forma que meu exemplo de "café quente da Starbucks".

Primeira premissa: Todos os homens são mortais.
Segunda premissa: Sócrates é um homem.
Conclusão: Portanto, Sócrates é mortal.

Neste silogismo clássico, temos uma primeira premissa que é uma afirmação geral. É uma afirmação sobre a categoria. Neste caso, estamos sugerindo que a categoria (homens) seja incluída ou equivalente a outra categoria (coisas mortais). Existe uma sobreposição entre a categoria homens e a categoria mortal. A primeira premissa nos fala sobre a relação entre os dois de forma que possamos transferir as propriedades de uma categoria para a outra. Na segunda premissa, o enunciado traz informações específicas sobre os integrantes das categorias. Uma vez que todos os homens são mortais e sabemos que Sócrates é membro da categoria dos homens, podemos concluir que ele também é membro da categoria mortal devido à relação entre as duas categorias declaradas na primeira premissa. Observe que há pouco espaço para a similaridade ou para a sobreposição de características nessas declarações. Não importa quão semelhante (ou não)

Sócrates seja à categoria dos homens. Tudo o que importa para o argumento é que sabemos que ele é um homem.

Este é um exemplo simplista. Ele faz uma declaração universal sobre a relação entre duas categorias. Mas a natureza da relação entre as duas categorias nunca é esclarecida. Não sabemos se "homens" é um subconjunto de "coisas mortais" ou se as duas categorias são inteiramente iguais. Isso importa? Em alguns casos, sim. Para dar mais sentido a isso, vamos examinar quatro maneiras de expressar a relação entre as categorias.

A afirmativa universal é uma declaração sobre a relação positiva entre duas categorias que é universal para todos os membros. Quando digo que "todos os gatos são mamíferos", estou fazendo uma forma de afirmativa universal. É universal para gatos (diz respeito a *todos* os gatos). É afirmativa para gatos como mamíferos (eles *são* mamíferos). Já vimos este exemplo algumas vezes: "Todo café da Starbucks é quente", "Todos os homens são mortais". É mais fácil discutir a forma das declarações substituindo os conceitos por variáveis: "Todos os As são iguais aos Bs". Esta é uma forma afirmativa universal que descreve todos os exemplos. Tudo na categoria A também está incluído na categoria B.

Um aspecto interessante dessa forma afirmativa universal é que ela não é reflexiva. Tem duas interpretações possíveis. Em uma interpretação, todos os As são Bs e todos os Bs também são As. Existem alguns exemplos disso, mas não são fáceis de encontrar e geralmente envolvem sinônimos: "todas as pessoas são humanas" ou "todos os carros são automóveis" ou "todos os gatos são felinos", mas não são realmente muito informativos e é difícil pensar em exemplos além desses sinônimos. Você consegue pensar em algum bom exemplo? Eu não consigo.

A outra interpretação para isso é o caso em que todos os membros da categoria A também são membros da categoria B, mas como um subconjunto da categoria B. Nesta versão, a categoria B pode ser uma categoria superordenada. Isso seria como dizer "todos os gatos são animais" ou "todos os carros são veículos". Isso diz muito sobre o primeiro conceito e algumas informações sobre o segundo. A premissa continua sendo universal e afirmativa para o primeiro conceito. Isso nos diz que tudo na categoria A também faz parte da categoria B e, portanto, herdará algumas propriedades da categoria B. Mas uma premissa como essa não nos diz sobre todos os membros do segundo conceito. Pode haver outros membros da categoria B que não se sobrepõem à categoria A. Em outras palavras, todos os gatos são animais, podemos concordar. Mas nem todos os animais são gatos.

Antes de continuar a discutir premissas mais complexas, vamos fazer uma pausa para ver um diagrama. Sempre que penso em deduções lógicas, gosto de imaginar os conceitos e categorias como diagramas circulares. Na figura abaixo, tracei os dois diferentes arranjos possíveis para a afirmativa universal

(Figura 13.1). Eu normalmente os chamo de "diagramas de círculo", mas eles são mais apropriadamente conhecidos como "diagramas de Euler". Você também pode chamá-los de "diagramas de Venn", mas isso não é correto. O diagrama de Venn também usa cores ou sombras para ilustrar a força da sobreposição. Vamos ficar com os "diagramas circulares" porque são mais simples de se trabalhar.

À esquerda, desenhei o caso em que todos os As pertencem a B como um subconjunto, ou "Todos os As também são Bs". Todo A é um B, mas nem todo B é um A. Imagine que os círculos abrangem todos os casos possíveis no universo que você conhece. Isso sugere que todos os membros da categoria A estão contidos em uma categoria maior B, o que indica uma relação hierárquica de modo que B é a categoria maior e A é uma subcategoria. Nesse caso, é verdade que todos os As são Bs, mas o inverso não é verdadeiro. Não é verdade dizer que todos os B são A. À direita está a outra forma de "Todos os A são B". Nesse caso, há uma relação reflexiva e tudo na categoria A é igual aos membros da categoria B.

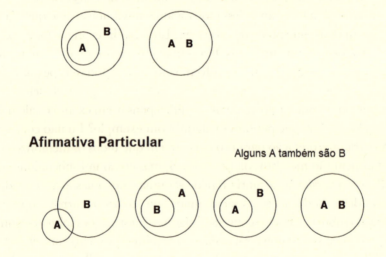

FIGURA 13.1: Dois diagramas de círculo possíveis que ilustram a afirmativa universal e quatro diagramas de círculo possíveis para ilustrar a afirmativa particular.

Afirmativa Particular

Se eu disser, "alguns gatos são amigáveis", estou usando uma expressão conhecida como afirmativa particular. Queremos dizer que alguns membros da categoria gato também são membros da categoria de coisas amigáveis. A afirmativa particular sugere que alguns membros de uma categoria também podem ser membros de outra categoria. Conforme mostrado na Figura 13.1, existem quatro versões possíveis dessa declaração. Considerando a versão abstrata "Alguns A também são B", o diagrama à esquerda mostra um caso em que A e B se sobrepõem parcialmente, o que permite que "Alguns A também são B" seja uma premissa verdadeira na interseção. O segundo desses quatro círculos é um caso em que há um A superordenado e um B subordinado, o que permite "Alguns A também são B" porque todos os Bs são A, mas nem todos os As são B. A afirmação ainda é verdadeira nesse universo.

Os próximos dois diagramas são mais difíceis conceitualmente. Quando ouvimos que "Alguns A também são B", é importante perceber que a palavra "alguns" pode significar *pelo menos um e possivelmente todos*. A razão é que, desde que um membro da categoria A também seja membro da categoria B, a afirmação é verdadeira. Mesmo que todos os As também sejam membros da categoria B, a afirmação "Alguns A também são B" ainda é verdadeira. Ou pense desta forma, caso descobríssemos que todos os gatos são amigáveis e eu dissesse a você "alguns gatos são amigáveis", eu não estaria mentindo. Esta seria uma afirmação verdadeira. "Alguns" não exclui "todos".

O terceiro e o quarto diagramas mostram duas maneiras em que todos os As também são membros de B. Em ambos os casos, a declaração "Alguns A também são B" ainda é verdadeira. Embora este seja um exemplo de uma afirmativa universal para A, também pode ser um exemplo de uma afirmativa particular. É certo que é uma afirmação incompleta, mas em um universo em que todos os membros da categoria A são equivalentes a todos os membros da categoria B, isso não significa que a afirmação "Alguns A também são B" seja falsa.

O que isso significa é que a afirmativa particular é uma declaração mais difícil de avaliar. Ela fornece informações confiáveis sobre o *status* de pelo menos um e possivelmente todos os membros da categoria A. Diz muito pouco sobre o *status* da categoria B e muito pouco sobre a relação entre as categorias A e B. Ao avaliar uma série de afirmações entre as quais uma delas é uma afirmação particular, deve-se tomar muito cuidado para evitar uma conclusão inválida.

Negativo Universal

Se dissermos que "nenhum gato é cachorro", estamos usando uma afirmação conhecida como um negativo universal. O negativo universal expressa uma relação entre dois conceitos (A e B) para os quais não há absolutamente nenhuma sobreposição. Em contraste com a afirmativa universal e a afirmativa particular, a negativa universal tem apenas uma representação. Ela também é reflexiva. A declaração não nos diz muito sobre outras relações com respeito à categoria A e à categoria B, exceto para nos dizer que as duas não se sobrepõem de forma alguma (veja a Figura 13.2).

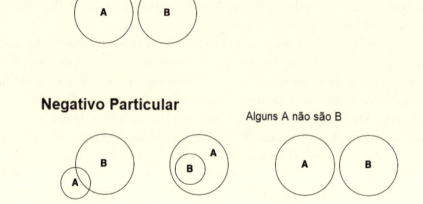

FIGURA 13.2: Um diagrama de círculo possível que ilustra o negativo universal e três diagramas de círculo possíveis que ilustram o negativo particular

Negativo Particular

Se eu disser que "alguns gatos não são amigáveis", estou usando o negativo particular. Neste caso, quero deixar claro que alguns membros de uma categoria não são membros de outra categoria. Como acontece com muitos dos outros exemplos, essa afirmação pode ser verdadeira de várias maneiras. Na Figura 13.2, vemos três maneiras diferentes em que a afirmação "Alguns A não são B" pode ser verdadeira. O caso da parte inferior esquerda mostra A e B parcialmente sobrepostos. Isso permite que a afirmação seja verdadeira, porque há membros da categoria A que não estão incluídos na categoria B. Na parte inferior central, B é um grupo subordinado contido em A. Isso também permite que a afirmação seja verdadeira, porque há muitos membros da categoria A que não estão contidos na categoria subordinada B. No exemplo da parte inferior direita da figura, o diagrama mostra um caso em que as duas categorias não se sobrepõem. Embora esse diagrama também represente uma relação negativa universal, a declaração "Alguns A não são B" ainda é tecnicamente verdadeira neste caso. Se fosse o caso de não haver gatos amigáveis em qualquer lugar (o que é facilmente refutado pela minha gata, Peppermint) e eu dissesse "alguns gatos não são amigáveis", minha declaração ainda seria verdadeira neste universo de gatos não amigáveis.

Erros no Raciocínio Categórico

Raciocinar sobre categorias e conceitos é um comportamento bastante comum, mas devido à ambiguidade e à complexidade ocasionais dessas relações clássicas, as pessoas muitas vezes cometem erros. Além disso, muitos dos erros que cometemos são resultado de confundir crenças e conhecimentos pessoais com a noção de validade lógica. Uma maneira de evitar tais erros é usar diagramas de círculo simples como os mostrados nas Figuras 13.1 e 13.2 para determinar se uma conclusão é válida ou não. Se houver mais de uma configuração que permite que as premissas sejam verdadeiras, mas que levam a conclusões diferentes, então não é uma dedução válida. Considere o seguinte silogismo:

Premissa: Todos os médicos são profissionais.
Premissa: Alguns profissionais são ricos.
Conclusão: Portanto, alguns médicos são ricos.

A primeira premissa nos diz algo sobre a relação entre médicos e a categoria de profissionais. Ela nos diz que todos os médicos também fazem parte dessa categoria. Isso deixa em aberto a possibilidade de que as duas categorias se sobreponham inteiramente, ou de que haja uma categoria maior de profissionais que também inclui professores, engenheiros, advogados, etc. A segunda premissa nos diz algo sobre alguns profissionais. Diz-nos que alguns deles (ou seja, pelo menos um e possivelmente todos) são ricos. Ambas as premissas expressam um fato, e em ambos os casos o fato está de acordo com nossas crenças. Sabemos que os médicos são profissionais e sabemos que pelo menos algumas pessoas na categoria de profissionais são ricas.

A conclusão que devemos aceitar é que alguns médicos também são ricos. O problema com essa dedução é que ela está de acordo com nossas crenças, as quais podem interferir em nossa capacidade de raciocinar logicamente. E se estiver de acordo com as crenças com as quais estamos familiarizados, podemos tender a usar o Sistema 1 e nosso conhecimento em vez do Sistema 2 e da lógica. Podemos conhecer um médico rico ou ter amigos ou familiares que são médicos ricos. Não é absurdo acreditar nisso porque, embora nem todos os médicos sejam ricos, certamente todos sabemos que alguns deles podem ser. Sabemos que isso é verdade por experiência pessoal, mas esse conhecimento não garante uma dedução válida. Uma conclusão é válida apenas se for a única que podemos tirar das premissas declaradas. Este é um exemplo do viés de crença que discuti anteriormente, no qual as pessoas acham mais fácil avaliar afirmações verossímeis como válidas e afirmações não críveis como inválidas. Neste caso, a conclusão não é válida, mas é verossímil.

A Figura 13.3 mostra dois dos vários arranjos possíveis das categorias. Cada um desses arranjos permite que as premissas sejam verdadeiras, mas cada arranjo acaba chegando a uma conclusão diferente. À esquerda, o diagrama mostra os médicos como uma subcategoria de profissionais e mostra uma categoria de ricos que se sobrepõe aos profissionais e inclui os médicos. Nesse universo, a primeira premissa é verdadeira porque todos os médicos são profissionais. A categoria de pessoas ricas se sobrepõe parcialmente à categoria de profissionais, permitindo que a segunda premissa seja verdadeira. Por fim, como a categoria de ricos se sobrepõe parcialmente à categoria de profissionais e inclui os médicos, ela também permite que a conclusão seja verdadeira. Esse estado de coisas está de acordo com nosso entendimento de que os médicos geralmente são financeiramente prósperos.

Viés de Crença

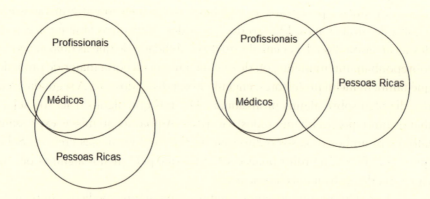

FIGURA 13.3: Este é um exemplo de uma declaração categórica inválida e o efeito do viés de crença. Ambos os conjuntos de círculos permitem que as premissas sejam verdadeiras e, ainda assim, apoiam conclusões contraditórias.

CAPÍTULO 13 | DEDUZINDO A VERDADE

O problema é que este é apenas um dos muitos arranjos possíveis das classes que permitem que as premissas sejam verdadeiras. À direita está um arranjo alternativo. Nesse caso, a categoria dos médicos ainda está totalmente incorporada à categoria dos profissionais, permitindo que a primeira premissa seja verdadeira. Isso também mostra que a categoria de ricos se sobrepõe parcialmente à categoria de profissionais, permitindo que a segunda premissa seja verdadeira. No entanto, a sobreposição entre os ricos e os profissionais exclui todos os médicos. Neste arranjo, ambas as premissas ainda são verdadeiras, mas a conclusão, "portanto, alguns médicos são ricos", não é. Nesse arranjo, nenhum médico é rico. A existência de ambos os arranjos, cada um dos quais permitindo que as premissas sejam verdadeiras, mas fazendo previsões diferentes com respeito à conclusão, indica que este silogismo não é válido.

Claro, você pode objetar à conclusão de invalidez porque provavelmente não é verdade que nenhum médico é rico. Você certamente conhece um ou dois médicos ricos ou pelo menos já ouviu falar de alguns médicos ricos. Ao fazer isso, você estaria demostrando um viés de crença. Isso é uma das coisas que são desafiadoras sobre a lógica dedutiva. Não se trata de um argumento válido, mas a conclusão ainda assim pode ser verdadeira. Na dedução lógica, muitas vezes é difícil separar a verdade da validade.

Temos uma tendência, ou um viés, de assumir que as conclusões são válidas caso se alinhem com algo em que já acreditamos e que não são válidas caso não se alinhem com algo em que acreditamos. Embora estejamos constantemente fazendo inferências, tirando conclusões e fazendo previsões sobre as coisas, a lógica dedutiva pode muitas vezes parecer contraintuitiva caso não se alinhe com o que acreditamos ser verdade. Quase sempre, concordamos com uma conclusão e achamos que ela é válida, mesmo que não seja. Nós podemos rejeitar conclusões que são válidas. Isso é um viés, porque a validade é determinada pela estrutura de uma tarefa lógica, e não por sua credibilidade. Mas também é compreensível, porque temos a tendência de confiar em conceitos e memórias de forma a tirar conclusões. Ou seja, temos a tendência de tomar decisões com base no Sistema 1, o sistema rápido que discuti anteriormente no *Capítulo 11*. Esse sistema rápido é útil porque nos permite tomar decisões e fazer deduções rapidamente, mas também tende a encorajar vieses como este.

RACIOCÍNIO CONDICIONAL

Na seção anterior, considerei o raciocinar sobre classes de coisas, mas as pessoas também raciocinam sobre condicionalidade e causalidade. Esses tipos de deduções são geralmente enquadrados no contexto das declarações se/então. Por exemplo, "se você estudar para o exame, então terá um bom desempenho". Esta declaração reflete uma relação entre um comportamento (estudar) e um resultado (ir bem). Reflete apenas uma direção, mas pode haver outras coisas que afetam seu desempenho. E, como acontece com o raciocínio categórico, há várias formas de raciocínio condicional. A combinação de tais formas permite que uma variedade de declarações válidas e não válidas sejam expressas e avaliadas.

Antes de descrever as diferentes versões de raciocínio condicional, considere os componentes de uma declaração de raciocínio condicional:

> Premissa: Se A, então B.
> Premissa: A é verdadeiro.
> Conclusão: Portanto, B é verdadeiro.

Na primeira premissa, "A" é referido como o antecedente. É a coisa ou fato que ocorre primeiro. "B" é referido como o consequente. O consequente é o que acontece como consequência de A ser verdadeiro. Embora isso possa parecer causal, não necessariamente tem que ser. Ou seja, não precisamos assumir que A causa B, apenas que se A for verdadeiro, B também é verdadeiro. A segunda premissa fornece informações sobre o antecedente dentro da premissa. Neste exemplo, ele fornece informações sobre o antecedente ser verdadeiro.

Afirmando o Antecedente

Um argumento condicional comum é aquele em que uma relação é expressa entre um antecedente e um consequente e, em seguida, você recebe informações de que o antecedente é verdadeiro. Considere o exemplo abaixo:

> Premissa: Se minha gata está com fome, então ela come sua ração.
> Premissa: Minha gata está com fome.
> Conclusão: Portanto, ela come sua ração.

Nesse caso, somos informados de que se a gata está com fome (o antecedente), então ela come sua comida (o consequente). A segunda premissa indica que ela está com fome e, portanto, afirma o antecedente. Assim, pode-se concluir que ela comerá sua ração. Se você aceitar essas premissas, sabe que se a gata está com fome, ela come. Esta é uma relação direta que às vezes é referida como *modus ponens*, que em latim significa "o modo de afirmar o que é verdadeiro". Essa dedução é válida. Também é fácil para a maioria de nós entender, pois buscar

CAPÍTULO 13 | DEDUZINDO A VERDADE

evidências confirmatórias é consistente com nosso viés. Também é fácil de avaliar porque expressa coisas na direção de causa e efeito. Embora o raciocínio condicional não precise ser causal, ainda tendemos a pensar em termos de relações causais. Este capítulo irá discutir o viés de confirmação mais tarde.

Negando o Consequente

No exemplo anterior, a declaração afirmou o antecedente de forma a permitir uma dedução válida. No entanto, imagine a mesma premissa inicial, só que agora a segunda premissa nega o consequente:

Premissa: Se minha gata está com fome, então ela come sua ração.
Premissa: Ela não come sua ração.
Conclusão: Portanto, minha gata não está com fome.

Neste exemplo, o consequente é que ela comerá sua comida. Se esse consequente for negado, dizendo "Ela não come sua ração", então você pode deduzir que o antecedente não aconteceu. A primeira premissa informa a relação entre o antecedente e o consequente. Se o antecedente ocorrer, então o consequente deve acontecer. Se o consequente não aconteceu, então é válido deduzir que o antecedente também não aconteceu. Essa relação é mais difícil de compreender para a maioria das pessoas. É contrária ao viés sobre buscar evidências confirmatórias, embora ainda sejam válidas. Esta forma também é conhecida por um nome latino, *modus tollens*, que significa "o modo de negar".

Negando o Antecedente

Quando você afirma o antecedente ou nega um consequente, está realizando uma forma logicamente válida de raciocínio condicional. Ambas as ações permitem que uma conclusão única seja tirada das premissas. No entanto, outras premissas produzem conclusões inválidas. Por exemplo, as declarações abaixo mostram um exemplo de negar o antecedente:

Premissa: Se minha gata está com fome, ela come sua ração.
Premissa: Minha gata não está com fome.
Conclusão: Portanto, ela não come sua ração.

Neste exemplo, a primeira premissa é a mesma dos casos anteriores, mas a segunda premissa nega o antecedente ao nos dizer que a gata não está com fome.

Com essas informações, você pode ficar tentado a supor que o consequente também não acontecerá. Afinal, afirmam que se ela está com fome, ela come. Você então descobre que ela não está com fome, logo, é natural presumir que ela não comerá por conta disso. Mas você não pode tirar essa conclusão. A razão é que a primeira premissa apenas nos dá informações sobre o que acontece com um antecedente verdadeiro e um consequente. Não fornece informações sobre quando o antecedente não é verdadeiro. Em outras palavras, não descarta a possibilidade de o gato comer sua ração por outros motivos. Ela pode comer mesmo se não estiver com fome. O gato poderia comer o tempo todo, 24 horas por dia, 7 dias por semana, independentemente da fome, e a primeira premissa ainda se manteria verdadeira. Comer sem fome não falsifica a primeira premissa. E assim, saber que ela não está com fome não permite concluir que ela não comerá. Você pode suspeitar disso. Pode possivelmente inferir que isso pode acontecer. Porém, você não pode chegar a essa conclusão exclusivamente.

Afirmando o Consequente

O exemplo final é aquele em que você recebe informações de que o consequente é verdadeiro. Assim como o exemplo anterior, pode parecer intuitivo, mas não é logicamente válido. Um exemplo está abaixo:

Premissa: Se minha gata está com fome, então ela come sua ração.
Premissa: Minha gata come sua ração.
Conclusão: Portanto, minha gata está com fome.

A primeira premissa é a mesma dos exemplos anteriores e expressa a relação entre a gata com fome e a gata comendo sua ração. A segunda premissa afirma o consequente, ou seja, é dito a você que ela de fato come sua ração. Você pode ficar tentado a inferir ao de volta que a gata devia estar com fome. Mas, assim como o exemplo anterior, a primeira premissa mostra uma relação direcional entre a gato com fome e a ação de comer, mas não diz nada sobre outros possíveis antecedentes que levam a gato a comer sua ração. Como resultado, saber que ela come sua comida (afirmando o consequente) não permite uma conclusão exclusiva de que a fome da gata (o antecedente) era verdadeira. Esta também é uma dedução inválida.

VIÉS DE CONFIRMAÇÃO

De todos os vieses, ou preconceitos, que discuti, um dos mais frustrantes é o viés de confirmação. É quase certo que você já se deparou com ele antes. Esse viés aparece sempre que desconsideramos evidências com as quais não concordamos e quando buscamos evidências que concordem com algo em que já acreditamos. Ele é generalizado e onipresente. Anteriormente, discuti um silogismo categórico inválido a respeito de alguns médicos serem ricos. Se você acredita que os médicos são ricos, você pode mostrar um viés de confirmação caso procure apenas por evidências de médicos ricos. O viés de confirmação também apareceria se você tendesse a subestimar ou descontar informações que fossem inconsistentes com sua crença ou que a invalidariam. Em outras palavras, mesmo que você tivesse conhecido um médico que não fosse rico, você ainda poderia minimizar essa evidência e vê-la como uma anomalia, ou como alguém que simplesmente não era rico ainda.

Frequentemente, vemos evidências de viés de confirmação na mídia popular. Na década de 1990, os conselhos dietéticos sugeriam fortemente que a melhor maneira de comer de forma saudável e reduzir o peso era reduzir a quantidade de gordura nos alimentos. Houve uma grande ênfase em alimentos com baixo teor de gordura. Ao mesmo tempo, havia uma forte ênfase na ingestão de alimentos ricos em carboidratos. A massa simples era boa; manteiga e óleo eram ruins. Embora saibamos agora que essa recomendação não era muito sólida, teve um efeito duradouro na saúde das pessoas. Um dos possíveis motivos é que, quando as pessoas evitavam gorduras, evitavam alimentos mais calóricos e ricos. Isso pode ter dado a impressão de que era a gordura que estava causando problemas alimentares, quando na verdade pode ter sido um simples problema de consumo geral. As pessoas notam muitos fatores positivos quando mudam para uma dieta restrita de qualquer tipo, como dietas veganas, cetogênicas ou as chamadas dietas "paleo". Se você mudar sua alimentação para uma dieta como essa e notar alguma perda de peso, você tende a atribuir a perda de peso às especificidades da dieta, em vez da tendência geral de ser mais seletivo. Este é um viés de confirmação. Você acredita que comer uma dieta rica em proteínas resultará na perda de peso e pode ignorar a explicação alternativa de que uma dieta restrita de qualquer tipo também pode resultar na perda de peso. A febre da dieta pobre em gordura da década de 1990 foi ainda mais enfática por causa da crença forte, mas incorreta, da equivalência entre a gordura na dieta e a gordura corporal. É possível que a correspondência de nível superficial entre esses dois tipos de gorduras encorajasse as pessoas a ver uma correspondência confirmatória onde não havia.

O viés de confirmação foi muitas vezes estudado com um teste psicológico chamado de "tarefa de seleção de cartas". Nas tarefas a serem executadas, os participantes da pesquisa geralmente recebem uma ou mais regras para avaliar. As regras referem-se à relação de símbolos, letras, números ou fatos que são apresentados em cartões de duas faces. Para determinar se a regra é válida ou não, as pessoas indicam quais cartas devem ser investigadas. Nesse sentido, as tarefas de seleção de cartas podem ter algum grau de validade ecológica no que diz respeito a como a dedução é usada no pensamento cotidiano. A tarefa da carta tenta responder à seguinte pergunta: se você receber uma série de fatos, como fará para verificar se esses fatos são verdadeiros ou não?

O exemplo mais conhecido da tarefa de seleção de cartas é aquele desenvolvido por Wason na década de 1960. Neste teste, os participantes veem quatro cartas dispostas sobre uma mesa. Cada carta pode ter um número ou uma letra de cada lado. Os participantes aprendem então uma regra ou premissa para avaliar e são instruídos a indicar o número mínimo de cartas a serem viradas para verificar se essa regra é verdadeira ou não. Por exemplo, dadas quatro cartas mostrando [A] [7] [4] [D], uma regra pode ser:

Premissa: Se uma carta tem uma vogal em um lado, então tem um número par no outro lado.

Olhando as cartas [A] [7] [4] [D], quais você viraria a carta de forma a avaliar essa regra? A maioria das pessoas concorda que a primeira carta a virar seria aquela com o [A]. Se você virar esta carta e não houver um número par do outro lado, a regra é falsa. Isso é certo, pois é um exemplo de afirmação do antecedente. O antecedente neste caso é "Se uma carta tiver uma vogal em um lado", então você pode verificar se isso é verdade com a carta A. Você vira a carta para ver se a regra é essa de fato. Nos estudos originais, Wason também descobriu que as pessoas quase sempre sugeriam virar a carta [4] além da carta A. Ao virar a carta [4], os sujeitos geralmente procuravam ver se havia uma vogal do outro lado.

Procurar uma vogal, neste caso, é um exemplo de viés de confirmação em que você procura evidências para confirmar a afirmação. Este é também um exemplo de afirmação do consequente, que é sabidamente uma forma inválida de raciocínio condicional. A regra não especifica toda a gama de possibilidades com respeito a cartas com números pares. O número par pode ocorrer no outro lado de uma carta com vogal, como sugerido pela regra, mas a regra não exclui a possibilidade de um número par ocorrer no verso de outras cartas. Na verdade, a regra seria verdadeira mesmo que números pares ocorressem no verso de todas as cartas. Se cada carta mostrada nesta matriz tivesse um número par no outro lado, a regra seria verdadeira.

Wason argumentou que a solução correta para este problema é virar a carta [A], e também a [7]. A carta [7] procura desconfirmar a regra. É um exemplo de negar o consequente. Se a carta [7] tiver uma vogal do outro lado, a regra é falsa.

Como surgiu esse viés? Uma possibilidade é uma limitação na capacidade de atenção e na memória de trabalho assim como uma tendência a confiar no Sistema 1. Dadas as afirmações, pode ser simplesmente uma tarefa menos exigente escolher duas cartas que mais se aproximam da hipótese apresentada. A escolha de virar uma carta que testa a negação do consequente requer a consideração de uma premissa que não é explicitamente declarada. De forma a chegar a essa premissa implicitamente declarada, o sujeito deve ter recursos de memória de trabalho suficientes para manter a premissa declarada em mente junto com a premissa não declarada. Isso não é impossível, mas pode não ser simples. Como resultado, as pessoas tendem a escolher evidências confirmatórias.

De certa forma, a difusão do viés de confirmação pode estar relacionada à noção de enraizamento que discuti no *Capítulo 12*. É cultural e linguisticamente arraigado pensar em termos de descrição de algo *"que é"*. Portanto, quando uma pessoa confirma uma hipótese, ela procura evidências de que algo é verdadeiro. O espaço de busca resultante é menor e restrito, e há uma correspondência direta entre a hipótese e a evidência. Ao procurar por evidências não confirmativas, o espaço de busca é muito maior, porque as pessoas estarão procurando por algo que *"não é"*. Goodman[60] e outros argumentaram que "o que algo não é" não é um predicado projetável. Ao pensar em categorias, faz sentido pensar sobre o que algo é, mas não tanto sobre o que não é. Um animal pode ser descrito como membro da categoria CÃO, mas não é muito informativo descrever o mesmo animal como membro da categoria NÃO É UM GARFO ou NÃO É UMA BEBIDA. A lista de categorias das quais o animal não é membro é essencialmente infinita. Portanto, com respeito à associação da categoria e ao raciocínio, é compreensível que os humanos exibam um viés de confirmação. A evidência confirmatória é administrável. A evidência não confirmativa é potencialmente incontrolável.

Enquadrar a tarefa de uma maneira diferente produz resultados diferentes e pode eliminar esse viés de confirmação. O viés de confirmação padrão mostrado na tarefa de seleção de cartas de Wason nem sempre ocorre. Versões alternativas desse teste, que são formalmente equivalentes na superfície, podem

---

[60] Goodman, 1983.

ser arranjadas, mas peça ao participante para adotar uma perspectiva diferente da possibilitada pela carta, em lugar de uma declaração do tipo se/então. Em muitos casos, um esquema de permissão é mais fácil para os participantes considerarem. Ao pensar em permissão, é comum pensar sobre o que você pode e o que não pode fazer. Permissão é algo que você é permitido ou autorizado de se fazer, mas frequentemente consideramos permissão como alguma coisa isenta de restrições. Os limites de velocidade nos dizem o quão rápido podemos dirigir, mas tendemos a considerar as ramificações de exceder o limite de velocidade. A luz verde em um cruzamento permite que você continue, mas o mais importante é o que acontece quando a luz vermelha acende e você tem que parar.

A tarefa de seleção de cartas de Wason pode ser reconstruído como uma tarefa que requer permissão. Isso é conhecido como uma tarefa de seleção deôntica. Neste exemplo, as cartas têm idades e bebidas em ambos os lados.

Imagine quatro cartas que dizem [21] [cerveja] [Coca] [17].

Assim como na versão padrão, os participantes aprendem uma regra para avaliar e são solicitados a indicar o número mínimo de cartas que precisam virar de forma a avaliar essa regra. Nesse caso, a regra pode ser:

Premissa: Se uma pessoa está bebendo álcool, ela deve ter mais de dezoito anos.

Diferentes países têm diferentes idades mínimas para beber, então apenas substitua "dezoito" pela idade mínima do local onde você mora ao considerar este exemplo. As pessoas raramente falham nessa tarefa. É fácil perceber que você precisa verificar a idade de quem está bebendo cerveja, e você precisa verificar isso com a pessoa que está bebendo. Mesmo que você nunca tenha estado em uma situação em que precise garantir que um estabelecimento ou clube esteja cumprindo a lei, a maioria das pessoas sabe o que significa ter permissão legal para consumir álcool. Pouquíssimos participantes mostram um viés de confirmação aqui.

A explicação é que essa tarefa apela ao esquema de permissão. O esquema de permissão limita essencialmente o número de hipóteses que precisam ser consideradas. É importante observar que esta tarefa consegue obter um comportamento lógico não porque o torna mais concreto ou realista, mas porque o esquema de permissão reduz o número de opções e torna mais fácil considerar o que quebra a regra.

O raciocínio dedutivo é bastante simples de ser descrito de diversas maneiras. As tarefas dedutivas geralmente seguem uma forma lógica estrita. Existem casos claros para deduções que são válidas e inválidas. E há uma definição bastante direta para deduções sólidas e incorretas. No entanto, a maioria das pessoas tem dificuldade com o raciocínio dedutivo. Ele parece estar fora da capacidade de muitas pessoas. E, conforme discutido neste capítulo, muitas pessoas raciocinam, tomam decisões e resolvem problemas de maneiras que exigem uma dedução lógica e, ainda assim, conseguem permitir que as pessoas cumpram seus objetivos. Isso levanta questões importantes sobre o papel da lógica dedutiva na psicologia do pensamento.

O próximo capítulo deste livro discute a psicologia da tomada de decisões e da estimativa de probabilidade. Muitos dos vieses cognitivos que prejudicam o raciocínio dedutivo também prejudicam a tomada de decisão sólida. Porém, como acontece com o raciocínio dedutivo, as evidências sugerem que muitas pessoas ainda tomam decisões adaptativas e inteligentes, apesar desses vieses.

CAPÍTULO 14

COMO DECIDIMOS

No início de 2020, escolas, empresas, governos e indivíduos tinham algumas decisões a tomar sobre a COVID-19. Como o vírus estava se expandindo além dos surtos iniciais na China e na Itália, ficou claro que não iria diminuir por conta própria. A maioria dos líderes e profissionais da saúde pública concordaram que medidas mais drásticas seriam necessárias de forma a desacelerar as coisas, de modo que o sistema de saúde não ficasse sobrecarregado. Um sistema de saúde sobrecarregado é um problema, porque nem os pacientes com COVID-19 nem os com outras doenças poderiam obter a ajuda necessária. Uma das estratégias consideradas e implementadas na maioria dos locais foi o *lockdown* ou quarentena. Os detalhes podem diferir de região para região, mas quando uma cidade ou país entra em um período de quarentena, a maioria das lojas, shoppings e teatros são fechados, shows e eventos esportivos são cancelados, escolas fecham e/ou adotam o ensino *online*. A ideia é que, se a maioria dos negócios não essenciais for fechada, as pessoas ficarão em casa e longe do contato próximo com outras pessoas. Isso, por sua vez, poderia retardar a propagação do vírus. Poderia. Esse é o ponto crítico. O surto foi diferente de tudo que já havia acontecido antes e muitas coisas eram incertas.

Não foi a primeira vez que muitas regiões do mundo enfrentaram uma mesma grande crise ao mesmo tempo. O século XX viu guerras mundiais e pandemias também, mas foi a primeira vez em muitas de nossas vidas que algo tão grande aconteceu ao mesmo tempo. Foi a primeira vez que uma pandemia global se espalhou em uma era em que as informações e as notícias viajam de

CAPÍTULO 14 | COMO DECIDIMOS

forma ainda mais rápida e agressiva do que o próprio vírus. E porque esse vírus era tão novo, a ameaça também estava atrelada a uma incerteza considerável. Refletindo sobre os estágios iniciais da pandemia, foi diferente de tudo que eu já vivi antes. E suspeito que isso também seja verdade para a maioria dos leitores.

Observei diferentes governos nacionais, autoridades de saúde e especialistas pesarem os prós e os contras de bloquear sua economia e estilo de vida. Em cada caso, um governo (local, estadual/provincial ou nacional) teve que considerar várias variáveis, fatos conhecidos, fatos desconhecidos, riscos, probabilidades e resultados. Quantos casos houve na região? Qual foi a taxa de transmissão? Qual foi o risco de hospitalização? Qual era o risco de morte uma vez diagnosticado? Essas foram apenas a primeira parte da complexa equação. Outros pontos eram mais difíceis ainda. Por quanto tempo a região pode ser fechada? Quais eram os custos de curto prazo ao se fechar o comércio? Quais eram os custos de longo prazo para a economia em geral? Qual era a probabilidade de as pessoas seguirem as diretrizes e regras? Havia tantas coisas que as pessoas precisavam considerar. O público quer certeza e segurança, mas essa crise parecia oferecer muito pouco tanto de uma como de outra. Também houve uma pressão intensa de tempo, o que limita o prazo para considerar as opções e também pode alterar os resultados.

Alguns governos optaram por realizar quarentenas desde o início. China, Itália, Canadá, Alemanha, Nova Zelândia e muitos outros países optaram pela paralisação generalizada de suas economias enquanto tentavam desacelerar a disseminação do vírus. Outras regiões optaram por esperar e ver como as coisas se espalhariam antes de entrarem em ação. O Reino Unido inicialmente optou por seguir uma estratégia que permitisse que o vírus se propagasse para atingir algum nível de imunidade na população. A Suécia manteve aberto o maior número possível de opções. Outras regiões, como a Coreia do Sul, não fizeram um *lockdown* muito rígido, mas concentraram seus esforços em colocar em quarentena as pessoas com o vírus e rastrear aqueles com quem elas entraram em contato. E, finalmente, alguns países como os EUA e o Brasil adotaram abordagens não estruturadas e improvisadas que às vezes pareciam minar os próprios esforços para controlar a propagação.

Ainda há muito que se desconhece sobre o novo coronavírus. O resultado de muitas dessas decisões pode não ser conhecido por meses ou anos. Mas o que está claro é que, para muitos governos e indivíduos, eles nunca tiveram que tomar tantas decisões com tanta coisa em jogo e tão pouca informação. Muitas de nossas decisões são tomadas com base no resultado de decisões anteriores. Olhamos para os erros e acertos anteriores de forma a orientar as decisões atuais. Também tentamos confiar em heurísticas rápidas e simples

315

quando o tempo está em jogo (Sistema 1) e respostas mais lentas e deliberativas (Sistema 2) quando temos mais tempo e mais recursos. A pandemia de COVID-19 não se encaixava perfeitamente em nenhum esquema anterior existente e, como discuti anteriormente no *Capítulo 6*, houve alguns resultados notáveis e desastrosos vindos de líderes que usavam heurísticas baseadas na memória, especialmente as decisões iniciais orientando as pessoas a sair e a continuar se divertindo. Decisões posteriores de governos estaduais nos Estados Unidos de reabrir cedo demais também podem ter sido erradas. As decisões individuais das pessoas de suspender ou não suas atividades usuais de lazer no verão podem ter tido consequências indesejadas. Os resultados e reações a todas essas decisões continuarão a reverberar por anos. As decisões feitas em um estado de incerteza, sejam grandes ou pequenas, podem ter resultados imprevisíveis. E isso pode ser perturbador.

A tomada de decisão tem tudo a ver com reduzir a incerteza, minimizar os riscos e maximizar os benefícios. Comecei com as decisões em torno da COVID-19, mas este é um caso extraordinário. Muitas das decisões que tomamos são triviais, quase imperceptíveis. Decidir se vai comer uma torrada ou um bagel no café da manhã ainda é uma decisão, mas é aquela que tem pouca ou nenhuma incerteza, pouquíssimo risco está associado a qualquer um dos resultados, e traz consigo apenas uma modesta vantagem. Mas outras decisões são muito mais sérias. Quando você está decidindo sobre um curso universitário ou plano de estudo, há incertezas associadas ao resultado. A escolha entre engenharia e epidemiologia traz consigo muitas incógnitas. Como será o mercado de trabalho para engenheiros e epidemiologistas daqui a cinco anos? Quais são os riscos associados a cada curso? Quão difíceis são os cursos? Qual é a taxa de conclusão dos alunos que ingressam no curso? Qual é a probabilidade de você terminar entre os primeiros da classe? Isso será importante?

Não gostamos da incerteza. Os animais também não gostam da incerteza. A incerteza torna as decisões mais difíceis e também sobrecarrega o sistema cognitivo, às vezes introduzindo um número desconhecido de cenários resultantes. A incerteza também pode introduzir um estado de ansiedade. Por essas razões, a maioria dos organismos se comporta de maneira a reduzir a incerteza e manter o *status quo*. Afinal, a melhor maneira de ter certeza de que você sabe o que está por vir é continuar fazendo a mesma coisa e manter o máximo possível do *status quo* – mesmo que ele não seja tão bom. Mesmo uma situação ruim com a qual você está familiarizado pode parecer preferível a um futuro desconhecido e incerto.

A ideia de redução da incerteza, prevenção de riscos e manutenção do *status quo* são centrais para entender como os humanos tomam decisões. De modo a ajudar você a decidir continuar lendo este capítulo, reduzirei a incerteza sobre o

CAPÍTULO 14 | COMO DECIDIMOS

que está por vir. Vou discutir as etapas e estágios da tomada de decisão primeiro. Em seguida, desenvolverei uma discussão sobre probabilidade, que é crítica para entender como decidimos as coisas. Então, vou apresentar várias teorias que explicam a tomada de decisão humana em termos de redução da incerteza e maximização do resultado. Vou terminar com uma discussão sobre como tirar o melhor proveito das situações incertas e considerar abordagens que o ajudarão a tomar boas decisões e a ficar feliz com as decisões que você toma.

TOMANDO UMA DECISÃO

Tomamos muitas decisões todos os dias. Decidimos o que comer no café da manhã ou que caminho pegar para o trabalho. Decidimos como alocar tempo, dinheiro e recursos. Podemos decidir ficar com um parceiro romântico ou terminar o relacionamento. Decidimos ficar em um trabalho frustrante ou trocar esse trabalho por outro. Essas decisões podem ser triviais ou transformar nossas vidas. Podem ser tomadas rapidamente ou com ampla deliberação. Podem estar certas, erradas ou nenhuma das duas. Queremos reduzir a incerteza, mas ela afeta tudo o que fazemos.

Três Passos Para Decidir

As decisões tomadas com algum grau de consciência ativa geralmente envolvem várias etapas. Você pode não ficar ciente de cada etapa à medida que ela se desenvolve, e nem toda decisão envolve todas as etapas. A primeira é uma etapa de identificação, na qual você identifica a necessidade de tomar uma decisão. Isso pode ser algo tão simples como ser confrontado com uma oportunidade de decisão aberta, como pedir comida em um restaurante, ou algo mais complicado, como decidir como investir parte de seu dinheiro em ações da Tesla. Em algum momento anterior, não havia necessidade de se tomar uma decisão, mas nesta fase de identificação, a necessidade de uma decisão é clara. Mais importante ainda, a decisão é estruturada. Enquadrar uma decisão envolve declarar a decisão em termos de custos e benefícios conhecidos ou ganhos e perdas percebidos. A maneira como uma decisão é estruturada pode alterar a maneira como ela é tomada. Por exemplo, se você está decidindo fazer um curso na universidade ou um treinamento em seu trabalho, isso pode mudar a decisão, se você a enquadrar como um requisito em vez de como uma opção. Uma alternativa é enquadrada como algo que você deve fazer; a outra é enquadrada como algo que você deseja fazer.

Uma segunda etapa é a geração de alternativas de decisão. Por exemplo, se a decisão for sobre onde levar um parceiro romântico em um encontro, você pode começar a pensar nas opções: filme, clube, jantar, golfe, praia etc. Como a fase de reconhecimento, a fase de geração é afetada por diversos fatores. Fatores individuais, como conhecimento e experiência pessoais, podem desempenhar um papel significativo, restringindo ou aumentando as alternativas que podem ser geradas. Fatores cognitivos, como capacidade de memória de trabalho, podem ter um efeito de reduzir o número de alternativas a serem geradas. Fatores ambientais, como a quantidade de tempo disponível, também podem afetar o número de alternativas que podem ser geradas; a pressão do tempo reduz o número de alternativas. A tomada de decisões rápidas costuma ser auxiliada por heurísticas e pelo Sistema 1, mas, como discuti anteriormente com o exemplo da COVID-19, o ritmo acelerado da pandemia no início de 2020 colocou pressão adicional sobre os tomadores de decisão.

As alternativas geradas são avaliadas em uma fase de julgamento. Tais julgamentos são feitos com base em probabilidades, custos, benefícios e o valor das alternativas. Eles podem ser feitos sobre um risco real ou percebido. Em muitos casos, os julgamentos são suscetíveis a muitos dos vieses que foram discutidos no *Capítulo 11* e em outras seções deste livro. Tanto a disponibilidade quanto a representatividade podem afetar como as alternativas são avaliadas e consideradas. Por exemplo, alternativas que vêm à mente muito rapidamente podem ser julgadas como favoráveis, mas isso é um resultado direto da heurística de disponibilidade. Em alguns casos, alternativas que são altamente proeminentes e, portanto, disponíveis na memória, provavelmente serão trazidas à mente rapidamente. Isso pode levar a um viés e, ocasionalmente, a erros caso essas alternativas não forem ideais. Mas alguns desses atalhos e heurísticas são úteis.

E Se Houver Opções Demais?

Em geral, tendemos a tomar boas decisões. Não exclusivamente, é claro, mas muitas decisões simplesmente não envolvem muito risco ou incerteza. Porém, existem conflitos ocasionais. Às vezes, simplesmente existem opções demais. E opções demais podem tornar a decisão mais difícil, desgastando seus recursos ao gerar e julgar alternativas. Quando eu era adolescente, fiz o que a maioria dos adolescentes fazia: pensava sobre que música comprar. Na década de 1980, isso significava comprar música em fita cassete e, mais tarde, em CD. Como cada compra era substancial, eu passava um tempo em lojas de discos olhando cada álbum, lendo críticas e conversando com amigos. Era divertido decidir.

Era divertido ouvir. E levei esse hábito de compras comigo quando fui de casa para a universidade e para a pós-graduação. O advento da música digital nos anos 2000 não parecia ser uma grande mudança, eu simplesmente comprava e baixava um arquivo. Mas as decisões, embora parecessem mais fáceis porque estavam todas online, tornaram-se mais difíceis porque havia mais opções para escolher e, ao mesmo tempo, todas pareciam iguais. Isso saiu do controle conforme o *streaming* foi se tornando a principal forma de consumir música. De repente, havia opções demais. Como alguém cujo hábito foi moldado pela escolha de álbuns, o *streaming* não fazia mais sentido. Empresas como o Spotify ofereceram todos os mesmos álbuns, mas também versões remasterizadas, edições de luxo e *singles*. Isso realmente tirou muito da diversão da música para mim, e agora confio mais nos algoritmos e na curadoria do Spotify para tomar as decisões por mim. Com tantas decisões, tantas opções, tantas escolhas, é mais fácil deixar outra pessoa decidir. Costumávamos chamar isso de rádio, e ainda era de graça. Agora são *playlists* selecionadas e eu pago por elas. Ou pense em quantas opções de mídia de vídeo você pode ter. Há algum tempo, as pessoas costumavam ter menos de dez canais de TV para escolher, e nós selecionávamos um programa entre aquelas poucas opções. No início de 2020, há tantas opções de *streaming* (por exemplo, Netflix, Disney +, Amazon Prime Video etc.) que parece uma infinidade de opções. Com tantas opções, pode ser difícil escolher, a menos que você conte com uma heurística ou algum tipo de estratégia para limitar as opções.

Barry Schwartz, psicólogo do Swarthmore College, escreveu sobre isso em seu livro *O Paradoxo da Escolha*. Ele observa que opções de decisão demais sobrecarregam nosso sistema cognitivo e podem minar tanto a felicidade quanto a capacidade de tomar boas decisões. Mais opções também aumentam a probabilidade de você fazer a escolha errada. Ou podem aumentar a tendência de se preocupar em não fazer a escolha errada e isso pode ser frustrante. Pense no menu de um restaurante com páginas e mais páginas de opções diferentes. Você acha difícil escolher? Eu acho. Quando uma das minhas filhas era mais nova, talvez por volta dos sete ou oito anos, ela costumava expressar frustração quando saíamos para comer por causa de todas as opções do cardápio. O problema é que ela gostava de quase tudo. Como resultado, não conseguia decidir o que queria comer. Em algum momento, ela encontrou uma estratégia para reduzir sua frustração. Ela se baseou em uma heurística e, se não pudesse decidir, recorreria a um pedido padrão: um *wrap* de frango e salada Caesar, por exemplo, um prato bastante comum nos restaurantes e *pubs* do Canadá. Costumo fazer a mesma coisa em certos restaurantes com menus muito variados. Encontro algo que sei que vou gostar e acabo pedindo. Essa é uma estratégia que Schwartz chama de *satisficing*[61]. Significa escolher algo que funcione e satisfaça um critério. Pode não ser a melhor decisão, mas é uma boa decisão. Uma estratégia como essa também reduz a incerteza ao selecionar algo de que você certamente gostará.

O *satisficing* tem suas origens nas ciências cognitivas e no trabalho pioneiro sobre a solução de problemas humanos por Herbert Simon. Simon definiu *satisficing* como a ação de estabelecer um critério, ou nível de aspiração, e, em seguida, buscar a primeira alternativa que seja satisfatória de acordo com esse critério. O *satisficing* às vezes é chamado de abordagem "boa o suficiente" porque, em muitos casos, é uma estratégia voltada para encontrar uma alternativa boa o suficiente, mas talvez não a melhor. É uma estratégia explicitamente abaixo do ideal.

Tendemos a supor que é ideal ser ideal. Em outras palavras, há um prêmio psicológico e comportamental na tomada de decisão de otimização. Isso tem um apelo intuitivo, porque se definirmos o ideal como "garantir o melhor resultado", é difícil argumentar contra a otimização como o estado preferido. Mas há alguma desvantagem em preferir a otimização? Considere este cenário. Você está em um aeroporto e ainda não comeu. Tem um voo de três horas pela frente e precisa encontrar algo para comer nos próximos 30 minutos. Provavelmente, existem centenas de opções e você deseja obter a melhor refeição possível em termos de qualidade e valor. Tem que ser rápido, não muito picante, mas também saboroso e saudável. Você pode parar em cada restaurante e lanchonete e descobrir o que eles têm a oferecer e comparar isso com as avaliações nas redes sociais e sites de avaliação. Usando essa combinação de informações, você pode chegar à refeição ideal antes do voo, mas a busca exaustiva e o procedimento de avaliação podem levar muito tempo, possivelmente tempo demais, dada as circunstâncias.

Em vez disso, você pode olhar para duas ou três opções que estão perto de você e escolher a mais próxima de satisfazer seus critérios. A melhor solução parece ser definir um limite flexível e modesto e escolher a primeira opção que parece atender aos critérios básicos. O custo de avaliar todas as opções para escolher a ideal é significativo, e as vantagens não são tão boas assim. Além disso, uma refeição menos do que perfeita neste cenário não é muito cara. No exemplo da comida de aeroporto, você pode comprar algo com menos de US$ 15,00 dólares. Com isso, você pode comprar o primeiro sanduíche, hambúrguer ou prato de *sushi* que encontrar.

---

[61] *Satisficing* é uma estratégia de tomada de decisão ou heurística cognitiva que envolve verificar as alternativas disponíveis até que um limite de aceitabilidade seja atingido. O termo *satisficing* foi introduzido por Herbert A. Simon em 1956. (N. T.)

CAPÍTULO 14 | COMO DECIDIMOS

ENTENDENDO A PROBABILIDADE

Para entender o processo de tomada de decisão, vale a pena compreender como a probabilidade funciona e como as pessoas geralmente a avaliam. Muitas decisões são tomadas com relação à probabilidade de um resultado ou diante da incerteza. Quando não temos essas informações, podemos apenas confiar em heurísticas muito gerais, e corremos o risco de cometer erros. Os humanos (e até certo ponto, os animais não humanos) têm várias maneiras de localizar e interpretar essas probabilidades. Jonathan Baron, psicólogo da Universidade da Pensilvânia, descreve três maneiras principais pelas quais as pessoas entendem as probabilidades. Contamos com rastreamento de frequência, conhecimento de lógica de probabilidade e teorias pessoais.

O rastreamento de frequência sugere que os humanos fazem julgamentos de probabilidade com base em seu conhecimento de eventos de frequência anteriores. Por exemplo, se você está pensando nas chances de pegar influenza (gripe sazonal) este ano, pode basear seu julgamento de probabilidade em seu conhecimento da frequência de contrair a gripe no passado. Se você nunca teve gripe, é provável que subestime a probabilidade. Se você pegou uma gripe no ano passado, pode superestimar a probabilidade. A verdadeira probabilidade pode estar em algum lugar entre esses extremos. O importante sobre as teorias de frequência é que requer atenção para codificar o evento e memória para fazer o julgamento. Conforme discutido anteriormente no *Capítulo 6*, a memória pode ser bastante suscetível a vieses. Temos a tendência de lembrar eventos de grande proeminência e basear julgamentos nessas memórias, o que dá origem à heurística de disponibilidade. A disponibilidade pode levar a erros de polarização e decisão, caso as informações de baixa frequência tiverem uma representação de memória forte por causa de sua relevância ou atualidade.

As pessoas também podem usar uma subestimação da probabilidade lógica. Isso requer conhecimento da probabilidade real e da taxa básica de um determinado evento. Na prática, isso pode ser difícil porque as probabilidades são afetadas por muitos fatores. No entanto, as pessoas podem fazer uso de teorias lógicas para aquilo que é conhecido como eventos intercambiáveis. Um evento intercambiável é aquele cuja probabilidade é conhecida e não é afetada por diferentes formas, diferentes dias e diferentes características de superfície. As cartas de um baralho padrão são um exemplo de eventos intercambiáveis. A probabilidade de tirar um ás de paus de um baralho padrão é a mesma para todos os baralhos padrão. E é a mesmo para todas as pessoas. E é a mesmo hoje e amanhã. A probabilidade pode ser trocada, permutada, porque não é afetada por esses fatores ambientais. Além disso, não é afetado pela frequência e disponibilidade.

A probabilidade de tirar um ás de um baralho padrão é a mesma, quer você tenha ou não retirado ases no passado. Mesmo se você nunca tenha tirado um ás de paus de um baralho, a probabilidade não muda em função de sua memória pessoal para a frequência.

Baron aponta que eventos puramente intercambiáveis são difíceis e quase impossíveis de serem encontrados. E mesmo nas ocasiões em que eventos verdadeiramente intercambiáveis estão sendo considerados, eles ainda podem estar sujeitos a vieses pessoais e cognitivos. Por exemplo, se você tirar muitos ases em sequência (ou nenhum), pode experimentar uma mudança nas expectativas como resultado do conflito entre seu conhecimento de probabilidade lógica e o conhecimento obtido de sua própria teoria da frequência. Isso é conhecido como uma falácia do jogador e terei mais a dizer sobre isso mais tarde.

Baron também sugere que as pessoas fazem igualmente uso de teorias pessoais. Teorias pessoais podem conter informações sobre frequência de eventos e informações sobre probabilidade lógica, mas também podem conter informações adicionais. Especificamente, as teorias pessoais contêm informações sobre contexto, conhecimento especializado, o que deve acontecer e o que você deseja que aconteça. A visão pessoal é tão flexível porque leva em consideração as crenças e entendimentos pessoais de quem toma a decisão. Essas crenças podem diferir entre as pessoas em função do conhecimento pessoal e, portanto, pode-se esperar que duas pessoas difiram em suas avaliações de probabilidade. Espera-se que as avaliações de especialistas e novatos também sejam diferentes. Por exemplo, um diagnóstico médico ingênuo feito por meio de consulta a um site médico pode ser diferente de um diagnóstico feito por um médico experiente, pois o médico tem conhecimento especializado e experiência diagnóstica. Por outro lado, uma das deficiências da visão pessoal é que ela assume que as pessoas também fazem uso de informações idiossincráticas e irracionais. Crenças sobre sorte, destino, magia e intervenção divina podem afetar nossas teorias pessoais de probabilidade. Isso pode ser difícil de avaliar objetivamente, mas ainda assim afeta as decisões das pessoas.

Como Calcular a Probabilidade

Basicamente, a probabilidade pode ser descrita como a chance de algum evento ocorrer a longo prazo. Se algo nunca pode acontecer, a probabilidade é 0,0. Se algo sempre acontece, a probabilidade de ocorrência é 1,0. A maioria das probabilidades está, portanto, em algum lugar entre 0,0 e 1,0. Um evento com uma probabilidade de ocorrência de 0,25 sugere que em 25% de todas as ocorrências possíveis esse evento ocorrerá, e em 75% de todas as ocorrências possíveis esse evento não ocorrerá. A probabilidade também pode ser descrita como a probabilidade de ocorrência, como 1 em 4, o que significa a mesma coisa, mas enquadrá-la dessa forma pode levar a um viés de número pequeno. Se eu tiver uma chance de acertar 1 em 4, é mais provável que eu espere ganhar a cada quatro vezes. Como veremos, este pode não ser o caso.

Para calcular a probabilidade de ocorrência de acordo com as teorias lógicas mais simples, o número de resultados desejados é dividido pelo número de resultados possíveis. Para um simples lançamento de moeda, o número de resultados possíveis é dois: cara ou coroa. A probabilidade de obter cara em um lançamento de moeda é 1 dividido por 2, que é igual a 0,5. Isso corresponde às nossas intuições de que uma moeda tem uma probabilidade de 0,5 de sair cara e uma probabilidade de 0,5 de sair coroa em qualquer lançamento. Praticamente, isso significa que se você jogar a moeda várias vezes seguidas, tende a esperar que saiam algumas caras e algumas coroas. Você não espera que saia sempre uma distribuição uniforme de cara e coroa, mas espera que ao longo de muitos lances (ou um número infinito de lançamentos) a frequência de cara e coroa deve se equilibrar. Também assumimos que essas probabilidades se mantêm no longo prazo, mas permitem a variação em um pequeno número de amostras.

Combinando Probabilidades

Ao calcular a probabilidade de vários eventos, as probabilidades individuais precisam ser combinadas. Ou seja, elas podem ser multiplicadas ou somadas, e é aí que começamos a ter alguns problemas. A maneira mais fácil de lembrar é que, quando a probabilidade é combinada com um "e", você multiplica para combinar. Quando eles são combinados com um "ou", você adiciona.

Por exemplo, para calcular a probabilidade em um lançamento de cara ou coroa de obter duas caras seguidas (cara E cara), você pegaria a probabilidade de uma cara (0,5) e multiplicaria pela probabilidade de outra cara (0,5). A probabilidade de duas caras consecutivas é 0,25 e três caras consecutivas é 0,125 e assim por diante. Isso significa que a probabilidade de sair várias caras consecutivamente é menor por fator multiplicativo. Ao calcular a probabilidade de obter duas caras ou duas coroas (cara/cara OU coroa/coroa), você adiciona as probabilidades. Portanto, a probabilidade de duas caras é 0,25 e a probabilidade de duas coroas é 0,25, o que resulta em 0,5. Todas as quatro combinações (cara/cara OU coroa/coroa OU coroa/cara OU cara/coroa) somam 1,0 porque essas são todas as opções possíveis para dois lançamentos consecutivos. Ambas as regras pressupõem independência. Isso significa que o resultado do primeiro lançamento da moeda não tem efeito sobre o resultado do segundo lançamento.

Embora a probabilidade de sair duas caras consecutivas seja de 0,25, a probabilidade de cada cara sozinha ainda é de 0,5. Isso significa que, mesmo que você jogue uma moeda vinte vezes consecutivas e obtenha vinte caras consecutivas, a probabilidade independente do vigésimo primeiro lance ainda é 0,5 para sair cara. Esses eventos são totalmente independentes.

A Falácia do Jogador

Confundir uma independência com aquilo que acreditamos ser representativo da aleatoriedade é o que se chama de falácia do jogador. Isso acontece quando suas teorias e crenças pessoais se intrometem nas teorias lógicas. Às vezes, a falácia do jogador surge da heurística de representatividade. Suponha que você lance uma moeda dez vezes e, a cada vez, registra se é cara ou coroa. Agora considere estas três sequências de cara (K) e coroa (C) que poderiam resultar dos dez lançamentos de moeda. Observe que, de acordo com nossa descrição da probabilidade multiplicativa, todas as três são igualmente prováveis.

Exemplo 1: K – C – C – K – C – K – K – C – K – C
Exemplo 2: K – C – K – C – K – C – K – C – K – C
Exemplo 3: K – K – K – K – K – K – K – K – K – K

Eles parecem iguais? Embora cada sequência tenha uma probabilidade de ocorrência de 0,000976, o Exemplo 1 pode parecer o exemplo mais representativo de aleatoriedade e o Exemplo 3 não é muito representativo de aleatoriedade porque é tudo cara. O que aconteceria se você fosse solicitado a apostar no resultado do lançamento seguinte da moeda? Ou seja, como você esperaria que fosse o décimo primeiro lançamento? Se você for como a maioria das pessoas, provavelmente não teria preferência pelo Exemplo 1 (50/50 cara ou coroa) e pode até não ter um forte sentimento sobre o Exemplo 2, mas se pedido para apostar no próximo resultado do Exemplo 3, você pode esperar fortemente que haja uma coroa (C). Depois de dez caras, uma coroa parece estar prestes a aparecer.

Essa é a falácia do jogador. É uma superestimação sistemática da probabilidade de sair coroa no décimo primeiro lançamento de moeda após uma sequência de dez caras. Como se sabe que o lançamento da moeda tem uma probabilidade real de 0,5 cara e 0,5 coroa, uma sequência de dez caras parece não natural e não aleatória, embora seja uma ocorrência aleatória. Se as pessoas estimam a probabilidade de obter coroa no décimo primeiro lance como maior que 0,5, elas estão sendo vítimas da falácia do jogador. É uma falácia difícil de superar. Mesmo se você souber que o lançamento da moeda é independente e

CAPÍTULO 14 | COMO DECIDIMOS

sempre tem uma probabilidade de 0,5 de dar cara e uma probabilidade de 0,5 de dar coroa, a maioria de nós sentiria fortemente que o lance da coroa é provável após dez caras consecutivas.

É fácil ver como a independência e a regra de multiplicação funcionam para eventos simples como o lançamento de moedas. Mas esses efeitos se tornam mais fortes em casos mais complicados e semanticamente mais ricos pois nosso conhecimento pode anular a probabilidade. Às vezes, ignoramos mesmo quando isso é dado. Um exemplo frequentemente citado vem de Kahneman e Tversky. Os participantes do teste receberam uma descrição de uma pessoa e, em seguida, são solicitados a indicar a probabilidade de essa pessoa pertencer a um ou mais grupos. O exemplo mais conhecido é o exemplo de "Linda".

Linda tem 31 anos, é franca e inteligente. Ela se formou em filosofia e, como estudante, preocupava-se com questões de justiça social e discriminação. Ela também participou de muitas manifestações.

Depois de ler a descrição, os participantes foram solicitados a avaliar a probabilidade de Linda ser membro de vários grupos.

- Linda é professora do ensino fundamental;
- Linda trabalha em uma livraria e faz aulas de ioga;
- Linda é ativa no movimento feminista;
- Linda é assistente social psiquiátrica;
- Linda é membro da Liga das Eleitoras;
- Linda é caixa de banco;
- Linda é vendedora de seguros;
- Linda é caixa de banco e atua no movimento feminista.

Eles descobriram que as pessoas classificaram a probabilidade de ela ser feminista como alta porque a descrição se encaixa em um estereótipo ou categoria de feminista[62]. Eles também avaliaram a probabilidade de ela ser caixa

---

[62] Este estudo foi realizado na década de 1980, embora a maioria de nós ainda possa ativar um estereótipo para Linda que é próximo ao que eles tinham em mente. Podemos pensar em "feminista" de forma diferente do que as pessoas pensavam em 1980, mas muitas das características de alguém que é ativo na justiça social seriam comparáveis. Em segundo lugar, o exemplo de "caixa de banco" pode não fazer tanto sentido como fazia quando o estudo foi originalmente realizado. Embora a maioria das pessoas possa sacar dinheiro no banco em um caixa eletrônico (ou apenas pagar com cartão de débito ou até mesmo com o celular), ir ao banco costumava ser a principal forma de se obter dinheiro. As pessoas que trabalhavam no balcão do banco são chamadas de "caixas" e realizavam transações básicas. Não existe um tipo específico de pessoa que trabalharia como caixa. Essa função ainda existe, mas a maioria das pessoas faz suas transações bancárias diárias *online*, em

de banco como relativamente baixa. Não há razão para que Linda não possa trabalhar no banco, mas não há nada em sua descrição que indique fortemente o trabalho como caixa de banco. Além disso, caixa de banco é uma categoria ampla com atributos menos claros. O principal resultado é que os participantes avaliaram a probabilidade de ela ser caixa de banco *e* feminista como sendo maior do que a probabilidade de ser apenas caixa de banco. De maneira lógica, não é possível que a probabilidade de uma conjunção de duas categorias seja maior do que a probabilidade de qualquer uma das categorias. Nesse caso, a forte conexão semântica entre essa descrição e um estereótipo do movimento feminista faz com que esse erro ocorra. Os sujeitos ignoram a conjunção e se concentram no fato de que Linda é representativa de ser feminista. Em outras palavras, a heurística de representatividade é mais forte do que nosso senso de probabilidade lógica.

Riscos Cumulativos

As pessoas também cometem erros ao aplicar a regra de adição aos riscos cumulativos. Por exemplo, imagine a probabilidade de ocorrer um acidente de carro enquanto você dirige para o trabalho. Em qualquer dia, a probabilidade é baixa. Porém, ao longo de vários anos dirigindo diariamente, os riscos cumulativos aumentam. Isso ocorre porque os riscos cumulativos, neste caso, são calculados por meio da adição. Ou seja, ao longo de dez anos, um acidente no Dia 1 ou Dia 2 ou Dia 3 etc. Para calcular os riscos cumulativos de estar em um acidente de carro em qualquer dia de vários anos de direção, você estaria essencialmente adicionando a probabilidade do acidente hoje com a probabilidade de um acidente amanhã e com a probabilidade de um acidente no dia seguinte. E a probabilidade muda e flutua. Um risco muito pequeno de acidente em um determinado dia se soma a um risco cumulativo maior no longo prazo.

Como outro exemplo, considere a decisão que muitas pessoas tomam de enviar ou receber uma mensagem de texto ou de voz de seus *smartphones* enquanto dirigem. É contra a lei na maioria dos lugares. Isso gera multas. A maioria das pessoas sabe que isso causa distração. Dado que o risco é conhecido e as multas são altas, é surpreendente e desanimador que as pessoas ainda usem seus *smartphones* enquanto dirigem. Uma possibilidade é que elas não entendam de fato o risco cumulativo. Isso é especialmente verdadeiro se os motoristas estiverem baseando suas decisões em uma teoria de frequência.

---

seus celulares ou em um caixa eletrônico. Terceiro, a Liga das Eleitoras é menos conhecida e é uma organização americana não partidária, originalmente apenas para mulheres, que foi formada depois que as mulheres conquistaram o direito de voto.

A menos que tenha sofrido um acidente ou recebido uma multa, sua própria perspectiva e interpretação da probabilidade é que toda vez que você usar seu celular, não irá sofrer um acidente. Mesmo os motoristas que usam *smartphones* há anos podem nunca ter sofrido um acidente. Isso não significa que o celular não esteja interferindo; significa apenas que a interferência não resultou em um acidente. E assim, não é absurdo imaginar que uma decisão de curto prazo, com base no conhecimento da frequência do risco associado ao uso de um *smartphone,* faria o motorista acreditar que o celular não é um perigo, mesmo que essa crença entre em conflito com o que o motorista sabe sobre os riscos reais. Sem nenhuma ligação pessoal anterior entre o uso de celulares e acidentes, a maioria das pessoas minimiza o risco. Embora isso seja sensato no curto prazo, é claramente perigoso no longo prazo.

Calcular a probabilidade a longo prazo, seja através de um valor normativo ou de um risco cumulativo, costuma ser difícil. De muitas maneiras, é contraintuitivo fazer julgamentos sobre coisas que acontecem no longo prazo. No longo prazo, uma moeda pode ter uma probabilidade de 0,5 de dar cara. Mas isso pressupõe um número infinito de resultados cara ou coroa. Um grande número de lançamentos de moedas tende a se equilibrar, mas um pequeno número pode não fazer o mesmo. O problema surge quando tomamos decisões para maximizar os ganhos de curto prazo em vez de probabilidades de longo prazo. Do ponto de vista evolutivo, isso faz sentido. As probabilidades de curto prazo apresentam algumas vantagens. Um organismo precisa comer hoje. Pode não ser capaz de considerar o que acontecerá daqui a dois meses, dois anos ou duas décadas.

Taxas Básicas

A taxa de ocorrência de um evento (ou seja, a probabilidade de longo prazo) é conhecida como taxa básica. Para muitos eventos intercambiáveis, como cartas, as taxas básicas podem ser conhecidas. Para a maioria dos eventos, porém, as taxas básicas podem não ser conhecidas explicitamente, ou então podem ser estimadas por meio do conhecimento sobre a frequência de ocorrência. Por exemplo, é quase impossível saber a taxa básica de ocorrência da probabilidade de o ônibus que você pegar não chegar no horário. Ou a taxa básica de um acidente de veículo. Além disso, mesmo se você tiver algum conhecimento sobre as taxas básicas (por exemplo, a probabilidade de que o ônibus que você pega para o trabalho quebre), ela é provavelmente uma probabilidade muito baixa. Uma taxa básica muito baixa significa que o evento não ocorre com muita frequência e, portanto, é provável que você ignore essa taxa básica. Isso é natural.

Dadas as dificuldades em entender e usar taxas básicas, não deve ser surpresa que as pessoas muitas vezes as ignorem, mesmo quando são conhecidas e quando usá-las seria vantajoso. Isso é conhecido como negligência da taxa básica. Um exemplo importante é visto em testes e diagnósticos médicos. Uma série de estudos de Gerd Gigerenzer investigou como médicos, enfermeiras e mesmo indivíduos não médicos chegavam a decisões sobre a eficácia do exame médico. A maioria dos experimentos apresentou aos participantes cenários nos quais uma dada doença tinha uma certa taxa básica estabelecida. Ou seja, uma taxa de ocorrência estabelecida na população em geral. Os participantes receberam, em seguida, informações sobre os exames.

Por exemplo, considere uma doença grave para a qual a detecção precoce pode ser muito benéfica. Esta doença tem uma taxa básica de 1%. Isso significa que 100 em cada 10.000 acabarão por contrair a doença. A detecção precoce requer a administração de um exame diagnóstico. O exame tem uma taxa de acerto muito boa. Se a doença estiver presente, 98% das vezes o exame indicará um resultado positivo. Se a doença não estiver presente, o exame indicará um resultado positivo apenas 1% das vezes. Em outras palavras, o exame tem uma alta taxa de acertos e uma taxa de falsos positivos muito baixa. Superficialmente, este parece ser um exame muito bom, que pode distinguir com segurança as pessoas que têm a doença das que não têm. Com essas informações, e com um resultado de exame positivo, como você classificaria a probabilidade de um paciente realmente ter a doença?

Para entender como chegar a essa decisão, é necessário explicar primeiro como calcular essa probabilidade. Eu montei a tabela com quatro células de probabilidade e estou usando uma população de 10.000 (embora você possa aumentar ou diminuir esse número). A taxa básica de 1%, lembre-se, assume que 100 em cada 10.000 pessoas terão a doença. Na coluna "Doença está presente", noventa e oito daquela centena de pessoas com a doença aparecerão como um resultado de exame positivo. E duas dessas centenas de pessoas aparecerão como resultado negativo no exame, apesar de terem a doença. Muito bom até agora, errou apenas dois.

Porém, o problema surge nas pessoas que não têm a doença. Existem 9.900 delas, e estamos testando todas. Na coluna "Doença está ausente", a taxa de 1% de falso alarme significa que 99 pessoas entre as 9.900 que não têm a doença ainda apresentarão um resultado positivo, enquanto 9.801 exibirão um resultado negativo quando nenhuma doença for presente. Portanto, é um bom teste, mas como há tantas pessoas sem a doença, isso significa que estamos errando no diagnóstico de noventa e nove delas. Ainda acha que este teste é bom? Fica pior.

CAPÍTULO 14 | COMO DECIDIMOS

Precisamos decidir o que realmente significa um resultado positivo no teste. Afinal, não sabemos realmente quem tem a doença: é por isso que as estamos testando. Para calcular a probabilidade de uma pessoa ter a doença *dado* um resultado de teste positivo, P (*doença | teste positivo*), precisamos considerar o número de pessoas com a doença com teste positivo e dividir pelo número de pessoas com teste positivo em geral. Pense nisso como uma versão ampliada de P(cara) = cara/cara + coroa. Isso pode ser feito através da seguinte fórmula (que é simplificada a partir do teorema de Bayes):

$$P \ (doença \ | \ resultado \ positivo) = \frac{pessoas \ com \ a \ doença \ que \ testaram \ positivo}{pessoas \ que \ testaram \ positivo}$$

Usando os valores da tabela abaixo, temos:

$$P \ (doença | resultado \ positivo) = \frac{98}{198} = 0,497$$

Supondo uma taxa básica de 1%, que resulta em 100 em cada 10.000, a probabilidade de uma pessoa ter a doença com um resultado de teste positivo é 0,497. Agora, esse teste, que parecia tão promissor, não é melhor do que uma cara ou coroa. Mesmo um teste diagnóstico pode resultar em uma probabilidade condicional baixa se a taxa básica for baixa.

Tabela: Probabilidade Para Uma Doença e Teste Diagnóstico Hipotéticos

Resultado do Teste	Doença		Total
	Doença Presente	Doença Ausente	
Resultado Positivo	98	99	197
Resultado Negativo	2	9.801	9.803
Total	100	9.900	10.000

A informação crítica que geralmente é ignorada é o número de pessoas com falsos positivos. Embora a taxa de falsos positivos seja baixa, a taxa básica também é baixa. Isso significa que a maioria das pessoas realmente não tem a doença. Mesmo que uma pequena porcentagem das pessoas sem a doença apresente um falso positivo, o número absoluto de casos falso positivos é maior do que o desejável. Em outras palavras, apesar de um teste com uma taxa de acerto muito alta e uma taxa de alarmes falsos muito baixa, uma taxa de base baixa resulta em uma probabilidade baixa de a pessoa com um teste positivo realmente ter a doença. Em muitos dos estudos de Gigerenzer, mesmo médicos experientes superestimaram a probabilidade de um resultado de teste positivo indicar a presença real de uma doença.

Isso levanta uma questão interessante. Se até os médicos cometem esse erro, como eles evitam que esse erro afete suas decisões no ambiente clínico? Uma maneira é tomar medidas para aumentar a taxa básica de modo que um resultado positivo de um teste seja mais preciso. Isso é feito testando apenas os indivíduos com maior probabilidade de contrair a doença. Em outras palavras, você não pede um teste de rastreamento de câncer para todos, mas sim para pacientes com outros sintomas e fatores de risco existentes. Ao testar as pessoas que já têm maior probabilidade de ter a doença, aumenta-se efetivamente a taxa básica. Testar todos, mesmo com um teste que tem uma alta taxa de acertos e baixa taxa de falsos positivos, não é uma boa estratégia quando a incidência da doença é baixa. Porém, ao testar pessoas que já têm maior probabilidade de ter a doença, você faz com que o resultado do teste seja mais útil e mais informativo.

TOMADA DE DECISÃO RACIONAL E NÃO TÃO RACIONAL

A tomada de decisão envolve uma combinação de conhecimento sobre resultados, custos, benefícios e probabilidades. A seção anterior cobriu o entendimento sobre probabilidades e os erros que podem resultar. Esta seção cobre várias abordagens teóricas que tentam explicar e compreender como as pessoas tomam decisões.

Uma abordagem racional para a tomada de decisão estabelece um padrão normativo a partir do qual podemos investigar desvios. Em outras palavras, muitas das características e aspectos desse modelo estão enraizados na teoria econômica e podem não descrever os processos cognitivos por trás da tomada de decisão, bem como algumas das outras abordagens teóricas que faremos. Por outro lado, esta abordagem racional descreve como alguém pode chegar a uma decisão ideal. O grau em que as pessoas se desviam dessa decisão ideal pode ser compreendido no contexto de outras abordagens teóricas, memória, conhecimento e limitações cognitivas.

Um aspecto fundamental da abordagem racional é a suposição de que as pessoas conseguem tomar decisões ideais. Para tomar uma decisão ideal, presume-se que os indivíduos ponderam as alternativas, definem um valor esperado ou determinam a utilidade esperada para todas as alternativas e, então, passam

CAPÍTULO 14 | COMO DECIDIMOS

a escolher a alternativa mais valiosa no longo prazo. Ou seja, a decisão ideal é aquela que maximiza o valor/utilidade esperada.

O valor esperado pode ser considerado um valor físico, monetário ou psicológico associado a determinado resultado. O valor esperado é calculado combinando-se o que se sabe sobre os custos e benefícios com a probabilidade de alcançar o resultado desejado. A fórmula abaixo mostra uma maneira simples de calcular um valor esperado:

$$VE = (Valor_{Ganho} * P(resultado\ desejado)) - (Valor_{Perdido} * P(resultado\ indesejado))$$

Nesta fórmula, o valor esperado (VE) é uma função do ganho e da probabilidade de obter esse ganho menos os custos e a probabilidade de incorrer esses custos. Por exemplo, considere um conjunto muito simples de opções monetárias. Uma opção (1) permite que você ganhe US\$ 40 com uma probabilidade de 0,2 ou então nada. A outra opção (2) permite que você ganhe US\$ 35 com uma probabilidade de 0,25 ou então nada. A primeira escolha tem um ganho maior, mas uma probabilidade menor. Para decidir qual delas é a melhor opção no longo prazo, os valores podem ser inseridos na fórmula do valor esperado da seguinte forma:

Opção 1: VE = (US\$ 40 * 0,20) - (0 * 0,80) = US\$ 8,00
Opção 2: VE = (US\$ 35 * 0,25) - (0 * 0,75) = US\$ 8,75

Apesar de pagar mais, a Opção 1 na verdade tem um valor esperado mais baixo a longo prazo. Isso se deve à maneira como o ganho e a probabilidade se combinam. Isso também significa que diferentes fatores podem afetar o valor esperado no longo prazo. Nos casos em que o resultado tem alguma utilidade adicional além do valor real, ele pode afetar a escolha aumentando o valor de uma vitória ou diminuindo o custo de uma perda. Por exemplo, muitas pessoas se envolvem em jogos de azar e compram de bilhetes de loteria, apesar do valor negativo esperado para esses eventos. A maioria das pessoas concorda que existe uma utilidade psicológica adicional proveniente de um jogo de cassino. Jogar em um cassino pode ser divertido, pode ser uma atividade social agradável ou pode fazer parte das férias. Isso basicamente minimizaria o impacto de uma perda.

Enquadramento e Aversão à Perda

Conforme discutido anteriormente, a abordagem racional é muito eficaz para descrever os padrões ideais de tomada de decisão, mas com frequência falha em descrever como as pessoas realmente tomam decisões. Muitas vezes as pessoas tomam decisões que se opõem aos valores esperados e à otimização. Um exemplo bastante direto, usando a mesma estrutura geral da opção de jogo simples anterior, é conhecido como efeito de certeza. Todas as coisas sendo iguais, os humanos e muitos outros animais não humanos resistem à incerteza. A incerteza cria um estado indesejável para qualquer organismo. Às vezes, porém, o contexto em torno de uma decisão pode ativar memórias, conhecidas como "quadros", de forma a fazer algumas opções parecerem mais certas de que de fato são. Descrito originalmente por Tversky e Kahneman o efeito de enquadramento ilustra como o contexto e a semântica de uma decisão podem afetar quais opções parecem preferíveis. O exemplo mais conhecido consiste em uma breve descrição de um cenário e duas opções. Considere as seguintes declarações:

Premissa: Imagine que os Estados Unidos estão se preparando para o surto de uma doença incomum, que deve matar seiscentas pessoas. Dois programas alternativos de combate à doença foram propostos. Suponha que a estimativa científica exata das consequências dos programas sejam as seguintes:

Programa A: Se o Programa A for adotado, duzentas pessoas serão salvas.

Programa B: Se o Programa B for adotado, há 1/3 de probabilidade de que seiscentas pessoas serão salvas e 2/3 de probabilidade de nenhuma pessoa ser salva.

Nesse cenário, a maioria dos participantes do teste (72%) escolhe o Programa A. Embora esteja implícito nessa declaração que duzentas pessoas serão salvas e, portanto, quatrocentas não, o enquadramento é em termos de vidas salvas. Ambos os programas falam sobre vidas sendo salvas. Quando enquadradas como uma economia ou um ganho, as pessoas geralmente exibem um comportamento avesso ao risco e preferem um determinado resultado.

No entanto, imagine o mesmo cenário, mas enquadrado com relação ao número de pessoas que morrerão:

Programa C: Se o Programa C for adotado, quatrocentas pessoas morrerão.

Programa D: Se o Programa D for adotado, há 1/3 de probabilidade de ninguém morrer e 2/3 de probabilidade de seiscentas pessoas morrerem.

Neste cenário, a maioria dos entrevistados (78%) escolhe a opção D. Observe que os números são equivalentes entre os Programas A e C e entre B e D em ambos os cenários. Este segundo cenário é enquadrado como uma perda (ou seja, pessoas morrendo). Quando uma decisão é considerada uma perda, as pessoas geralmente mostram aversão à perda e estão mais dispostas a escolher a alternativa mais arriscada. Este exemplo de enquadramento é interessante porque contrapõe a aversão à perda contra a aversão ao risco. Embora as pessoas geralmente prefiram evitar riscos e perdas, evitar perdas é fundamental. A aversão à perda é forte no comportamento humano. Curiosamente, ambos – risco e perda – podem resultar do desejo de evitar a incerteza. As pessoas tendem a evitar riscos como forma de reduzir a incerteza, mas também tendem a evitar perdas como forma de evitar incertezas e proteger o *status quo*.

Empurrãozinho

Muitos ambientes de varejo e lojas tiram proveito de nossa preferência pela certeza, aversão à perda e aversão ao risco na forma como anunciam. Por exemplo, todo verão, vou com minhas filhas comprar novos equipamentos esportivos para beisebol e, no inverno, para esportes na neve. Um ano, fomos a uma loja de artigos esportivos local que tinha uma placa anunciando que tudo estava à venda na loja com até 50% de desconto. Minha filha mais velha, que tinha cerca de 10 anos na época, disse: "Foi bom que decidimos vir hoje, eles estão fazendo uma grande liquidação". O que é um bom ponto. Deve ter parecido um ótimo momento. Eu odiei estourar sua bolha, mas ressaltei que a loja sempre teve aquela placa. O que está listado como "preço de oferta" é apenas o preço real. Isso é visto em outros ambientes de varejo, onde a etiqueta pode ter um "preço sugerido" pelo qual o objeto nunca é vendido. Essas estratégias de preços apresentam um efeito de enquadramento em que o preço anunciado parece ser uma pechincha.

O trabalho de Richard Thaler examinou essa ideia de forma mais sistemática. Por exemplo, considere as seguintes descrições de dois postos de gasolina com estratégias de preços diferentes. Em um dos estudos de Thaler, os participantes foram apresentados ao seguinte cenário:

Dirigindo pela estrada, você percebe que seu carro está ficando sem gasolina e vê dois postos, ambos anunciando combustível. O preço do posto A é de $ 1,00 por litro; o preço do posto B é de $ 0,95 por litro. A placa do posto A também anuncia, "5 centavos/litro de desconto para pagamento em dinheiro!". A placa da estação B anuncia, "5 centavos/litro de sobretaxa para cartões de crédito". Todos os outros fatores sendo iguais (por exemplo, limpeza dos postos, sua preferência pela marca da gasolina, número de carros esperando em cada bomba), para qual posto você escolheria ir?

Sem contexto adicional, os entrevistados tendiam a demonstrar uma preferência pelo posto A. Os preços eram idênticos, independentemente de os participantes serem solicitados a pagar em dinheiro ou a crédito. No entanto, a política do primeiro posto foi enquadrada como oferecendo um desconto para pagamento em dinheiro. Isso é interpretado como uma estratégia de preços mais favorável e, portanto, esse posto foi preferido.

O trabalho de Thaler, que acabou culminando com a conquista do Prêmio Nobel de Economia em 2017, é descrito em seu recente livro *Nudge*: Como Tomar Melhores Decisões Sobre Saúde, Dinheiro e Felicidade, no qual ele e seu coautor Cass Sunstein argumentam que governos e empresas podem ajudar a melhorar a tomada de decisões e, em última análise, melhorar a sociedade, ao adotar políticas que levarão as pessoas na direção ideal. Eles definem um "empurrãozinho" [*nudge*] como:

> Um empurrão, como empregamos o termo, é qualquer aspecto da arquitetura de escolha que altera o comportamento das pessoas de uma forma previsível, sem proibir quaisquer opções ou alterar significativamente seus incentivos econômicos. Para contar como um mero empurrãozinho, a intervenção deve ser fácil e barata de evitar. Empurrões (*nudges*) não são mandatos. Colocar frutas ao nível dos olhos conta como um empurrãozinho. Proibir *junk food* não.

A ideia por trás da teoria do empurrãozinho é que podemos usar nossos vieses a nosso favor, de forma a tomar decisões melhores.

Aversão à Perda

Vários dos exemplos anteriores trataram do fenômeno da aversão à perda. A aversão à perda ocorre porque o valor psicológico atribuído a desistir ou perder algo é maior do que o valor psicológico correspondente associado à obtenção desse mesmo objeto. Temos a tendência de nos apegar às coisas que já temos. Temos a tendência de preferir as circunstâncias atuais. Muitas pessoas continuam a usar sua caneta favorita, a guardar livros antigos de que gostam ou uma caneca favorita. Consequentemente, muitas pessoas permanecem em relacionamentos que não são ideais por medo de perder o que já possuem. Como humanos, nossas decisões são frequentemente regidas pela aversão à perda. A tendência de evitar situações que possam levar à perda pode levar a um viés conhecido como viés do *status quo*, no qual preferimos situações que mantêm o *status quo*. Fazemos isso para evitar perdas. Esse viés do *status quo* pode afetar as decisões que tomamos com relação ao mundo real de muitas maneiras surpreendentes.

A aversão à perda e o viés do *status quo* surgem de várias formas. Nos exemplos anteriores de enquadramento, a aversão à perda surgiu quando os participantes preferiram alternativas mais arriscadas em vez de enfrentar a perda de vidas, no cenário da doença. Em uma escala mais pessoal, a aversão à perda associada a pequenos objetos costuma ser chamada de efeito dotação. Um estudo de Daniel Kahneman investigou esse efeito com alunos de graduação. Os participantes foram divididos em grupos. Um grupo, os vendedores, recebeu canecas de café de uma livraria universitária e lhes foi perguntado se estariam dispostos a vendê-las por uma série de preços que variavam de US$ 0,25 a US$ 9,25 dólares. Perguntou-se aos compradores se estariam dispostos a comprar uma caneca pelo mesmo conjunto de preços. Os que poderiam escolher não receberam uma caneca e foram solicitados a optar, para cada um dos preços, entre receber uma caneca e receber aquela quantia em dinheiro. Em outras palavras, os que escolhiam não tinham a caneca e sua decisão era o quanto estavam dispostos a pagar. É importante ressaltar que todos finalizaram o estudo com o mesmo valor. Mas o que é interessante é que os vendedores fixaram o preço da caneca em um ponto quase duas vezes maior do que os dos que podiam escolher. O mero ato de possuir a caneca conferiu-lhe maior valor.

O *status quo* também aparece no viés do custo irrecuperável, um efeito que também é conhecido como aprisionamento. Essa pode ser uma técnica usada de forma muito eficaz em um ambiente de vendas. Essencialmente, as pessoas não estão dispostas a abandonar um *status quo* indesejável principalmente porque já investiram tempo ou dinheiro para mantê-lo. Por exemplo, imagine que você e seus amigos vão ver um filme. No Canadá, onde moro, o preço médio dos cinemas está entre US$ 12 e US$ 15 dólares. Depois de pagar seus US$ 12 dólares, você espera ver um bom filme, mas o que faria se o filme fosse realmente horrível? Você ficaria e assistiria até o fim, ou se levantaria e iria embora? Quando faço essa pergunta em aula, a maioria dos alunos indica que ficaria. O motivo mais comum é que eles já pagaram por isso. O raciocínio é que você pagou dinheiro (ou seja, o custo irrecuperável) pelo filme, ele já é ruim, mas deixar o filme não o tornará menos ruim. E sempre há uma chance, por mais remota que seja, de que o filme possa melhorar. Você perderia essa chance se saísse do cinema. Em suma, uma vez que você tenha dispendido algum custo em algo, você deseja ver esse custo dispendido compensado.

Esse efeito também ocorre em outros cenários. Se você já esteve em espera com um provedor de serviços públicos ou de telecomunicações em busca de suporte técnico ou para resolver uma cobrança, deve ter notado que é uma experiência comum ouvir algo como "Sua ligação é importante para nós, por favor, fique na linha e sua chamada será atendida na ordem em que foi recebida". Isso pode ser muito frustrante. Há incertezas com relação à quando sua ligação será atendida. Quando estou nessa situação, muitas vezes sinto que quanto mais espero, mais resistente fico a desligar. Não estou disposto a desistir do tempo perdido. Esse comportamento se desvia do modelo ideal porque o custo já foi pago.

TEORIA DA PERSPECTIVA

Os vieses discutidos acima sugerem que as pessoas frequentemente tomam decisões que se desviam da racionalidade. Isso não significa que sejam decisões erradas. E isso não significa que as pessoas estejam tomando decisões erradas. Significa apenas que existem razões psicológicas por trás de uma tomada de decisão abaixo do ideal. Kahneman e Tversky propuseram uma alternativa ao modelo econômico/racional padrão conhecido como teoria da perspectiva. A teoria da perspectiva sugere que as pessoas tomam decisões de acordo com as perspectivas psicológicas. Além disso, essa teoria leva em consideração a dificuldade que a maioria das pessoas tem em julgar corretamente a probabilidade e a possibilidade. A teoria da perspectiva assume que a probabilidade objetiva pode ser substituída por probabilidade psicológica ou crenças. Um aspecto fundamental da teoria da perspectiva é que a aversão à perda e a aversão ao risco são os principais motivadores. A aversão à perda é especialmente grande nesta abordagem teórica

A teoria da perspectiva é melhor resumida no gráfico mostrado na Figura 14.1, evidenciando a função de valor da teoria da perspectiva. O eixo x mostra perdas e ganhos em termos de valor real. O eixo y mostra o impacto psicológico dessas perdas e ganhos. Há várias coisas a serem observadas sobre essa função de valor. Primeiro, as curvas de perda e ganho são côncavas. Ou seja, não há uma relação linear entre o ganho real e o impacto psicológico desse ganho. Conforme mostrado no gráfico, pode haver algum valor psicológico atribuído ao ganho de US$ 100 dólares, mas o ganho de US$ 200 dólares (o dobro em termos reais) pode não ser, psicologicamente, duplamente desejável. De acordo com essa teoria, o valor que você atribui aos ganhos acabará por atingir uma assíntota, ou um ponto em que o aumento no valor se aproxima de zero, mas nunca o atinge. Isso é frequentemente referido como "retornos decrescentes".

Teoria da Perspectiva

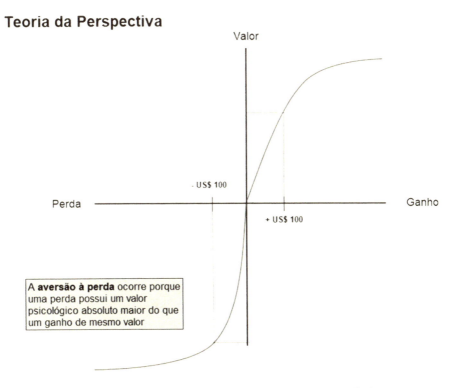

FIGURA 14.1: Este gráfico representa a função de valor para a teoria da perspectiva. O eixo y mostra o valor psicológico associado a perdas e ganhos, enquanto o valor real de perdas e ganhos é mostrado no eixo x. Na teoria da perspectiva, a curva de perda é mais acentuada do que a curva de ganho.

Uma segunda coisa a se notar sobre a função de valor da teoria da perspectiva é que as curvas são assimétricas. A curva de perda é mais íngreme do que a curva de ganho. Isso reflete as aversões à perda e a descoberta geral de que as pessoas às vezes valorizam mais o *status quo* do que a perspectiva de ganho. Em termos de *valor absoluto*, um ganho de US$ 100 dólares não vale o mesmo que uma perda de US$ 100 dólares. Por mais que possamos apreciar US$ 100 dólares extras, provavelmente tomaremos medidas para evitar uma perda desse mesmo valor. As perdas são maiores do que os ganhos de acordo com a teoria da perspectiva.

Esta abordagem geral é responsável por muitas das descobertas que mostram os desvios das pessoas em relação à otimização. Kahneman e Tversky argumentam que a teoria da perspectiva descreve com mais precisão o processo psicológico por trás da tomada de decisão humana. Nós nos comportamos de forma aquém do ideal porque valorizamos o *status quo*, buscamos evitar e minimizar perdas, bem como reduzir a incerteza. Esses impulsos psicológicos podem entrar em conflito com a otimização.

O CONHECIMENTO AFETA COMO VOCÊ DECIDE

A abordagem racional não depende do conhecimento conceitual pessoal ou da memória semântica, mas assume que as decisões são feitas de acordo com valores esperados calculados que surgem de uma compreensão da probabilidade e dos custos e benefícios de cada resultado. A teoria da perspectiva leva em consideração os vieses pessoais e cognitivos ao atribuir importância à aversão ao risco e à aversão à perda, mas existem outros fatores, às vezes mais idiossincráticos, que influenciam e afetam a capacidade pessoal de tomar decisões.

Em muitos casos, um dos fatores que influenciam a tomada de decisão é a capacidade de justificar a decisão. Dadas várias opções, é provável que a decisão mais atraente seja aquela que tem a melhor justificativa, mesmo que não traga o melhor resultado possível. Por exemplo, selecionar um item do menu em um restaurante porque está de acordo com um conjunto de crenças sobre o que você gosta (frutos do mar) permite que você dê um motivo à escolha: "Pedi o risoto de camarão porque gosto de camarão". Este é um ótimo motivo para pedir o prato, mas não reflete necessariamente uma análise racional. Até certo ponto, uma análise de perspectiva explica isso, caso a pessoa deseje evitar os riscos associados a outros pratos. Mas se a pessoa em questão nunca comeu risoto antes, essa decisão sugere que o risco (risoto) é mitigado por ter um bom motivo para pedir o prato (eu gosto de camarão).

Muitas vezes os indivíduos tomam a decisão de evitar se arrepender por uma decisão que pode não resultar em um desfecho desejável. Esta é uma forma de aversão à perda. Quando leciono este tópico, geralmente proponho o seguinte exemplo aos alunos. Imagine que todos na classe recebam um tíquete para um sorteio no valor de $ 100 (é um experimento mental, não de um sorteio de verdade). Não tem custo. Os tíquetes são gratuitos. Por se tratar de um sorteio, todo tíquete tem a mesma probabilidade de ganhar. Nenhum pode ser considerado vencedor até que o sorteio seja realizado. Portanto, ao receber o tíquete, você sabe que ele terá a mesma probabilidade de ganhar que todos os outros. Em seguida, pergunto aos alunos se eles considerariam trocar o tíquete com o aluno ao lado deles. A maioria dos alunos indica que, neste cenário, eles não estariam dispostos a fazer a troca. A razão é porque não há vantagem em negociar com outra pessoa, pois os tíquetes têm a mesma probabilidade de serem vencedores. No entanto, a maioria dos alunos também indica que se tivessem trocado e a pessoa ao lado ganhasse, eles se arrependeriam. Em outras palavras, as pessoas evitam trocar de forma a evitar um sentimento de arrependimento. Seria difícil evitar o sentimento de arrependimento e a sensação de que trocou o tíquete vencedor, mesmo que nenhum dos tíquetes seja o vencedor até que o sorteio seja realizado.

RESUMO

As decisões são a base de muitos resultados importantes da cognição. Nos capítulos anteriores, mostrei que construções como memória, conceitos e indução refletem estados e comportamentos internos. Com a tomada de decisão, esses estados internos interagem com resultados externos. Ao contrário de muitos dos tipos de pensamento que foram discutidos nos capítulos anteriores, existem consequências reais em tomar boas e más decisões.

No *Capítulo 10*, discutimos a interação entre linguagem e pensamento. Um dos pontos que tentei ressaltar foi que a maneira como você descreve algo linguisticamente pode ter um efeito em como você pensa a respeito daquilo. Neste capítulo, isso ficou muito claro com relação aos efeitos de enquadramento. As decisões que são enquadradas como perda produzem expectativas e resultados diferentes em comparação com as decisões que são enquadradas como ganhos. No exemplo mais notável, os termos e resultados eram idênticos; a única coisa que diferia era o conteúdo linguístico e semântico.

Embora a maioria das decisões que as pessoas tomam, e a maioria das decisões que você já tomou, sejam diretas e estão, provavelmente, corretas (ou próximas o bastante), há muitas vezes em que decisões erradas foram tomadas. Há momentos em que você comete um erro. Há momentos em que você escolhe o curso de ação errado. Ou há momentos em que você seleciona um dos vários resultados incertos e as coisas não saem como planejado. A pesquisa e as ideias discutidas neste capítulo devem deixar claro que a tomada de decisões é, ao mesmo tempo, um processo rápido e aparentemente sem esforço, mas também um processo repleto de erros e vieses em potencial. Esses vieses são o resultado de heurísticas projetadas para nos ajudar. Os vieses cognitivos e as heurísticas são usados em diversos cenários diferentes e de muitas maneiras, mas eles podem não ser sempre uma fonte de erros e sim uma fonte de tomada de decisão rápida e eficiente ao invés disso.

CAPÍTULO 15

COMO PENSAR

Em 2020, muitas pessoas aprenderam ou reaprenderam a trabalhar em casa. O novo coronavírus que causou a COVID-19 também trouxe uma mudança na forma como muitas pessoas trabalhavam. Em todo o mundo, professores, profissionais de tecnologia, produtores de conhecimento, pessoas da área de finanças e empresários começaram a trabalhar em casa e a realizar reuniões em plataformas de videoconferência como Zoom, Skype ou Microsoft Teams. Para muitos de nós, isso representou uma mudança significativa na forma como realizávamos nosso trabalho, embora o conteúdo de grande parte desse trabalho permanecesse o mesmo. Como professor e pesquisador, fui uma dessas pessoas.

As videoconferências já existem há algum tempo na academia, mas a dependência quase total delas era sem precedentes. Conforme discutido anteriormente nos capítulos sobre memória e indução, o conhecimento do passado orienta nosso comportamento nas novas situações. Mas, para isso, eu tinha poucas memórias anteriores disponíveis para me orientar. O que tinha para me guiar eram minhas rotinas usuais, como reuniões semanais de laboratório e de aconselhamento com meus alunos. Foi assim que comecei a estruturar meu dia *online*. Era semelhante ao meu dia de trabalho pré-pandemia, mas usando videoconferências em vez de reuniões presenciais. Comecei a lecionar *online* usando o Zoom e a gravar palestras em vídeo. As reuniões com meus alunos de graduação eram semanais. Realizamos nossas reuniões de laboratório de pesquisa também pelo Zoom, assim como as reuniões de departamento.

CAPÍTULO 15 | COMO PENSAR

Houve exames de PhD feitos pelo Zoom. Inclusive, houve conversas formais e pausas para o café pelo Zoom. Alguns grupos de pesquisa realizaram *happy hours* com o Zoom. Mesmo as conferências acadêmicas, que há muito têm sido uma forma de juntar acadêmicos, pesquisadores, estudantes e cientistas de diferentes locais, mudaram para os formatos *online*. Logo, eu estava fazendo todo o meu trabalho – ensino, pesquisa, trabalho de comitê e tudo mais – na mesma tela, no mesmo computador, na mesma sala.

Embora muito do meu trabalho pudesse ser realizado facilmente em casa e *online*, comecei a notar algumas pequenas mudanças em minhas próprias aptidões. Estava ficando mais esquecido, cometendo erros de memória mais simples. Por exemplo, poderia conversar com um aluno por 10 minutos sobre o projeto errado. Ou poderia confundir uma reunião com outra. Muitos desses equívocos eram erros de memória relacionados à fonte da memória. Lembrei-me da fonte errada ou do evento errado. Escrevi sobre esses tipos de erros de atribuição incorreta no *Capítulo 6*, erros que ocorrem quando você se lembra de ter lido ou visto algo, mas não tem certeza de onde, ou confunde a fonte da memória. Parecia que estava cometendo mais erros de fonte de memória do que antes. Sentia-me mais parecido com o estereótipo do "professor distraído" do que antes.

Então percebi uma possível origem do problema: tudo parecia igual. Estava olhando para a mesma tela, no mesmo computador, na mesma sala para tudo. Isso não era típico. Durante toda a minha carreira acadêmica, sempre tive lugares diferentes para atividades diferentes. Eu fazia uma palestra em uma sala de aula ou de conferência. Realizava seminários em uma pequena sala de discussão. Reuniam-me com alunos em meu escritório. Encontrava com colegas no café do *campus*. As reuniões do comitê eram geralmente realizadas em salas de reunião e da diretoria. Eu trabalhava nas análises de dados em meu escritório. Geralmente escrevia em casa, ou às vezes em um café local. Lugares diferentes para tarefas diferentes. Mas agora, todo o trabalho estava concentrado em um só lugar. Ensino, pesquisa, redação e aconselhamento eram todos *online*. E pior, tudo parecia igual. Estava tudo na mesma tela, no Zoom e no meu escritório em casa. Eu não tinha mais a variedade de espaço, tempo, localização e contexto para criar um conjunto variado de sugestões de memória.

Por que estou falando disso? Porque, ao perceber o problema, também pensei sobre minha própria compreensão da psicologia cognitiva e pensei por que poderia estar cometendo esses erros simples. Como escrevi no *Capítulo 6*, a memória é flexível e depende da propagação da ativação para ativar memórias semelhantes a partir de pistas, ou indicações, preditivas. Em alguns casos, o contexto local pode ser uma sugestão de memória forte e útil. Se você codificar certas informações em um contexto, irá se lembrar melhor dessas informações sob o mesmo contexto. A recuperação da memória depende de uma conexão entre as sugestões que estavam presentes na codificação e as que estavam presentes na recuperação. É assim que sabemos como ajustar nosso comportamento a diferentes contextos.

Reagimos aos locais o tempo todo. Quando você entra em um restaurante ou lanchonete, provavelmente ajusta seu comportamento. Se você estiver voltando a um restaurante em que esteve anos atrás, você se lembrará de já ter estado lá antes. Os alunos se comportam de maneira diferente em sala de aula e fora dela. Estar na sala de aula ativa as memórias de estar na sala de aula e os alunos se ajustam de acordo. Eles podem se lembrar do que foi discutido na aula da semana passada assim que entrarem na sala. Você provavelmente faz o mesmo tipo de coisa, mesmo que não estude mais. Você pode não pensar muito sobre as coisas de casa quando está no escritório e pode não pensar sobre o escritório quando está em casa. Dei um exemplo no *Capítulo 8*, quando descrevi como minha filha se lembrou do carro no elevador quando passamos pela oficina. Ela vivenciou um acontecimento, continuou seu dia e, em seguida, reviveu o acontecimento quando viu o mesmo lugar. Sugestões contextuais ajudam. Estar em um lugar específico ajuda você a se lembrar das coisas que associa àquele lugar. Tudo isso faz parte de nossa tendência natural de lembrar as coisas onde e quando é provável que sejam mais importantes.

Porém, parecia que essa tendência natural estava trabalhando contra mim. Cada dia começava na mesa do meu escritório, em casa. Todos os dias eu estava no mesmo local quando lecionava, escrevia, fazia reuniões e analisava dados. Também era o mesmo local onde eu lia as notícias, acompanhava o *Twitter* e, à noite, comprava comida *online*. O que percebi, em meu súbito esquecimento, era que eu estava passando por alguma interferência. Tudo estava começando a ficar igual. As sugestões contextuais que normalmente seriam um lembrete útil do que eu estava fazendo não estavam mais funcionando como sugestões de memória porque eram as mesmas para tudo e todos. Na verdade, elas provavelmente estavam causando um efeito de interferência porque as informações de local e contexto (meu escritório, minha mesa, minha tela do computador e Zoom) eram as mesmas para tantas reuniões diferentes que isso aumentava a probabilidade de eu fazer uma confusão de erro de fonte. Quando tudo parece igual, o contexto não é mais uma sugestão de memória útil. Se você trabalha, lê, escreve, compra e lê casualmente as notícias exatamente no mesmo lugar, a probabilidade de cometer um erro ou confusão aumenta.

Não se trata de um problema fácil de resolver, claro, porque enquanto a COVID-19 estiver em ascensão, ainda terei que trabalhar em casa. Mas, graças à minha compreensão da memória e da psicologia cognitiva, pelo menos tenho

CAPÍTULO 15 | COMO PENSAR

alguma compreensão do que está acontecendo e do porquê está acontecendo. E com essa informação, posso mudar meu ambiente de trabalho para ajudar. Por exemplo, uma solução simples é variar a abordagem das videochamadas. Pode ajudar alternar as plataformas, por exemplo, reunindo-se com um grupo de trabalho no MS Teams e outro no Zoom. Não é uma diferença tão grande quanto uma reunião em salas diferentes, mas ainda é uma mudança de local. Outra maneira de atingir o mesmo objetivo é simplesmente mudar a aparência do seu computador cada vez que você se encontrar com uma pessoa, usando planos de fundo diferentes para pessoas diferentes. Essas coisas parecem muito simples e talvez não resolvam o problema totalmente, mas podem ajudar. Mais importante, são recomendações que vêm diretamente de nossa compreensão de como a mente funciona. Se você tentasse uma dessas sugestões, como usar uma plataforma de vídeo diferente para reuniões diferentes, estaria usando uma teoria psicológica para fazer uma previsão e, em seguida, testar essa previsão com um experimento (em seu próprio comportamento). E é isso que espero que você tire das ideias deste livro.

PENSAMENTO E PSICOLOGIA COGNITIVA NO CONTEXTO COTIDIANO

Agora que você adquiriu alguma compreensão do que é psicologia cognitiva e como ela funciona, verá exemplos em suas próprias experiências diárias. Por exemplo, você pode notar as maneiras pelas quais sua atenção se alterna entre duas tarefas e que sempre há um pequeno atraso no processamento quando você faz isso. Se você entender o que está acontecendo e por que isso acontece, poderá reconhecer o problema e será capaz de aplicar os *insights* da psicologia cognitiva para ajudá-lo a evitar tal problema. Ao fazer isso, você pode ajustar seu comportamento de forma a reduzir o atraso, aprendendo a evitar a mudança em primeiro lugar. Ver seu *smartphone* na mesa funciona como um estímulo visual que chama sua atenção? Isso é algo que a discussão que tivemos sobre atenção visual poderia sugerir. Uma solução pode ser deixar o telefone fora de vista. Sem ele lá para atuar como uma sugestão visual, você pode se concentrar em outras coisas por um pouco mais de tempo.

Considere outro exemplo. Talvez você perceba que tende a elaborar e a preencher detalhes de memória. Talvez goste de contar uma certa história e acrescenta alguns detalhes um pouco exagerados para torná-la mais interessante. Ou talvez você elabore a história para torná-la mais memorável para os ouvintes. Bem, pelo que você sabe sobre memória e sobre a tendência a elaborar, qual acha que será o resultado no longo prazo? Provavelmente se lembrará dessas histórias elaboradas melhor do que de outra forma, mas também provavelmente se lembrará das elaborações junto com a memória original, à medida que elas se fundem e se tornam parte do mesmo evento. E isso tornará difícil para você distinguir os eventos reais dos elaborados.

Existem inúmeros exemplos. Pense em cada uma das questões abaixo. Reflita se elas se aplicam ou não a você e como esses exemplos podem ser explicados e evitados usando os *insights* deste livro.

- Você confia em estereótipos ao raciocinar ou tomar decisões?
- Você comete o mesmo erro sempre que tenta resolver um problema semelhante?
- Você já teve dificuldade em ver além da aparência de alguém porque essa pessoa o lembra de outra pessoa?
- Você tem dificuldade para se lembrar das mesmas coisas simples todos os dias?
- Você se lembra de coisas inúteis como um antigo *jingle* de publicidade e se pergunta por que ainda está ativo?

Para cada um desses e muitos outros exemplos, você pode encontrar as explicações na psicologia cognitiva. Pode encontrar as respostas em muitos dos capítulos deste livro. Se não diretamente, então indiretamente por meio de uma melhor compreensão acerca do processo de pensamento. Na minha opinião, a melhor maneira de aprender a pensar com mais eficácia é estar ciente de como os erros acontecem. A melhor maneira de perceber equívocos e erros de pensamento e julgamento é saber mais sobre o pensamento em geral. Acho que a compreensão da cognição, da psicologia cognitiva e do cérebro é útil e traz vantagens para todos nós.

COMO PENSAR SOBRE SEU PRÓPRIO PENSAMENTO

O título deste capítulo, "Como Pensar", pode sugerir que direi como você deve pensar. Essa seria uma inferência linguística razoável. Ao fazer isso, não estou sugerindo o que pensar. Não estou sugerindo que haja apenas uma maneira de pensar. Estou sugerindo que a psicologia cognitiva pode ajudá-lo a compreender o pensamento. Dessa compreensão surge a solução para saber como pensar.

Realmente, não posso sugerir o que você deveria pensar. Não posso sugerir em quais experiências passadas você pode confiar. Só posso sugerir que você irá confiar nas experiências passadas que são semelhantes às do presente. Todos nós temos experiências diferentes. Todos nós temos formações diferentes. Falamos línguas diferentes e alguns de nós falam várias línguas. Nossas memórias, nossas experiências, nossa linguagem e conceitos afetam a maneira como entendemos e damos sentido ao mundo, a maneira como decidimos e como resolvemos problemas. Essas diferentes origens e experiências significam que pensamos sobre as coisas de maneira diferente, mas a psicologia cognitiva sugere que os mecanismos e o processo de pensamento são os mesmos para todos nós. Todos construímos uma representação do mundo. Todos focamos seletivamente em alguns recursos em detrimento de outros. Todos contamos com a memória para preencher os detalhes e orientar o futuro.

Portanto, não existe *uma* maneira de pensar. Existem maneiras de pensar. A psicologia cognitiva fornece *insights* e compreensão sobre as diferentes maneiras como processamos as informações e como entendemos o mundo.

Neste livro, forneci a você uma base em psicologia e ciências cognitivas. Se você leu os capítulos sobre a história da nossa ciência, sabe de onde vêm essas teorias e o que elas dizem sobre a capacidade especial e possivelmente única da nossa espécie de autorreflexão. Se leu os capítulos sobre atenção e percepção, sabe como nossa fisiologia parece ter evoluído para oferecer estrutura com rapidez e sem esforço para um mundo em constante mudança de estímulos sensoriais. Se leu os capítulos sobre memória, sabe como a memória ajuda a estabilizar nossa compreensão do presente e fazer previsões sobre o futuro. Se leu os capítulos sobre raciocínio e tomada de decisão, sabe como essas memórias e experiências geralmente nos permitem tomar decisões adaptativas e às vezes nos levam a cometer erros. Da percepção à atenção, da memória aos conceitos e da linguagem ao comportamento complexo, nosso cérebro e mente criam e recriam experiências para nós. Confiamos em nossas sensações, nossas percepções, nossos julgamentos e nossas decisões. Parece que fomos projetados para confiar. Na verdade, uma falta sistemática de confiança em nossos próprios pensamentos seria um problema. Desconfiar continuamente de nossos próprios pensamentos seria patológico.

Muito do que pensamos, vemos, lembramos e acreditamos é uma *recriação*. Como podemos chegar a um acordo sobre isso?

Aceite um pouco dessa incerteza e aprenda a compreender que suas memórias não são precisas. Elas podem não refletir um registro preciso do que aconteceu com você ou daquilo que você viveu. Pode estar faltando detalhes. Pode haver lacunas, distorções. Em vez disso, as memórias em geral refletem o que precisamos saber para sobreviver, aprender e prosperar. Nossa mente completa padrões para que possamos reagir de forma adaptativa e fazer previsões de modo correto. Pode haver intrusões e exageros ocasionais. Sua memória e pensamento podem não ser precisos, mas pensar é adaptável a novas situações. Exagerar um pouco as coisas é o que nos permite generalizar diante de novas situações. A flexibilidade da memória é o que nos permite prever novos recursos e novas coisas. E é disso que se trata pensar: aprender a se adaptar e a se comportar, aprender a decidir e a resolver problemas. Pensar é o que fazemos. E compreender o pensamento e o comportamento é compreender a nós mesmos.

REFERÊNCIAS

ANDERSON, Richard C.; PICHERT, James W. "Recall of previously unrecallable information following a shift in perspective". *Journal of Verbal Learning and Verbal Behavior*, [s. l.], v. 17, n. 1, p. 1-12, fev. 1978.

ARCARO, M. J.; THALER, L.; QUINLAN, D. J.; MONACO, S.; KHAN, S.; VALYEAR, K. F.; GOEBEL, R; DUTTON, G. N.; GOODALE, M. A.; KASTNER, S.; CULHAM, J.C. "Psychophysical and neuroimaging responses to moving stimuli in a patient with the Riddoch phenomenon due to bilateral visual cortex lesions". *Neuropsychologia*, [s. l.], v. 128, p. 150-165, maio 2019.

ARNOTT, S. R.; THALER, L.; MILNE, J. L.; KISH, D.; GOODALE, M. A. "Shape-specific activation of occipital cortex in an early blind echolocation expert". *Neuropsychologia*, [s. l.], v. 51, n. 5, p. 938-949, abr. 2013.

BADDELEY, A. D.; HITCH, G. "Working Memory". *In*: BOWER, G. H. (ed.). *Psychology of Learning and Motivation*. [S. l.]: Academic Press, 1974. v. 8, p. 47-89.

BARON, J. *Thinking and deciding*. 4. ed. Nova York: Cambridge University Press, 2008.

BARTLETT, F. C. "Remembering: A Study in Experimental and Social Psychology". *British Journal of Educational Psychology*, Cambridge, v. 3, p. 187-192, jun. 1933.

BAUMEISTER, R. F. "Self-regulation, ego depletion, and inhibition". *Neuropsychologia*, [s. l.], v. 65, p. 313-319, dez. 2014.

BAUMEISTER, R. F.; BRATSLAVSKY, E.; MURAVEN, M.; TICE, D. M. "Ego depletion: Is the active self a limited resource?". *Journal of Personality and Social Psychology*, [s. l.], v. 74, n. 5, p. 1252-1265, 1998.

BEVER, T. "The Cognitive Basis for Linguistic Structures". *In*: HAYES, R. (ed.). *Cognition and Language Development*. [S. l.]: Wiley, 1970. p. 227-360.

BORODITSKY, L.; FUHRMAN, O.; MCCORMICK, K. "Do English and Mandarin speakers think about time differently?". *Cognition*, [s. l.], v. 118, n. 1, p. 123-129, jan. 2011.

BROOKS, L. R. "The Suppression of Visualization by Reading". *Quarterly Journal of Experimental Psychology*, [s. l.], v. 19, n. 4, p. 289-299, 18 maio 1967.

COLLINS, A. M.; QUILLIAN, M. R. "Retrieval Time From Semantic Memory". *Journal of Verbal Learning and Verbal Behavior*, [s. l.], v. 8, n. 2, p. 240-247, abr. 1969.

CRAIK, F. I. M.; TULVING, E. "Depth of processing and the retention of words in episodic memory". *Journal of Experimental Psychology: General*, [s. l.], v. 104, n. 3, p. 268-294, jan. 1975.

DEKKER, S.; LEE, N. C.; HOWARD-JONES, P.; JOLLES, J. "Neuromyths in education: Prevalence and predictors of misconceptions among teachers". *Frontiers in Psychology*, [s. l.], v. 3, p. 429, 18 out. 2012.

EVANS, J. St. B. T. "In two minds: dual-process accounts of reasoning". *Trends in Cognitive Sciences*, [s. l.], v. 7, n. 10, p. 454-459, out. 2003.

GABLE, P.; HARMON-JONES, E. "The motivational dimensional model of affect: Implications for breadth of attention, memory, and cognitive categorization". *Cognition and Emotion*, [s. l.], v. 24, n. 2, p. 322-337, jan. 2010.

GARRISON, K. E.; FINLEY, A. J.; SCHMEICHEL, B. J. "Ego Depletion Reduces Attention Control: Evidence From Two High-Powered Preregistered Experiments". *Personality and Social Psychology Bulletin*, [s. l.], v. 45, n. 5, p. 728-739, 21 set. 2018.

GASPER, K.; CLORE, G. L. "Attending to the Big Picture: Mood and Global Versus Local Processing of Visual Information". *Psychological Science*, [s. l.], v. 13, n. 1, p. 34-40, 1 jan. 2002.

GIGERENZER, G.; GAISSMAIER, W.; KURZ-MILCKE, E.; SCHWARTZ, L. M.; WOLOSHIN, S. "Helping Doctors and Patients Make Sense of Health Statistics". *Psychological Science in the Public Interest*, [s. l.], v. 8, p. 53-96, 1 nov. 2007.

GOLDSZMIDT, M.; MINDA, J. P.; BORDAGE, G. "Developing a unified list of physicians' reasoning tasks during clinical encounters". *Academic Medicine: Journal of the Association of American Colleges*, [s. l.], v. 88, n. 3, p. 390-397, mar. 2013.

REFERÊNCIAS

GOODMAN, N. *Fact, Fiction, and Forecast*. [S. l.]: Harvard University Press, 1983.

HAGGER, M. S. et al. "A Multilab Preregistered Replication of the Ego-Depletion Effect". *Perspectives on Psychological Science*, [s. l.], v. 11, n. 4, p. 546-573, 29 jul. 2016.

HEBB, D. O. *The Organization of Behavior: A Neuropsychological Theory*. [S. l.]: Wiley; Chapman & Hall, 1949.

HEIDER, E. R. "Universals in color naming and memory". *Journal of Experimental Psychology: General*, [s. l.], v. 93, n. 1, p. 10-20, 1972.

HIRSTEIN, W.; RAMACHANDRAN, V. S. "Capgras syndrome: a novel probe for understanding the neural representation of the identity and familiarity of persons". *Royal Society*, [s. l.], v. 264, n. 1380, p. 437-444, 22 mar. 1997.

HOCKETT, C. F. "The Origin of Speech". *Scientific American*, [s. l.], v. 203, p. 88-96, 1960.

HOLMES, E. A. et al. "Multidisciplinary research priorities for the COVID-19 pandemic: a call for action for mental health science". *The Lancet Psychiatry*, [s. l.], v. 7, n. 6, p. 547-560, 1 jun. 2020.

HORNSBY, A. N.; EVANS, T.; RIEFER, P. S.; PRIOR, R.; LOVE, B. C. "Conceptual organization is revealed by consumer activity patterns". *Computational Brain & Behavior*, [s. l.], v. 3, p. 162-173, jun. 2020.

JAMES, W. *The Principles of Psychology*. Nova York: Henry Holt and Company, 1890.

KAHNEMAN, D. *Thinking, Fast and Slow*. [S. l.]: Macmillan, 2011.

KAHNEMAN, D.; KNETSCH, J. L.; THALER, R. H. "Anomalies: The Endowment Effect, Loss Aversion, and Status Quo Bias". *Journal of Economic Perspectives*, [s. l.], v. 5, n. 1, p. 193-206, 1991.

KAHNEMAN, D.; TVERSKY, A. "Prospect Theory: An Analysis of Decisions under Risk". *Econometrica*, [s. l.], v. 47, p. 263-289, mar. 1979.

LAKOFF, G.; JOHNSON, M. *Metaphors We Live By*. [S. l.]: University of Chicago Press, 2008.

LOPEZ, German. "New Zealand's gun laws, explained". *Vox*, [S. l.], p. 1-5, 18 mar. 2019. Disponível em: https://www.vox.com/2019/3/15/18267093/new-zealand-gun-control-laws-christchurch-mosque-shooting. Acesso em: 5 nov. 2021.

MALT, B. C.; SLOMAN, S. A.; GENNARI, S.; SHI, M.; WANG, Y. "Knowing versus Naming: Similarity and the Linguistic Categorization of Artifacts". *Journal of Memory and Language*, [s. l.], v. 40, p. 230-262, fev. 1999.

MARR, D. *Vision: A Computational Investigation into the Human Representation and Processing of Visual Information*. São Francisco: WH Freeman, 1982.

MERRIAM, E.P.; THASE, M. E.; HAAS, G. L.; KESHAVAN, M. S.; SWEENEY, J. A. "Prefrontal cortical dysfunction in depression determined by Wisconsin Card Sorting Test performance". *The American Journal of Psychiatry*, [s. l.], v. 156, n. 5, p. 780-782, maio 1999.

MISCHEL, W.; EBBESEN, E. B.; ZEISS, A. R. "Cognitive and attentional mechanisms in delay of gratification". *Journal of Personality and Social Psychology*, [s. l.], v. 21, n. 2, p. 204-218, 1972.

NADLER, R. T.; RABI, R.; MINDA, J. P. "Better Mood and Better Performance: Learning Rule-Described Categories Is Enhanced by Positive Mood". *Psychological Science*, [s. l.], v. 21, n. 12, p. 1770-1776, 25 out. 2010.

NEWLL, A.; SIMON, H.A. *Human Problem Solving*. Englewood Cliffs, NJ: Prentice-Hall, 1972.

NÚÑEZ, R.; ALLEN, M.; GAO, R.; RIGOLI, C. M.; RELAFORD-DOYLE, J.; SEMENUKS, A. "What happened to cognitive science?". *Nature Human Behavior*, [s. l.], v. 3, n. 8, p. 782-791, 10 jun. 2019.

OBERAUER, K. "Design for a Working Memory". *In*: ROSS, B. H. (ed.). *Psychology of Learning and Motivation*. [S. l.]: Elsevier Academic Press, 2009. v. 51, cap. 2, p. 45-100.

OGAWA, S.; LEE, T. M.; KAY, A. R.; TANK, D. W. "Brain magnetic resonance imaging with contrast dependent on blood oxygenation". *Proceedings of the National Academy of Sciences of the United States of America*, [s. l.], v. 87, n. 24, p. 9868-9872, dez. 1990.

OSHERSON, D.; SMITH, E. E.; WILKIE, O.; LÓPEZ, A. "Category-Based Induction". *Psychological Review*, [s. l.], v. 97, n. 2, p. 185-200, 1990.

OWEN, A. M.; COLEMAN, M. R. "Detecting Awareness in the Vegetative State". *The New York Academy of Sciences*, [s. l.], v. 1129, n. 2, p. 130-138, 28 jun. 2008.

QUINE, W. V. Natural Kinds. In: RESCHER, N. (ed.). *Essays in Honor of Carl G. Hempel: A Tribute on the Occasion of his Sixty-Fifth Birthday*. Dordrecht: Springer Netherlands, 1969. p. 5-23.

RIPS, L. J. "Similarity, typicality, and categorization". *In*: VOSNIADOU, S.; ORTONY, A. (ed.). *Similarity and Analogical Reasoning*. Cambridge: Cambridge University Press, 1989. p. 21-59.

RITCHIE, S. J. et al. "Sex Differences in the Adult Human Brain: Evidence from 5216 UK Biobank Participants". *Cerebral Cortex*, [s. l.], v. 28, n. 8, p. 2959-2975, ago. 2018.

ROEDIGER, H.; MCDERMOTT, K. B. "Creating False Memories: Remembering words not presented in lists". *Journal of Verbal Learning Memory and Cognition*, [s. l.], v. 21, n. 4, p. 803-814, jul. 1995.

REFERÊNCIAS

ROSCH, E.; MERVIS, C. B. "Family resemblances: Studies in the internal structure of categories". *Cognitive Psychology*, [s. l.], v. 7, n. 4, p. 573-605, out. 1975.

SCHACTER, D. L. "The seven sins of memory. Insights from psychology and cognitive neuroscience". *The American Psychologist*, [s. l.], v. 54, n. 3, p. 182-203, 1999.

SCHWARTZ, B. *The paradox of choice: Why more is less.* [S. l.]: HarperCollins Publishers, 2004.

SHAFIR, E.B.; SMITH, E. E.; OSHERSON, D. N. "Typicality and reasoning fallacies". *Memory & Cognition*, [s. l.], v. 18, p. 229-239, maio 1990.

SHEPARD, R. N. "Toward a Universal Law of Generalization for Psychological Science". *Science*, [s. l.], v. 237, n. 4820, p. 1317-1323, 11 set. 1987.

SKINNER, B. F. *Verbal Behavior.* Acton, MA: Copley Publishing Group, 1957.

SLOMAN, S. A. "The empirical case for two systems of reasoning". *Psychological Bulletin*, [s. l.], v. 119, n. 1, p. 3-22, 1996.

SLOMAN, S. A.; LAGNADO, D. A. "The Problem of Induction". *In*: HOLYOAK, K. J.; MORRISON, R. G. (ed.). *The Cambridge Handbook of Thinking and Reasoning.* Cambridge: Cambridge University Press, 2005. p. 95-116.

SRIPADA, C.; KESSLER, D.; JONIDES, J. "Methylphenidate Blocks Effort-Induced Depletion of Regulatory Control in Healthy Volunteers". *Psychological Science*, [s. l.], v. 25, n. 6, p. 1227-1234, 22 abr. 2014.

STOTHART, C.; MITCHUM, A.; YEHNERT, C. "The attentional cost of receiving a cell phone notification". *Journal of Experimental Psychology: Human Perception and Performance*, [s. l.], v. 41, n. 4, p. 893-897, 2015.

THALER, R. "Mental Accounting and Consumer Choice". *Marketing Science*, [s. l.], v. 4, n. 3, p. 199-214, 1 ago. 1985.

THALER, R. H.; SUNSTEIN, C. R. *Nudge: Improving Decisions about Health, Wealth, and Happiness.* [S. l.]: Penguin, 2009.

TULVING, E. "Episodic and Semantic Memory". *In*: TULVING, E.; DONALDSON, W. *Organization of Memory.* [S. l.]: Academic Press, 1972.

TULVING, E. "Episodic Memory: From Mind to Brain". *Annual Review of Psychology*, [s. l.], v. 53, p. 1-25, fev. 2002.

TVERSKY, A.; KAHNEMAN, D. "Judgment under Uncertainty: Heuristics and Biases". *Science*, [s. l.], v. 185, n. 4157, p. 1124-1131, 27 set. 1974.

TVERSKY, A.; KAHNEMAN, D. "The framing of decisions and the psychology of choice". *Science*, [s. l.], v. 211, n. 4481, p. 453-458, 30 jan. 1981.

TVERSKY, A.; KAHNEMAN, D. "Extensional versus intuitive reasoning: The conjunction fallacy in probability judgment". *Psychological Review*, [s. l.], v. 21190, n. 4, p. 293-315, 1983.

VOHS, K. D.; GLASS, B. D.; MADDOX, W. T.; MARKMAN, A. B. "Ego Depletion Is Not Just Fatigue: Evidence From a Total Sleep Deprivation Experiment". *Social Psychological and Personality Science*, [s. l.], v. 2, n. 2, p. 166-173, 4 out. 2010.

VOSS, J. L.; BRIDGE, D. J.; COHEN, N. J.; WALKER, J. A. "A Closer Look at the Hippocampus and Memory". *Trends in Cognitive Sciences*, [s. l.], v. 21, n. 8, p. 577-588, 1 ago. 2017.

WARD, A. F.; DUKE, K.; GNEEZY, A.; BOS, M. W. "Brain Drain: The Mere Presence of One's Own Smartphone Reduces Available Cognitive Capacity". *Journal of the Association for Consumer Research*, [s. l.], v. 2, n. 2, p. 140-154, 2017.

WASON, P. C. "On the Failure to Eliminate Hypotheses in a Conceptual Task". *Quarterly Journal of Experimental Psychology*, [s. l.], v. 12, n. 3, p. 129-140, 1 jul. 1960.

WHORF, B. L. *Language, thought, and reality: selected writings*. [S. l.]: Technology Press of Massachusetts Institute of Technology, 1956.

ÍNDICE REMISSIVO

A

acidente vascular cerebral
AVC, 64, 94
ações motoras, 29, 68, 93, 200
Adam Horsnby, 215
Adrian Ward, 127
agnosia de objetos visuais, 93
Alan Baddeley, 171, 172, 174, 176
Alan Turing, 106
Alemanha, 26, 105, 315
Alexa, 37
algoritmo, 15, 37, 38, 39, 40, 68, 103
Aliados, 106
alma, 24, 84, 147
Amazon Prime, 37
Amazon Prime Video, 319
América do Norte, 17, 248
amígdala, 55
Amos Tversky, 141, 143, 146, 147, 148, 325,
332, 336, 337
Andrea Patalano, 291
Android, 37, 125
Android Auto, 128
Anne Treisman, 114, 115
antecedente, 306, 307, 308, 310
Apple, 37

arquitetura cognitiva, 11, 86, 88, 94, 113, 128,
140, 149, 209, 210, 273
Arthur Schopenhauer, 78
Associated Press, 237
atenção seletiva, 104, 110, 111, 112, 113, 114,
120, 176, 177
ativação neural, 51
axônios, 48

B

Baltimore Ravens, 141
Barack Obama, 72, 145
Barbara Malt, 247, 248
Barry Schwartz, 319
bastonetes, 83, 84, 85, 86, 91
behaviorismo, 30, 32, 33, 34, 35, 40, 275
Benedict Cumberbatch, 106
Benjamin Whorf, 243, 244, 245
Ben Morris, 142
B. F. Skinner, 30, 32, 33, 34, 280
Bill de Blasio, 138, 140
bloqueio, 149
definição, 149
Brenda Milner, 53, 54
Buffalo, 18, 252
bullying, 21

C

campo receptivo, 88
Canadá, 18, 95, 238, 245, 273, 315, 319, 335
captura de atenção, 105
características de baixo nível, 107, 113, 116
Cary Stothart, 125, 126
Casa Branca, 72
Cass Sunstein, 334
católico, 25
células ganglionares, 89, 90
Centro de Ciências Sociais, 10
cerebelo, 50
cérebro, 45, 48, 49
    funcionamento, 45
Charles Hockett, 233, 234, 235, 239
China, 314, 315
ciência cognitiva, 16, 19, 22, 23, 36, 38, 39,
    40, 231, 272, 275
circuito neural, 99
Cleomedes, 78
Clore, 265, 266
codificar, 157
cognição, 45, 51
cognição extracraniana, 81
cognição musical, 17
Colin Cherry, 106, 107, 123
Collins, 190, 191, 192, 193, 194, 217
concepção cartesiana, 25
condicionamento operante, 30, 32, 255, 280
cones, 83, 84, 85, 86, 88, 91
consequente, 306, 307, 308, 310, 311
constância de tamanho, 76
conteúdo semântico, 107, 181, 183, 189, 234
controle cognitivo, 117, 270
coração, 47
Coreia do Sul, 315
corpos mamilares, 55
correlação, 24, 30, 47, 262
córtex, 47, 48, 49, 55, 59
córtex auditivo, 62, 99, 112, 172
córtex cerebral, 46
córtex frontal, 48, 52
córtex occipital, 91, 94, 95
córtex orbitofrontal, 56, 57
córtex pré-frontal, 42, 44, 52, 56, 261

D

Daniel Kahneman, 141, 143, 146, 147, 148,
    253, 325, 332, 335, 336, 337
Daniel Kish, 96, 97
Daniel Osherson, 286, 288
Daniel Schachter, 152
Daniel Schacter, 149, 153
David
    paciente com Delírio de Capgras, 60, 61
David Hume, 24, 26, 278, 279, 280, 281, 282,
    286
David Marr, 15, 16
Delírio de Capgras, 60
dendritos, 48
Dependente do Nível de Oxigênio no Sangue
    BOLD, 67, 68
depressão, 21, 265, 267
determinismo linguístico, 243, 247, 248, 249
Deus, 25, 35
diafragma, 83
diagramas de Euler, 300
diagramas de Venn, 300
Disney +, 319
dissociação singular, 59
distração, 149
    definição, 149
Donald Broadbent, 106, 109, 113, 114, 115,
    116, 123
Donald Trump, 72, 148, 151, 152, 241, 242,
    243
dr. Adrian Owen, 68, 69
dra. Jody Culham, 94, 95
dr. John Martyn Harlow, 58
dualística, 25
dupla dissociação, 59, 60

E

ecolocalização, 96, 97, 98, 99, 100
economistas comportamentais, 21
Edward Sapir, 243
Edward Thorndike, 30, 31
Edward Titchener, 29
efeito de primazia, 174, 175
Eleanor Rosch, 39, 219, 220, 221, 222, 245,
    246, 247

ÍNDICE REMISSIVO

eletrodos, 65

eletroencefalograma
  EEG, 65

eletroquímica, 65, 69, 84, 86

empirismo, 24, 25, 26

Endel Tulving, 189, 194, 195, 197, 198, 199, 200

Era da Ciência Cognitiva, 36, 38, 41

Era das Explorações, 25

Era de Darwin, 35

Era Espacial, 35

Escócia, 95, 278

Estados Unidos, 17, 36, 57, 105, 141, 144, 145, 147, 207, 212, 238, 241, 261, 262, 273, 316, 332
  EUA, 72, 145, 146, 212, 218, 238, 239, 240, 242, 261, 262, 264, 315

estado vegetativo, 68, 69

estruturalismo, 29, 35, 40

estruturalistas, 29, 34

estruturas subcorticais, 47

Europa, 35

F

Facebook, 37, 40, 124

fadiga cognitiva, 252, 253, 254

faixa motora, 52

fenômeno do coquetel, 106, 113

Fergus Craik, 194, 195, 197

Ferguson, 145, 212

fígado, 46

fluxo de consciência, 51

fluxo de informação\"., 51

fluxo ventral, 93

fotopigmento químico, 84

fotorreceptores, 84, 247

fóvea, 84, 85

Fredric Bartlett, 105

funções executivas, 173, 176, 177, 178, 269

G

Gable, 266

Gaslighting
  conceito, 151

Gasper, 265, 266

George Floyd, 145, 212

George Lakoff, 50, 240, 241, 242, 243, 248

George Orwell, 71, 72

George Sperling, 166, 167, 168, 169

Geração X, 124

Gerd Gigerenzer, 328, 330

Glasgow, 94

globo ocular, 83, 84, 87

Google, 37, 39, 40, 196, 206, 207, 212, 214, 249

Google Lens, 37

Google Maps, 37, 128

GPS, 36, 37

Graham Hitch, 171

Groenlândia, 245

Guerra ao Terror, 239

Guerra Fria, 36

H

Hamilton, 118

Hans Berger, 65

hardware, 49

Harmon-Jones, 266

Henry Molaison, 53, 54

Henry Roediger, 189, 196, 197

Henry Scoville, 53

Herbert Simon, 39, 320

Hermann Ebbinghaus, 173, 174, 189

heurística, 140, 147, 162, 178, 256, 258, 262, 263, 318, 319, 321, 324, 326

heurística da disponibilidade, 141, 142, 143, 144, 145

heurística da representatividade, 146, 147, 262

hipocampo, 52, 53, 54, 55, 162, 163, 164

hipotálamo, 55

hipóteses, 13, 102, 172, 177, 226, 312

hipótese Sapir-Whorf, 243

Hiram College, 17

I

Idade Média, 25

Illinois, 201

Iluminismo, 20, 23, 24, 35, 278

ilusão da Lua, 77, 78, 79
ilusão de Müller-Lyer, 73, 77, 79
ilusões auditivas, 73
ilusões visuais, 72, 77, 100
indução, 24, 275, 276, 277, 278, 279, 280,
281, 282, 283, 284, 285, 286, 291, 292,
294, 339, 340
conceito, 24
informação neural, 51, 112
informações sensório-motoras, 52
inputs, 16, 30, 34, 45, 91, 99, 108, 114
Instagram, 114
Instituto Beckman de Ciência e Tecnologia
Avançada, 18
inteligência artificial, 38, 40
InterAxon, 66
introspecção
significado, 23
introspecção treinada, 28
Iraque, 238, 240
íris, 83
Itália, 138, 314, 315

J

James Olson, 9
Jean Chrétien, 239
Jennifer Milne, 97
Joel Voss, 162, 163
John Locke, 23, 24, 26
John Steinbeck, 16
John Watson, 30
Jonathan Baron, 321, 322
Jonathan Evans, 258, 260
Jonathan St. B.T. Evans, 257

K

Keith Stanovich, 257

L

Lagnado, 285
Lago Erie, 252
Lago Huron, 252
Lee Brooks, 118, 119, 120, 123, 171
Leipzig, 26

Lera Boroditsky, 248, 249, 250
Linda
personagem fictício, 325
linguagem, 11, 21, 32, 33, 44, 50, 52, 53, 56,
59, 61, 93, 103, 110, 170, 172, 173,
179, 187, 188, 189, 202, 230, 231, 232,
233, 234, 235, 236, 237, 238, 239, 241,
242, 243, 244, 245, 246, 247, 248, 249,
250, 253, 254, 255, 256, 257, 272, 275,
282, 339, 345
linguagem não literal, 239, 240
livros didáticos, 10
lobo frontal, 50, 52, 59
lobo occipital, 50, 51, 52, 57, 59, 86, 87
lobo parietal, 50
lobos, 49
lobos parietais, 51
lobos temporais, 51, 52, 59, 162
lobo temporal, 50, 52, 53, 57, 59, 62, 63, 112,
116, 136, 162, 188
lockdown, 314, 315
Londres, 69
Lore Thaler, 97
Lua, 36, 77, 78, 79, 80
lula gigante, 48

M

má atribuição, 149
definição, 150
mapa retinotópico, 87, 91, 99
massa cinzenta, 48
matéria branca, 48
matrizes progressivas de Raven, 127, 128
medula espinhal, 48
Mel Goodale, 97
memória, 9, 10, 11, 14, 20, 21, 22, 24, 26, 28,
29, 31, 44, 52, 53, 54, 55, 66, 70, 71,
97, 99, 104, 105, 118, 131, 132, 133,
134, 135, 136, 137, 138, 139, 140, 141,
142, 143, 144, 145, 147, 148, 149, 150,
151, 152, 153, 154, 155, 156, 157, 158,
159, 160, 161, 162, 163, 164, 165, 166,
167, 168, 171, 172, 174, 175, 176, 178,
179, 180, 181, 182, 183, 184, 185, 186,
187, 188, 189, 191, 192, 193, 195, 196,

197, 198, 200, 202, 213, 216, 217, 223, 226, 229, 230, 231, 233, 243, 246, 250, 254, 256, 257, 258, 259, 260, 262, 263, 272, 273, 275, 276, 277, 285, 291, 316, 318, 321, 322, 330, 338, 339, 340, 341, 342, 343, 345, 346

memória adaptativa, 155

memória declarativa, 160, 187, 188, 189, 194, 198, 200, 205

memória de longo prazo, 134, 135, 152, 154, 155, 164, 173, 174, 180, 187, 188, 189, 197, 200

memória de trabalho, 105, 127, 152, 154, 155, 159, 161, 169, 170, 171, 172, 173, 174, 175, 176, 178, 179, 180, 185, 187, 189, 204, 231, 258, 269, 311, 318

memória episódica, 133, 161, 162, 180, 184, 185, 186, 187, 198, 199, 201, 204, 216, 238

memória lexical, 160, 161

memória não-declarativa, 188, 200, 202
conceito, 188

memória processual, 158, 159, 160, 161, 187, 190, 200, 216

memória prospectiva, 162

memória semântica, 133, 160, 161, 180, 181, 183, 184, 185, 187, 189, 190, 191, 193, 194, 197, 198, 199, 204, 216, 217, 285, 338

memória sensorial, 158, 159, 160, 161, 166, 168, 169, 172, 180, 205

memórias episódicas, 181, 185, 226

memórias semânticas, 181, 183, 226

memória visual-espacial, 71

mensuração, 27, 28, 29
medidas, 27

mente
conceito, 25

mesencéfalo, 47

metafísica, 25

metáfora, 49, 50

metáfora conceitual, 51

metamemória, 160, 161
conceito, 186

México, 273

Microsoft Teams, 340

mielina, 48
função, 48

Milena Canning, 94, 95, 96

Missouri, 145, 212

modus ponens, 306
definição, 306

modus tollens
definição, 307

morte cerebral, 68, 69

mudanças de paradigma, 35

multitasking, 19, 105, 120, 121, 122, 123

mundo sensorial exterior, 205

Muse, 66

N

nativismo cartesiano, 26

navegação, 16, 97, 125, 214

Neal Cohen, 162, 163

Nelson Goodman, 281, 282, 283, 286, 311

nervos ópticos, 81

Netflix, 37, 214, 319

neurobiologia, 25, 39, 285

neurociência, 16, 19, 36, 38, 39, 40, 41, 44, 163, 272, 273

neurociência cognitiva, 16, 22, 23, 41, 44, 45, 57, 59, 60, 64, 69, 166, 189

neuroimagem, 26, 96

neuromito, 46

neurônio, 65

neurônios, 35, 39, 40, 48, 49, 51, 52, 65, 67, 84, 86, 87, 88, 89, 91, 157, 158, 162, 188, 202, 204, 272

neurônios sensoriais, 52

neuropsicologia, 22, 59

NFL, 141, 142, 144

nível algorítmico, 15, 16, 22

nível computacional, 15, 16, 22, 88

nível de implementação, 16

nível representacional, 15

Noam Chomsky, 33, 34

Nova York, 138, 347, 349

Nova Zelândia, 212, 315

O

Ohio, 17
ondas de ansiedade, 51
onda senoidal, 111
ondas sonoras, 110, 111
Ontário, 116, 118, 123, 252, 273
operação span
  O-Span, 127
Os sete pecados da memória
  descrição, 149
outputs, 30, 34, 254

P

Papua-Nova Guiné, 246
paradoxo, 24, 129, 131
pele, 46
pensamento profundo, 51
pensamento superficial, 51
pensar
  definição, 137
Pensilvânia, 17, 321
percepção, 11, 12, 19, 21, 29, 57, 61, 71, 76,
    80, 88, 95, 96, 100, 103, 111, 114, 120,
    130, 131, 132, 136, 140, 152, 154, 155,
    157, 159, 162, 163, 164, 166, 167, 168,
    169, 170, 171, 176, 178, 180, 187, 191,
    194, 204, 230, 245, 246, 247, 265, 275,
    345
percepção auditiva, 28
percepção tátil, 70
persistência, 149
  definição, 153
Phineas Gage, 57, 58, 59, 64, 65
Pittsburgh, 17
Platão, 210, 216, 244
pobreza do estímulo, 33
potencial, 65
Potencial de Eventos Relacionados
  ERP, 65
Prêmio Nobel de Economia, 334
Primeira Guerra Mundial, 105
primitivos visuais, 51
Princeton, 114
Prometeu, 38
psicologia clínica, 27

psicologia cognitiva, 10, 11, 16, 18, 20, 21, 22,
    23, 33, 35, 36, 38, 55, 65, 88, 118, 135,
    173, 189, 196, 233, 272, 273, 341, 342,
    343, 344, 345
  conceito, 35
psicologia do pensamento, 9
psicologia experimental, 17, 27, 33, 34, 40,
    105
Ptolomeu, 78
pupila, 83

Q

quarentena, 314, 315

R

raciocínio, 9, 17, 21, 173, 177, 178, 204, 249,
    250, 257, 258, 259, 275, 277, 284, 293,
    294, 295, 296, 297, 298, 306, 307, 310,
    311, 312, 313, 335, 345
Ray Rice, 141, 142, 144
reconhecimento da fala, 28
reconstruções post mortem, 59
Reforma, 25
refração atmosférica, 78
região temporal, 53, 93
Reino Unido, 105, 138, 171, 243, 315
René Descartes, 24, 25, 26, 35, 49
Ressonância Magnética Funcional
  fMRI, 67, 68, 69, 98, 163
retina, 74, 76, 79, 83, 84, 85, 86, 87, 89, 91,
    96, 112, 205, 247
retroprojetor, 9, 10
Revolução Industrial, 27, 35
Richard Thaler, 97, 333, 334
Rodney King, 212
Roger Shepard, 280
rombencéfalo, 47
Ross Quillian, 190, 191, 192, 193, 194, 217
Roy Baumeister, 269

S

Saddam Hussein, 239
Segunda Guerra Mundial, 105, 138
Seiji Ogawa, 67

ÍNDICE REMISSIVO

seleção deôntica, 312
sensibilidade tátil, 52
Sigmund Freud, 30, 269
silogismo, 258, 259, 294, 295, 296, 298, 303, 305, 309
Siri, 37
sistema circulatório, 67
sistema de cores Munsell, 246
sistema límbico, 55, 255
sistema sensorimotor, 54
sistema visual, 16, 51, 76, 77, 80, 81, 82, 86, 89, 92, 94, 96, 109, 247, 272
Skype, 340
Sloman, 248, 254, 285
software, 49
Sol, 77, 82
Spotify, 36, 214, 319
Starbucks, 102, 104, 105, 107, 108, 113, 114, 294, 295, 296, 297, 298, 299
status quo, 316, 333, 335, 337
Stephen Arnott, 97
Steven Sloman, 257
streaming, 214, 319
Suécia, 315
sugestionabilidade, 149
  definição, 150, 151
Swarthmore College, 319

T

tabula rasa, 23
  significado, 23
tálamo, 55
taquistoscópio, 166
tarefa de escuta dicótica, 106, 107, 112
Tarefa de Resposta de Atenção Sustentada SART, 125, 126
tecido conjuntivo, 48
teoria da perspectiva, 336, 337, 338
teoria do exemplar, 223
teoria do gargalo, 112, 113, 114, 115
teoria do protótipo, 223
Terra, 25, 36, 77, 79, 82
tomada de decisão, 9, 11, 39, 40, 92, 230, 252, 255, 269, 313, 316, 317, 320, 321, 330, 331, 336, 337, 338, 339, 345

transitoriedade, 149
  definição, 149
tronco cerebral, 50
Twitter, 114, 122, 138, 342

U

Universidade Bucknell, 17
Universidade da Pensilvânia, 321
Universidade de Cambridge, 105
Universidade de Harvard, 149
Universidade de Illinois, 18, 238
Universidade de Toronto, 189
Universidade de Western Ontario, 9, 18, 238
Universidade Estadual de Nova York, 18
Universidade McMaster, 118
University at Buffalo, 18
University College London, 215

V

veículo autônomo, 37
Vermont, 58
via dorsal, 93
via ventral, 93
viés, 140, 141, 144, 149, 256, 258, 262, 263, 304, 305, 307, 309, 310, 311, 312, 318, 323, 335
  definição, 152
Vila Sésamo, 71
Vilayanur Ramachandran, 60, 61
visão nativista, 24

W

Walter Mischel, 260
Washington, 72
Wason, 310, 311, 312
Wilhelm Wundt, 26, 27, 28, 29, 30
Willard Van Orman Quine, 283, 284
William F. Buckley, 33
William James, 101, 103, 104, 105, 121, 208
Wisconsin de Classificação de Cartas, 267

Z

zênite, 78
Zoom, 340, 341, 342, 343

Acompanhe o Ludovico nas redes sociais

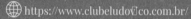 https://www.clubeludovico.com.br/
 https://www.instagram.com/clubeludovico/
 https://www.facebook.com/clubeludovico/

Esta edição foi preparada pela LVM Editora e pela Spress,
com tipografia Baskerville e Chase Black, em janeiro de 2022;
e impressa, em janeiro de 2022, pela Lis Gráfica
para o Clube do Livro Ludovico.